凝聚力量 超越小康

農村基層工作文稿彙編

张桂光题

要重视培养有理想
有文化
懂技术
会经营的新型农民
而要达到这一目标
离不开教育

关润尧 著
孔庆榕 主编

SPM
南方出版传媒
广东人民出版社
·广州·

图书在版编目（CIP）数据

凝聚力量　超越小康：农村基层工作文稿汇编／关润尧著；孔庆榕主编. —广州：广东人民出版社，2019.2
ISBN 978-7-218-13379-9

Ⅰ.①凝…　Ⅱ.①关…　②孔…　Ⅲ.①农村—基层工作—工作报告—中国—文集　Ⅳ.①F325.4-53

中国版本图书馆CIP数据核字（2019）第041270号

NINGJU LILIANG　CHAOYUE XIAOKANG：NONGCUN JICENG GONGZUO WENGAO HUIBIAN

凝聚力量 超越小康：农村基层工作文稿汇编

关润尧　著　孔庆榕　主编

出 版 人：肖风华

责任编辑：李春龙
责任技编：周　杰　吴彦斌　易志华
装帧设计：奔流文化

出版发行：广东人民出版社
地　　址：广州市大沙头四马路10号（邮政编码：510102）
电　　话：（020）85716809（总编室）
传　　真：（020）83780199
网　　址：http：//www.gdpph.com
印　　刷：广州市浩诚印刷有限公司
开　　本：787 mm×1092 mm　1/16
印　　张：31.75　　**字　　数：**505千
版　　次：2019年2月第1版　　2019年2月第1次印刷
定　　价：108.00元

罗南村党委书记、村委会主任关润尧在市人大十四届一次会议中投票

2017 年 3 月 30 日关润尧陪同佛山市区领导参观罗南

序

近几年，我因事多次到广东省佛山市禅城区和该区的南庄镇，多次听到当地朋友谈到南庄镇罗南村的巨大变化。一年多前，友人送了我一本由红旗出版社出版的精美画册，封面是四个醒目的大字“超越小康”，副题是“罗南村的故事”。这本图文并茂的画册，介绍了罗南村从“底下无矿产，地上无特产，农民日子紧巴巴”的穷村，在我党改革开放政策的指引下，经过二十多年的奋斗，实现小康的超越。所见所闻，引起了我很大的兴趣，觉得很有必要深入去研究罗南。

从20世纪90年代初起，我就参与了研究中华民族凝聚力这一重大课题。广东中华民族凝聚力研究会二十多年来研究成果卓著，但以一个农村基层为载体的研究还没有。而无论是一个国家、一个民族、一个地区、一个单位，群体的凝聚力都是其发展的不可或缺的推动力。因此，我产生了从群体凝聚力的角度去了解、去研究罗南巨大变化的想法，认为如果因此有所收获，对我国农村早日实现小康应该是一件好事。

来到罗南村，真使人眼界大开、惊叹不已。昔日的穷相早已不复存在。一幢幢别墅式的楼房矗立在绿树成荫的柏油路两旁，楼房前后停着小汽车，村内环境整洁、优雅，漂亮的文化室、学校、球场和各种公共设施令你忘记你踏足的是农村。

罗南村位于南庄镇西部，面积4.75平方公里，下辖9个居民小组，户籍人口3500多人，外来人口超10000。全村有党员110多人，1992年前村党组织是支部，1992年后改为总支部，2006年3月进而成立党委。这是佛山市第一个农村村一级党委。

二十多年来，罗南村的经济和村民生活水平是飞跃式的发展。2005年，全村固定资产从1980年的400万元跃升至十多亿元，全村人均收入连续九年超万元。2017年，罗南经济总收入达35984万元，比2016年增21.11%，村民每股分红44266元。罗南村不仅物质文明搞得好，精神文明建设也是成就巨大，全村一片祥和，村民的幸福感很高。罗南村早在10年前就全面实行了村民医保，男60岁、女55岁每月可以领到数百元的退休金，村民子女从入托到入学都享受补贴，读中学、大学的学生有奖励补助，每户村民都免费订阅报纸。罗南人学习风气很盛，自学和到成人学校进修的越来越多，村委会先后与中山大学合作在村内举办了MBA研修班，开创了广东省村级农村开办这类培训班的先河。罗南村的文化生活相当活跃，各种文艺演出、体育比赛（2006年罗南村曾作为全国乒乓球联赛的一个分场）让村民的生活丰富多彩。二十多年来，罗南村不仅环境越来越美，人也越来越美，表现在人的思想道德、知识素质越来越高，关心国家、热爱集体、尊敬长者、扶助弱者蔚然成风；全村治安良好，乡亲守望相助，社会团结和谐。多次荣获中共广东省委、省政府、佛山市禅城区授予的“文明村镇”等称号。

罗南村飞跃发展时期正是关润尧同志担任该村党组织书记、村委主任和罗南企业集团董事长时期。

罗南从一个贫穷乡村一跃成为“超越小康”的富裕、文明、和谐、美丽的社会主义新农村，原因是多方面的。从外部因素看，是党改革开放和实施的富民政策，是上级党委和政府的正确领导及支持。然而，光有这些外部条件还不足以说明全部问题，因为具有同样外部条件的一些地区、乡村却未见有如此巨大的变化。可见，罗南的飞跃发展，与其内部因素息息相关。

中华民族凝聚力理论为我们剖析罗南的成功提供了依据。

中华民族凝聚力理论认为，群体的凝聚力是推进群体发展、实现群体目标的根本条件。群体凝聚力是由群体的核心向群体成员施放出的吸引力，群体成员反施于群体核心的向心力以及群体内部的亲和力的有机构成。群体的吸引力和向心力是一对矛盾。吸引力居于矛盾的主要方面，它的变化、发展决定了向心力的状况，从而也影响着亲和力。诚然，群体向心力也给予群体核心以重要影响。

罗南村的凝聚力是很强的，否则不可能有如此巨大的变化。

罗南村的凝聚力为什么很强，是因为罗南村有一个以关润尧同志为核心的好的领导班子，这个班子能够不断地向罗南村群体施放出强大的吸引力，把广大村民团结一起，共同为建设社会主义新农村努力奋斗。

二十多年来，罗南村党委一再受到中央、省委、佛山市、南庄镇委的表彰，评为先进基层党组织。关润尧同志多次荣获全国劳动模范、优秀党员、优秀乡镇企业家等称号，并先后被选为区、县、市、省以及全国人大代表。

罗南村在建设社会主义新农村的实践过程中，积累了很多经验。这些经验在关润尧多年来的工作报告、专题讲话中都有详尽的表述。然而编者认为，更值得人们学习和研究的，是以关润尧为首的村领导核心的建村治村理念。例如：

罗南发展的目标。关润尧明确提出："要把罗南建成富裕罗南、生态罗南、和谐罗南、文化罗南。"要把罗南建成"具有岭南水乡特色和良好自然生态的居住区、田园观光旅游区、岭南传统文化展示区以及宜居、宜商、宜游的岭南水乡。具体内容是以建设生态融合、水乡特色的环保生态村为目标，全面整治美化河涌，营造碧水、绿地、小桥人家的水乡美景，做到春有花、夏有荫、秋有果、冬有绿，'出家门，进花园'"。

罗南的党建要求。“要充分发挥党在农村的领导作用，党在农村基层组织要成为党员拥护、群众公认的领导核心”。“只有培养一支政治上靠得住，工作上有本事，顾大局，讲奉献，村民信得过，能够带领群众致富奔小康的高素质的党员队伍，才能凝聚村民建设社会主义新农村”。

增强罗南的群体凝聚力。关润尧认为，“世界上最难得、最宝贵的是人心”。“人心靠上级封不来，靠权力压不来，靠自己吹不来，靠小聪明骗不来”。“党委一班人在开展工作中要取得村民的信赖，靠的是对党的忠诚，靠无怨无悔的实干，靠踏踏实实地工作”。“人心齐才能事业兴”。在企业管理方面，他认为，“一个没有凝聚力的企业是没有竞争力的”。企业领导人要“用实际行动焕发职工对企业的感情，用爱心培育企业对职工的吸引力和职工对企业的向心力”。“‘工人’二字连起来就是‘天’。”“决策方案选定后，企业目标能否实现，决定于人心向背。”“要用危机感促进企业职工的自觉，努力提高自身的素质，保持企业整体活力。没有活力就没有凝聚力。”“企业的竞争力，不仅来自技术创新，而且来自企业的凝聚力。”

罗南的人才战略。他认为，“人才是第一位的，资本是第二位的”，“企业是水，人才是鱼”，“营造一个有利于人才成长和发展，有利于创造发明的环境”是农村基层党的工作是否做好的标准之一。“德才两者兼而有之，才是真正栋梁之材，人才必须具备思想品德素质、政治素质、业务素质、身体素质”。要“建立人才竞争机制、人才保护激励机制。选拔、用人要以制度来保障”。“今日出钱财，明日出人才”。

罗南的文化战略。他强调，“文化决定未来发展的高度”，“文化是根，是振兴的黏合剂”。罗南必须大力“培养具有现代化素质的农民，这是新世纪罗南建设的重点，是罗南可持续发展的可靠支撑”。“要重视培养有理想、有文化、懂技术、会经营的新型农民，而要达到这一目标，离不开教育。”提高村民文化素质，开展三心（孝心、公德心、事业心）

教育。“要建设学习型的新农村”。“能力来源于学习”。“不能富了口袋，穷了脑袋，这样就会误了下一代”。“唯一持久的竞争优势是具备比你的竞争对手学习更快的能力”。

罗南的民主法制建设。关润尧一再告诫村领导班子成员：“我们是一村之长，不是一村之主”。要“打破官本位的束缚，重视农民民主意识的培养，而不是把它看作是阻碍党加强农村领导的工作。村两委会要大力宣传法律，尤其是村民自治制度的相关知识，帮助村民提高选举能力、村务管理能力和村务监督能力，真心实现民主管理，让农民手里撑上了‘虎符令牌’”。“要健全两委向党员和村民代表通报情况制度，自觉接受群众的监督”。村的领导干部“为公千古，为私一时，要自律”。“要加强法制的宣传教育工作”。“从源头上预防和治理腐败”；“构建科学严密的权力运行机制”；“加强社会治安综合治理，积极开展人民内部矛盾纠纷排查调解工作，保持村的和谐稳定”。

罗南持续发展的思路。他认为，一条村一个企业都时刻要“提高危机感，要有忧患意识”。“企业大了，赚钱多了，环境好了，人们往往失去危机感，这是企业走向衰亡的开始。成功不忘危机，企业永远都在创业，才能立于不败之地”。“我们向村民提出了‘富翁贫民论’，即：今天的生活二十年前是富翁，二十年后则是贫民。以此来激发群众，要他们树立艰苦奋斗的精神和开拓进取的观念”。

以关润尧为首的罗南村领导班子，正是在这样的科学理念的指引下，带领全村民众，克服一个又一个困难，一步一步地奔向小康的。他们的工作思路是完全符合中央关于农村振兴战略的要求的。

本书收集了关润尧任罗南村领导和任人民代表期间的大部分文字资料，并大体上分编为“罗南村旧貌变新颜”“罗南党组织的建设”“罗南企业的强势发展”“建设文化罗南”“称职的人民代表”“关润尧谈人生”六个部分。由于这些文字资料是他多年来的工作报告、讲话，是综合性而非专题性的，如果按专题把内容抽取再集中，容易造成碎片化而失去其全貌，为尽可能减少内容上的重复，编者对一些讲话、报告作了删节，尽可能把报告、讲话的原貌与专题性结合起来。尽管这样，还难以完全避免局部的重复，在此敬请读者谅解。

孔庆榕
广东省社会主义学院原党组副书记、副院长、教授
广东中华民族凝聚力研究会原副会长、秘书长
2018 年 2 月

罗南村、罗南村党组织及关润尧历年受表彰基本概况

罗南村

2002 年广东省农业厅授予“广东省乡镇企业十强村”称号；

2002 年广东省爱国卫生委员会授予“广东卫生村”称号；

2002 年佛山市公安局授予“佛山市交通安全村”称号；

2003 年中共佛山市禅城区委、区政府授予“综治工作先进单位村”称号；

2003 年中共广东省委、省政府授予“文明村镇”称号；

2003 年佛山市妇联授予“美德在家庭活动示范村”称号；

2004 年中共佛山市禅城区委、区政府授予“文明村”称号；

2004 年佛山市总工会授予“佛山工会工作示范单位”称号；

2004 年和 2005 年共青团中央、共青团广东省委、共青团佛山市委分别授罗南团组织“五四红旗团支部”称号；

2004 年佛山市禅城区南庄镇政府授予“现代化建设先进村委会”称号；

2005 年罗南妇委会先后被广东省妇联、佛山市妇联评为“先进妇女组织”；

2006 年前后，先后被评为：“全国首届生态村”“全国文明村”“全国依法治村示范村”“全国体育先进集体”等。

罗南村党组织

1991—2002 年被评为“南庄镇先进党（总）支部”“先进集体”；

1995 年被中共广东省委评为“全省先进基层党组织”；

1996 年被中共佛山市委评为“先进基层党组织”；

1996 年被中共南海市委评为“先进党支部”；

1998 年被中共中央评为“全国农村基层组织建设工作先进党支部”；

1998 年被中共佛山市委评为“1995—1997 年加强农村基层组织建设先进党支部”；

2000 年被中共广东省委、省政府评为“先进集体”；

2000 年被中共佛山市委、市政府评为“1997—1999 年佛山市先进集体”；
2001 年被中共佛山市委评为“先进基层党组织”；
2001 年被中共南海市委评为“先进党总支部”；
2004 年被中共佛山市委组织部授予“固本强基示范点”称号；
2004 年被中共佛山市禅城区委组织部授予“固本强基示范点”称号；
2004 年被中共佛山市禅城区委授予“先进基层党组织”称号；
2001—2004 年被中共南庄镇委授予“先进党总支”称号。

关润尧

1987 年起先后当选为镇、县、市人民代表；
1993 年获“1993 年度广东省优秀乡镇企业家”称号；
1994 年 7 月 1 日获“南海市优秀共产党员”称号；
1995—1996 年获“1995—1996 年度南海市劳动模范”称号；
1995—1996 年获“1995—1996 年度佛山市劳动模范”称号；
1996 年 7 月 1 日获“南海市优秀党支部（总支）书记”称号；
1997 年被选为广东省第九届人大代表；
1997 年获“广东省劳动模范”称号；
1997—2017 年当选中共佛山市第八、九、十、十一届党代表；
1998 年 11 月获“广东省优秀乡镇企业家”称号；
1998 年 11 月获“全国优秀乡镇企业厂长（经理、董事长）”称号；
2000 年 4 月获“全国劳动模范”称号；
2001 年 6 月获“南海市优秀共产党员”称号；
2001、2002、2003、2004、2005、2006 年均被评为“南庄镇先进工作者”；
2002 年 1 月“全国乡镇企业家”复评合格；
2002 年被选为广东省第九次党代会代表；
2003 年被选为全国十届人大代表；
2006 年 6 月获“佛山市模范共产党员”称号；
2006 年 7 月获“广东省优秀党组织书记”称号；
2007 年 6 月获“2006 年度南庄镇优秀共产党员”称号；
2007 年至今任佛山市禅城区政协常委；
2008—2017 年佛山市人大代表；
2010 年 5 月获第七届全国五好文明家庭标兵户。

目录 CONTENTS

第一篇　罗南村旧貌变新颜

第二篇　罗南村党组织的建设

第三篇　罗南企业的强势发展

第六篇　关润尧谈人生

第一篇

罗南村旧貌变新颜

[**导读**] 以关润尧为班长的罗南村两委领导班子，通过深入学习党的政策，广泛听取群众意见，早在20世纪末就响亮地提出了建设“富裕罗南，生态罗南，和谐罗南，文化罗南”的奋斗目标，实现了“民富村强，幸福罗南”的目标。

“富裕”“生态”“和谐”“文化”这几个关键词，它们是相互联系、相互依存、相互制约的，它们充分体现了党中央和国务院科学的发展观和治村创富一系列重要理念，如关润尧讲话中所言：第一，“经济不发展，就不是社会主义新农村”；第二，“让人人成为创造幸福的主体，个个是享受幸福的对象”；第三，“没有现代化的农民，就无法建设现代化的农村”。上述理念体现了党中央和国务院的重要会议精神，涵盖了他极为深刻的理念，那就是：发展的目的是为了村民；发展必须是全面的发展、持久的可持续的发展；发展的动力来自全村的民众，必须不断增强全村的凝聚力。

这些理念，都充分地体现在关润尧在罗南村任职期间的系列工作报告和讲话之中。

第一，发展的目的是让村民过上幸福美满的生活。这是关润尧二十多年来一刻也没有忘记的崇高抱负。他经常说：“必须把广大村民的根本利益作为我们工作的出发点和落脚点。”他不断学习党的有关文件，不断分析国内外经济形势，科学地确定罗南每一年的发展目标，提出具体的工作措施，有计划、有重点、有步骤地使罗南每年都有新的发展。由于他提出的方案、计划、要求是符合党的政策，又是从罗南的实际需要出发，是罗南的发展特别是长远发展所需要的，因而得到村两委会以及广大村民热烈拥护和支持，从而不断“开创出属于罗南人民的一片新天地”。

第二，全面的发展。罗南发展的内涵是很全面的。以关润尧为首的村领导班子认为，只有全面发展才是科学的发展。他们除了发展集体经济外，以开放的态度积极扶持民营企业，实现集体私营的比翼齐飞。罗南不仅有着以陶瓷为龙头的系列工业，还实行了以土地为中心的农村股份制，并成立了土地股份集团公司，集约开发土地和发展观赏农业。他们不仅让村民生活日益富裕，而且使村民的医疗、保险、养老、教育等方面获得保障，并不断改善、美化村容村貌，让村民过着安居乐业的幸福生活。他们不仅大力建设物质文明，同时非常重视精神文明，在发展教育事业、开展群众性的文化活动以及群众性体育健身等方面，均走在全镇的前列。“远望像园林，近望像花园，细看人民生活在幸福乐园”的愿景在罗南已真实呈现。

第三，可持续的发展。以关润尧为首的罗南村两委会，深刻认识“不日新者必日退”的道理，从不满足已有的成绩，他向村干部和村民宣传“富翁贫民论”（即“今天的生活二十年前是富翁，今天的生活二十年后是贫民”），激励他们永远保持奋进精神。他十分明确只有以创新作驱动，罗南才能持久发展，提出“要建立可持续健康发展的罗南模式”。他每年的工作总结报告，都是为实现这一模式而作出的具体方案和安排。

第四，人的素质的不断提高是发展的原动力。关润尧认为，发展的目的是为了人，但发展的原动力也在人。“没有现代化的农民，就无法建设现代化的农村。”因此，“在建设农村的物质文明，提高农民的物质生活水平的同时，必须以提高人的素质为根本目标，全面开展农村精神文明建设”。他强调“村委会应以提高人的素质为根本”，“努力营造一个有利于人才成长和发展的环境及氛围”。他十分重视教育，重视社会主义先进文化的传播，给出外念大学的学生以物质奖励，给村内每户村民订派报纸，在全村开展“三心”（孝心、公德心、事业心）教育。实践证明，罗南村的迅速发展是与罗南人素质的不断提高紧密相连的。

第五，不断增强全村的凝聚力，罗南才能有今日的辉煌。以关润尧为首的村领导班子，深刻认识增强农村基层的凝聚力是建设社会主义新农村的重要保证。而农村基层凝聚力的增强，矛盾的主要方面则是增强基层党组织，尤其是领导集体对全体村民的吸引力。

关润尧通过长期的工作实践，得出了一个精辟的结论："世界上最难得、最宝贵的是人心。"他认为"人心靠上级封不来，靠权力压不来，靠自己吹不来，靠小聪明骗不来。要取得群众的信赖，靠的是对党的忠诚，靠无怨无悔的实干，靠踏踏实实地工作"。要"多做得人心、暖人心、稳人心的工作"，"要以村民之心为心，将自己的工作目标置于村民的需求之中"。他说"不仅要以科学理念治村，还必须民主治村"，"村长是一村之长，而不是一村之主"，要"让村民成为管理的主体，而不是被管理的主体"，"做到民主、民管"。

作为基层领导者，如何才能发挥出对村民更大的吸引力呢？他强调必须时刻把群众利益放在心上。"加强社会保障让群众暖心，解决群众关心的热点问题使群众舒心，推进民主法治使群众聚心，构建平安和谐让群众安心"。作为村的带头人，如何带领村民前进，他概括为必须做到："以德立威，以才增威，以廉生威，以公助威，以诚取威，以情育威，以干树威，以创升威八个方面"。他强调："领导班子必须振奋精神，开拓进取，思想同心，目标同向，工作同步，珍惜和用好村民赋予的权力去为村民服务"。

在强调增强村领导集体对全村民众吸引力的同时，关润尧也指出，必须重视农民民主意识的培养，大力宣传法律尤其是村民自治制度的相关知识，帮助村民提高选举能力、村务管理能力和村务监督能力。只有做到全村上下人心齐，才能事业兴。

在第二届村委会成立大会上的讲话

（2002 年 5 月 18 日）

今天我受新一届村委会的委托，向大会作三年工作的报告。

对第二届村委会选举工作的评估

从 4 月份开始，我村开展了第二届村委会换届选举工作，在镇党委的正确领导下，在我村工作队的指导下，通过召开大小会议及座谈会，深入听取了村民代表、党员、群众的意见。党总支在骨干会议上提出这次选举：要坚持用好的作风选人，选作风好的人；努力做到“六破除、六确立”，即：破除官本位的观念，确立能上能下和为人民服务的思想；破除无过便是功的观念，确立无功便是过的思想；破除论资排辈、平衡照顾的观念，确立论绩选贤，不拘一格选人才的思想；破除唯年龄、唯文凭的观念，确立既讲年龄，又不唯年龄、不唯文凭的思想；破除求稳怕冒的观念，确立用错人是过，该用的人不用也是过的思想；破除地域观念，确立全罗南一盘棋，唯才是举的思想。

结果，我们顺利地产生了罗南村选举委员会和村民代表。新一届的村民代表，比上届更年轻，更有活力。我们已经顺利地产生了新一届村委会。

这次换届选举工作是对我们农村政治体制的一项重大改革，影响巨大，民主选举的冲击波震动了整个农村，成为当前农村的一个热点话题。这次换届工作的成功，对当前以至今后我村民主建设以及经济和社会发展，必将产生深远的影响。就目前而言，已取得下述几个方面的效应。

第一，农村民主的大发扬。村民对直接选举自己的“村主任”，十分关心。他们深切地关注着选举每一个阶段工作的进展情况，踊跃参加村民代表、选举委员会和提名候选人的选举工作。这充分说明，村民不是不懂民主，而是殷切地盼望民主。不少村民反映直接民主选举村干部，最能反映群众的意愿，是对村民的极大尊重，是中华人民共和国成立以来农村最大最充分的一次民主活动。全村有2315名选民参加了投票，投票率达到99.98%，比上届99.8%还要高。

第二，对农村基层干部是一次大考验。这次由村民直接选举村委会成员，实际上是一次最广泛、最直接的民意测验。通过直接选举，增强了村干部的公仆意识，密切了党群干群关系，促使村干部下大决心把压力变成动力，为村民多办好事实事，以最好的业绩来报答村民对自己的期望。

第三，农村法制建设得到加强。这次村委会换届，村民们能自觉地按省的一法两办法来依法选举，出现了人人讲法、学法的新局面，干部和村民的法制观念大大增强了，参政、议政的意识也大大提高了。

今天，大家推选我为村委会主任，这是大家对我的信任。我既是村的党总支书记，又是村委会主任。作为一班之长，我要充分发挥好“三个作用”，增强“四种意识”，正确处理好四种关系，在加强班子团结中做好表率。

一、充分发挥好“三个作用”

（一）充分发挥好主导作用。村主任要自觉发挥好“班长”的主导作用。把好关，掌好舵，增强党性，自觉维护班子团结。要用党的奋斗目标引导班子成员增进团结，用群众的评价目标引导班子成员增进团结。激励班子成员深怀爱民之心，恪守为民之责，善谋富民之策，多办利民之事。真正做到为官一任，造福一方。集中班子智慧制订出具有科学性的决策，全面完成既定目标。

（二）充分发挥好凝聚作用。作为领导核心的书记、主任，不仅要成为领导班子的主心骨，而且要依靠自己良好的思想品德修养、宽阔的胸怀和较强的组织协调能力，在班子中发挥强有力的凝聚作用。为此，我要深入了解每位班子成员的阅历、气质、专长和能力状况，知人善任，大胆放心放手放权，让班子成员主动、积极、创造性地开展工作。

（三）充分发挥好模范作用。要在学习上发挥模范作用，使班子成为学习型班子，提高整个班子的思想政治素质，和驾驭各种复杂局面的能力。要在求真务实上发挥模范作用，带头转变作风，深入各单位各部门，调查研究，解决问题，特别是要解决群众意见比较集中，反响比较强烈的热点难点问题。

二、自觉增强四种意识

（一）增强自知不自大意识。人无完人，金无足赤。看别人要多看优点，看自己要多看缺点，这样才能有利于团结。班子成员考虑事情不周时，我要主动补充。听到不负责任的议论时，要理直气壮地给予制止。处理影响较大的辣手问题时，要带领班子成员一起上阵，不回避，不怕得罪人。班子成员中出现工作失误，我要主动承担领导责任，及时整改，自己从中受到鞭策和教育。

（二）增强容人、不怨人意识。海纳百川，有容乃大。作为书记、主任，要注意培养严以律己、宽以待人的品格，做到能容得下人，盛得住事，听得见不同意见。尤其要正确地对待别人的批评意见，哪怕是十分苛刻的意见，甚至是矛头直指向自己的意见。对批评意见要坐得住，听得进，从善如流，有则改之，无则加勉。不能要权威，发脾气，图报复；对别人偶然的过失，应宽大为怀，多予谅解，不指责埋怨，而应善言相告，使人心悦诚服，促人反躬自省，吸取经验教训，增进团结的目的。

（三）增强诚信，树立互不扯皮意识。精诚所至，金石为开。班子团结贵在真诚。班长和班子成员之间，彼此以心交心，真诚相待，才能增进了解，营造出一个互不扯皮、不推诿、互相协调的工作氛围。班长对班子成员要高度信任，避免出现你对我不放心，我就不用心；你对我不放手，我就不动手；你一竿子插到底，我就一竿子捅上天的对抗心理，和各人一把笛，各吹各的调的不和谐不协作的现象，使班子成员在班长的真诚感召下，形成一种真诚合作、共谋创业的良好局面。

（四）增强公正不徇私意识。办事不公是团结的大忌。作为班长，要从全局出发，想问题办事情做工作要坚持一个标准：看是否有利于党和人民的事业，是否有利于班子团结，做到公道正义，敢于坚持原则，按制度办事。

三、正确处理好四种关系

（一）正确处理好民主与集中的关系。作为班长，既要善于充分发扬民主，对重要事情坚持集体讨论，虚心听取群众和各方面的意见，也要善于发挥好总揽全局，协调各方的领导核心作用。要审时度势，多谋善断，善于协调各种不同意见，特别是要注意在充分发扬民主、集思广益的基础上，敢于集中、敢于拍板，抓住机遇，及时作出正确决策。

（二）正确处理好集体领导和个人分工负责的关系。在对重要工作统一决策和部署的基础上，对其中一些重点工程建设和项目应具体分解到各班子成员，使班子每位成员能真正实践在其位，有其权，明其责，谋其政。都有施展自己才华的舞台和机会。

（三）正确处理好“班长”和一班人的关系

班长要自觉摆正自己的位置，十分明确自己与班子成员在政治上是平等的，始终把自己置于集体领导和监督之下，决不能搞唯我独尊，我行我素，更不能把个人凌驾于组织之上，把领导班子当陪衬，把集体讨论当形式，而应做到掌权不专权，纳谏不附和，宽容不纵容，严以律己，宽以待人，使集体的智慧得以充分发挥。

（四）正确处理好维护班子团结与坚持原则的关系。在坚持原则的基础上，搞好团结，千万不能搞无原则、一团和气，特别是在一些大是大非的原则问题上，必须立场坚定，态度鲜明。做到遇事和班子成员多通气，工作多商量，意见多交换，求大同存小异，使班子成员之间互相体谅，互相支持，自觉接受党内外群众的监督，和班子成员之间的互相监督，从而使班子充满朝气，增进新的团结。

今后三年的工作要求

未来三年，知识信息作为一种新的经济形态，正以前所未有的广度和深度改变着全球的工业结构、经济结构和社会结构。以知识和创新为基础的改革极大地改变了社会的经济环境，市场的消费需求和生产的技术工艺，并促使了社会资源的配置模式、人类的生活方式、思维方式、行为方式、工作方式及工作内容的巨大变化，进而改变了经济政治和社会各个方面。如何实施变革以适应当前的经济环境变化，如何确保我们的企业在未来竞争中处于优势？这是摆在我们面前一个非常现实的问题。我认为，我们的唯一出路是加强学习，努力提高自己的素质，赶上形势的发展。

新一届村委会任期的未来三年，我村将进入改革与发展同步推进的新阶段，既要完成各项改革的完善和深化，又要充分发挥新体制的优势，合力推动经济加快发展。在调整中求发展，在改革中增活力，在发展中保稳定。我们在加快本村全面发展、进步的同时，要在提高人民生活质量上实现新的突破。在文明建设方面，在现有的基础上，再加劲奋战三年，把上届村委会提出的，把罗南建成名副其实的“春有花，夏有荫，秋有果，冬有绿”的都市里的村庄，村庄里的都市建设好，实现名副其实的现代化新农村。

由于我们连续十年经济增长速度较快，使我们掌握了主动权，因而设想今后每年经济增长为10%左右，人均纯收入增8%左右，其中农村股份集团的分红三年人均增1000元，具体是：2002年增300元，2003年增400元，2004年增450元。

为实现上述目标，我们要着力做好以下几项工作：

一、加快信息化建设，以信息化推动现代化

信息化是当今世界经济和社会发展的大趋势，也是推进我村产业优化升级的关键环节。我们要把经济和社会信息化放在优先位置，顺应世界信息技术的发展，面向市场需要，推进体制创新，努力实现我村社会生产力跨越式发展。

要积极推进信息技术在各领域的广泛应用，尤其是在经济运行、政务运作、社会管理等方面的应用，使经济运行更加顺畅，经济效益更为提高，政务运作和社会管理更有效率。从现在开始，村委会的国土管理、群众的塘租、企业的地租、铺租，以及农村各种规章制度及管理，全面使用电脑办公，从而进一步提升我村的经济和社会发展质量。在农村全面推行财务电算化的基础上，积极推进信息系统管理。企业要广泛运用计算机技术进行生产经营，并通过企业上网工程，加快与国际接轨。

二、加强农业和农村工作，促进农业和农村经济高质高效发展

继续增加农业的投入，优化农业生态环境。在去年和今年初完成鱼塘整治工程后，拟着力配套好机耕路网建设，引导村民发展三高农业，特别是养殖优质鱼和观赏鱼。要充分利用罗南良好的水质，提高养殖业的质量，促使农业增产，农民增收。

我们要进一步加强农村资源和资产的规划工作和监管工作，规范和完善村务公开，财务公开与民主监督的内容，拟选举五人小组，负责每月对村委会和农业公司的审单工作。

三、抓好转制企业的监督营运机制，建立比较完善的社会主义市场体制框架

我们要下大力气深化企业改革，培育适应社会主义市场经济的市场主体，进一步加大转制企业的资产监督管理、完善营运机制和选派财务监督机制。要明确和理顺产权所有者、企业经营者和职工之间的关系，真正体现市场经济条件下，村委会管好所有权，放开经营权，行使监督权，实行政企分开，政资分离，使企业成为独立的市场主体。要引导困难企业通过资产重组和盘活工作，确保公有资产的保值和增值。

加大企业技术改造力度，提高产品质量和效益，增强技术创新能力。要积极采用高新技术，紧紧围绕增加品种、改善质量、节能降耗。特别是陶瓷业，要有重点地改造一批老企业，通过提升其工艺技术和装备水平去提高产品质量，增强企业市场竞争力，我们的陶瓷企业要改变以往的卖商标不是卖品牌的格局，从而增加效益。

继续巩固和扩大我村社会保险覆盖面，完善保障体系。要健全合作医疗制度，制定养老保险和医疗基金的固定落实，稳定社会保障基金筹集机制确保其有效营运，切实解决少数弱势群体的基本医疗、子女就学和就业等问题。

四、大力发展第三产业，推动经济协调发展

为了促进经济全面发展，加快第三产业的发展非常重要。我们应发挥罗南的地理优势以及交通便利、基础设施较完善等有利条件，积极发展商贸市场，构建现代物流运输平台。今年将动工兴建与镇合办的商贸市场和重建隆庆市场。此外，农村股份集团公司将与陶瓷企业合资兴建5000人入住的外来工村，以增加第三产业的收入。

五、推进非公有经济加快发展

发展非公有经济有助于经济增长方式的转变。我村非公有资本是一大优势，更是今后一大新经济增长点。我们要充分发挥民营协会的作用，积极稳资引资，树立无论是何地方的人，只要其进入罗南地域办厂，就是罗南人的观念，实行四给：政治上给予信任，服务上给予方便，发展上给予支持，经营上给予指导，要形成非公有制经济多渠道、多层次、多元化的发展格局，同时积极引导非公有制企业通过联合兼并等途径扩大发展，形成规模经营优势。

六、加快农村向城市化建设进程，不断提高建设水平

为了提高农村向城市化建设的品位，在抓好总体规划修编的基础上，要继续抓好控制性和详细性以及修建性详尽规划。

应坚持适度超前的原则，制定适度超前的整体规划。实行分步实施，重点推进的方针。今年先兴建高标准的隆庆村高级公寓，同时大力开展我村的交通、绿化、河涌等基础设施建设，配套完善向城市化功能。预计今年8月份可完成罗南大道的建设和连接工程，春节前完成上沙涌和东兴新村前河涌的建设和桥梁的建设。

继续推进环境现代化建设，大力推动环境经济发展。下沙荷花公园的建设6月底前将完工。今年，我村环境现代化建设将进入第三阶段。我们将按照高起点规划、高标准建设、高效能管理，高品位文化和高文明素质的要求，再用三年时间使罗南的面貌有一个巨大的变化，力争创建国家级生态示范村，以促进环境经济的发展。

七、加强精神文明建设，推动社会各项事业全面进步

在现代化建设进程中，我们不仅要大力解放和发展生产力，推动经济快速健康发展，而且要按照量力而行的原则，有步骤有重点地发展各项社会事业，推动社会全面进步。未来三年，要努力达到四个目标：一是公民素质显著提高。通过大力倡导社会公德、职业道德、家庭美德建设，加强理想信念、民主法制和人生观、世界观、价值观教育。优化教育资源，以信息化推动教育现代化，强化在职教师培训，努力提高教师和幼师的素质，以满足社会对教育的多种需求。二是社会文化生活水平的显著提高。要积极开展丰富多彩的健康的文化活动，每年组织一次体育运动会，两次文艺活动，不断提高村民的文化生活水平。三是文明程度的显著提高。要继续开展群众性的精神文明建设，拓宽精神文明建设领域。四是政治觉悟、民主意识的显著提高。此外，还要搞好安全防范工作，加强治安队人员的思想教育，强化安全文明小区建设，加强外来人口的管理。在今年评为市安全文明小区的基础上，再加一把劲向佛山市安全文明小区迈进。

我们还要努力做好其他各项工作，包括拥军优属、儿童教育、共青团、妇女、民兵等方面的工作，促进社会全面进步。

八、加强民主法制建设，坚持依法治村，维护安定局面

加强民主建设，重大问题要经过村民代表大会讨论决定。认真听取村民代表和各部门的意见，重视群众来信，来访工作，密切村委会与村民的关系，推进决策科学化、民主化，完善村民自治。

搞好法制建设和廉政建设，积极推进依法治村工作，推进村委会工作法制化，依法行政，依法办事，建设高效廉洁的村委会。推行和完善行政执法责任制，加强内部监督，深入开展社会主义法制教育，提高全体村民学法的认识，首先是村干部的法制观念。健全依法行使权力的制约机制，加强对权力运行和监督，坚持标本兼治，从源头上预防和治理腐败，解决群众反映强烈的问题。

完成任务的根本保证

完成未来三年艰巨的任务，实现我村现代化的新目标，关键在于加强党的领导。村委会要在党总支的领导下，牢牢树立执政为民的政治理念，肯抓实干，团结进取，绝不可辜负全体村民的殷切期盼。

一、踏实为民，方得人心

党的十五届六中全会作出了关于加强和改进党的作风建设的决定。我认为，领导者的领导方法和领导方式，是领导者世界观、人生观的反映，是其政治素质和思想作风的具体表现。改进领导方式和工作方法，就是要求我们踏踏实实地为民众多做实事，多做得人心、暖人心、稳人心的工作。

世界上最难得、最宝贵的是人心。人心靠上级封不来，靠权力压不来，靠自己吹不来，靠小聪明骗不来。我们要取得人民群众的信赖靠什么？是靠对党的忠诚，靠无怨无悔的实干，靠踏踏实实地工作。要做到踏实，就要有一种良好的精神状态，一种忠心向党，一心为民，乐为人民办事，甘为人民吃苦的精神状态。要做到踏实，就要养成坚持深入实际的工作作风，深入群众，深入第一线，切实解决存在的问题。只有这样，才能得到村民的支持和拥护。

我们工作干得好与差，固然受制于多种因素，但最根本的还是领导者的工作态度和敬业精神。我们不能以“己”为重，整天以私事为圆心，为自己日忙夜忙。不能以“吹”为本，弄虚作假，做表面文章。不能以“玩”代干，公差为名，游览为实。不能以“浮”为荣，作风飘浮，架子十足，不与群众打交道。于是，几年下来，山河依旧，面貌未改，这样的工作态度和作风，群众怎会欢迎呢？

“事心作于实，业须成于敬。”没有脚踏实地的敬业精神，就做不好工作，赢不来人心。

二、新时期村党员干部应具备的素质

（一）既要有人性，又要有党性。党员干部要有人性，要有人情味，不能冷若冰块，六亲不认，要从政治上、生活上、工作上关心部下和服务部下。了解民情民意，为群众解决实际问题，要放下架子，平易近人，亲民爱民，同群众打成一片，以心交心，善于做群众的思想政治工作，调动和保护群众的积极性、创造性。人性是对一个人品格的基本要求。而党性是对人性的最高要求。

（二）既要有责任心，又要有事业心。一个人的责任心和事业心是其世界观和人生观的反映，是实现理想的决心和毅力的源泉。党员干部尤其是党组织的第一把手，有责任心是最起码的要求。党员干部要时刻不忘历史责任和时代使命，坚持不懈地做好本职工作，没有责任心，任何成就都将无从谈起。同时要有强烈的事业心和热爱工作，努力成就一番事业的奋斗精神。只有把工作当成一项事业来看待，才能化压力为动力，才能不断开拓进取，才能克服工作中遇到的困难，才能真正把工作做好。

（三）工作既要有积极性，又要有创造性。对工作没有积极性，没有热情，根本不可能做好任何一项工作。但光有积极性仍不够，还必须有创造力，否则就不可能有任何创新与发展。积极性是开展工作的前提，创造性则是一切事业成功的生命线。

（四）既要廉政又要勤政。廉政与勤政，这两者是辩证统一的。党员干部首先要廉洁，要讲正气，廉洁自律，防止腐败。但仅仅是不贪不腐，工作却不积极，不勤勉，那也不算是称职的干部。掌握着党和人民交给你的权力却不做事，那就是失职、渎职，从这个意义讲，不勤政也是一种不廉政。为官一任，既要有造福一方的责任，就必须有为社会为群众多做贡献的决心。因此，党员干部应当树立无功便是过的思想，既要廉洁自律，又要勤勤恳恳，不断开创工作新局面。

（五）既要德行好，又要有才能。德与才是一个完整的统一体，不能分割，不能偏废。作为现代文明社会的领导者，作为社会主义市场经济体制下的领导者，以简单的行政手段去领导是下策，以自身行为带领人为中策，以思想加行为影响人为上策，以思想加行为加品德影响人为上上策。这其中，既包含品德问题，也包含才能问题。“德”关乎着思想问题、态度问题；“才”关乎着实践问题。“德”是做好一切事情的首要条件，“才”是做好一切事情的必要保证。才因德而显，德因才而彰。社会主义现代化建设，更加需要德才兼备、以德驭才的领导人。

（六）既要有勇气，又要有谋略。党员干部要大胆地开展工作，既要有坚持原则、刚直不阿、公平公正地处理各种复杂问题的勇气和魄力，同时又要讲究工作策略，讲究科学的工作方法，讲究领导艺术。当然，这种谋略绝不是耍手腕，不是弄权术，是为了实现既定目标的一种光明正大的手段。

（七）既是专才，又是通才。党员干部不仅要努力学习，掌握专业知识，具有一定专长，又要使自己成为一专多能的复合型全方位的人才。今天，新的科学技术革命浪潮已把人们带进到一个崭新的信息化社会，进入知识经济时代，领导工作涉及多种学科知识。因此，作为领导者，除了要具备一定的专业知识外，还必须懂得多方面的知识。首先，要具备一定的理论水平，能够正确地理解党的路线、方针、政策，其次，要尽可能扩大自己的知识面，并根据工作需要不断吸取新的知识，尤其是社会学、心理学、历史学、管理学、市场学等方面的知识，才能开阔视野，增强工作的预见性，提高工作能力。只有这样，才能适应现代社会发展的要求。

（八）既是将才又是帅才。党员干部不仅要有做好本身业务工作的能力，还要有指挥千军万马的组织领导才能。要善于运用组织形式，解决好各种矛盾，审时度势，运筹帷幄地调整部署，扬长避短，趋利避害。一个优秀的领导者，其精明主要体现在如何用人、组织人、领导人上面。要做到一放二管三服务。放就是放权，放手让部下开展工作，不要事无巨细，自己单打独揽，要让部下充分发挥其主观能动性，大胆创造性地开展工作。“放”是最高层次的“管”，“管”就是不能一放了之。要把大事把原则管住。“服务”不能理解为只是部下为自己服务，领导工作本身也包括为部下服务，为他们开展工作服务，为他们的学习、生活服务，帮助他们排忧解难。

（九）既要实干，又要巧干。埋头苦干只是一般的要求，并非最高境界。现代领导者如果只埋头苦干，不去想问题，不动脑筋想办法去巧干，那是不可思议的。培养干部“思”的能力是很有必要的。我们要勤动脑筋，透过现象抓本质、抓规律，从而识大局，明是非，进而从容驾驭和协调各种现实矛盾冲突。只有善于思考问题，对来自不同渠道的信息去伪存真，去粗取精，提出自己独到的见解，不人云亦云，才能最有效地开展工作，这二者是相辅相成的。所谓有思想，会思考，最终落实到实干的行动上，落实到鼓动人、组织人、领导人的工作中，这样，才能在当前错综复杂的形势下迎接挑战，真正成为具有鲜明时代特征的党员干部。

三、新时期党员干部如何提高威信

领导者的威信是群众发自内心对领导干部言行的正面肯定，是领导者与群众共识共鸣的综合反映。一个领导者要有效地实现领导目的，不但要有权力，还必须有威信。领导威信从哪里来？它是通过领导者的人格、品德、学识、才华、感情、廉洁、政绩、魄力等领导实践活动表现出来的。联系到本村的领导和各厂的实际，我认为有八点应当引起重视。

（一）以德立威。古人说：凡举大事者，必以人为本；凡择贤良者，必以德为先。所谓“德”，首先政治上要强，即有正确的政治方向、政治立场、政治观点和较强的政治敏锐性。如果我们政治上不强，就容易迷失方向，那么能力再强也不会为党和人民所欢迎。其次人品德行要好。要做好事先要做好人。我们不仅要讲学习，讲政治，讲正气；还要加强重德的观念，讲道德，讲修养，讲廉洁，提高“德”的修养。做到学为人师，行为世范，具有令人折服的人格魅力，不要盛气凌人，而要正气凝人。

（二）以才增威。干部的才干说到底就是为人民服务的本领。只有不断提高为人民服务的本领、与时俱进的思想观念和奋发有为的精神状态，才能更好地为人民谋利益，从而得到人民群众的支持和拥护。人民群众是讲究实惠的，他们拥护的是那些能够带给他们发展致富，过上美好生活的好干部。反之，一个才疏学浅、政绩平庸的干部是难以树立起威信的。当今世界是知识爆炸、社会迅变的时代，作为一个现代的领导者，应树立终生学习的思想。一是向书本学习，二是向实践学习，三是向外脑学习，不断积累才干，力争以才增威。

（三）以廉生威。古人云：公生明，廉生威。廉洁是干部安身立命之本。自古以来，头脑清醒的当权者，大多能在俭与奢、廉与贪之间作出明智的选择，从而恪守善道，流芳千古。我们共产党人是人民的公仆，必须正确看待和行使手中的权力，切实管好自己的手，管好自己的腿，管好自己的亲属，管好自己身边的人，让权力在阳光下操作，自觉接受党组织监督，接受人民的监督。只有严格要求自己，才能赢得群众的信赖，才能获得群众发自内心的尊敬，才能经受住改革开放和市场经济大潮的考验。

（四）以公助威。唐朝《臣轨》中说“唯公心可以奉国，唯公心可以理家”。公，就是指在领导活动中，一定要做到公开、公正、公道。实践证明，干部能公道处事，就能聚人心，聚财聚威；倘若办事不公，就会导致群众离心离德，个人也就丧失威信。总之，干部必须始终公字当头。

（五）以诚取威。人无信不立。诚实守信是我们中华民族的传统美德。只有诚实守信的干部才能被群众拥护。特别是领导班子中的每一人，都要以诚相待，互相信任，才能形成合力。唯有如此，干部才能获得较高的威信。这里，我还想指出：我们各企业、各部门的正职，要克服大事小事个人包揽，不给副职出头露面的机会这一毛病。而副职则要克服荷叶包钉子——时时想出头，不去维护正职权威的毛病。聪明的正职要淡化权力意识，放手让副职大胆工作。副职也应在正职的统率下积极、主动开展工作，不能你对我不放心，我就不用心；你对我不放手，我就不动手。

（六）以情育威。感人之心莫过于情。干部威信的确立，的确离不开感情的力量。执政之道在于安民，安民之要在于察其疾苦。领导干部要提高威信，就要做到“八个坚持、八个反对”，深怀爱民之心，恪尽为民之责，善谋为民之策，多办利民之事。时刻保持同群众的鱼水关系，从群众最关心最紧要的事情做起，给群众带来实惠。那种同干部群众只有工作关系，没有同志关系，只有利益关系，没有朋友关系的干部，是很难有威信的。

（七）以干树威。勤奋是成功之本，实干是成事之基。群众可以理解和原谅理论水平还不够高的干部，但绝不能容忍说得多，干得少，或者只说不干的领导者。只会唱功不懂做功是不行的。苦干可以出思路出办法，苦干可以出成绩出经验，苦干可以战胜困难，开拓前进。勤奋才能得到群众的拥护和支持。

（八）以创升威。创新是一个民族的灵魂。在充满希望与挑战的新世纪，每个党员干部都必须增强创新意识，大胆探索，开拓创新。创新首先要解放思想，更新观念，冲破思想和习惯保守。创新要从实际出发，结合实际情况，创造性地开展工作。

四、推进科技进步，营造良好的人才环境

今后经济发展靠的是什么？靠人才。改革开放以来，我们乘改革之风，凭着有利的地理位置和优惠的政策，从各地吸引了大批人才，对罗南的发展注入了强大的活力。然而，随着改革的深化和各地经济发展日趋平衡，以高薪效应为主的人才政策已逐渐失去了吸引力，我村已出现不稳定状况。营造良好的人才环境，吸引、稳住人才是当前的重要任务。我们第一届村委会，由于认识到人才难得，着力引进人才使经济得到了发展；而现在却开始出现了人才难留的状况。要知道，留住了人才就留住了希望。当务之急是要抓好人才的引进和管理。中国入世后，企业面临的挑战和最大的危机莫过于人才的流失，这一危机正日趋严重。我们要大力引进人才，留住人才，收入分配应向关键岗位和科技人才倾斜。

企业发展之本在于人才。从企业方面说要善待人才，而人才自身也要自珍自爱。

妇委干部从政修养八要

为了配合罗南做好各项工作，我们希望妇委干部除了要努力做到自尊、自信、自重、自强外，还必须努力加强以下八个方面的修养。

（一）抛弃世俗，志存高远。古人云：志患不立，立患不坚。当代妇女生逢盛世，党和政府为女性施展才华提供了良好的社会环境和条件，传统的世俗观念已不是社会观念的主流。我说要志存高远，不是要女性都争取从政和追求做大官，而是说要有立志做一番事业的雄心。

（二）勤于治学，提高素养。一个成功的女性，往往是内在素养很高的人，并具有较高的理论和文化修养。我们面对的是一个知识经济时代，新事物层出不穷，新知识日新月异，要跟上时代发展的步伐，必须养成勤学、好学，博览群书的好习惯，克服知识贫乏、素养不高的缺点。既要学习高新技术，学习文学艺术，还要学习法律和经济方面的知识。通过读书学习，丰富知识，开阔视野，培养和修炼自己的人格魅力，使自己有一个好的情操和良好的精神状态，永远保持旺盛的活力。

（三）勇担重担，有为有位。女性不仅要有做好工作的愿望，还要通过组织的培养和自身努力，不断磨炼自己的意志，提高自身的能力。面对在实际工作中的困难，要有坚定的自信心和顽强的毅力，切勿以自己是女性为由，拈轻怕重，患得患失，顺从脆弱，不敢作为。要通过“有为”实现“有位”。

（四）品格独立，不当陪衬。在现实生活中，多数女性都不同程度地存在着自卑感，对自己的才华和创造性信心不足，总觉得女不如男是很自然的事，因而自觉不自觉地把自己置于从属于男性的地位。一遇到急难险重的事情，就以自己是女性为由，要求男性领导去处理。女干部必须保持独立的思维品格，学会独立思考，凡事有主见，有独当一面的勇气和决心，决不做“花瓶”，当陪衬。以自身的实力和工作表现，赢得同事的尊重、信任和支持。

（五）细腻平放，刚秉相济。在当今社会，人们往往将女干部与女强人等称谓联系在一起，这实际上是对女干部坚强、刚毅的性格特征的充分肯定。但女干部切不可因此将热情、勤劳、温柔、平和、认真、周到、有爱心、善解人意、有人情味等许多女性的闪光点丢掉，而应将这些优势加之发挥。

（六）云水胸怀，天地气魄。宽容大度既可使女干部保持乐观向上的心理品德，也是妇委干部做好工作，取得事业成功的重要保证。但在现实生活中，部分女干部由于受生活方式、生理特点和思维方式的影响，性格中极易形成封闭、嫉妒心理，成为走向事业成功的重要障碍。海纳百川，有容乃大。在成长的道路上，妇委干部应努力提高自己，培育个人健康的心理素质，彻底摒弃斤斤计较、婆婆妈妈的不良习气，凡事从大处着眼，宽以待人，能容纳别人，多交朋友，团结大家实现共同的目标。

（七）仪表端庄，言行得体。女干部的仪表、举止、言谈是自身修养的表现，也是通向成功不可忽视的因素。因此，女干部不仅要有丰富的内涵，还要有良好的外在形象。保持良好的外在形象，既要体现女性柔美本色的一面，也要考虑职业女性与一般女性的不同之处，要端庄大方、举止优雅、有礼有节、言谈不落俗套等。

（八）吃苦耐劳，淡泊名利。与男性相比，女性从政要付出更多，牺牲的东西也更多。除了要做好本单位的职责工作外，回到家里还要操持家务、侍奉长辈、相夫教子。事业和家庭两者都是重要的，不可偏废。因此要求我们的女干部，要发扬中华女性吃苦耐劳的传统美德，迎难而上，通过自身的不懈努力，实现家庭和事业双丰收。

当前，我们正面对世界信息化和知识经济迅速发展的大好机遇。我们一定要把握机遇，把率先基本实现社会主义现代化建设的任务努力完成。我们深感任务艰巨，责任重大。新一届村委会，一定要在上级党委的正确领导下，珍惜村民赋予的权力，认真履行职责，形成一个团结进取、协调务实、高效廉洁的领导集体，做到思想同心、目标同向、工作同步，发挥各自的积极性，在全体村民代表和党员干部的支持下，振奋精神、开拓进取，带领全村人民为实现本届村委会的计划目标，为建设更加美好的罗南而努力奋斗！

2002年罗南村委会工作总结

2002年，罗南村经济持续健康发展，在宏观经济环境逐步好转的情况下，我村整体经济保持增长势头，运行质量进一步提高，固定资产及基础设施投资达5000万元。重视农业和农村工作，加强农业基础设施建设，改善农业生产环境，从而确保了农业增产、农民增收和农村稳定。以土地为中心的股份合作制，达到了平均每年增长20%，农村股份合作制总收入比上一年平均增收700万元。集体经济的传统产业升级换代促进了经济结构进一步优化，非公有制经济发展壮大，不少企业正逐步向高新科技和新经济领域迈进。企业改革进一步深化，转制工作取得了阶段性成果，大部分转制企业经营状况有所改善，监督和营运体系逐步完善，资本营运有新的突破。社会保障制度力度加大，扩大社会保险覆盖面工作取得了重大进展。2002年，参加社会保险的人数达到2755人。农村改革方面继续巩固，完善以土地经营权为中心的农村股份合作制。村务公开制度全面推进，特别是运用信息技术，加强农村管理有新的进展，安装了电脑触摸屏。

信息化建设取得了重大突破。按照全民培训，广泛应用，高起点规划、高标准建设的方针，富有成效地推进创建信息村工作，全民信息化意识和素质明显提高。在电信局的帮助下，我村重新铺设光纤，目前达到了户户可上网的目标。

乡村环境及基础设施进一步完善，环境现代化建设成效显著。去年底，村干部实地考察罗南村规划发展情况，决定为整治河涌，改善农村生态环境建设，新开一条从隆庆至东兴公园的大涌，新涌宽30米，长3公里，连接罗南各村及西江大河涌。为发展农村经济，方便人民群众，新修一条四车道的罗南大道。罗南新涌和罗南大道共投资1300万元，此工程的完工将为罗南环境现代化建设锦上添花，使我村面貌有较大改观。随着罗南新涌的通渠，渠边3公里长的河堤公园、下沙荷花公园的建成，罗南的绿化面积达到了5万平方米，人均绿地15平方米。我村还注重环境景观的规划设计，精品意识明显增强，规划建设管理水平的品位有新的提高，公共配套设施逐步完善，并初步取得了环境经济的效果。狠抓环境综合治理，实现了工业污染源达标排放和排污总量控制，使全村环境质量明显改善。土地利用总体规划编制完成，促进了土地资源的优化和有计划利用，保障了经济的可持续发展，基础设施保持适度超前发展。罗南水闸已于4月份通水，与镇政府合办的利南商贸市场可于春节前完工。这将对罗南的投资环境、生态环境和第三产业发展起到重要作用，将把罗南两个文明建设推上一个新台阶。

民主法制建设得到加强。村委会坚持向党员和村民代表报告工作制度，广泛听取村民代表的意见和建设，认真办理村民代表提出的意见和建议，积极推进依法治村工作，实施依法行政，深入开展普法教育，提高了广大党员干部群众的法律意识。两委会领导班子在“三个代表”教育活动中，切实解决广大群众反映的热点、难点问题，化解社会矛盾，大力转变作风，增强了村委会的服务意识，严格实行公开招标制度和公物采购制度，廉政建设进一步加强。坚持社会综合治理，完善治安防范体系，社会治安进一步好转，狠抓安全隐患整治，安全生产事故明显减少。

今年5月份，我村成功进行了第二届村委会换届选举工作。在选举过程中，努力做到“六破除、六确立”。即破除官本位的观念，确立能上能下和为人民服务的思想；破除无过便是功的观念，确立无功便是过的思想；破除论资排辈、平衡照顾的观念，确立论绩选贤、不拘一格选人才的思想；破除唯年龄、唯文凭的思想；破除求稳怕冒的观念，确立用错人是过、该用的人不用也是过的思想；破除地域观念，确立全罗南一盘棋、唯才是举的思想。这次选举是农村民主的大发扬，是对农村基层干部的大考验，使农村法制建设得到加强。选举出来的新一届村委会干部和村民代表比上届更年轻、更有活力。

精神文明建设和社会各项事业有新发展。广泛开展“致富思源、富而思进”教育活动，以全面提高我村的文明程度和村民的现代文明素质。文明建设的内涵不断丰富，幼儿园、学校素质教育全面推进，教育现代化和信息化步伐加快，教育事业迈出可喜的步伐。文化活动日益繁荣，村委会免费为全村订《南海日报》1087份，对两个文明建设起着极大的推动作用。巩固创建省卫生村的成果。群众体育热情高涨，成功地举办了罗南龙舟邀请赛和体育运动会。共青团被评为南海十佳团支部，民兵、妇女、计生、调解、民政、治安等工作也受到上级的表扬。

2002 年，村委会所属 14 家陶瓷企业顺利实行转制，确保了集体资产保值增值。与名牌企业相比，转制后的企业尚处于探索学习成长阶段，为此，村委会领导也多次召开企业管理论坛会，集团也专门请中大教授前来讲授 MBA 经营管理理论知识，使我们的企业领导在企业管理、创新和市场开拓等各方面有一个比较大的进步。中国加入 WTO，从各个行业分析，几乎每个行业都受到严重的挑战，但总的来说，是利大于弊的。我们要把加入 WTO 作为一场拼死的竞争，不要丧失信心。我们怎样迎接挑战？首先必须进行产权改革，实现企业的产权升级，在产权改革、产业升级之后的第三个问题，就是企业的营销策略。我们每个企业都应当看到自己最适合在哪个方面发展。每个企业都有自己的生存和发展空间。小的企业要树立一种观念，甘当配角。有能力的企业可独当一面，建立自己的营销网络，这也是营销定位。在营销定位的同时，注重名牌经营，品牌意识是非常重要的。名牌来自诚信，没有诚信就没有名牌。2002 年，集团属下各厂出口达一亿元。面对入世，我们的信心还是有的，但我们还必须清楚地认识到我们的企业存在的差距，那就是产品档次还需进一步提高，营销网络还需进一步扩大。

2002 年，作为建陶第一镇的南庄，最大的盛事莫过于华夏陶瓷博览会。博览城的建立，博览会的召开，无疑给广大厂家和商家组建了一个平台。对我们企业来说，带来了商机。参展期间，不少企业都签订了很多新的订单，给目前销售困难时期的企业带来了新的曙光。我们集团参展的企业，在外商订货、新兴客户订货以及交易方面都尝到了甜头。通过参展，也发现了我们的企业存在的问题，那就是产品与名牌产品相比，确实是落伍了，来访的客户也不是很多，营销网络也存在问题。我们深切地感受到，没有品牌的企业，今后是很难生存的。更让我们感到悲哀的是，我们部分企业还不敢参展，这充分说明了我们的管理者思想境界落后，没有充分认识到会展营销理念的重要性和紧迫性。针对目前企业的这种状况，集团董事长关润尧同志就企业改革与发展、企业发展的前沿问题、企业创品牌的认识等作了专题报告，总经理陈顺桥同志也就目前存在的问题与企业管理层交换了看法，作了重要的讲话。企业领导层表示要充分利用好博览城这个平台，利用好“恒发楼”这个营销中心，把自己的企业推上一个新台阶。

2002 年，南庄镇开展创卫工作，这是一件迟到的好事，不少人拍手称快，大赞政府为人民做好事做实事。随着生活条件的改善，人民生活富裕了，各乡村大搞精神文明建设，成绩显著，而南庄镇城区似乎成了一个被遗忘的地方。南庄镇人口的杂多，脏乱差现象处处可见。为彻底扭转这种局面，政府号召大搞创卫工作，深得民心。我们罗南村委会积极响应政府号召，配合镇政府的工作，搬迁了东兴村的小工厂，填整了鱼塘，与政府合办利南商贸市场，为城区环境的改善、设施的配套作出了不少的贡献。早在 2000 年，罗南村已被评为广东省生态示范村。区内环境建设多次受到省市领导的肯定，今年又兴建了下沙荷花公园、罗南新涌、罗南大道，罗南现代化环境建设可谓锦上添花。

2003 年，我村将进入改革与发展同步推进的新阶段，将在调整中求发展，在发展中保稳定，在改革中增强活力，在提高人民生活质量上实现新突破，把罗南建成名副其实的“春有花，夏有荫，秋有果，冬有绿”的都市里的村庄，村庄里的都市，社会各项事业全面推向新高潮。

过去十年，我村经济发展、增长速度较快，使我们争取了主动权。明年，我们预计经济增长率 10% 左右，人均纯收入增长率 8% 左右，农村股份集团的分红预计人均增长 350 元。

为实现上述目标，明年的工作计划如下：

一、加快信息化建设，以信息化推动现代化

在经济运行、政务运作、社会管理等方面，全面推进信息网络技术应用，提高工作效率和经济效益。从目前开始，村委会的国土管理、群众的塘租、企业的地租、铺租，以及农村各种规章制度及管理，全面使用电脑管理。在农村全面推行财务电算化的基础上，积极推进信息系统管理。

二、加强农业和农村工作，促进农业和农村经济高质高效发展

继续增加农业的投入，改善优化农业生态环境。在以前完成的整治鱼塘工程后，着力配套好机耕路网的建设，引导村民向三高农业发展，特别是优质鱼和观赏鱼的发展，要充分利用罗南良好的水质，提高养殖业的质量，促使农业增产，农民增收。

三、抓好监督营运机制，建立比较完善的社会主义市场体制框架

村委会要进一步明确和理顺产权所有者、企业经营者和职工之间的关系，真正体现市场经济条件下，村委会管好所有权，放开经营权，行使监督权，实行政企分开，政资分离，使企业成为独立的市场主体。

成立五人小组，每月对村委会和农业公司的财务实行监督。

四、协助转制企业，提升企业形象

通过博览会，我们的企业看到了自己的不足，找出了自己的差距，如何提升自己的形象，树立自己的品牌，这是我们在明年的经济工作中必须面对的问题，村委会、集团董事会将帮助转制企业解决一些企业发展的前沿问题。

五、大力发展第三产业，推动经济协调发展

充分利用罗南的地理优势，以及便利的交通和完善的基础设施，积极发展商贸市场。明年，与镇合办的商贸市场将投入使用。此外，农村股份集团公司与陶瓷企业将合资兴办5000人入住的外工村，以增加第三产业收入。

六、推进非公有经济加快发展

要充分发挥民营协会的作用，积极稳资引资。树立“不管是什么地方的人，只要进入罗南地域办厂，就是罗南人”的观念，实行“四给”：做到政治上给信任，服务上给方便，发展上给支持，经营上给指导。

七、加快农村向城市化建设的进程，不断提高建设水平

明年，我村环境现代化建设将进入第三阶段。我们要按照高起点规划、高标准建设、高效能管理、高品位文化和高文明素质的要求，使罗南的面貌有一个巨大的变化，力争创建国家级生态示范村，以促进环境经济的发展。

明年，我们还将完成隆庆村高级公寓的设计、罗南大道的连接工程、罗南村河涌及桥梁建设。

八、加强精神文明建设，推动社会各项事业全面进步

明年，要努力达到四个目标：一是公民素质显著提高；二是社会文化生活水平显著提高；三是文明程度显著提高；四是政治生活、民主制度显著提高。努力做好社会各项工作，进一步做好拥军优属工作，关心和做好儿童教育工作，提高妇女综合素质，维护妇女儿童合法权益，进一步做好计生、共青团、妇女、民兵、调解、民政、社会养老保险、合作医疗等工作，促进社会全面进步。

九、坚持依法治村，加强民主法制建设，维护社会安定局面

加强民主建设，重大问题要经过村民代表大会讨论决定，认真听取村民代表和各部门的意见，认真重视群众的来信、来访工作，密切村委会与村民的关系，推进决策科学化、民主化，完善村民自治。

建设宽裕小康社会和文化强村

——2003 年终总结大会讲话

罗南村的经济在连续十二年增产增收的基础上正继续迈上新的台阶。2003 年尽管受到了非典的影响，但由于各转制企业发扬了努力拼搏精神，大部分都取得了好的效益。至 12 月底，转制企业 100% 完成了企业续买金和土地租金，上缴税费达 4000 多万元，比去年增缴 600 多万元。今年春节前，工人工资将能确保足额发放。出口额会比去年翻一番。去年上半年，华雄厂出现亏损，集团采取了终止华雄厂原承包班子继续经营，实行了平稳过渡，保证了集体资产不受损失。新的承包班子接手以来，企业发展良好，春节后四条生产线可全部投产，今年产值预计可以翻一番。

股份集团方面，尽管鱼塘投金少了几十万元，但由于我们加大了土地的开发力度，发展了铺位出租业务，股份集团收入仍然形势喜人。2004 年我们一定可以实现新一届村民代表大会成立时的愿景，即股份集团三年人均收入增分 1000 元的奋斗目标。

民营经济持续发展。2003 年民营经济新建和技术改造资金达 5000 多万元，转制企业技术改造和新增设备共投入超过 5000 万元。创品牌企业方面，继前年盛发电器拿到国家免检产品后，天伦电器、恒发瓷质砖厂去年又双双拿下国家免检产品称号，目前罗南已有三个国家免检产品，为今后企业的发展打下了良好的基础。

此外，在村民生活保障方面、文化教育方面、社会治安方面、精神文明建设方面都取得了可喜的成绩。

当前，我国经济正进入新一轮快速发展周期，为我们经济发展提供了有利条件，但国内外能源紧缺，物价上升，国家的政策将从注重量的增加转变为注重质的提升。为此，我们要提高自己的应对能力，要根据市场的变化不断提高我们的决策水平。我认为，社会可比喻为一辆行进中的汽车，它最初的时速是30公里，我们需要较长时间才能到达目的地，其间，我们只需要为数不多的几次调整方向；而今天，车速已达到150公里，用在路途上的时间大大缩短，但这也意味着你要更频繁与敏捷地调控方向盘，才能适应市场的发展。谋事而动，顺势而为。我村今年工作的总体要求是：高举邓小平理论旗帜，认真贯彻落实党的十六届三中全会精神和省委第九届三次会议精神，按照“发展要有新思路，改革要有新突破，开放要有新局面，各项工作要有新举措”的要求，以提高综合竞争力为核心，以结构调整、资源整合为主要任务，以提高人民群众生活水平为目的，以确立人才资源是第一资源，为产业强村提供人才和智力的支撑点。建设文化强村，提高罗南人的文化素质，让观念更新、旧意识的转变成为提升我村精神风貌和推动经济可持续发展，新的强大动力，实现我村各项事业的全面进步。

要完成以上的任务，我们要努力做好以下几件工作。

2004年的主要奋斗目标：全村国内生产总值增10%，工业产值增20%，农村股份集团人均分配增450元，达到人均超过3500元，全村经济综合实力、人民生活水平再上一个新台阶。

一、全力打造产业强村，形成核心竞争力，形成规模，提升我村的工业经济质量和水平

“产业强村”的提出是针对我村的产业虽已具有较雄厚的基础但仍需巩固和提高这一实际提出来的。它要求我们，必须以信息化带动工业化，以工业化促进信息化，通过产业实力、产业效益的提高和持续发展，为罗南工业建设和其他各项事业的发展提供更坚实的基础和支撑，实现经济建设与事业发展的良性循环。要加强企业管理，特别是转制企业的管理，企业派驻会计要加强监管，确保每月足额上缴续买金，确保转制企业能正常运作。为了把转制企业搞好，各企业要建立现代企业制度的制衡机制，包括决策制衡、董事会制衡、会议工作制度、奖惩制度、决策公示制度、投票制度。各转制企业法人代表的素质一定要达到职业管理者的要求：1. 企业家的创业精神；2. 严谨守信的品格；3. 团队与宽容精神；4. 灵活的思维方式。管理的基石是信用，信用的基石是品格，品格的基石是信念，信念的基石是教育。我们的转制企业，若要立于不败之地，进而击败竞争对手，必须强筋壮骨，苦练内功，从头到脚把自己武装起来。这好比一个运动员，如果其主要器官残缺，功能紊乱，腿软心虚，四肢乏力，又怎能在竞技场上角逐并赢得胜利呢？就目前来说，我们的转制企业真正称得上身体健康的实在不多。恰恰相反，绝大多数转制企业都患有功能失调、后天营养不良的病症，有些甚至相当严重。当务之急是痛下决心，下苦功去提高管理水平，搞好企业文化，投放资金进行设备改造，努力开拓新产品。

企业要永远保持领先地位的办法只有一个，就是快。发展比别人快，调整比别人快，新产品的推出要快，旧产品的淘汰要快，对竞争对手的了解要快，对市场信息高度敏感并作出正确的决策反应也要快……一句话，认准了的事行动起来就要快。快才能抓住发展的机遇，快才能摆脱对手的追赶，快才能永远享受领跑者的乐趣。企业同时还要加强营销队伍建设，企业生产产品只是前期行为，产品变成商品才有最终意义，商品只有销售出去才能实现经济效益与社会效益。要按照政治平等、政策公平、法律保障、放手发展的方针加快民营经济的发展和提升，充分发挥民营协会的重要作用，加大对民营企业的扶持力度，鼓励有条件的民营企业走出去拓展发展空间。

对支柱产业和行业，要加大技术创新服务和人才智力支撑，全面提升其竞争力。我们的建陶行业、家用电器、塑料五金、家具制造等传统产品是基础，要改造、发展、提升，绝不能忽视、放弃。我们坚持工业立村决不动摇。但随着南庄地位的改变，区域增值和市场竞争的要求，不能再生产低档次、低附加值的产品，不可再走污染大、效益低的路子。因为这条路子对我村资源优势已造成浪费，不符合提高企业竞争力的要求。今后，我村工业必须向新型工业化方向发展，推动高新技术产业升级换代，促进传统产业向大而强转变。要确立人才资源是第一资源的观念，优化人才环境，发挥现有人才作用，加大紧缺人才的引进、培养和使用力度，建设一支高素质的产业科技人才队伍，一支产业经营管理队伍和一支产业技术工人队伍，为产业强村提供人才和智力支撑。

实施品牌战略，增强企业的品牌意识，提高品牌建设水平。盛发、天伦电器，恒发瓷质砖要发挥国家免检产品的强势，加大力度发展，进一步提高管理水平，力争几年内达到省名牌或国家名牌产品，从而带动我村工业的发展。

二、加强农村工作，稳定农村社会局面

抓好三农问题是我村基础性工作。采取有力措施，确保农村稳定，推动农村发展。以稳定保发展，以发展促稳定，实现我村工作的全面进步。为此，首先要增强村领导班子的团结，以及班子对群众的凝聚力，搞好干群关系，使我村形成团结协作的良好局面。其次，要加强对党员、村民代表的理论和文化知识培训，提高他们的综合素质和工作水平。再次，要充分发挥村民小组长和妇委的参政能力和联系群众的纽带作用，以提升村民的大局意识、集体意识，及时协助解决村里的热点问题和难点问题。我们还要努力增加农民就业渠道，积极探索适合我村开展的农业新项目、优化农业结构，引导村民向三高农业发展，尤其要充分利用罗南良好的水质养殖优势鱼和观赏鱼这一发展路子。此外，还应完善好股份集团的各种制度，根据全镇的统一办法，实行出生用钱购股，死亡和迁出户口的用现金退股的办法，确保股份集团的正常运作。

三、率先建成宽裕小康社会，为村民营造高质量的生活和生态环境

强村是富民的基础，富民是强村的目的。建设宽裕小康社会是我们的重要目标和重要任务。我们要集中力量，全面建设经济更加发展，民主更加健全，文化更加繁荣，社会更加和谐，村民生活更加殷实的小康社会，全力为村民营造高质量的生活和生态环境。

建立完善的社会安全保障体系是宽裕小康社会的重要体现。就业是民生之本，要努力拓宽就业渠道，不断增加就业机会，实现充分就业。村委会已成立了再就业领导小组，要千方百计做好毕业生和退伍军人的就业安置工作。每年的 7 月份和 12 月份是就业的报名时间，要建立与村经济发展水平相适应的社会保障体系，确保退休人员的退休金，做好为适龄人员购买社会统筹保险的工作，完善好老有所养、病有所靠的养老合作医疗保险制度。此外，对幼儿园的补贴问题，今年开始改变，由原来的暗补到今年的明补，即凡罗南本地村民的二周岁半至六周岁半的儿童到罗南幼儿园入托，父母双方均在农村工作的一年补助 1500 元，父母一方是罗南户口的一年补助 800 元；不在罗南幼儿园入托的不补助。

以共同富裕为目标，加大对困难群众的扶持力度。加强对村民忧患意识和危机意识教育，强化危机的预警机制、社会救助机制建设。以工会为单位成立帮扶基金会，要像恒生夹板厂那样，每月员工出 5 元，老板出 5 元成立基金会，对困难职工实施帮扶，解决好外来员工的稳定性问题。提高社会安全度，加强社会治安综合治理，建立和健全治安防范工作长效机制，坚决扫除黄赌毒等社会丑恶现象，妥善处理各类群众性事件，维护社会稳定，保障人民群众安居乐业。

加强民主法制建设，促进文明协调发展。健全的民主法制是宽裕小康社会的一个重要特征和标志。我们要在大力推进物质文明建设的同时，努力加强民主法制建设，实现物质文明、政治文明和精神文明协调发展。坚持和完善村民代表大会制度，支持村民代表行使监督权、重大事项决定权。坚持依法行政，加强行政监督，加强基层民主建设，健全民主管理制度，完善村民自治，提高政务公开、村务公开的水平。加快信用建设，促进公平竞争。广泛深入开展群体性精神文明建设活动，提高我村文明程度。

营造文明健康的社会生活环境，全面提高人的素质。我们认为，人的素质的提高是我村今后发展的增长点。我们提倡全体村民代表、党员和群众要树立“三个心”，即要有“孝心、事业心、公德心”，形成尊老爱幼等良好社会风气，同时要有全局观念。我们各企业的老板和在座各位应当具有：君子惠民而不费、劳而不怨、欲而不贪、泰而不骄、威而不猛的良好作风。

要提倡文明健康的生活方式，积极开展爱国卫生运动，营造优美整洁的生活环境，广泛开展各种形式的全民健身运动，利用文化中心的落成，开展丰富多彩的娱乐活动，提高全民健康素质。此外，还要帮助村民掌握应对各种重大突发事件的基本知识。

四、加强党的建设

加强党的领导是建设宽裕小康社会，基本实现现代化的根本保证。要按照党的十六大关于加强新时期党的建设的部署，坚持党要管党，从严治党的方针，抓好党的建设。

要不断提高村领导班子科学判断形势的能力，驾驭市场经济的能力，应对复杂局面的能力，依法行政的能力，总揽全局的能力，把领导班子建设成为坚持贯彻“三个代表”重要思想的坚强领导集体。

认真贯彻执行党风廉政建设责任制和规章制度，做到以德育人，以制度管人，以纪律约束人，以惩罚警示人。加强对权力运行的关键环节和关键部位的监督，提高权力运行的透明度，确保权力运行符合党和人民利益的要求，自觉接受代表和社会监督，做到权为民所用，情为民所系，利为民所谋，为人民掌好权、用好权。

五、积极推进现代化的新农村建设

我们要衔接好镇的整体规划，制定好本村的发展规划和环保生态规划。规划要体现时代性、科学性、先进性。建设项目和环保生态建设项目要统一起来，力争几年内成为国家级的生态示范村。今年，我们要克服困难，把隆庆村民公寓建成功能完善、生态环境良好、组团紧密、水乡特色鲜明的现代化新楼盘，并筹资在下沙村东西路东边和隆庆工业区兴建外工村。

建设现代化新农村是一个不断发展的过程，不能急于求成，毕其功于一役，要确立科学态度和长期奋斗意识，持续努力，不断积累，提高规划建设水平。

在规划建设中，还要注意到我村历史文化遗存虽然数量少，但底蕴深厚的特点。如去年隆庆筹资100多万元修缮的陈氏宗祠和隆庆官道，既体现了对历史文化的继承和创新，又体现了对现代文明的兼容。此外，对百年以上老榕树的保护，也体现出我村历史文化外显功能的扩大和发挥。

六、大力推进三个文明建设，推动我村各项事业全面进步

我们要落实中央关于建设学习型社会的指示精神，培育新型城镇文化，打造文化强村，做到全程全民多方位的教育，培养各类与社会主义现代化建设相适应的复合型人才，培养群众良好的社会价值观和人文精神，培育注重规划、团队合作、爱岗敬业等社会价值观。要充分利用文化中心，提升人的综合素质，确保人的素质可持续发展，使全村人民保持奋发有为、昂扬向上的精神状态，营造健康向上的人文环境，努力达到四个目标：一是公民素质显著提高；二是社会文化生活水平显著提高；三是文明程度显著提高；四是政治生活民主制度显著提高。

践行“三个代表”建设现代化新农村

——在禅城区农村新一届党支部委员集中培训学习会上的发言

（2004 年 10 月 18 日）

根据会议的安排，今天我代表南庄镇罗南村新一届党总支部委员会在这里介绍发展集体经济的一些做法和体会。

一、罗南村发展的基本概况

在过去二十多年里，我村在党的富民政策指引下，在各级党委的正确领导下，罗南党总支抓机遇求发展，三个文明建设迈上了新台阶，取得了可喜的成绩。十年前党总支提出奋战几年把罗南建成“远看像林园，近看像花园，细看人民生活在幸福乐园”和“少有教、老有靠、病有医、行有车”的奋斗目标已基本实现。全国东部省市创卫领导先后到罗南村视察，都肯定了我们三个文明建设的成绩，罗南党总支先后被中央组织部授予“全国农村基层先进党组织”，被省委、佛山市委授予“先进基层党组织”光荣称号。镇党委也连续十二年把我村党组织评为“先进党（总）支部”。罗南村也获得了“广东省先进集体”“广东省生态示范村”“广东省卫生村”“广东省乡镇企业十强村”“广东省文明村”等荣誉称号。

二、罗南全面开展农村建设的做法

（一）建设经济强村，增加村民收入

近年来，我村大力发展民营经济，努力创造有利于民营经济发展的外部条件，包括积极开发土地，全方位为企业服务，力争罗南的民营经济上规模增实力。2003 年，全村辖区内企业上缴税收超过 6000 万元，预计今年可达 7000 万元，出口总值预计超过 4000 万美元。目前，我村已有三家企业产品获得“国家免检产品”称号，一家企业产品获“中国名牌产品”称号。村办罗南集团今年被国家工商行政总局评为“全国守合同重信用”企业。同时，我们又充分利用地理优势，大力发展物业出租，与镇政府合办的利南市场收入可观，为股份集团增分奠定了比较牢固的基础。经济的发展保证了村民生活水平大大提高，福利事业得到较大的完善。今年我村村民人均收入已连续八年超万元，全村小汽车超过 750 辆，每人每年可累计报销医疗费 8 万元。

（二）建设优美村庄，打造高品位环境

全村共建有水泥道路 32 公里，绿化面积 18 万平方米。我们积极鼓励村民美化家园。目前，已基本上达到党总支六年前提出的发展目标：把罗南建成“春有花、夏有荫、秋有果、冬有绿”的新农村。我村组建了由 37 人组成的清洁队伍，每天两次上门收垃圾，两次清扫和喷洒路面，并设立专门除四害专业队和 20 多人的绿化队伍，规定农村不准养三鸟等措施以保环境洁静。如果你在罗南各村走一走，你可以看到，过去室内现代化，室外脏乱差，有新屋没有新村的现象已不复存在，取而代之的是规划整齐、布局合理的幢幢小洋楼。村内村外花香四溢，绿树成荫。我村不仅拥有标准化的足球场和游泳池，而且村村都有灯光球场、文化室、文明楼和村心公园，基本上达到了城市有的，我们都有；城市没有的，我们却有。

2002 年初，我们通过对“三个代表”重要思想的学习，又启动了“蓝天碧水环境现代化建设工程”，着力在村内打造新亮点。包括打造一河两岸怡人景色，开挖了一条 30 米宽、3.5 公里长的环村大涌，新建桥梁 7 座。目前，两岸绿草如茵、鲜花盛开；投入近 1000 万元，包括投入 100 多万元在下沙村前建造荷花公园，建造荷塘月色美景；投资近 100 万元在隆新重建河堤公园，搞亲水工程。此外，为重现古建筑风采，我村投资 100 万元重新修缮具有 200 多年历史的隆庆祠堂，不仅保护了文物，也为我村增添了浓厚的历史文化气息。

（三）建设学习型农村，提高村民素质

我们认为，经济发展起来后，罗南的发展目光应该放得更远。为此，六年前党总支就指出，经济搞上去了，人的思想境界和素质也必须提高，才能达到真正的富裕。抓人的思想，抓精神文明建设，什么时候都不能放松。根据这一指导思想，党总支明确提出了“不能有了口袋，穷了脑袋，否则就会误了下一代”，必须把提高人的素质摆到支部的重要议事日程上。我们党总支深深懂得“十年树木，百年树人”的道理，因此积极发展教育事业，努力提高村民素质，建立学习型新农村。我们认为，只有“今天出钱财，明天才能出人才”。

我村原来的文化水平是很低的，1992 年前我村只有两名大学生。实践使我们清楚地认识到，没有文化的农民，要建设现代化的企业是不可能的。提高全村的文化水平，必须从娃娃抓起。从 1992 年开始，我们的小学已在学校供应午餐并做到中午休息都有床。小孩两岁半至六岁半进入罗南幼儿园，每人每年补助 1500 元。三年前，罗南小学和罗南幼儿园分别被评为佛山市一级小学和一级幼儿园。我们设立了教育基金，对上高中、大学的学生每年分别奖励 1000 元和 2000 元，并对大学生保留农村股份分红。目前，我村每年读高中、上大学的有 300 多人，其中大学生超过 100 人，每年补贴近 50 万元。村委干部更是带头学习，推动了村内学习风气迅速提高。1999 年，在村内举办了由中山大学教师授课、为期一年的 MBA 研修班。这是我省首个村级 MBA 研修班。2002 年又举办了中山大学的远程教育。

在“三个代表”的学习中，我们党总支认识到，建设中国特色社会主义新农村，必须使村民树立新观念，学习新本领，增长新知识。为了让村民能及时了解党的政策，开阔视野，增长知识，从 2002 年起，村委会每年花 20 万元为全村每户免费派发党报。我村成为佛山农村第一个党报村。村党总支还认为，为了防止返贫，关键在于提高村民素质。我们在全村范围内开展了“富翁贫民论教育”，让村民认识今天的生活在二十年前是富翁，今天的生活在二十年后是贫民，以此来激发罗南人树立艰苦奋斗、开拓进取、与时俱进的精神。

为加强村民的道德修养，我们党总支以上课的形式结合本地实际在全村范围开展村“孝心、公德心、事业心”的“三心”教育，效果很好。

（四）民主、科学管理，建设和谐村庄

富而思治，努力营造安定环境。为给村民营造一方净土，确保经济发展和社会稳定，我们坚持依法治村，不断健全落实民主管理制度，并率先应用农村管理信息系统，使村的管理有了质的飞跃。

为做好安全文明小区的科学管理，我们加大了群防群治的力度。我村组建了有 60 多人的治安队伍，24 小时巡逻。去年共投资 70 多万元在全村 12 个路口安装了全套光纤摄像机监控器，成立小 110 报警中心，24 小时值班，形成完善的治安防范网络，确保村民安全。由于治安工作抓得好，我村获安全文明小区称号。

（五）建设文化罗南，推进城市化进程

富而思乐，大力开展文体活动。为了满足村民日益增长的精神文化生活需求，引领村民文化生活健康发展，近年来，我们投入大量资金先后建成足球场、篮球场、游泳池、文化室等一批标准较高的文化设施，经常举办各种文体活动、文化活动，陶冶群众，营造积极向上的社会氛围。

2003年，省委、省政府和佛山市委、市政府先后发出建设文化大省及文化强市的号召。我们积极探索新型社会主义农村文化建设的路子，并按照高标准、高品位兴建罗南文化强村战略的核心工程——罗南文化中心。该中心于今年5月24日已投入使用。省委常委、佛山市委书记黄龙云亲临现场进行剪彩，该中心投资1500多万元，占地11800平方米，功能涵盖文化、体育、休闲、娱乐和集会，内设老人活动中心、图书馆、乒乓球室、网球场、篮球场、展览馆，其中以“致富思源、富而思进”命名的展览馆，通过实物、文字、图片反映罗南的今昔，教育罗南的子孙后代毋忘祖辈的辛勤，学习先贤的睿智，同时激发干部群众投身社会主义现代化建设的热情。文化中心是一个品味高的休闲场所。

借着罗南文化中心的建成使用，学校和幼儿园在文化中心举行了两次的汇报演出。村委会、团总支以及罗南大学生分会组织在文化中心举办了一次“英语角”活动，活动受到了来自美国外教的赞赏。党总支还在文化中心组织了有本村大中学生参加的，主题为“建设文化罗南，我们大中学生如何面对?”的座谈会等等。

（六）加强党的建设，党员当好带头人

我们罗南党总支班子深深认识到若要兴村先要律已；要带领群众致富，首先要在群众中站得住。十载创业路，一改旧时颜，十年创业皆艰辛，一朝成名不骄奢，要使全村人尤其是党员干部在成绩和荣誉面前保持清醒的头脑。我们认为，社会上有两种创业者：一种是功成名就，急流勇退；一种是志存高远，奋力攀登。我们属于后者，没有沉醉，在成功的喜悦中，以更大的胆略、气魄追求更高的目标。十年弹琴声自远，在激烈竞争的年代，机遇失不得，节奏慢不得，必须全方位出击，才能争得希望和成功。我们党总支和村委会的干部，除了具有文武韬略的素质，敢闯敢干、吃苦耐劳的精神外，更重要的一条是身先士卒、克己奉公的表率。我们一班人如同乐师弹钢琴，十个指头都能用上，村领导班子成员分工明确，各负其责，人人肩上有担子，个个身兼数职，党政分工不分家，由于安排合理，尽管工作千头万绪，但进行得有条不紊，各项工作齐头并进，呈现出一派生机勃勃的喜人局面。

三、几点主要体会

（一）成功的关键是加强党组织领导班子的建设。农村基层工作的好与坏，关键是党支部。我们党总支认为，一个单位能否取得成功，取决于以下三点：第一，是否形成了一个强有力的领导班子，有没有核心和领导人物；第二，是否营造了一种有利于人才成长和发展、有利于创造发明的环境；第三，所做之事是否顺民意，合潮流，得人心。多年来，我们正是为实现这几点不断加强党组织领导班子的建设。

（二）加强民主法制建设。领导农村基层靠的是民主管理和法制建设。我们建立了重大事项由支部大会和村民代表大会决议的制度和坚持向党员和村民代表通报情况的制度，自觉接受群众监督，多方听取群众的意见和要求，从而较好地保证了决策符合实际、符合民心。

（三）要充分发挥文化的社会凝聚作用。我的体会是一个分布村、一个企业发展的前五年可以靠领导班子的个人魅力去推动，后五年则要靠团队精神，靠企业文化。社会的稳定，经济的长期有效发展一定要有文化支撑。文化具有不可取代的教育功能和凝聚团结功能。经济一时上去了但没有文化，始终不可能富裕强大起来。因此，我们提出以文化建设促进经济建设，以提高村民素质和城市化文明度为目标，以文化罗南建设来提升村民的行为习惯、思维方法、文化素养、文化内涵等等，完成从村民到城市人的过渡。进一步加大精神文明建设力度，弘扬罗南人文精神，塑造罗南新形象。深化以诚信为重点的公民道德建设，扎实抓好文明村文明单位等群众性精神文明创建活动。我们认为这也是我村能够实现大发展重要的一环。

教育与文化是分不开的。我们深深认识到，罗南今后的发展要靠新一代青年人的努力，因此教育问题是一个十分重要的脑袋工程，一定要抓好落实。

全面贯彻落实科学发展观
扎实推进罗南村社会主义新农村建设
——在MBA班开学典礼的讲话

罗南村位于佛山市禅城区西南部，面积4.75平方公里，下辖9个村民小组，户籍人口3500多人。近年来，罗南村在上级党委的正确领导下，切实增强做好建设社会主义新农村各项工作的自觉性和坚定性，因地制宜、立足当前、着眼长远，坚持从实际和现有条件出发，坚持把广大村民的根本利益作为工作的出发点和落脚点，科学确定发展目标和工作措施，有计划、有步骤、有重点地逐步推进社会主义新农村建设工作，“不争第一，只创特色”，开创出属于罗南人民的一片新天地。罗南从改革开放前一个“地下无矿产，地上无特产，农民日子过得紧巴巴”的贫困旧农村，已发展成一个富裕文明的新农村，工农业总收入超过了10亿元，上缴税收超7000万元，连续9年人均收入超万元，先后被评为全国农村基层建设工作先进党支部、广东省文明村、广东省和佛山市红旗基层党组织、广东省卫生村。村民自豪地称罗南为“远望像林园，近望像花园，细看人民生活在幸福乐园”的村庄。

近年来，罗南村在推进社会主义新农村建设的过程中，主要抓了以下几方面的工作：

一、切实加强党组织建设，发挥党在农村的领导作用

村级党支部，是党在农村的最基层组织。农村工作的好与坏，关键是党支部。“没有一个坚强的党组织，就没有罗南今天的成就”，这是罗南全体干部、群众通过二十多年的发展达成的共识。罗南村党总支在今年3月25日已经挂牌成立罗南村党委，成为佛山市首个村党委。如何发挥党在农村的领导作用？我认为，必须依靠党支部，关键是要抓住中心凝聚人心。世界上最难得、最宝贵的是人心。没有广大党员、群众的拥护，党支部（以及村党委）都不可能发挥其领导核心作用。然而，人心靠上级是封不来，靠权力压不来，靠自己吹不来，靠小聪明也骗不来。我们村党委一班人在开展工作中，十分注重强化五种意识，即：服务意识、责任意识、奉献意识、诚信意识、约束意识。我们正是带着这些理念，靠着对党的忠诚，靠着无怨无悔的实干，才取得了村民的充分信赖。

我个人认为，现在大量社会矛盾表现在基层，聚焦在基层，只有切实加强基层组织特别是村级组织的建设，才能及时有效地化解矛盾，为促进整个社会的和谐发展打牢基础。农村稳，则天下安。村级干部处在维护稳定的第一线，肩负着重要职责，只有培养出一支政治上靠得住，工作上有本事，顾大局、讲奉献，人民群众信得过，能够带领群众致富奔小康的高素质的党员队伍，才能不辱使命。而对于党委、支部的领导核心来说，还应当具备较强的领导能力，包括：适应市场、领导发展的能力，维护稳定的能力，教育群众、服务群众的能力，依法治村、民主管村的能力等，才能最大限度地把村民建设社会主义新农村的积极性发挥出来，形成一股强大的力量。几年来，我们在工作中很重视发挥村民自治的作用，坚决打破“官本位”的束缚，重视农民民主意识的培养，而不是把它视为妨碍党加强农村领导工作的“绊脚石”。我们大力宣传法律尤其是村民自治制度的相关知识，帮助村民提高选举能力、村务管理能力和村务监督能力，真正实现民主管理，让农民手里攥上了“虎符令牌”。同时，我们在村民小组长中灌输“村长是一村之长，不是一村之主”的观念。一方面，让村长真真正正认识到自身的位置是一个为村民的办事者，一个有公心、有公德的社会管理者，从而摒弃“家长式”思维；另一方面，农民自主管理，有利于发挥农民的积极性，这才是农村发展的捷径。此外，我们还非常重视发挥党员和村民代表的桥梁纽带作用，使村党委在各个时期提出的奋斗目标和各项工作很好地落实到群众的行动中去，并起积极带头作用。上述理念的付诸实行，使罗南全村出现党群关系非常和谐的局面。“人心齐，事业兴”正是今日罗南的实况。

二、以建设“富裕罗南”为抓手，不断发展壮大村集体经济

1992 年，罗南村党总支就提出了“将罗南建成远望像林园，近望像花园，细看人民生活在幸福乐园”和“城市有的，我们都要有；城市没有的，我们都要有”的奋斗目标。围绕这一目标，我们首先大力推动“富裕罗南”建设，大力发展集体企业，又根据经济发展形势，及时对集体企业全面转制，积极扶持民营经济，确保了经济持续增长，整体实力不断提升，培育出盛发电器等一批知名民营企业。目前，罗南村拥有民企100多家，主要产业包括建筑卫生陶瓷、家用电器、塑料五金、家具等，已有1个产品获得“中国名牌产品”称号，3家企业产品获得“国家免检产品”称号。2002年，罗南村被授予“广东省乡镇企业十强村”称号。同时，我们还组建了土地股份集团公司，合理开发土地，积极发展物业，增加集体收入。

经济快速发展使村民的生活水平得到迅速提高。2005年，罗南的村民人均股份分配达4200多元，全村有小汽车超过800辆，老人每月都可领取200元退休金，村民每人每年可累计报销医药费8万元。村内随处可见漂亮的村民别墅，村委会还计划建设高标准的农民公寓，集约利用土地，改善居住条件。罗南村还建成了标准运动场和游泳池，每个村民小组村都有灯光球场、文化室和公园，村里的公共配套设施比城市一点都不差。

三、以建设“生态罗南”为突破口，加强规划建设管理，不断改善村内人居环境

规划是村镇建设的灵魂和龙头，决定着一个地区的发展水平与质量。罗南村一直很注重规划对建设的指导作用。早在1987年，在规划村小组新村建设时，我们就针对当时很多地方都存在的“有新房没新村”问题，在镇规划部门的指导下，规划了每个村小组的新村位置，规定了村民住宅建设的间距和建设高度等，并划出了各村小组的公共配套设施用地。到1997年底，各村的新村已基本建成，其公共配套设施也基本成型，罗南整个村容村貌有了质的飞跃。1998年，为进一步规范村的建设，罗南在当时南海市规划局的帮助下，编制了《罗南村总体规划》，规划了村内用地功能分区，描绘出罗南今后的发展蓝图。2000年，罗南邀请南海规划局设计了村内隆新涌的亲水工程，并在2002年完成亲水工程的建设。2003年，在区政府的支持协助下编制了《罗南村控制性详细规划》。按照这一规划，罗南将努力建设成为具有岭南水乡特色和良好自然生态的居住区、田园观光旅游区、岭南传统文化展示区，以及“宜居、宜商、宜游”的岭南水乡。与此同时，我们还以建设“生态融合、水乡特色”的环保生态村庄为目标，全面整治美化河涌，营造“碧水、绿地、小桥、人家”的水乡美景，充分演绎珠三角的水乡情韵，并大力进行植树绿化，面积达18万平方米，做到“春有花、夏有荫、秋有果、冬有绿”，“出家门，进花园”。在2001年，罗南被评为广东省生态示范村。

四、以建设“文化罗南”为着力点，着力提高村民整体素质，确保罗南可持续发展。

为了罗南的可持续发展，我们把培养现代素质的村民作为可靠的支撑，以及新世纪建设的重点。1992年，罗南村只有两名大学生。当时村党总支就提出“不能富了口袋，穷了脑袋，这样就会误了下一代”，着手启动了“文化罗南”建设，并将“文化”提到一个极高的高度，不断向村民灌输文化理念，改变村民的人生观、道德观和文化观。村党总支认为，文化具有弘扬正气、凝聚人心、净化心灵、陶冶性情、培长知识、提高素质、纾缓压力、娱乐身心、沟通感情、增进融汇等多种功能，文化在人际社会的和谐共进中有着重要的地位和作用。为此，罗南一方面加大教育投入，建成高标准的小学和幼儿园，并达到了佛山市一级标准。向小学生免费供应午餐、午睡床，幼儿进入罗南幼儿园就读，每人每年补助1500元。对高中生和大学生每年分别补贴1000元和2000元，保留在读大学生股份分红。全村每年对学生的补贴超过50万元，使适龄学生中65%的人入读了大学，达到了“今天出钱财，明天出人才”的目的。另一方面积极构建终身教育体系，鼓励和引导村民学习新知识新观念。村委会每年花20多万元为每户村民订阅报纸。1999年，罗南村开办了为期一年的中山大学MBA研修班，这是广东省首个村级MBA研修班。2002年，又开办了中山大学的远程教育。在村领导的带头和引导下，罗南人学习蔚然成风，精精面貌焕然一新，特别是村中的年轻一代，“早成才、成好才、成大才、成特才”的意愿越来越强烈，观念不断更新，素质不断提高。

在2003、2004年企业转型时期，党总支对村民的思想政治教育工作抓得更紧。由于企业转制，普通职工的工资明显下降，很多本地村民由于缺乏技术、年龄偏大，只能做一般职工，便产生了不想进厂打工的念头，做清洁工也觉得低人一等，因而造成村民失业，家庭生活困难。党总支深深懂得：黄连苦，贫困的群众生活更苦。如何解决这个问题？党总支及时地提出了“富翁贫民论”，即：今天的生活二十年前是富翁，今天的生活二十年后是贫民，以此来激发群众树立艰苦奋斗的精神，和开拓进取的观念。通过思想教育，部分不适合到工厂打工的村民报名参加了环卫工作，共安排了37人，一举改变了村环境卫生靠外来工打扫的习惯，罗南人的就业观念发生了新突破。在2003、2004年，为提高村民的道德修养，党支部在全村范围内开展“三心”（孝心、公德心、事业心）教育：对父母要有孝心、对社会要有公德心、对工作要有事业心，要求村民树立尊老爱幼，树立社会新风尚和支持公益事业。

2004年，罗南又投入了1500多万元建成罗南文化中心。文化中心内有图书馆、礼堂、体育馆、致富思源展览馆、广场等。文化中心是新世纪罗南人引以为豪的灵魂工程和新标志，经常在这里举行各种高品位的讲座、晚会和文体活动，如党总支开办的村民课堂、省内著名粤剧团的演出、中超乒乓球联赛等，已经成为罗南人学习、娱乐、接受美的熏陶、提升整体素质的场所。此外，罗南村还每两年举办一次龙舟赛，组建了几十支篮球队和足球队。文体活动的蓬勃开展，营造出罗南人积极向上的文明风尚。

五、以建设“和谐罗南”为契机，促进罗南社会经济全面、协调、健康发展

在和谐村庄建设方面，罗南村同样行先一步。我们坚持“教化为先”的指导思想，经常开展各种主题的教育活动，除上述的“三心”教育外，还有计划地帮助村民树立正确的价值取向和荣辱观，使他们认识到：“无钱财不是贫穷，无学问才是真正的贫穷；无地位不是卑下，不知廉耻才是真正的卑下”，激发罗南人与时俱进，开拓进取。通过日常这些潜移默化的教育，促进了村风、民风建设，使罗南村民人人争做文明人，村内乡风纯朴，村民道德水准得到了极大的提升，村内文明村民小组达100%，文明户也达到98%。近年来，村内青少年犯罪率为零，村内刑事犯罪案件极少发生。与此同时，我们注重抓好各项民生工作，把公益性岗位优先让给村民就业，并大力向企业推荐村民就业，并筹款100万元成立了扶贫助困基金，对困难群众定期发放生活补助，令每一名村民都能感受到生活在罗南这个大家庭中的温暖。我们还坚持依法治村，健全和落实民主管理制度。全面推行村务财务公开。在全村安装了光纤摄像机监测器，完善治安防范网络，确保社会治安良好，形成了团结和谐稳定有序的社会氛围。建设“和谐罗南”，离不开党员的带头作用。我们借着开展保持共产党员先进性教育活动的机会，向党员提出要有四个气，即：在人生追求上，要有“志气”；在为民谋利上，要有

“勇气”；在社会生活中，要有“正气”；在个人得失上，要有“大气”。引导全村做到：“心齐、气顺、劲足、实干”。通过形式多样的教化和教育，和谐罗南的建设已取得初步成效。

罗南党总支、村委会工作总结

（2005 年 1 月 22 日）

刚刚过去的 2004 年是个不寻常的一年，也是令人欣喜的一年，虽然困难比预料的多，但成绩比预料的好，呈现出“一个高于”，实现“两个突破”，凸现“三个战略效应”，体现“三个同步”的可喜景象。

第一，呈现“一个高于”。即各项主要经济指标高于预期。预计全村实现地区生产总值超 3 亿元，同比增长 12%，人均生产总值突破 8 万元（按户籍人口计算），农村股份集团分红达到 3600 元，比去年每人 510 元增 14.6%。

第二，实现“两个突破”。一是招商引资的新突破。引资质量、数量都有突破。全年招商引资总额突破 4000 万元，资金来源由过去以村内为主转变为以村外为主，引进了广东省百强企业，新明珠集团和中油燃料公司等物流的优质项目。

二是转制企业技术改造投资的新突破。转制企业打破了不敢投资进行技术改造的做法，敢于花钱购买设备，更新窑炉、改造喷雾塔，预计实际投资超过 6000 万元，为我村经济发展增强了后劲。

第三，凸现“三个战略效应”。一是产业强村战略促成强势发展。工业快速增长，规模工业领跑带动作用明显。家用电器童车企业发展势头良好，增幅较大，民营经济呈现出新的活力。物流等新兴产业崭露头角，利南市场渐入佳境。对外贸易增幅较大，实现出口总值 5000 万美元，增幅 40%。效益农业和农业产业化发展也取得了新进展。

二是品牌带动战略取得重大进展。2003 年，全村有三个企业获得国家免检产品。2004 年，盛发电器公司的三源牌电饭煲获得了“中国名牌产品”及“广东省名牌产品”称号；盛发电器厂也获得“广东省民营科技企业”“广东省高新技术企业”称号。恒诺陶瓷有限公司和金怡陶瓷有限公司均获得“光荣纳税”称号。

三是转制企业和民营企业发展战略初见成效。尽管遇到多种困难，我村的转制企业和民营企业都出现了增产值、增效益、增税收的良好局面。产业承载和集聚能力有效增强，初步形成了良性互动格局。

第四，体现“三个同步”。一是软硬环境同步改善。软环境方面，“文化罗南”的内涵得到丰富和发展，企业咨询投诉工作有了改进，村委会办公服务质量有了提高，加强了村民小组长对村委会各项工作的检查与监督，村内企业环保意识有了加强。公共安全社会治安环境继续改善，治保会荣获先进治保会称号，罗国津被评为“先进治保主任”。此外，加快了各村电网线路的规划和建设，除高墩村未完成外，其余 8 个村民小组电网线路改造已完成。

二是社会事业同步发展。实施人才强村战略后，加强了适用人才队伍的建设，完善了人才引进、培养和使用机制，信息化建设继续扎实向前推进。以创建省文明村为契机，全面加强了村民综合素质教育，文化、教育、体育事业的整体发展水平不断提升。

2005 年是国家实现“十五”规划目标并衔接“十一五”规划的重要一年。我村也正处于新一轮发展的上升阶段。面对新形势，我们有如下“三个基本判断”：一是当前正处于大有可为的战略机遇期；二是处于非常关键的战略调整期；三是还处于竞相发展的战略竞争期。面对战略机遇和经济社会发展的大好局面，我们一定要倍加珍惜，一定要千方百计地通过发展去解决前进中的困难和问题，千方百计激发干部群众和企业家加快发展的热情和干劲，千方百计保持我村经济社会加速发展的强劲势头，勇往直前，抢占先机，适时调整战略战术，赢取区域竞争的主动权。

为贯彻落实党的十六大、十六届四中全会，以及佛山市委九届七次全会精神，在新一年里，我们要坚持五项方针：一是远近结合。在实施市规划设计院和华中科技大学为罗南修编的规划过程中，要处理好远期工作和近期工作的关系，有目标、有计划、有步骤地谋划罗南的未来。二是质量并重，注重经济增长方式的转变。总量要保证，质量要提高，实现速度与效益相统一，结构与质量相协调。三是转制企业与民营经济、农村股份集团联动，实现三股经济力量齐飞，全村经济协调有序发展。四是统筹发展。统筹产业发展、村民就业、社会事业发展规划，深化农村改革。五是和谐发展，注重人口、产业、环境、资源、社会发展的协调和谐。我们还要把握好政策法规的严肃性、保障发展的灵活性，对上负责和对下负责的一致性。

今年全村主要经济指标预期目标是转制企业产值增长10%，民营经济产值增长15%，固定资产和设备改造投资6000万元，农村股份分红增10%。

为实现上述目标，两委会把“改革改善、提高提升”八字方针作为今年发展的主题，并力求形成一套育队伍、抓改革、促发展和保稳定的工作体系。

一、三轮驱动，提升经济发展质量

发展仍然是主旋律，是解决一切问题的根本。罗南要实现更快更好的发展，有赖于经济增长方式从粗放式向集约型转变，以质的提高带动数量的新扩张；有赖于技术改造的投入，只有加大投入才有发展的后劲。而最核心的，是有赖于转制企业、民营经济和股份集团经济的三轮驱动。

第一，进一步推进民营经济的强势发展。民营经济和转制企业是我村最大的原生优势和最重要的经济基础，也是我村参与新一轮竞争的主要力量所在。我们要倍加珍惜这一优势，倍加关心和积极推动转制企业和民营经济的更快更好成长。本地企业家对社会贡献很大，我们要在全村营造浓厚的重商氛围，对转制企业和民营经济，了解之、鼓励之、协助之，为其发展创造一切有利空间，推动其二次创业，在更高的坐标体系中实现新的发展。

第二，进一步促进农村股份集团经济的提升，为村民增分起拉动作用。股份集团建设的重点是充分利用土地资源。今后，股份集团工作的重点是利用土地搞物业，提高土地的收益。今年拟与镇政府合办高中学生宿舍，扩大利南市场和建商住楼。今后原则上不再开发单层建筑出租土地的做法，把土地招商转变为土地和厂房出租，向节地经济跨越，并促进我村由出租土地向出租物业转变，壮大物业经济，提高土地经营效益，确保股份集团年年增收，股东增分。

二、改革改善，为罗南发展注入新的动力

加大改革力度，着力于资源整合和体制创新，特别是要加快转制企业体制的创新，理顺渐进式发展过程中必然遇到的深层次框架上的矛盾，以改革求得新动力、新机遇，从而促发展、促提高。改善就是在过去改革成果的基础上进一步巩固、丰富和完善。解决大问题要通过大改革，小问题的解决则通过不断改善。

第一，整合资源，促进村东和村内联动协调发展。重点搞好村东公路两旁转制企业的建设和发展。村与公路两旁的企业是罗南形象代表，是我村经济发展的重要区域，应大力投入资金，改造设备；招收人才，提高产品档次；搞好环保，利用好马路边的区域优势加快发展。村内要以规划为先导，明确村内发展目标，确定战略定位和发展规模，统筹推进土地利用和市政工程、环境保护等规划。对发展前景好的无污染企业，加大发展；对污染环境的企业要整顿。家电童车行业要积极扶持，鼓励企业出口，扩大企业生存空间。

第二，探索向城市化进程的建设管理的新机制。一个村的面貌是当地社会经济文化的一面镜子，也是村两委会管理能力的表现。我们必须进一步搞好全村道路建设、交通管理，提高按村委会有关规章制度进行行政执法的水平，从原来农村管理方式向城市化管理方式转变，特别是村的中心行政核心区，要按照城市化的要求提升品位，使罗南成为受人喜欢的、适宜工作和生活的农村和宜商宜居宜游的家园。要完善市政管理体制，对各路段的环卫、绿化工作加强验收，确保无死角。积极有序搞好村民公寓，规划和建设好陈家小公园。加强环境保护和生态建设，配合佛山市推进创建国家环保模范城市工作。

第三，继续探索、完善社会事业的体制。提高教育卫生等领域的改革认识，与时俱进地引入新机制、新体制。我们要在已有成绩的基础上继续改善提高，尤其是在小学、幼儿园师资质量方面，要提高老师的教育质量和品德修养，不愧为人师表。要搞好未成年人思想道德教育试点工作。加大文化投入，重点把文化中心搞好。

第四，加强社会综合治理。要适应形势发展变化，研究新时期社会的新矛盾，提高解决新问题的能力。加强治安队和调解会工作，广泛调动法律管理和社会资源齐抓共管，积极探索建立对违法犯罪活动综合治理的长效工作机制。积极推进“禁毒 03 工程”。高度关注和积极解决群众的热点和难点问题。强化安全生产、消防安全的监督管理工作。提高村委会应变能力和驾驭公共安全能力，及时预防和妥善处理突发性、群体性事件。

第五，深化农村改革。积极研究农村深层次问题，深化农村股份合作制改革，完善好农村固化股权和出资购股工作，把农村股份制逐步转变为市场经济条件下的经济实体。要通过调查研究，逐步使农村自治组织和经济组织职能分开，各司其职。切实做好第三届村委会换届选举工作，以此为契机，加强农村人才队伍建设，特别是加强村民小组长的管理教育，提高其综合素质，增强其发展意识和法制意识。发挥驻村干部既是服务员也是教育员的作用，把锻炼干部与推动发展结合起来。发展高效优质农业，增加农业收入。

三、确保稳定，建设和谐罗南

稳定是发展和改革的前提。必须把握好改革措施出台的时机，把改革的力度、发展的速度和社会可承受的程度统一起来。在社会稳定中推进改革发展，通过改革发展促进社会稳定，努力营造和谐稳定充满生机活力的社会环境。

第一，常思为民之策。我们要牢固树立执政为民的思想，以人为本，善待农民，把群众利益放在首位。要以保护环境、保障发展、确保稳定为中心，确保村委会规划、计划的执行与环境资源要素的供给相协调，各项措施与人民生活的改善、社会事业的进步相适应。随着南庄工业园区的发展和罗南规划的实施，我村肯定是宜商宜居宜游的一方净土，为此，更应注重以集约开发利用土地的方式去发展经济，土地经营不要四处开花。要激发和尊重广大村民的创造性，上下联动，通过集约式建设推进我村城镇化进程和提高城市化水平，把城市体系规划有步骤地延伸到村，使村民能享受到城市化的公共服务，并向市民生活方式转变。

第二，常怀爱民之心。我们要建立村内民主分析机制，研究分析新的社会矛盾，使两委会在决策措施执行过程中可以针对不同类型的群体对象的诉求，运用不同的方法加以解决，尤其是有效地化解经济发展过程中利益再分配可能导致的各种矛盾。要稳步推进我村适合购买社会保险但未购买社会保险群众的购买工作，继续搞好二级医疗服务、保险制度，想办法解决失业人员的再就业问题。

四、抓好四支队伍的建设，提高执政和服务水平

两委会要不断更新执政理念，提高执政能力和执政水平，有赖于搞好四支队伍的建设。要把各支队伍中的每个人的潜力都激发出来，形成团队合作，确实是一门很高的艺术。

第一，抓好两委会班子成员队伍的建设。农村基层工作搞得好坏，关键在于党支部领导班子，因而支委会要带头学习，提高自身素质，严于律己，以身作则，起好表率作用，从而使基层党组织真正成为贯彻“三个代表”重要思想的组织者、推动者和实践者；使两委会班子建成一个团结协作、开拓进取、廉洁勤政，能创造性地开展工作的领导班子。我们要努力早日将罗南党总支建设成一个领导班子好、党员干部好、工作机制好、小康建设业绩好、农民群众反映好的五好党组织。

第二，抓好党员队伍的建设。我们要按照广东省委和佛山市委的要求，用三年时间开展理想、责任、能力、形象教育活动和保持共产党员的先进性教育活动，切实加强党员队伍的建设。理想是方向和动力，责任是使命和奉献，能力是本领和才干，形象是威信和力量。共产党员做到有理想、有责任、有能力、形象好，这是时代对党员的要求，是党员先进性的要求。我们村的每一位党员，都应当成为先进生产力发展的促进者、实践者，先进文化的倡导者、传播者，最广大人民群众根本利益的维护者、实现者。我们要切实解决一些党员责任缺位、不到位和无所作为等问题。党员必须做到五带头、五带领。带头勤奋学习，带领群众提高素质强本领；带头执行政策，带领群众遵纪守法保稳定；带头发展经济，带领群众共同致富奔小康；带头弘扬美德，带领群众树新风，讲文明；带头履行义务，带领群众完成任务作贡献。

第三，抓好村民代表和村民小组长队伍的建设。村民代表和村民小组长搭起了我村村委会联系群众的桥梁。他们是群众的贴心人，是落实村规民约的带头人，是村委会工作强有力的支柱。村民小组长和妇委还是妥善化解社会矛盾的执行者，并承担对村委会和股份集团运作的监督。这支队伍是确保社会稳定和经济发展的重要力量，提高这支队伍的素质十分重要。

第四，抓好各部门队伍的建设（包括计生妇女办公室、股份集团、资产管理公司、治安队、青年民兵、共青团）。部门是村委会的组成部分，是两委会工作的执行机构，部门的每个人都是村委会的形象代表，他们的表现关系着村委会的整体形象。为此，在各部门中也要开展理想、责任、能力、形象教育活动，进一步提高它们的工作效能，和在繁杂局面下依法行政的能力。学会以超前的战略目光研究新问题，并提出对策建议。部门的每位成员，都应做到以身垂范，主动为群众解决实际问题。要使他们认识到该管不管是失职，该做不做也是失职。

要为村民大办实事，多办好事，快办急事，妥办难事。进一步营造依法依规的法治环境，诚实守信的经营环境，公平正义的社会环境，健康文明的人文环境，自然和谐的生态环境，安定优美的居住环境，使罗南的经济“业态”、村内“形态”、文化“神态”、村民“心态”内外和谐，不断发出强大的影响力、吸引力和亲和力。

罗南未来美好的画图等待我们去描绘，风劲征帆高挂，破浪正当其时。我们要继续发扬海纳百川的包容精神，敢为人先的有为精神和团结合作的龙狮精神，力争罗南在全镇再次领先。

在罗南村第三届村民代表大会第一次会议上的讲话

（2005 年 5 月 14 日）

对第三届村委会换届选举工作的总结（略）

今后三年工作计划

一、略

二、改革改善，为罗南发展注入新的动力

我村经济体制改革的重点是加大力度整合资源和加快建立创新体制特别是转制企业的创新体制，理顺渐进式发展过程中必然遇到的深层次框架上的矛盾，以改革求得新动力、新机遇，从而促发展，促提高。改善就是对过去改革的成果进一步巩固、丰富和完善。对存在的大问题要大改革，小问题则不断改善。

整合资源，促进村东和村内联动协调发展。我们拟重点搞好村东公路两旁转制企业的建设和发展。公路两旁的企业是罗南形象代表，是我村经济发展的重要区域，应大力投入资金，改造设备，有计划地改变门面，招收人才，提高产品档次，克服畏难情绪，搞好环保，加快发展速度。村内要以规划为先导，确定村内发展目标、规模和战略定位，统筹推进土地利用市政工程环境保护等规划，对发展前景好又无污染的企业应加大发展；对污染环境的企业要整顿。对家电童车行业要大力扶持，鼓励企业出口，从而增强企业生存空间。

探索向城市化进程的建设管理的新机制。一个村的面貌是当地社会经济文化状况的一面镜子，也是该村两委会管理能力的表现。我们必须提高全村道路建设、交通管理和村委会规章制度的行政执法水平，从原来农村管理方式向城市化的管理方式转变，特别是村的中心行政核心区要按照城市化的要求提升品位，使罗南成为受人喜欢的，适宜工作和生活的农村、宜商宜居宜游的家园。要对现有的环卫队、绿化队工作加强督促检查，做好各路段的验收工作，确保无生活垃圾死角。积极有序地搞好村民公寓，规划和建设好陈家小公园。加强环境保护和生态建设，配合佛山市推进创建国家环保模范城市工作。

对关系民生的社会事业继续进行探索完善。要提高教育卫生等领域的改革意识，与时俱进引入新机制、新体制，在已取得成绩的基础上继续改善提高，尤其是对小学、幼儿园。要以增强师资力量入手，提升小学、幼儿园的教育质量。要搞好未成年人思想道德教育的试点工作，计划用三年时间，通过开展一系列的思想道德教育活动，达到“三个一”的目标，即：树立一种信念，爱国爱党爱家；营造一种氛围，知书达理，好好向上；培育一种精神，踏实进取，包容创新。希望这些青年人不为名所困，不为物所累，不为利所惑，早成才，成好才，成大才，成栋才。要加大文化投入，重点把文化中心搞好，不断满足人民群众文化生活需要。为了提高村民的素质，计划在全村范围内开展从农民到市民的过渡教育，培养九大美德：1. 勤勉；2. 节俭；3. 诚实；4. 重诺言（守信）；5. 守时；6. 有事业心和责任心；7. 谦虚谨慎；8. 守秩序；9. 自我管理。

加强社会综合治理。要研究新时期社会的新矛盾，增强解决新问题的能力。加强治安队和调解会工作，广泛调动法律管理和社会资源齐抓共管，积极探索建立综合治理违法犯罪活动的长效工作机制。积极推进“禁毒03工程”，高度关注和积极解决群众热点和难点问题，强化安全生产消防安全监督管理工作，及时预防和妥善处理突发性、群体性事件，提高村委会应变能力和驾驭公共安全能力。

三、确保稳定，建设平安罗南和和谐罗南

实现社会和谐，建设美好家园是千百年来人类孜孜以求的共同理想，是我国经济社会发展的必然要求。建设和谐社会又是一项综合性的系统工程，它涉及经济、政治、文化、社会等各个领域，包含着多方面的内容，如人与人之间的和谐、人与社会的和谐、人与自然的和谐等等。胡锦涛同志指出，我们所要建设的社会主义和谐社会应该是民主法治、公平正义、诚信友爱、充满活力、安定有序、人与自然和谐相处的社会。

我们应该清醒地认识到，随着改革开放和社会主义市场经济的深入发展，我国经济社会生活发生了深刻的变化，社会经济成分、组织形式、就业方式、利益关系、分配方式正日益多样化，社会利益关系更为复杂，出现了许多新情况、新问题，处理得好就能推动经济社会协调发展；反之，社会矛盾就加剧，经济社会发展就会徘徊不前，甚至出现社会动荡和倒退。为了创造经济社会全面发展的有利环境和条件，不断满足日益增长的物质文化需求，必须努力建设社会主义和谐社会。构建和谐社会需要高度的物质文明和精神文明作支撑，而精神文明源于强大的文化建设和积累。我国的优秀文化具有“弘扬正气”“凝聚人心”“净化心灵”“陶冶性情”“增长知识”“提高素质”“纾缓压力”“娱乐身心”“沟通感情”“增进融汇”等多种功能，在推进社会的和谐共进中起着重要的作用。

建设和谐的罗南，必须充分地调动一切积极因素。首先要全面贯彻“尊重劳动”“尊重知识”“尊重人才”“尊重创造”的方针。“四个尊重”的实质在于调动一切积极因素。社会财富是技术、人才、劳动、资本、管理等多种生产要素在市场经济活动中共同创造的，把按劳分配和按生产要素分配结合起来，保护一切合法的劳动收入和非劳动收入，才能在全村营造出一个鼓励人干事业、支持人干事业的社会环境。其次，建设和谐的罗南必须坚持以人为本的科学发展观。当前，要把注重社会公平作为重要导向，维护社会公平是和谐社会的重要条件。建设和谐的罗南，必须坚持党的领导，实现人民当家做主和依法行政的有机统一。加强社会主义民主政治建设是推动社会主义和谐社会建设的活力之源和根本保障。就我村村委会工作而言：一是要进一步扩大基层民主，完善民主管理制度，保证人民依法实行民主选举、民主决策、民主管理、民主监督；二是要自觉接受村民代表、党员的监督；三是要依法行政，依规管理村委会事务，严格依照法定权限和程序行使权力履行职责；四是要开展法制宣传教育。

我们还要在全村大力弘扬团结互助扶贫济困的好风尚，营造济弱扶贫、融洽和谐的人际环境；大力倡导爱国守礼、明礼诚信、团结友善、勤俭自强、敬业奉献的基本道德规范，巩固和发展社会主义新型的人际关系，努力形成文明健康、崇尚科学的社会风尚，显著提高以社会风气、公共秩序、生活环境等为重要标志的精神文明程度。

要妥善协调各方面的利益关系，正确处理人民内部矛盾。社会转型期，往往也是各种社会问题和人民内部矛盾的多发期。在新形势下，妥善协调和处理好各方面的利益关系，特别是正确反映和兼顾不同方面群众的利益，从而进一步密切党支部、村委会同各阶层群众的联系，化解各种人民内部矛盾，维护安定团结的政治局面推动经济社会发展至关重要。

我们要高度重视和落实人民群众最现实、最关心、最直接的利益。具体地说：一是要实行积极的就业政策。就业是民生之本，是人民群众改善生活的基本前提和基本途径，实施积极的就业是我们长期的重要工作；二是要完善社会保障体系，这是促进发展、保持社会稳定和维系社会和谐的重要条件。完善的社会保障体系是社会的“稳定器”，经济运行的“减震器”和实现社会公平的“调节器”，是社会主义市场经济的重要支柱；三是增加村民的收入。为了提高村民的收入，村委会计划每年压缩开支，三年减支600万元来增加村民的分配，按村民资格福利分红。

社会主义和谐社会应当是国泰民安、稳定有序的社会。要自觉地把实现社会和谐作为维稳工作的最高目标。不断推进社会和谐是检验维稳工作，以及其他工作成败的重要标准。我们要认真解决好影响社会稳定的突出问题。要完善安全生产责任制，创新安全管理体制和机制，做好安全生产工作，最大限度地预防和减少安全事故的发生。

要推进经济社会协调发展，促进人与自然和谐。我们要建设的和谐社会，应该是一个经济和社会协调发展，人与自然和谐相处的社会。为此，我们必须正确处理经济与社会发展、生活提高与环境保护的关系，按照统筹经济社会协调发展的要求，不断推进各项社会事业的发展。要加强文化阵地建设，加强生态环境建设和治理，下大力气解决影响人民群众健康安全的污染问题，推动我村走上生产发展、生活富裕、生态良好的文明发展道路。

四、抓好四支队伍建设，提高执政和服务水平

面对繁重的改革发展任务，作为我村带路人的两委会，必须不断更新执政理念，提高执政能力和执政水平，而这一切都离不开队伍建设。我们要抓好四支队伍建设。

一是抓好两委会班子建设。我们深深认识到，一村之长不等于一村之主，村里的主人是群众，村干部是服务员，是公仆。因此，作为公仆的两委成员，必须做到廉洁自律，倾听群众意见，吸取群众经验，做到一切从群众的利益出发，努力为群众办实事，办好事。我们的村两委班子的任务就是把罗南村建成一个文明法治、稳定和谐、生活富裕、凝聚力强的基层单位。要完这一任务，我们一定要建设一个清醒坚定的领导班子，一个干事创业的领导班子，一个团结协调的领导班子，一个敢于负责的领导班子，一个为群众拥护的领导班子。建设这样的好班子，作为班子的一员，应当带头学习，不断提高自身素质，在村民中起示范、表率作用。过去几年，我村两委会队伍的建设是取得了很大成绩的，但决不可满足不前，因为客观形势对我们的要求更高了。事者生于虑，成于务，失于傲。生于虑就是未雨绸缪，应周密考虑和精心安排各项工作；成于务就是要把各项措施落到实处；失于傲就是形势越是好，越要保持清醒头脑，越要增强忧患意识。村委会应自觉接受党总支的领导，党总支对村委会的要求，一是顺民意，合潮流，得人心；二是营造一个有利于人才成长和发展，有利于创新发明的社会氛围；三是建设一个文明法治、稳定和谐、谅解宽容的社会环境；四是形成一个强有力的领导班子。

抓好村民代表、村民小组和妇委队伍建设。村民代表大会是村委会的最高权力机构，村民代表是村委会联系群众的桥梁，是落实村规民约的带头人，是村委会强有力的支柱。因此，村民代表要自觉提高素质。村民代表既有权力又有义务，他们是代表村民监督村委会，但不是和村委会唱对台戏，反对村委会。因此，当村民代表的度要把握得很好，要自觉承担起村委会和村民之间的绿色桥梁的角色。村民代表要把准社会的脉搏，为民要动心，凡事要留心，尽责要诚心，办事要精心，对己要有信心，不辜负村民的重托。

各位代表，我们要知道，能够代代相传的不是技术而是村的文化，模仿一项技术很容易，而模仿一种环环紧扣的文化却很难，所以要使我村成为常青树，靠的是村内部的文化，片面强调传统就意味落后，所以要与时俱进。

抓好党员队伍的建设，争创三有一好，争当时代先锋。我们要按照省委和市委的要求，用三年时间部署理想、责任、能力、形象教育活动和保持共产党员的先进性教育活动，把加强党的执政能力建设落实到实处。理想是方向和动力，责任是使命和奉献，能力是本领和才干，形象是威信和力量。做到有理想、有责任、有能力、形象好是时代对党员的要求，是党员先进性的具体表现。要切实解决一些党员责任缺位、不到位和无所作为等问题，使党员坚决做到五带头五带领，即：带头勤奋学习，带领群众提高素质强本领；带头执行政策，带领群众遵纪守法保稳定；带头发展经济，带领群众共同致富奔小康；带头弘扬美德，带领群众树新风，讲文明；带头履行义务，带领群众完成任务作贡献。

抓好部门（包括计生妇女办公室、股份集团、资产管理公司、治安队、青年民兵、共青团）的队伍建设。新一届村委会成立了，我在此再一次重申，我们一定会在党组织的领导下，为村民大办实事，多办好事，快办急事，妥办难事。进一步营造依法依规的法治环境，诚实守信的经营环境，健康文明的人文环境，公平正义的社会环境自然和谐的生态环境，安定优美的居住环境，使罗南的经济“业态”、村内“形态”、文化“神态”、村民“心态”内外和谐，不断增强我村的凝聚力、吸引力和亲和力。

风劲征帆高挂，破浪正当其时。我们将继续发扬海纳百川的包容精神，敢为人先的有为精神，团结合作的龙狮精神，力争罗南在全镇的发展中再次领先。

2005年罗南党总支、村委会工作总结

（2006年1月16日）

2005年工作回顾

刚刚过去的2005年是不寻常的一年。我村在现代化建设征程中又迈出了坚实的一步。

一、呈现“一个高于”

各项主要经济指标高于预期。预计全村实现地区生产总值超3亿元，人均生产总值突破8万元（按户籍人口计算），虽然陶瓷企业产值比去年略有减收，但由于中油股权收益较大，农村股份集团分红（含福利分红）达到4420元，比去年每人增分770元，增分比例达到12.1%，较好地完成了年初村民代表会议确定的目标任务。

二、凸现“三个战略效应”

（一）产业强村战略促成发展强势。工业快速增长，规模工业领跑带动作用明显。家用电器童车企业发展势头良好，增幅较大，如天伦电器接下古巴首期95万台压力锅的生产计划，一个小厂就为国家提供税收超300万元。盛发电器被评为中国名牌产品后产品销售比前年有较大增幅，醒目仔童车在去年增收的情况下，今年出口再创新高，比去年增20%以上。照明电器威达斯电器有限公司出口量增加，成为我村照明电器的又一颗新星。总的来讲，民营经济表现出新的活力，物流等新兴产业崭露头角，利南市场渐入佳境。我村对外贸易增幅较大，实现出口总值5500万美元。农业产业化发展取得新进展。

（二）品牌带动战略取得重大进展。盛发电器公司的三源牌电饭煲前年获得“中国名牌产品”及“广东省名牌产品”称号后，去年又获得了“广东省民营科技企业”“广东省高新技术企业”称号。盛发电器、醒目仔童

车、天伦电器等一批企业已经在同行中建立起巩固的市场，而且正在成长和壮大。

我村支柱产业在困难中谋求发展。陶瓷企业遭遇建厂以来最困难的一年，主要是受燃料和原材料价格、运输及国家宏观调控等因素的影响，相当一部分陶瓷企业开工不足，有两家先后关停。面对困难，村委会、集团与企业一道采取积极措施应对。一是积极开拓海外市场，不断扩大产品出口量，如恒盛陶瓷在前年出口量较大的基础上，去年出口比前年增 25% 以上，保持了产销两旺的局面。二是加大技术改造力度，积极推进产品转型和技术创新，如恒诺陶瓷有限公司投资近 1000 万元改造窑炉，更新产品，开发出第四代超微粉砖，较好地抗衡了原材料价格上升带来的不利影响。恒盛陶瓷投入资金对燃料设备进行了改造，增强了市场竞争力。恒发公司投资 1500 万元拆除旧窑和厂房，重新建起两条 220 米大窑生产抛光砖，同时引进著名品牌鹰牌陶瓷参与经营，确保企业的后续发展。

（三）民营企业发展战略初见成效。尽管今年受到多种困难制约，但民营企业都取得了增产值、增效益、增税收的良好成绩，产业承载和集聚能力有效增强，初步形成了良性互动格局。

三、顺利完成了第三届村民委员会选举工作（略）

四、精心部署开展好第三批先进性教育先行点的工作

第三批先进性教育活动先行点，在去年 10 月下旬开始到今年春节前基本完成。佛山市委已选定我们支部为佛山市第三批先进性教育活动的先行点，这是上级对罗南村的重视和期望。在这一活动中，我们注重从农村党员队伍的实际出发，紧紧围绕实际、实用、实干、实惠、实效等五实原则，开展了一系列先进性教育活动，上好党课，培育和提高了党员的“四个气”，即：在人生追求上要有“志气”，在为民谋利上要有“勇气”，在社会生活中要有“正气”，在个人得失上要有“大气”。举办了党员先进事迹报告会，重温入党誓词等。全体党员都积极参加了学习，提高了对党的认识，也都写了学习心得。在镇委先进办的指导下，很好地完成了学习阶段和自我剖析阶段的工作，目前正进入整改阶段。我村党先进性教育活动受到了佛山市委的充分肯定。

由于党的建设加强，罗南党总支保持了 13 年的先进党支部称号。今年又被中共广东省委授予“广东省红旗基层党组织”称号（是省十面红旗之一）。还被佛山市委授予“红旗基层党组织”称号。

五、推进政治文明和精神文明建设，加速社会各项事业发展

去年，我村精神文明建设工作取得较大发展。深入开展了爱国主义教育、公民道德教育和未成年人的思想教育，健康文明的生活方式和积极向上、奋发有为的社会风气日渐蔚然成风。

为了使村容村貌得到改善，陈家高墩耗资几十万元铺设了地下水管，重新铺设了混凝土地面，使村庄更加亮丽，并为各村村容整治起了领跑作用。由于我村一贯把精神文明建设作为民生大事来抓，去年被中央文明委授予“全国创建文明村先进集体”称号。我们很注重开展群众喜闻乐见的文艺活动，举办过“春之韵”文艺晚会，成功举办了中国乒超联赛活动，还配合市委宣传部举办了“超越小康——罗南村的故事”画册的发行。这些文化活动大大地丰富了群众文化生活。

教育事业取得新成就，文化活动蓬勃发展。小学教育质量稳步提高。去年，小学成绩名列镇小学前列，教育水平不断提高，德智体勤全面提升，教研活动和科学竞赛都取得了丰硕成果。幼儿园保持了 13 年的冠军称号。成功举办了大中学生第二届体运会。多形式的群众性文化、体育活动吸引了越来越多的村民参加。

积极做好社会综合治理和治安工作，创建文明小区活动方兴未艾。村治保会被评为禅城区先进集体，罗国津被评为先进治保会主任。去年，省委政法委在我村召开了安全文明小区会议。妇代会在连续几年被评为市先进单位后，去年又被省妇联授予省先进妇代会称号。共青团也被省团委评为五四红旗团支部。去年，我们大力开展了法制宣传教育活动，四五普法教育顺利通过了省的验收。圆满完成了征兵任务，切实做好了人民调解工作、优抚安置工作、安全生产工作。

六、以落实民心工程为重点，推动和谐罗南建设

去年，我村认真抓就业和再就业工作，特别是想方设法安置大学毕业生。社会保障体系建设不断推进，去年 7 月份起，老人退休金每月从 170 元提高到 200 元。建立了扶贫助学机制，妥善解决困难家庭子女的读书问题。深入开展平安和谐社区创建活动，上门慰问困难家庭并发放慰问金，已全面实行。

在解决好村民利益分配问题上，去年我村已制定并实行福利分红方案，平均每个村民有1100元。同时，我们还举办了由全国人大代表、佛山市政协副主席、市第一人民医院院长谭家驹带领的一批医师免费为我村民义诊的活动，还为村民讲了健康课。为了方便村民就医，我村与市一医院合作，开通了网上医疗服务，成为我省市级大医院与村一级开通网上医疗服务的首个单位。

去年夏季，全佛山市遭遇了百年一遇的大洪水，我村抗洪人员日夜奋战在大堤上，成功堵住了管涌，保护了大堤，保障了广大人民生命及财产的安全，深受群众赞许。

对罗南村2006年工作的意见

2006年是国家“十一五”规划实施的第一年，我村经济社会面临难得机遇。目前，我村已形成较强的经济实力，具备加快发展，率先发展，协调发展的良好基础和内在动力，但也面临“不进则出局，小进则落伍”的严峻挑战。我们要站在新的历史起点上，认清形势，抓实机遇，乘势而上，推动我村经济更快发展，创新发展，把改革开放和现代化建设提高到一个新高度。

2006年，我村工作的指导思想是以邓小平理论和“三个代表”重要思想为指导，贯彻落实科学发展观，全面贯彻党的十六届五中全会精神，落实市委九届八次全会工作部署，坚持发展第一要务，推动经济增长方式转变和产业结构优化升级，着力自主创新，走新型工业化道路，大力实施教育兴村和人才强村战略，建设富裕罗南、文化罗南、和谐罗南，加强民主法治建设，建设文明法治社会。

2006年主要目标是生产总值增长12%，农村股份分红增10%，单位生产总值能耗消耗比上年降低5%。

为了实现上述目标，村两委会决定把农业增收、工业增效、村民增分、后劲增强作为工作方针，并力求形成一套育队伍、抓改革、促发展和保稳定的工作体系。

一、坚持走新型工业化道路，加快产业结构优化、提升

——推动产业结构优化升级，全面提升工业发展水平。大力发展家电产业，提升家用电器质量水平，做强做大家电产业集群，使之成为罗南经济的一个群体。

——引进中国名牌企业进入罗南，提升罗南陶瓷的品位。目前，罗南已引进了鹰牌陶瓷和新明珠陶瓷，计划再引进一家中国名牌企业。转制企业要投入资金，引进人才，提高产品质量和市场的知名度，走出一条以市场为导向，以人才为根本，以提高产业技术为重点，以整治环境为基础，以体制改革为保障的自主创新路子，使罗南陶瓷再走上发展的快车道。同时，对其他民营企业也要积极帮助，让他们快速成长。

——增强自主创新能力。我们的企业要发展，关键还是观念的更新，要“三破三立”，即：破除小富即安、不思进取的守业观，树立开拓进取、做强做大的创业观；破除拼投入、拼资源的粗放增长观，树立依靠自主创新，依靠人才资源的集约发展观；破除重引进、轻消化，重模仿、轻创新的技术依赖观，树立敢创自主技术、敢创自主品牌的技术创新观。为此，我们要大力加强创新文化建设，在全村营造“鼓励创新”“宽容失败”“激励成功”“善待挫折”的文化氛围。

——加强科技人才队伍建设，健全有利于科技创新和创业人才汇聚的机制。坚持依靠科技创新和自主创新、管理创新和体制创新，建造内涵发展和自主创新的模式，推动经济结构和经济增长方式的战略性调整。

——实施名牌、专利带动战略。完善创名牌激励机制，扶持各类企业创立名牌。村委会已实行的名牌奖励方案继续生效，并将更积极支持企业申请国内发明专利，抓好商标培育工作，努力营造尊重商标、依法注册商标、使用商标、保护商标的商业文化氛围。

二、努力抓好农村各项工作，用“三化”解决“三农”问题

农业仍然是国民经济中承受风险最大的弱质产业，虽然农业不是我村经济的主要成分，但我们有一千亩农田保护区，解决好农民增收也是我们的责任。因此，要积极引导他们搞高产值的养殖业，加快发展高质农业和向都市农业和观光农业发展。

——进一步抓好农村各项工作。要按照生产发展、生活富裕、乡风文明、村容整洁、管理民主的要求，推进社会主义新村镇建设。继续抓好基本医疗保险二次报销制度落实，老人退休金和基本养老保险以及最低生活保障制度。重点抓好富余劳动力的培训和就业工作，促进有劳动能力、有就业愿望的农村富余劳动力通过培训向二、三产业转移。继续搞好农村股份合作制，增强农村经济发展活力。

——加大对旧村街巷的整治力度。各村可参考已整治的陈家和高墩的经验做法，有计划地把环境进一步治理好，使之成为名副其实的文明村。同时，还要做好我村未来10年经济社会的远、近发展规划以确保可持续发展。抓好村民公寓建设，引导农村居民转变居住和生活方式，不断提高农村城镇化水平和文明程度。

罗南村党委、村委会工作总结

（2008 年 1 月 28 日）

2007 年工作回顾

2007 年是我们全村人民付出巨大的心血，硕果累累的一年。一年来，在上级党委和政府的正确领导下，在全体村民代表和共产党员的监督支持下，我们凝心聚力，同心同德，继续保持了团结奋进、政通人和、奋发向上的大好局面，在新农村建设征程中又迈出了坚实的一步。

一、开创率先发展新局面

经济实现新的跨越。经济总量在高基础上保持增长，规模工业领跑带动作用明显，家用电器企业发展势头良好，增幅理想。今年，陶瓷产业增幅较大，出口量增加，在困难中前进。利南市场的扩建三期 8 月份已全部租完，投资 1900 万元的高中学生宿舍已全部投入使用。

品牌带动战略取得重大发展。盛发电器复评，继续蝉联中国名牌企业称号。天伦电器有限公司被评为“广东省高新技术企业”后，又获广东省驰名商标。威达斯电器增资扩产。盛发电器、天伦电器、威达斯电器等一批企业已经在同行中建立起巩固的市场，而且正在成长和壮大。

支柱产业在困难中谋求发展。面对各种困难，我村陶瓷企业采取有效措施应对：一是加大设备改造投入，去年转制企业投资近一亿元进行设备和技术的改造；二是积极开拓海外市场，不断扩大产品出口量。陶瓷企业的效益是近三年来最好的一年。

民营企业发展战略初见成效。去年，尽管受电力、原材料涨价的影响，民营企业仍然取得了增产、增效益、增税收的良好成绩。产业承载和集聚能力有效增强，初步形成了良性互动的局面。

二、提高发展水平，农村工作在规范管理中取得明显进步

去年，我村切实加强了村务、财务管理工作。对村委会和股份集团的收支坚持由理财小组月月审单的财务第三方管理制度。年度审计工作由镇政府招标进行公开的财务审计。建设项目招投标工作公开进行并由村民小组把关，质量也由村民小组长集体验收。每季度都集中村民小组长汇集村民意见，及时化解社会矛盾，保持了农村的稳定。

隆庆祠堂和隆庆官道被评为市重点文物保护单位，隆庆书院集资建成并投入使用。

三、巩固和谐社会新基业

政策普惠成果共享，在经济稳步发展的同时，积极推进社会和谐发展。去年，我村积极拓宽发展空间，加大集体经济，构筑发展利益共同体，群众财产性收入较快增长。全村股份分红和福利分红平均超过 5000 元，增 13.01%，其中股份分红平均增长 11.89%，福利分红增 14.75%。

落实民生为本理念，开展服务创新。我村卫生服务体系日臻完善。老人血压检查已成制度。名师名校建设工程已全面展开。小学教育名列全镇前茅，教育水平不断提高，教研活动竞赛取得丰硕成果。幼儿园保持了 15 年全镇第一称号，去年又被评为省一级幼儿园。我村成功举办了第四届大中学生运动会和小学的亲子活动，还协助镇政府在隆庆举办了集体婚礼。

两委会有作为，党群关系密切。村委会成立了行政服务中心，实行面对群众，方便群众办事。维稳综治、流管预警机制初步建立，党员监督、村民代表积极建言，工青妇桥梁纽带作用凸显，党群关系更加融洽。

优化环境，改善人居。2007 年，我村加强了对村内民营企业的治污力度，关闭了夹板厂，加快了陶瓷企业环保设施的建设。如金品陶瓷整治了窑炉尾气的回收处理。现在我村经济在上升，污染在减少。我村生态绿地建设成绩显著，被评为全国绿色小康村。

搞好社会综合治理和治安工作是建设和谐社会重要的一环。去年，各村小组增加了一名治安协管员之后，实行了对治安队伍值班的监督，确保了治安的好转，两入案件大幅度下降，村治保会被评为先进单位。计生工作抓得好，被区政府评为先进。我村圆满完成了征兵任务，切实做好了优抚安置工作。共青团被团中央授予五四红旗团支部称号。

四、开启党的建设新篇章

加强班子建设，深入推进固本强基工程。去年，我村非公有制企业的党建工作取得重大进展，新成立了两个企业党支部。村党委换届顺利完成，基层党组织充实了后备力量。党员的凝聚力日益加强，党的队伍继续发展壮大，去年有十二位同志被吸收加入了中国共产党。党组织战斗堡垒作用有新的提升，连续十五年获得先进党组织称号。

激情源于使命。一年来，我们时刻牢记，服务罗南、奉献罗南、发展罗南的神圣使命，不敢有半点懈怠。新一届村的领导班子做到励精图治，求真务实，并肩作战，运筹帷幄，在思维碰撞中汇聚才智相启迪，在待人处世中相互理解寻共鸣。班子每一位成员，没有计较个人的得与失，没有计较工作的轻与重，把时间和精力投入到工作上来，把心血和汗水灌注到罗南的每一寸土地。我们以满意的答卷回报了罗南人民的殷切期盼。

一年来，我们新一届班子，始终居安思危，不敢有半点骄满自满，懂得不谋长远者，不足以谋当下。行一棋而思全局，不甘人后力争上游。我们鼓励创新、宽容失误，欣赏实干者，支持创新者，鼓励开拓者，鞭策空谈者，全村干部干事业的热情高涨。

一年来，我们常怀律己之心，不敢有半点奢欲。深深懂得虚荣是魔鬼，人的欲望永无止境。如果我们不克服过分的名利欲望，我们就会被欲望俘虏葬送。一年来，我们坚持以身作则，廉洁自律，不允许自己损公肥私，始终做到头脑清醒，作风清正。

今天的罗南经济高速发展，社会祥和稳定，人民安居乐业，美好蓝图正在逐步变成现实。罗南已经翻开了新的一页，正迈向更加光明的未来。这些成绩的取得，得益于党的正确方针政策，得益于上级党委的正确领导，得益于全村干部、群众的辛勤付出，得益于社会各方面的真诚支持。

当前，我村正处于产业提升、节能减排、产业转移、体制转轨的发展新阶段。城镇建设正加快融合，各种资本正加速聚集，为罗南未来提供了千载难逢的发展机遇。与此同时，我们也要清醒地认识到，还有不少问题和矛盾摆在我们面前。从外部来看，国家宏观调控政策进一步收紧，生产要素价格上涨，电力、原材料紧缺现象日显，将对我村发展产生重大的影响；从内部来看，社会利益格局正发生深刻变化，村党组织驾驭复杂局面的能力仍然需要提高；土地粗放经营的发展模式仍未根本扭转；产业转移、环境保护、节能减排任务仍很艰巨；部分民营企业安全问题尚未搞好，仍存在安全隐患；

农村管理仍面临诸多新课题；干部队伍的潜能尚未得到充分发挥；社会不稳定因素仍需继续化解，等等。为此，我们必须审时度势，不自满、不松懈，把握机遇，再创佳绩。

2008 年工作安排

2008 年是我国改革开放 30 周年，又是我村产业调整、节能减排关键的一年。我们要紧紧围绕发展与和谐两大主题，按照稳中求进、好字优先、改革开放、以人为本的原则，以及抓落实、优发展、重民生、促和谐的工作方针，搞好各项工作。总体的要求是：以党的十七大精神为指导，围绕建设富裕罗南、生态罗南、和谐罗南的目标，解放思想，早知早觉，敢想敢干，实施六个提升，促进全面发展，全力打造生态优美、适宜创业、生活便利、充满温情的理想家园。

2008 年，全村经济社会发展的主要预期目标是：生产总值增长 12%，农村股份分红增长 10%，单位生产总值能耗消耗比往年降 5%。

社会经济文化等方面还有许多工作等着我们去做，因此两委会既要抓好日常各项工作，又要突出各自重点；既强调增强单兵作战能力，又要加强协调作战力度。从全村的角度说，我们必须抓好以下几方面工作：

一、加快产业结构优化提升，争当科学发展的排头兵，必须进一步解放思想，转变观念

随着政府对环保的要求由软约束变成硬约束，特别是对陶瓷企业实行铁腕治污，强化改善生态环境成为重要任务。我村陶瓷企业位于产业转移的重要地段，环保任务繁重。对此，我们必须进一步解放思想，按上级政府和形势发展的要求着力推进“三旧”改造。这就意味着罗南的产业升级已到了一个关键时刻。大家都知道，过去二十年，罗南陶瓷产业的发展为村经济迅增、村民就业、村民的增分都起到了重要的作用；但随着社会的发展，群众对环境要求越来越高的情况下，我们不能不认真解决陶瓷产业造成的环境污染问题。可以预见，在陶瓷产业转移的一两年内，我村的经济收入、村民就业等深层次矛盾和问题将凸现并受到一定影响，但是如果我们不跟上形势，“三旧”改造的政策一过时，我们就会全盘皆输。因此，我们必须用好镇政府关于“三旧”改造的优惠政策。我村陶瓷产业现时的占用地，公路北面将打造成装饰城，公路南面则变成商住地。产业转移虽然会使我们损失几个亿的资产，但是从社会目前的发展态势看，最值钱的不是资产，而是资源。这一点希望我们的党员、村民代表能充分认识。要完成今年的整治改造，必须做好以下几方面工作：

第一，党员干部带头解放思想。罗南今日的成就，靠的是解放思想；罗南未来的辉煌，更要靠解放思想。思想有多高，我们就能走多远。党员、干部在解放思想方面必须带好头，要敢于打破旧的已经不适合科学发展的条条框框，坚持理论联系实际，不唯上，不唯书，只唯实。

第二，增强忧患意识。辩证法告诉我们，客观事物永远处于变化发展之中；形势越好，就越要增强忧患意识，居安思危。忧患意识是解放思想的动力。提出增强忧患意识，不是说大家工作做得不好，而是要求我们必须转变思维模式，学会用辩证法分析形势、解决问题。中国有古语："生于忧患，死于安乐"。日本民族的忧患意识就很强，很值得我们中国人学习。这也是强者越强、弱者越弱的道理。忧患意识实际上是对历史必然性和对待事物发展的一种精神内需，有助于我们辩证看待形势和成绩，保持开拓进取的锐气。

第三，要习惯不断深思。经常剖析我们不够的方面，从不利于科学发展的桎梏中解放出来，实现思想、观念向更高层次提升，寻求更好的思路，促进产业转移和产业提升，谋划未来更大的发展。

第四，活化土地。土地是财富之母，面对土地资源的硬约束，我们必须拿出智慧与勇气，在镇党委的支持下，巧妙破除发展的桎梏，促进产业优化，抓好土地产权的关键环节，盘活、用活存量土地，为节能减排与"三旧"改造打开新的通道，为未来发展拓展新的空间，主动配合镇优先试点，逐步理顺历史遗留建设用地，确定产权问题，促进土地资源转化为资本。

第五，激活沉淀物业。无证优质物业是历史遗留的问题，也是改革三十年来罗南人民、历届两委会呕心沥血积下的珍贵财富，用之则活，弃之则废，需要高度重视。我们要采取有效措施，要请求镇政府有关部门协助解决，促进优质物业依法流转，为罗南新一轮发展提供强劲的资本支撑。

第六，搞活"三旧"资源。在镇党委和镇政府的大力支持下，尽力消除各种政策性障碍，全面落实各项扶持政策措施，调动各方力量共同参与。重点抓好陶瓷企业旧厂房改造，选好模式抓好重点项目，树立良好的示范效应，稳步推进“三旧”改造，加快“腾笼换鸟”。

加快产业提升是转变经济发展方式的主要途径，必须坚定不移地实施集体经济和民营企业齐发展的双轮驱动战略，强化项目带动促进群体发展，加快自主创新。

第七，优化以商、贸为代表的强势产业发展。悉心培育家电等先导产业，更加关心并扶持民营企业的发展，发掘具有良好增长潜质的中小企业，大力引导和支持他们技术创新、体制创新，让罗南不只有一批会下蛋的“鸡”，还有一批能搏击风雨，翱翔长空的“雄鹰”。

二、努力抓好农村各项工作，用“三化”解决“三农”问题

农业丰则基础强，农民富则国家强，农村稳则社会安。农业仍然是国民经济中承受风险最大的弱质产业。虽然我村农业不是经济的主要成分，但我们仍有1000多亩的农田，要协助解决好农民增收是两委会的责任。因此，我们要引导村民利用我村水质较好的优势养殖高值鱼，提高鱼塘户的收入。随着陶瓷产业的转移，需要解决富余劳动力的就业问题。今年要加快隆庆村前后700亩的海峡两岸农业合作试验区建设，让相当一部分村民转到养花种菜行业，实行再就业。我村计划用三年时间，建设成生态观光农业示范区，提高土地产出效益，增加股份集团的收入。

第一，进一步抓好农村各项工作。要按照生产发展、生活富裕、乡风文明、村容整洁、管理民主的要求推进社会主义新农村建设。以构建和谐社会为目标、总任务，认真落实科学发展观，坚持以人为本切实做好社会保障工作。推进“三个一”工程：一是确保每一个有就业愿望的劳动力都有一份工作；二是确保每一个罗南人都有一份医疗保障；三是确保每一个罗南人福利分红每年增分10%。让我村群众“劳有工作，小有所学，壮有所为，老有所养，病有所医，弱有所助，贫有所济”，努力实现无人不饱暖，无处不安康的社会环境。重点解决零就业家庭的就业问题，使低保户户有着落，人人有保障，并把它作为民生之本、公平之器、和谐之基、稳定之策来抓。

第二，提高土地利用价值。随着经济的发展，我村土地租用价格在全镇中偏低，使股份集团的分红难以提高。今后新开发的土地，用来搞厂房建设的，每亩不能低于2万元，原来租用的土地，租金每年递增5%。此外，要想办法开发投资少、收效快的产业，确保股份集团增收、村民增分。

三、提升确保稳定建设和谐罗南的水平

稳定是发展和改革的前提。必须把握好改革措施出台的时机，把改革的力度、发展的速度和社会可承受的程度统一起来，在社会稳定中推进改革发展，通过改革发展促进社会稳定，努力营造和谐稳定的社会环境。

村委会每月要集中村小组长和妇委开会听取各村民小组及村民的意见汇报，研究分析新的社会矛盾，建立村内民主分析机制，畅通渠道，从而使两委会在决策措施的制定和执行过程中，能够根据不同类型群体和对象的要求，采取不同的方法加以解决，尤其要积极化解经济发展过程中利益再分配可能导致的各种矛盾。

四、促进社会各项事业进步，提升经济社会协调发展水平

第一，加强精神文明建设。进一步开展爱国守法、诚信知礼为主要内容的现代公民教育活动。加强社会公德、职业道德和家庭美德教育；加强和改进未成年人思想道德教育。倡导科学文明健康的生活方式，树立现代社会文明风尚，以创文明村和文明户为契机，积极开展全方位的文明创建活动，推动全村文明诚信建设，建设学习型社会，争创市十好文明村居。

第二，推进民主法制建设。坚持向共产党员、村民代表报告工作和通报情况的制度，自觉接受党员和村民代表的监督，充分听取村民代表的意见和建议，发挥工会、共青团、妇联等人民团体桥梁纽带作用。以政务公开，财务公开，财务第三方管理规范化，推进两委会重大决策的科学化和民主化，充分发挥村民代表知情权、参与权和监督权。

第三，努力营造和谐安宁环境。进一步开展平安和谐村庄建设。加强对外来务工人员、流动人员的管理和服务，健全出租屋的管理。抓好治安队和治安协管员的思想建设，落实好岗位责任制。发挥人防加技防的能力，切实保障人民群众生命财产安全。强化安全生产责任制，进一步加大安全事故防范和处理力度，培训好罗南村义务消防队。

第四，不断改善村民生活，维护社会公平。加大帮扶力度，帮助困难群众特别是因重病致贫者切实解决实际问题。做好南庄镇慈善协会罗南分会的筹建工作，积极筹集资金。高度重视社会不安定因素的预防、处理工作，及时处理群众反映的突出问题，有效化解人民内部矛盾。

第五，营造全村良好的生态环境。以参评国家首届生态村为契机，全面提升我村的生态居住环境，在绿化覆盖率、生态农业方面加大工作力度，让村民真正享受和谐人居环境。

五、提升文化建设水平

一个地区文化建设的水平决定着该地区未来发展的高度。我们要注重弘扬地方优秀的传统文化，构建现代新文化，加强文化与农业生态园的融合，塑造文化品牌，把我村建设成为一个魅力无穷、活力无限的岭南文化之村。

六、提升党的执政能力

事业兴衰，关键在党。我们要以改革创新精神，全面加强党的建设，不断提高党统筹全局的能力，为村委会保驾护航，为建设和谐罗南提供坚强的政治保证。

坚定理想信念，始终保持思想上的蓬勃生机，要健全和完善廉政制度建设，对不正之风一有苗头即坚决纠正。

抓好今年村委会和村民小组换届工作，配齐配强村委会的领导班子以及村民小组长和村民代表。

提高领导艺术。领导者胸怀的宽度决定了被领导者施展才华舞台的广度。对干部不能求全责备，要高看一眼，多欣赏他们的优点，多给他们提供舞台，用好他们的长处。作为领导者，既要有自我改革的勇气与魄力，又要严格要求下属。严格是爱护，放纵等于放弃。要让干部经风雨，见世面。在村委会换届中，要大胆选拔对发展有信心，考虑发展有思路，推动发展有办法的优秀人才；做好该退人员的思想工作，不断完善人才结构。

稳定是发展的前提，发展是实现和谐的基础保障。要以改善民生为重点，针对新形势新需求，不断研究新对策，千方百计解决一些民生热点、难点问题。

继续抓好两委班子和各部门负责人的思想工作。让每位成员都具有奉献的理想，干事的激情，成功的期盼，敬业爱岗，强烈的事业心和自豪感，以及良好的职业精神和团队精神。

我们要团结和带领全体村民，在罗南这块充满活力和希望的热土上创造更加美好的生活，开辟罗南光辉灿烂的明天。

在南庄镇2008年经济工作会议上的发言

2008年是改革开放30周年，又是我村产业调整、节能减排关键的一年。做好今年的工作意义重大。我们要紧紧围绕发展与和谐两大主题，按照改革开放、以人为本、稳中求进、好字优先的原则和抓落实、优发展、重民生、促和谐的工作方针，全力做好今年的工作。总体要求是：以十七大精神为指导，围绕建设富裕罗南、生态罗南、和谐罗南的目标，解放思想，早知早觉，敢想敢干，实施六个提升，促进全面发展，全力打造生态优美、适宜创业、生活便利、充满温情的理想和美丽家园。

2008年，全村经济社会发展的主要预期目标是：生产总值增长12%，农村股份分红增长10%，单位生产总值能耗消耗比往年降5%。

我们要抓好以下几个方面的工作。

一、加快产业结构优化提升，争当科学发展的排头兵，必须进一步解放思想，转变观念

随着政府对环境的要求由软约束变成硬约束，强化生态环境对陶瓷企业实行铁腕治污，我村陶瓷企业处于产业转移的重要地段。我们要进一步解放思想，按照上级政府和客观形势的要求，着力推进“三旧”改造。大家都知道，过去二十年陶瓷产业的发展为我们罗南经济的发展、村民的就业和增分都起到了重要的作用，但随着社会的发展，群众对环境要求越来越高，我们不能逆形势要求走。在陶瓷产业转移的一两年内，我村的经济收入、村民就业以及经济社会发展将会受到一定的影响，一些深层次矛盾和问题将会出现，但是如果我们不跟上形势，“三旧”改造的政策一过时，我们就会全盘皆输。应该看到，这也是罗南产业升级的一个极好的机会。所以，我们要用好镇政府的“三旧”改造的优惠政策。我村陶瓷业的占用地，公路北面将打造为装饰城，公路南面变成商住地。虽然产业转移会使我们损失几个亿的资产，但是从目前的形势来看，最值钱的不是资产，而是资源。

第一，解放党员干部思想。罗南今日的成就，靠的是解放思想；罗南未来的辉煌，更要靠解放思想。思想有多高，我们就能走多远。要敢于打破旧的已经不适合科学发展的条条框框，坚持理论联系实际，不唯上，不唯书，只唯实。

第二，活化土地。土地是财富之母。面对土地资源的硬约束，我们必须拿出智慧与勇气，在镇党委的支持下，巧妙破除发展的桎梏，促进产业优化，抓好土地产权的关键环节，理顺历史遗留建设用地，用活存量土地，促进土地资源转化为资本，为节能减排与“三旧”改造打开新的通道，为未来发展拓展新的空间，主动配合镇优先试点。

第三，激活沉淀物业。无证优质物业是历史遗留的问题，也是改革三十年罗南人民、历届两委会呕心沥血积下的珍贵财富，用之则活，弃之则废，需要高度重视。我们要采取有效措施，请求镇政府有关部门协助解决，促进优质物业依法流转，为罗南新一轮发展提供强劲的资本支撑。

第四，搞活“三旧”资源。在镇党委和镇政府的大力支持下，尽力消除各种政策性障碍，全面落实各项扶持政策措施，调动各方力量共同参与。重点抓好陶瓷企业旧厂房的改造，选好模式抓好重点项目，树立良好的示范效应，稳步推进“三旧”改造，加快“腾笼换鸟”。

加快产业提升是转变经济发展方式的主要途径，必须坚定不移地实施集体经济和民营企业齐发展的双轮驱动战略，强化项目带动群体发展，加快自主创新。

第五，优化以家电、商、贸为代表的强势产业发展。悉心培育家电等先导产业。要倾注更多的心血，更加关心和扶持好民营企业的发展，发掘具有良好增长潜质的中小企业，大力引导和支持他们技术创新、体制创新，让罗南不只有一批会下蛋的“鸡”，还有一批能搏击风雨，翱翔长空的“雄鹰”。

二、努力抓好农村各项工作，用“三化”解决“三农”问题

农业丰则基础强，农民富则国家强，农村稳则社会安。农业仍然是国民经济中承受风险最大的弱质产业。虽然我村农业不是经济的主要成分，但我们仍有 1000 多亩农田，解决好农民增收是两委会的责任。因此，我们要引导村民利用我村水质较好的优势养殖高值鱼，提高鱼塘户的收入。随着陶瓷产业的转移，我村有很多富余劳动力要安排就业。为了解决劳动就业问题，今年要加快隆庆村前后700亩的海峡两岸农业合作试验区建设，使相当一部分村民转移到养花种菜的行业，以促进再就业。我们计划用三年时间，建成生态观光农业示范区，提高土地产出效益，增加股份集团收入。

第一，进一步抓好农村各项工作。要按照生产发展、生活富裕、乡风文明、村容整洁、管理民主的要求推进社会主义新农村建设。以构建和谐社会为目标、总任务，认真落实科学发展观，坚持以人为本切实做好社会保障工作。推进“三个一”工程：确保每一个有就业愿望的劳动力都有一份工作；确保每一个罗南人都有一份医疗保障；确保每一个罗南人福利分红每年增分10%。让我村群众“劳有工作，小有所学，壮有所为，老有所养，病有所医，弱有所助，贫有所济”，努力实现无人不饱暖，无处不安康的社会环境。重点解决零就业家庭的就业问题，使低保户户户有着落，人人有保障，并把它作为民生之本、公平之器、和谐之基、稳定之策来抓。

第二，提高土地利用价值。随着经济的发展，我村土地租用价格在全镇中偏低，由于土地租用地价偏低，股份集团的分红很难提高。今后新开发的土地，用来搞厂房建设的，每亩不能低于2万元，原来租用的土地，租金每年递增5%。此外，要开发投资少、收效快的产业，确保股份集团的增收、村民增分。

三、提升确保稳定和建设和谐罗南的水平

稳定是发展和改革的前提。必须把握好改革措施出台的时机，把改革的力度、发展的速度和社会可承受的程度统一起来。在社会稳定中推进改革发展，通过改革发展促进社会稳定，努力营造和谐稳定的社会环境。

村委会每月要集中村小组长和妇委汇报各村民小组及村民的意见，研究分析新的社会矛盾，建立村内民主分析机制，使两委会在决策措施执行过程中，能够针对不同类型的群体和对象，运用不同的方法加以解决，尤其要积极化解经济发展过程中利益再分配可能导致的各种矛盾。

2008年，罗南正处在率先发展、科学发展的关键时刻。发展恰如春潮，攀登未有穷期。让我们在十七大精神的指引下，在镇委镇政府的领导下，继续解放思想，坚持改革开放，争当实践科学发展观的排头兵，团结和带领全村人民，在罗南这块充满活力和希望的热土上创造更加美好的生活，开辟罗南光辉灿烂的明天。

在罗南村第四届村民代表大会第一次会议上的讲话

（2008 年 6 月 28 日）

今天，我受新一届村委会的委托，向大会作三年来工作报告。

对第四届村委会换届选举工作的总结（略）

今后三年工作计划

未来三年是我村产业调整优二进三，加快发展，狠抓落实的三年，是罗南二次创业的三年，是加快推进城市化进程的三年，是为实现富裕罗南、生态罗南、文化罗南、和谐罗南打下重要基础的三年。我们要紧紧围绕发展与和谐两大主题，坚持稳中求进、好字优先、改革开放、以人为本的原则和抓落实、优发展、重民生、促和谐的工作方针，促进罗南有一个更好的发展。未来三年总体要求是：以党的十七大精神为指导，围绕建设富裕罗南、生态罗南、文化罗南、和谐罗南的目标，解放思想，早知早觉，敢想敢干，实施六个提升，促进全面发展，全力打造生态优美、适宜创业、生活便利、充满温情的理想家园。

未来三年，全村经济社会发展的主要预期目标是：生产总值增长 12%，农村福利分红增长 10% 以上，力争 2010 年人均分红 8000 元，其中福利分红要达到 5000 元。

两委会既要抓好日常工作，又必须突出各自重点，既强调提高单兵作战能力，又要加强各方面的协调作战。未来三年，我们要抓好以下几个方面工作。

一、解放思想确立科学发展新理念，促进经济大发展

解放思想是发展中国特色社会主义事业的一大法宝。改革开放以来，我村率先解放思想、敢闯敢试，经济发展走在全镇前列，发挥了排头兵作用。

当前，我国已进入科学发展新时代，我们正面临着前所未有的机遇和挑战。在新的历史起点上，罗南村必须继续解放思想，坚定不移，牢牢树立科学发展新理念，坚决破除影响科学发展的旧思想，以杀出一条血路的气魄闯出一条科学发展的新路，以新一轮思想大解放推动新一轮大发展。科学发展观的第一要义是“发展”，核心是“以人为本”，基本要求是“全面协调可持续”，根本方法是“统筹兼顾”。我们必须努力增强落实科学发展观的自觉性，处理好以经济建设为中心与四位一体的关系，促进经济建设、政治建设、文化建设、社会建设的全面发展；必须坚持以人为本，充分认识人的发展才是发展的根本目的和根本动力，从“见物不见人”、重生产轻生活、重物质要素轻人的因素等旧观念中解放出来，坚持做到发展依靠人民，发展为了人民，发展成果由人民共享。走出一条生产发展、生活富裕、社会和谐、生态良好的文明发展道路。

不同的思想境界产生不同的力量，有高的境界才会有大格局，有大格局才能有大结局。面对当前企业转型期，我们目前的主要问题：一是发展模式不可持续性；二是高素质的人力资源缺乏；三是干部群众思想未能跟上，存在安于现状不思进取，居安思危奋发图强的意识不强，因循守旧狭隘封闭，改革创新意识不强，急功近利竭泽而渔，统筹协调科学发展的意识不强，惧怕困难畏首畏尾，敢想敢干的意识不强，重物轻人，以人为本、惠民富民的意识不强，以及求真务实，真抓实干的意识不强，等等。罗南今后经济要大发展，一定要思想大解放，坚持科学发展观。这是持续成功的保障。发展罗南集体经济要牢记三个原则：没钱赚的事不能干；有钱赚但投不起钱的事不能干；有钱赚也投得起钱，但是没有可靠的人去做的事情也不能干。在产业调整中，我们必须打破肥水不流外人田的思想，牢固树立商人赚钱我发展，商人发展我繁荣的意识。敢于牺牲眼前利益，敢于放弃蝇头小利，敢于让利于“商”。在产业结构调整中，如果我们视野不够开阔，习惯于自己有什么就干什么，不善于利用比较优势参与区域合作，在招商引资中，重招商轻服务，重签约轻落实，重承诺轻兑现，是办不好事的。一定要很好地把握当前社会的变革不仅是一场技术的革命，也不仅是一场软件速度的革命，更是一场观念的革命。所以，罗南今后的经济发展一定要思想大解放，才能促进经济大发展。

二、加快产业结构优化提升，争当科学发展的排头兵

随着政府对环境的要求由软约束变成硬约束，对陶瓷企业实行铁腕治污，强化治理生态环境成为重要任务。我村陶瓷企业处于产业转移的重要地段。我们要进一步解放思想，按上级政府以及客观形势的要求着力推进“三旧”改造。这就意味着罗南产业升级已到了一个关键时刻。过去二十年，罗南陶瓷产业的发展已为罗南的经济发展、村民的就业、村民的增分起到了重要作用。罗南陶瓷产业转移的近一二年，我村的经济收入、村民就业以及经济社会发展的一些深层次矛盾和问题将会呈现出来。但是如果我们不跟上形势，“三旧”改造的政策一过时，我们就会全盘皆输。我们必须用好镇政府关于“三旧”改造的优惠政策。把现时陶瓷占用地加以改变，公路北面打造成建材交易中心，公路南面变成商住地。产业转移虽然会使我们损失几个亿的资产，但是从目前的形势来看，最值钱的不是资产，而是资源。希望我们的党员、村民代表懂得当中的道理。要完成今年的整治工作，压力很大，任务相当繁重，这就需要大家的支持，具体地说，要做好下面几方面工作：

第一，增强忧患意识。事物发展的辩证法告诉我们，形势越好，就越要增强忧患意识，居安思危，要以此作为解放思想的动力。提出忧患意识不是说大家做得不好，而是要求我们必须转变思维模式。中国古语“生于忧患，死于安乐”，忧患意识是对历史必然性和对待事物发展的一种精神内需，它有助于我们辩证看待形势和成绩，保持开拓进取的锐气。

第二，活化土地。土地是财富之母，面对土地资源的硬约束，我们必须拿出智慧与勇气，在镇党委的支持下，巧妙破除发展的桎梏，促进产业优化，抓好土地产权的关键环节，盘活、用活存量土地，为节能减排与“三旧”改造打开新的通道，为未来发展拓展新的空间，主动配合镇优先试点，逐步理顺历史遗留建设用地，确定产权问题，促进土地资源转化为资本。

第三，激活沉淀物业。无证优质物业是历史遗留的问题，也是改革三十多年来罗南人民、村历届两委会呕心沥血积下的珍贵财富，用之则活，弃之则废，需要高度重视。我们要采取有效措施，并请求镇政府有关部门协助解决，促进优质物业依法流转，为罗南新一轮发展提供强劲的资本支撑。

第四，搞活“三旧”资源。我们要在镇党委和镇政府的大力支持下，尽力消除各种政策性障碍，落实各项扶持政策措施，调动各方力量共同参与，

搞活“三旧”资源。重点是抓好陶瓷企业旧厂房的改造，要选好模式抓好重点项目，树立良好的示范效应，稳步推进“三旧”改造，加快“腾笼换鸟”，“造环境引凤”。

加快产业提升是转变经济发展方式的主要途径。必须坚定不移地实施集体经济和民营企业齐发展的双轮驱动战略，强化项目带动促进群体发展，加快自主创新。

第五，优化以家电、陶瓷机械制造为代表的强势产业发展。要悉心培育家电和陶瓷机械制造等先导产业，倾注更多的心血，扶持好民营企业的发展，发掘具有良好增长潜质的中小企业，大力引导和支持它们技术创新、体制创新，让罗南不只有一批会下蛋的“鸡”，还有一批能搏击风雨，翱翔长空的“雄鹰”。

第六，继续抓好民营企业的环保工作。随着南庄镇城市化建设步伐的加快，我村民营企业的环境治理工作显得更为迫切。我们一定要按照上级部门的要求认真自觉抓好落实，对环境治理不达标的企业按照上级要求，限期整治，对整治后仍达不到要求的，实行搬迁或关闭。

三、努力抓好农村各项工作，用“三化”解决“三农”问题

第一，进一步抓好农村各项工作。要按照生产发展、生活富裕、乡风文明、村容整洁、管理民主的要求推进社会主义新农村建设。以构建和谐社会为目标、总任务，认真落实科学发展观，坚持以人为本切实做好社会保障工作，推进“三个一”工程建设：一是确保每一个有就业愿望的劳动力都有一份工作；二是确保每一个罗南人都有一份医疗保障；三是确保每一个罗南人福利分红每年增分10%，让我村群众“劳有工作，小有所学，壮有所为，老有所养，病有所医，弱有所助，贫有所济”，努力实现无人不饱暖，无处不安康的社会环境。当前，要重点解决零就业家庭的就业问题，使低保户每户生活有着落，人人有保障，并把它作为民生之本、公平之器、和谐之基、稳定之策来抓。今年，村委会准备拨款 10 万元，建立村级门诊医疗室，方便村民就医，真正实现小病不出村。对于农村医保，村委会每人每年补助 30 元。

第二，提高土地利用价值。我村土地租用价格在全镇中偏低，股份集团的分红很难提高。随着经济的发展，今后新开发的土地，用来搞厂房建设的，每亩不能低于 2 万元；原来租出的土地，租金每年递增 5%。此外，要开发投资少、收效快的产业，确保股份集团的增收和村民增分。

四、确保社会稳定，提升建设和谐罗南的水平

稳定是改革和发展的前提。要把握好改革措施出台的时机，把改革的力度、发展的速度和社会可承受的程度统一起来。在社会稳定中推进改革、发展，通过改革、发展促进社会稳定。

村委会拟每月召开村小组长会议，听取各村民小组及村民的意见，研究分析新的社会矛盾，建立村内民主分析机制，使两委会的决策和实施能够更有针对性并运用更恰当的方法解决存在的各类问题，尤其是有效地化解经济发展过程中因为利益再分配可能引发的各种矛盾。

五、进一步搞好社会各项事业建设，提高经济社会协调发展的水平

第一，加强精神文明建设。进一步开展爱国守法、诚信知礼的现代公民教育活动。加强社会公德、职业道德和家庭美德教育。加强和改进未成年人思想道德教育。倡导科学文明健康的生活方式，树立现代社会文明风尚，以创文明村和文明户为契机，积极开展全方位的文明创建活动，推动全村文明诚信建设，建设学习型社会，争创市十好文明村居和全国文明村。

第二，推进民主法制建设。坚持向共产党员、村民代表报告工作和通报情况的制度，自觉接受党员和村民代表的监督，充分听取村民代表的意见和建议，更好发挥工会、共青团、妇联等人民团体的桥梁纽带作用。以政务公开，财务公开，财务第三方管理规范化，落实村民代表的知情权、参与权和监督权，推进两委会重大决策的科学化和民主化。

第三，努力营造和谐安宁环境。深入开展平安和谐村庄建设，加强对外来务工人员、流动人员，特别是出租屋的管理和服务工作。抓好治安队和治安协管员的思想建设，落实好岗位责任制。发挥人防加技防的能力，切实保障人民群众生命财产安全。强化安全生产责任制，培训好罗南村义务消防队，进一步加大安全事故防范和处理的力度。

第四，不断改善人民群众生活，维护社会公平。要帮助困难群众解决实际问题，特别是对因重病致贫者更应加大帮扶力度。做好南庄镇慈善协会罗南分会的筹建工作，更好地筹集和用好资金。高度重视社会不安定因素的预防和处理工作。及时、妥善处理群众反映的突出问题，有效化解人民内部矛盾。

第五，营造全村良好的生态环境。以国家首届生态村为契机，全面提升我村的生态居住环境，在绿化覆盖率、生态农业方面加大工作力度，让村民真正享受和谐人居环境。

六、提升文化建设水平

文化是一个民族的根，民族的魂，是新农村建设的软实力，是凝聚农民群体的黏合剂。希望的田野上有了文化的滋润，才能更加欣欣向荣，勤劳的人民接受文化的熏陶，生活才能过得更加幸福美好。

文化建设决定着一个地区未来发展的高度。要注重弘扬地方优秀传统文化，塑造现代文化，加强文化与农业生态园的融合，把我村建设成为一个魅力无穷、活力无限的岭南文化之村。

悠久的历史文化决不能遭到破坏，要挖掘隆庆古官道和隆庆古祠堂的历史文化，加强文化遗产的保护。开展喜闻乐见的群众文化活动，塑造文化品牌，以文化魅力提升罗南的软实力。

七、抓好五支队伍建设，提高为村民执政和服务水平

实现罗南的近远景规划，两委会需要不断更新执政理念，提高执政能力和执政水平。为此，重要关键在于搞好村领导班子队伍的建设。队伍建设包括以下方面：

——抓好两委会班子的建设。两委会班子必须是一个政治上清醒坚定的领导班子，一个干事创业的领导班子，一个团结协调的领导班子，一个工作敢于负责、为群众拥护的领导班子。通过班子建设，务使班子成员做到政治坚定、善谋全局、与时俱进、开拓创新、民主集中、团结和谐、为民谋利、廉洁勤政、勤奋学习、创造性地开展工作。此外，我认为，两委会的成员还要具有一种“竹子定律”精神。

我认为，在当前构建和谐社会的进程中，领导者迫切需要努力增强领导艺术的和谐性。和谐是领导艺术的最高境界，领导者只有注重以人为本，创造和谐的人文环境，运用和谐的领导艺术，才能充分发挥领导者的才思、才能无往而不胜。下面，我想谈谈个人的一些体会：

难能之理宜停。世上事很多是急不得的，“欲速则不达”。回顾历史，许多难办棘手之事，聪明的政要往往都暂时地把它搁置起来，让时间去化解它。当矛盾双方处于僵持态势时，时间就是最好的缓冲剂，就是说要学会“忍耐”。

难处之人宜厚。俗话说：海宽不如心宽，地厚不如德厚。宽厚是领导者的一种美德和修养。在领导活动中，很多领导者都会遇到自己的反对者，即“难处之人”，这是不可避免的。如果领导者待人宽厚，具备虚怀若谷的胸怀，有容纳诤言的雅量，他就能驾驭反对者，变反对者为支持者，化消极因素为积极因素，这就是难处之人宜厚的领导艺术。可见，领导者待人宽厚，就是在组织内部营造友好和谐的氛围和民主平等的环境，这不仅是工作顺利开展的重要保证，而且有助于解除下属的后顾之忧，并最大限度地发挥他们的聪明才智。

难处之事宜缓。领导者开拓事业，在前进路上也免不了遇到“难处之事”。有上面的压力，有群众的议论，有习惯势力的影响，有思想认识的不统一，等等。这时就需要“难处之事宜缓”的艺术。特别是在事业发展的关口上，凡事多问几个为什么，多想想前因后果，多掂量轻重缓急，这样才能把握全局，减少失误，获得主动。

难成之功宜智。失败的原因或许各有不同，成功的关键却是相同的。纵观那些取得巨大成功的领导者，尽管其性格、经历各不相同，但无不是将智慧融于领导活动之中。

——抓好村民代表队伍建设。充分发挥代表的作用。村民代表大会是村委会的最高权力机构。村民代表是村委会联系群众的桥梁，是落实村规民约的带头人，是村委会工作强有力的支柱，并对村委会工作进行监督。因此，村民代表要自觉提高素质。

当一名称职的村民代表，必须做到十个字：热情、勇气、执着、理性、智慧。

热情是村民代表使命感的具体体现。没有热情就没有动力，没有动力就不能积极持久做好代表的工作。有为村民服务的强烈愿望和热情，自然就不会感到没事做。

村民代表履职过程也是一个学习过程、成长过程，因为谁都不是天生的代表，都需要在这个过程当中从多方面去提高自己。村民代表一般都会经历这样四个阶段：第一阶段是想当代表，但又不敢做代表，有一种矛盾的心态；第二阶段想法较成熟了，敢做代表了，但是敢做不等于一定能做得好，必须不断学习提高，跟上时代的步伐。我认为，当好村民代表应牢固树立“四有”观念，即：一要有责任感和使命感；二要有法律和政策意识；三要有议政的能力和水平；四要有为村民办事的实际行动。

作为一名村民代表不仅要有雄厚的群众基础，更要有较强的分析判断和归纳能力。从为村民负责的目的出发，要经常对所掌握的情况进行深入的思考和分析，力争看深一些看透一些。

勇气是村民代表履职的动力。没有勇气就不可能真实地反映情况，无法起到村民代表下情上达的桥梁作用，因为有勇气才敢于讲真话。当哑巴代表、挂名代表，就失去了当村民代表的资格。

执着是村民代表责任感的集中表现。对村民希望解决的问题要持续不断的关心和推进，要执着地关注，执着地做事。

理性是做好村民代表工作的重要保障。

智慧是当好村民代表不可或缺的。没有智慧就没有科学的策略技巧，参政能力就难以提升。

——抓好村民小组长和妇委队伍的建设。村民小组长是各个村民小组的法人代表，是基层群众信任的人，其责任是搞好本村的各项社会工作和领导本村村民代表小组的工作。村民小组长要自觉承担起村委会和老百姓之间绿色桥梁的角色，既是妥善化解社会矛盾的协调者，又是直接监督村委会和股份集团运作的执行者。他们是确保罗南社会稳定和经济发展的重要力量。各村民小组长应当保持一种“鲶鱼效应”。村民小组长在努力完成村委会安排的工作的同时，还要负责制定好未来三年各村环境建设和社会管理的目标和规划，不可三年过后山河依旧，没有建树。要克服遇事不点头，见到困难就退后的不良作风。同时要有全村一盘棋的观念，并促进罗南各村民小组之间的团结和合作。

妇委是两委会委任的妇女干部，要协助村妇联一道做好计划生育工作和妇联工作，协助村委会做好群众调解工作，以及积极协助村民小组长开展各项工作。妇委应当是群众的贴心人。

——抓好党员队伍建设。事业兴衰，关键在党。党委会要以改革创新精神全面加强党的建设，不断提高统筹全局的能力，为村委会保驾护航，为建设和谐罗南提供坚强的政治保证。要健全和完善廉政制度建设，对不正之风一有苗头即坚决纠正。全体党员要发挥先锋模范作用，在产业转移的关键时刻积极协助党委会做好群众工作；坚定理想信念，始终保持思想上的蓬勃生机；要听党的话，跟共产党走，做带头致富、联系群众、跟上靠下的好党员，同时要加强学习，努力提高自身素质，为我村争当城市建设排头兵作贡献。

——抓好村委会各部门负责人的思想建设（包括计生、妇联、资产管理公司、治安队、青年民兵、共青团）。村委会各部门是村委会的组成部分，是两委会工作的执行机构。部门的每个人都是村委会的形象代表，综合起来就是村委会的整体形象，因此不论职位的高低，都要有奉献的精神、干事的激情，使各个部门都成为村委会联系群众的窗口。我们一定要增强他们的事业心和责任感，培育良好的职业道德和团队精神，使每个人都敬业爱岗，为村共同的事业作出贡献。

当前，罗南正处于争当实践科学发展观排头兵，思想大解放，促进生产大发展和产业调整的关键时刻。发展恰如春潮，攀登未有穷期。我们要在党的十七大精神的指引下，在镇委和镇政府的领导下，团结和带领全村人民，在罗南这块充满活力和希望的热土上创造更加美好的生活，开创罗南光辉灿烂的明天。

振奋精神，迎难而上 努力开创罗南发展新篇章

（2009 年 1 月 16 日）

2008 年工作总结

2008 年，面对产业转移、优二进三，面对次贷危机的风云变幻，面对金融危机对我村产业转移的影响，我们以主动的姿态，沿着科学发展路径，统筹谋划，攻坚克难，应对落实，坚定前行，在产业转移、化解矛盾方面迈出了有力的一步。

一、开创率先发展新局面

去年，我村几个陶瓷企业因受产业转移的影响，产能大幅下降，但民营企业发展势头良好，盛发电器、天伦电器、威达斯电器增资扩产，并已在同行中建立了巩固的市场。新兴产业一鼎科技增资扩产，去年被评为广东省高新技术企业，为我村今后引进陶瓷机械制造业打下了良好的基础。“三旧”改造，拆陶瓷厂建商贸城的工作稳步推进，海盛东方城的进驻使我村优二进三；发展服务业有了良好的开端。目前，海盛东方商贸城设计规划已全面完成，春节后第一期、第二期工程将相继落地。

二、农务工作通过规范管理，提高了发展水平

财务管理工作方面，坚持了由理财小组对村委会和股份集团的收支月月审单制度，财务第三方管理，年度审计则由政府招标，公开审计。成立了拆迁领导小组，对集体财产的拆迁、开投进行领导和监督。建设项目和招投标工作由村民小组长把关。每季度集中村民小组、汇报各村民小组的群众意见，积极化解社会矛盾，保证了农村稳定。依法治村工作初见成效，去年被省授予“广东省法治示范村称号”，被佛山市评为十好和谐文明村。去年，我村还圆满完成了村委会、村民代表、村民小组长的换届选举工作。

三、巩固和谐社会新基业

政策普惠，成果共享。我村稳步推进了发展与和谐这两条主线，积极拓展空间，加快了集体经济的发展，构筑了发展利益共同体。去年，由于产业转移，我村集体收入明显减少，我们想尽办法压缩开支，确保了全村股份分红和福利分红平均达到6000元。

民生保障跨入新阶段。卫生服务体系日臻完善，搞好门诊医疗保险，村委会为每个村民出资30元。在卫生院的帮助下，我村已建立了社区医疗站，为群众解决了看病难的问题。

成功举办了第五届大中学生运动会和小学亲子活动，还协助镇政府在隆庆举办了第二届水乡集体婚礼。

两委会有为，党群亲密。为了方便群众，村委会建立了行政服务中心，面对面服务群众。成立了综合治理工作站，维稳综治预警机制初步建立。完成了高墩工业区市场的整治工作，整顿了高墩到上沙大基的乱停车状况。党员监督、村民代表积极建言，工青妇桥梁纽带作用凸显，党群关系更加融洽。

优化环境，改善人居。环保成为全民共识，环境治理是罗南可持续发展的重要任务已成为村民的共识。去年关闭了夹板厂，加大了村内民营企业的治污力度。经济在发展，污染在减少。生态绿地在扩大，我村被评为镇绿化卫生工作优秀村，以及国家级生态示范村。

社会综合治理和治安工作又有加强。去年，各村民小组再增加一名治安协管员，加强了对治安队伍值班的监督，确保了村内治安好转。两入案件大幅度下降。

四、党建工作取得了新成果

加强党委班子建设，夯实基础。去年，有十多位预备党员转正，充实了党的队伍。党员的凝聚力日益加强，党员队伍逐步年轻化，党组织战斗堡垒作用逐步提升，党员干部现代远程教育系统投入使用，为新一轮发展夯实了基础。

审视过去一年的工作，我们深知发展任重道远，清醒地认识到必须加快解决存在的问题和不足：一是产业转移成果未有凸显，产业发展依然处于低层次。二是村民就业未有充分解决。三是社会不稳定因素尚未彻底消除，平安和谐建设任务依然比较繁重。四是部分民企存在安全隐患，农村管理面临诸多新课题。五是干部群众思想观念未全面解放，干部队伍的潜能还未得到充分发挥，实现新一轮跨越式发展面临的困难仍然比较多，等等。

2009 年工作安排

2009 年是建国 60 周年，是我们认真贯彻落实党的十七大精神，深入学习实践科学发展观的重要一年，是我们村优二进三、产业转移关键性的一年，也是迎难而上，开创新局面的一年。随着国际金融危机带来的冲击日益显现，2009 年，将是经济形势十分困难的一年。就我村而言，不仅受到宏观经济环境的外部影响，而且面临产业结构调整的内部压力。我们能否化经济起伏变化的压力为结构调整的动力，加快推进产业发展，为下轮经济发展打下坚定基础，成为今年工作成败的关键。我们既面对严峻挑战，也面临重大机遇，抓好 2009 年工作，对于罗南未来发展，意义十分重大。

2009 年，我村工作的指导思想是，贯彻落实党的十七大、十七届三中全会精神，和佛山区委二届五次全会精神，以科学发展观为引领，积极应对不利局面，动态把握发展机遇，坚持产业转移，发展第三产业不动摇，坚持优化结构不动摇，坚持项目带头不动摇，坚持美化环境不动摇，加快提升我村综合竞争力，为罗南新一轮跨越式发展夯实基础。

2009 年的工作预期目标是：村民人均分红增 10%，经济平稳较快发展，产业层次优化提升，生态环境进一步完善，民生保障有效加强，社会局面安定和谐。

要实现以上目标，必须认清形势演化的趋势。从国际层面看，次贷危机从局部地区正蔓延到全球，从发达国家传导到新兴市场，从金融领域扩大到实体经济，已经演化为一场全球性的经济危机，各国联手救市难阻世界经济总体衰退趋势。未来将是一个传导逐步到位，矛盾集中爆发的时期，认为危机已经到底，寄望世界经济短期反转是不切实际的。从国内层面看，一方面我国经济外贸依存度高，内需替代作用未能完全展开，短期经济景气惯性下滑态势未改，市场需求随着失业人口增加有所减弱，企业生意越来越困难等。然而，也必须看到，我们国家宏观经济政策正在调整，《珠江三角洲地区改革发展规划纲要（2008—2020 年）》的出台为我们提供了很大的发展空间，国家以扩内需、调结构、增活力、重民生为战略取向，将给我国经济注入新的活力。中央经济工作会议定调“保增长促发展”，作出了发展机遇不因金融危机逆转的科学判断，显示了中央防止经济硬着陆，确保较快平稳运行的坚定信心。从区域层面看，发展珠三角上升为国家战略，我们的未来蕴含无限机遇。但同时，我们也将面对产业机构调整、外源经济萎缩、发展成本上升等重重阻力。一句话，挑战与机遇同在，危机与转机并存。对此，我们既要保持足够清醒，也要防止悲观情绪的出现。

我们必须迎难而上。局面越严峻越要有冷静独立的思维，挑战越激烈越要有奋发有为的精神，形势越困难越要有迎难而上的胆识。改革开放 30 年的历史告诉我们：经济发展有一定的周期性，虽有高低起伏但不改中国经济长期向好的趋势。调整是发展格局的重新构建，既是“危”又是“机”，谁能够在挑战中站住脚跟，在低谷中冷静应对，在困难中把握机遇，谁就能够在新一轮发展中获得先机。罗南多年来发展的经验告诉我们，不管宏观形势风云变幻，关键还是要做好自己的事，提升综合竞争力。宏观经济不仅对罗南有影响，对大佛山以至全国各地都有影响，怨天尤人没有出路，积极应对才是正道。只要充分发挥地理区位优人一等，形势研判看前一步，产业结构调先一着，项目落实抓快一时，我们就完全可以在调整中把握转机，在发展中抢抓先机，在竞争中争创优势，带领罗南渡过难关，实现更好更快的发展。要实现以上目标，必须坚定科学发展信念。当前的危机是传统发展模式之危，是科学发展模式之机。如果固守粗放分散的传统发展路径，罗南实现“两转型一再造”肯定只是一句空话。罗南地理区位和环境容量的特殊性，决定了我们要产业转移，要走出一条有别于周边区域的精品发展科学新路。这是发展的方向问题，坚决不能动摇。企业“有开有关，有出有进”是市场经济的自然现象，不能因为经济低迷就放缓结构调整，重启落后生产环节。舍不得“腾笼”就没办法“引凤”，这是发展的方式问题，坚决不能动摇。抓项目就是抓发展，抓项目就是抓未来。面对低迷的经济环境，更要千方百计引入投资，今年重点是要抓好海盛东方城的建设和生态园的建设。我们要利用项目的引领拉动全村经济，促进就业，这是发展的手段问题，坚决不能动摇。有什么样的环境就有什么样的产业，要利用经济调整期潜心经营环境，再造竞争优势，要把隆庆村前的水环境和生态园建设好，争取在新一轮竞争发展中立于不败之地，这是发展的策略问题，坚决不能动摇。

要实现以上目标，必须着力做好以下工作。

一、推动产业转型，努力发展精品经济

保增长促发展，关键是要加快发展方式转变。发展精品经济，构建罗南特色现代产业体系，是我村实现科学发展的有效途径。

强化产业规划引领，坚持高端发展，构建现代服务业与先进制造业双轮驱动的现代产业体系。专业化分工是区域发展的趋势，连片开发是产业一体化发展的新格局。要抓牢项目。具体地说，要把我村东部即南庄大道路段，打造为商业贸易和房地产业一体化带。利用海盛东方城建设项目的带领，推动产业有效的发展。今年 5 月份前，公路以北我们自己的地段要全部腾出来建设，争取今年市场能够开业。西部地段即隆庆到沙村路以北逐步引入高端的陶瓷机械制造业。南部即隆庆村前，打造海峡两岸农业示范区。隆庆大道北即罗南大道北的地块通过引进资金、引入项目发展商业项目。四大项目的建设都要引导多元资本参与，依托南庄环境改造工程等重大项目的带动效应。我们仍然坚持：没钱赚的事不能干，有钱赚自己没有钱办的不能干，有钱赚但也投得起、但是没有可靠的人去做的事也不能干。在调整中，我们必须打破“肥水不流外人田”的思想，牢固树立商人赚钱我发展，商人发展我繁荣的意识。敢于牺牲眼前利益，敢于放弃蝇头小利。在产业结构调整中，如果我们视野不够开阔，习惯于自己有什么就干什么，不善于利用比较优势参与区域合作，在招商引资中，重招商轻服务，重签约轻落实，重承诺轻兑现是办不好事情的。

产业结构决定罗南未来发展，调好调优结构是发展罗南经济的关键。一手抓制造业现代化，一手抓服务业集聚化。在抓好以家用电器为龙头的民企中，还要引进以一鼎科技为龙头的先进陶瓷机械制造业，并通过制造业的加大引进，逐步培育新兴的罗南制造业基地，和家电、陶瓷机械制造等先导产业。我们要倾注更多的心血扶持好民营企业的发展，大力引导和支持它们技术创新，培育新产业链，“掘渊育龙”做大骨干企业。

二、优化载体功能，努力建设五星级罗南

发展精品经济，必须脚踏实地经营我村环境，改善载体功能，通过量变达成质变，逐步建成五星级罗南。

打造“两宜”农村，优化功能环境。环境是综合竞争力的重要组成元素，只有不断优化环境，才能成为生活乐地和创业佳地。生态要更加美好，必须以我村国家级生态村建设为契机，突出抓好绿化管理和环境治理等关键环节，打造“蓝天白云、碧水绿地、鸟语花香”的良好生态环境；利用综合管理工作站的平台，完善好停车场的管理规划，营造畅通安全的出行环境。要让我村更加靓丽，以增添魅力，彰显特色，让居者悦，远者慕，访者赞。

深化三大改造，集约利用土地。“三大改造”是我村破解土地硬约束的成功做法。土地是不可再生资源。实现精品发展，必须在土地集约利用方面再下苦功。在政府的帮助下，我村应推动连片开发。海盛东方城的发展应与其他村一起实现“统一布局，整体开发，综合配套，合作共赢”。扩大利南市场、隆庆大道边的商业地块和隆庆市场的建设，应吸纳社会各种资本投资参与。要进一步引进房地产项目，争取年底前启动隆庆路东的房地产项目。

要完善好土地股份集团公司的管理方案，把土地租赁合同重新整理好，超期不交土地租金的要交纳滞纳金。要把隆庆村前的菜地统一规划好，与台湾海峡农业试验一起开发，第一步城市居民到我村租地休闲种菜，为第二步发展休闲度假旅游区打下良好基础。今年土地租金仍在去年租金的基础上加5%。要实现股份集团增收就一定要在经营、利用土地上多做文章。对此，我们全体村民代表、共产党员思想一定要大解放，放开土地使用权才能让我村的土地升值，达到村民增分的目的。

三、提升确保稳定建设和谐罗南的水平（略）

四、提升文化建设水平

文化是一个民族的根基、灵魂，是新农村建设的软实力，是凝聚农民群体的黏合剂，希望的田野上有了文化的滋润才能更加欣欣向荣，勤劳的人民接受文化的熏陶，才能生活得更加幸福美好。

一个地区，文化建设决定着其未来发展的高度。我们要着力弘扬地方传统文化，塑造现代文化，加强文化与农业生态园的融合，把我村建设成为一个魅力无穷、活力无限的岭南文化之村。打造好隆庆水乡婚礼这张名片，赋予隆庆历史文物文化遗产新的生命，让它们重现辉煌。更好利用我村优越的水资源，打造岭南特色亲水生态和休闲服务，活化“水文化”“水经济”，开展喜闻乐见的群众文化活动，以文化魅力提升罗南的软实力。

五、发展民生事业，努力打造好五星级的服务

维护群众利益是一切工作的宗旨，要打造五星级的服务。

提高行政服务中心效能，让群众顺心。要更新服务理念，要热情对待群众，能办与不能办的事都要给群众解释清楚，特别是办理土地证、计生证，应做到一个人办完，规定时间办结，并协助办理房产证。要创新服务方式，打造快捷、高效、优质的服务品牌。

加强社会保障，让群众暖心。着力解决一些关系群众切身利益的现实问题，大力加强就业与再就业工作，促进充分就业。抓好农村医保工作。村委会决定，今年门诊补助为每人 30 元。我们还要加大因病致贫的救助力度，和因贫没钱上大学的援助。

解决热点问题，让群众舒心。要抓住社会热点、民生难点快速做出反应和解决，以取得群众信任。要集中精力解决某些历史遗留问题，特别是土地证和房产证的问题。要抓住矛盾源点，及时摸清情况，依法依理化解矛盾。

推进民主法治，让群众聚心。要坚持党的领导，支持村民代表、党员监督村委会，充分发挥工会、共青团、妇委组织的桥梁纽带作用，扩大基层民主，推动党务政务村务公开，把群众参政议政的热情保护好，引导好。要推进依法治村，深入开展“五五普法”工作，树立法治村新形象。

构建平安和谐，让群众安心。要抓综治“拳头”，健全治安队、护村队和公安机关合作的快捷反应和联动机制，提高重点部位治安整治力度，抓实群防基础，加强人防加技防的配合，推进“联村联防”“邻里守望”等防范措施的综合治理格局。要抓好安全生产。着力营造社会安定、投资安全、村民安宁的和谐氛围。

抓好环境建设，让群众开心。今年，要利用我村被评为国家级生态村这一有利时机，进一步完善我村的绿化、美化工作。搞好罗南大路入村路口的绿化整治工程，修整好隆新公园的林相改造工程，做好村委会到隆庆中心路的环境整治和河涌的清理工作，重新规划罗南的绿化，并分步到位，让罗南的环境更美更好。

六、加强队伍建设，努力构建精干的团队

落实科学发展观，关键在人。我们要着力构建具备“四个勇于”精神的团队，即勇于学习、勇于创新、勇于实践、勇于承担信托责任。同时，我们的团队还要具有真心、虚心、决心的精神，更重要的是不要折腾，以确保罗南全面协调可持续发展。

科学发展观是时代的最强音，是引领我们战胜当前困难，创造美好未来的指针和思想旗帜。一个团队，要具有前瞻性，保持先进性，就一刻也离不开科学理论的武装。我们要联系实际深入开展学习实践科学发展观活动，把这一活动与贯彻落实党的十七大精神结合起来，和深化解放思想学习活动结合起来，党员和村民代表应当起带头作用。通过这一活动，在全村掀起新一轮解放思想创新发展的热潮。

我们要用科学发展观再造干部队伍。让善于科学发展的人上，不会科学发展的人让，阻碍科学发展的人下。要凭实绩论英雄，以能力定去留，依民意用干部，真正做到“有为者有位，无为者无位，平庸者失位”。

领导班子建设非常重要。班子强事业兴。我们不仅要配好领导班子，还必须选好后备干部。对新干部坚持由群众推荐，在竞争中选拔，于实践中培养，在工作中考察。除了搞好领导班子建设外，切实发挥党组织“安民心、固根基、促发展、创和谐”的先锋作用同样重要。村两委的干部，要提高学习的自觉性，学以增智，学以立德，学以致用，只有不断地学习，才能不断提高自身的素质和能力。

科学引领发展，精品铸就魅力，努力提升罗南城市化进程发展水平

（2010年2月2日）

2009年工作总结

2009年是罗南迈向新里程的重要一年，是创新发展的一年。过去的一年，罗南在镇党委、镇政府的正确领导下，在村党委的直接领导下，在全体村民代表和共产党员的大力支持和监督下，为实现年初提出的一年开好局、三年大发展、十年大跨越的奋斗目标，坚持只要思想不滑坡，办法总比困难多的信念，准确判断、果断决策，坚定信心，练好内功，共克难关，化挑战为机遇，取得了长足的发展。我可以用14个字概括我村去年的实况："事非经过不知难，科学发展解困难"。2009年，全村股份分红和福利分红平均达到8056元，增长34.2%，其中股份分红减2.97%，福利分红增78.12%；2009年，我村还被评为全国文明村。总的说来，我村去年是实现了物质精神双丰收。

一、经济发展取得跨越性的成果

去年，我村根据镇委、镇政府的部署，先后关停了十间陶瓷厂。至此，陶瓷企业作为我村集体经济支柱的历史基本过去了。在产业转型关键的一年，我们当机立断，提出退二进三的新思路。海盛东方城已顺利动工，有望今年3月封顶，大型商圈的定位使我们对集体经济的再次腾飞充满信心，也看到了第三产业在罗南的强劲势头。目前，海盛东方城的配套设施——90000平方米的五星级商务酒店已开挖好地基，春节后有望正式落地。海盛东方国际环保城也在密锣紧鼓地筹建中，春节后开始动工。与此同时，我们采用"三旧"改造政策，把石南路南面500亩的土地变更为国有商住地，并经过多番商讨，经村民代表同意，已与新明珠房地产开发有限公司和龙光房地产开发有限公司签订了合作开发协议。目前，这片土地的功能转变整合工

作正在有序进行，争取今年七八月挂牌动工。由于合作开发房地产项目，我们还清了欠银行的贷款。此外，筹划两年多的罗南生态园去年有了突破性的进展，该项目得到了省农业厅和市政府的高度重视，并拨出专项资金给予支持。其中，省政府拨款100万元，市政府支持150万元，区政府支持50万元。目前，第一期工程已正式铺开，两个温室育种棚已完成开挖，近1公里的环园涌今年春节前可基本完成，种有多种奇花异果的赏瓜大道等工程也将陆续破土动工。生态园的建设是我们打造生态罗南的重要举措。根据目前生态园各项工程的进度，预计该园（第一期）今年五一节将能开门迎客，届时展现给大家的将是生态罗南的又一典型。生态园二期建设也将立即展开。

二、社会综合管理工作成效显著

综合管理工作站高效运作。2008年成立由镇综治办和行政执法局牵头、政府多个职能部门派专人进驻的综合管理工作站以来，多部门联动执法的体制已经建立，有效地整合了多方面的资源，提高了处理事情的效率。去年，由我村委会召集，综合管理工作站采取了多次果断行动，整治了我村高墩工业区路边的乱摆卖现象。为了治理辖区内的小广告、牛皮癣等乱张贴问题，综合管理工作站想了很多办法，采取了疏导和集中管理的办法，制作了专门的宣传栏供小广告等宣传张贴，有效地遏制了乱张贴现象。

维稳、信访工作得力，辖区内稳定和谐。稳定是发展的需要和前提条件。去年，我村陶瓷企业陆续关停，由于我们专门成立了资产管理小组对资产处理等进行监督，提前介入关停企业，协助他们处理好资产和遣散工人等工作，大部分企业都能依法依规处理劳资关系，保证了在经济转型的不稳定大局中能稳定和谐，没有出现集体上访现象。

视频监控织下安全网。我村是镇内最早安装视频监控系统的村之一。一直以来，我们都采用人防加技防双重保险的防范手段，有效地提高了村内安全。去年，我们又积极在村民中推广“小110”报警系统，凡是安装报警系统的，村里补贴500元，更增大了家居的安全系数。去年，我们辖区的刑事立案数大幅下降了21%。

三、民生工作扎实到位

2008年起，我村建成了村级卫生站，真正解决了村民看病难问题。经过一年多的运作，村民已尝到了小病到社区卫生站解决的甜头，尤其对年老多病、行动不便的老人来说，卫生站简直就是家门口的保健医生。今后，我们将继续配合政府大力支持村级卫生站开展工作，让村民享受到更多的方便和实惠。

老有养、病有医，推进“新农保”，继续扶持合作医疗。“新农保”是政府为了加大对农村居民的养老生活保障而设计的，财政方面也给予了大力的支持。对于没有参加大社保的那部分村民来说，无疑是一个大好消息。目前，我村已经完成了60岁以上老人的登记工作，让他们能在1月份收到政府派的“糖”。对于尚未参加大社保的村民，我们将积极发动他们参加“新农保”，以保障他们退休后的生活。另外，我们也没有因为60岁以上老人已享受政府发的100元而取消原有的老人金制度。村民参加合作医疗后，村委会同样每人补贴30元以减轻村民负担。政府的有力政策加上我村的一些经济支持，村民看病贵的问题也有了很大的改善。

经济发展惠及弱势群体。我村集体分配比较高，只计算这部分收入，村民也符合享受政府的低保补贴制度。然而由于各种原因，我村仍有几户相对困难，我们从集体经济的成果中给予他们一定的帮助。例如，残疾人，我们每月发放230元补贴。每逢大节日，都对困难群众和孤寡老人进行慰问，使他们感受到集体的温暖。

四、切实做好村务政务公开工作，保障村民的知情权

一贯以来，我们村委会都十分重视村务、财务的规范管理。村委会的收支、股份集团的账目都由村民组成的理财小组坚持月月审单的制度。财务实行第三方管理，年度审计由政府招标，委派专业审计公司进行公开审计。每个月我们都把相关的资料和数据在公开栏向村民公示。村委会的建设项目和招标工作都一律由村民小组长把关监督，真正做到公平、公正、公开。

2010年工作安排

2010年，我村工作的指导思想是，积极贯彻落实党的十七大、十七届三中全会以及区委二届七次全会和镇委镇政府总结大会上张辉明书记的讲话精神，以科学发展观为引领，积极应对不利局面，动态把握发展机遇，大拆大建大发展不动摇，坚持产业转移，发展第三产业不动摇，坚持优化结构不动摇，坚持美化环境不动摇，加快提升我村综合竞争力，为罗南新一轮跨越式发展夯实基础。

我村2010年工作预期目标是：村民人均分红增20%，力争人均分红达万元。经济平稳较快发展，产业层次优化提升，生态环境进一步完善，民生保障有效加强，干部群众心情舒畅，社会局面安定和谐。

要实现以上目标，我们必须认清形势，把握好发展的趋势。作为基层的领导者，要能准确判断形势变化会给当地带来的影响。跟上时代的脉搏，就要学习新知识、掌握新本领，整合新资源，用新的思维，新的方法，新的组织来适应新的变化，找到适合自己发展的道路。

要实现以上目标，我们必须树立迎难而上的信心，坚定科学发展的理念。如果固守粗放分散的传统发展路径，罗南实现两转型一再造会成为一句空话。由于罗南的地理区位和环境容量决定了我们要产业转移，走出一条有别于周边区域的精品发展的科学新路。这是发展的方向问题，坚决不能动摇。抓项目就是抓发展，抓项目就是抓未来。

要实现以上目标，必须着力做好以下工作：

一、全面推进城市化进程，配合镇政府把我村建设成南庄新中心城区

南庄中心城区的规划是以镇中心城区为发展重点，进一步优化城市功能布局。我村要配合、协助镇政府实现收地方案，以“三旧”改造和统筹城乡发展为抓手，协调解决好政府征地和留用地的合理安排，着力推动大项目和基础设施项目的规划建设，加快优化城市形态，努力把罗南建设成为高品位的商业商务区、高品质的生活居住区、外村租地的高端产业聚集区，加快实现罗南退二进三的城市格局。

今后几年，我村要重点推进南庄大道1.7公里商业黄金大道的建设。以海盛东方城为抓手，和两个房地产项目配合，发挥中心城区和交通便捷的优势，突出发展现代服务业，包括生产性服务业、科技服务业。抓住海盛东方国际环保城的定位建设，引进信息咨询商贸流通，兴建高级写字楼、五星级酒店和高端房地产项目，形成休闲、购物、娱乐、居住聚集区，使我村成为高品位人群投资创业、安居置业、休闲消费的“首选之区”。

加快推进“三旧”改造。进一步推进土地节约集约用地，利用好“三旧”改造有关政策，加快推进隆庆工业区、高墩工业区的“三旧”改造项目建设，拓展发展空间，提升我村城市化进程的形象。今后，我村民营工业区不准扩建和改建厂房。

协助政府推进基础设施建设。支持龙湾大桥建设，协助做好引桥拆迁征地工作，推进隆庆大道扩建工程。配合镇政府规划好路网和开涌工作。

在推进城市化进程中，我们的村民代表和全体村民摒弃早已不合时宜的小农思想。不要总是想着靠几亩塘、几亩地来生活，这样的生活方式已是历史。什么叫城市？就是先有城，后有市。罗南村已经被规划为南庄镇新的中心城区。按照规划，罗南村除了生态园的农地外，全部都是商业地和商住地。现在我们的农村只是城中村，所以要进行改造。不久的将来，罗南的土地上将建起一栋栋高楼大厦。那时，我们就不是农村人，而是城市人了。我们的村民可以用从土地增值中获得的收益，到外地办工厂，或者购买商业铺位来获得长期收益，实现一次投入多代收益。

为此，我们一定要解放思想，向前看。“三旧”改造政策是广东省的特殊政策，我估计两年以后就没有这样好的政策了。我们一定要利用好这个政策，不要总抱着一亩鱼塘投1000元，一亩菜地投500元的思想，不然我们永远都是农民，永远富不起来。只有在镇政府的帮助下，利用好政策，实现新城区的总体规划，谋划好罗南的未来，才是我们的明智之举。

二、推动产业转型，努力发展精品经济

保增长促发展，关键是要加快发展方式的转变。发展精品经济，构建罗南特色现代产业体系，是我村实现科学发展的有效途径。

我们要强化产业规划的引领，坚持高端发展，构建现代服务业与高层次的房地产业，加快退二进三的进程。今后，我村有污染的企业要逐步退出，要努力打造好我村东部即南庄大道路段，实现商业贸易和高端房地产项目一体化发展。专业化分工是区域发展的趋势，连片开发是产业一体化发展的新格局，要抓牢项目，利用海盛东方城和海盛国际环保城建设项目的带领，推动产业有效的发展。海盛东方城争取在今年十月一日开张营业。中西部即村委会以西到罗家村计划打造两千亩的海峡两岸农业示范区，扩大生态园的规划建设范围，用三年时间完成罗南生态旅游区的建设。同时，龙湾大桥通车后，要抓紧开拓隆庆路东的高级房地产和五星级酒店项目。利用前有大河、有西樵山的映照，后有生态园的衬托，罗南第二个为周边高品位人群投资创业、安居置业、休闲消费的首选之区将要建成。为了实现这一目标，我们必须以大思维策划，大视野规划，大气魄推动，加快城市化进程，谋划好罗南未来的发展。在结构调整中，我们必须有开阔的视野，要善于利用比较优势参与区域合作，打破肥水不流往外人田的思想，牢固树立商人赚钱我发展，商人发展我繁荣的意识。敢于牺牲眼前利益，敢于放弃蝇头小利。在招商引资中，重招商轻服务，重签约轻落实，重承诺轻兑现是办不好事的。

三、以大项目为抓手，推动和谐罗南上新台阶

大项目是擦亮罗南的名片，是推动罗南经济发展的发动机，也是锻炼罗南干部的主战场。没有几个重大项目的推动和落实，罗南难以完成形象转变、价值提升、财富积累的过程。因此，任何时候，都要坚持项目引领不动摇，一步一个脚印地推动精品罗南建设。当前，更要扎实推进已立项和已开工项目的落实。

村委会要为这些项目的落实勇于担当，把它作为“分内的事”，聚合力量，调动资源，主动协调，平衡利益，克服阻力，把精力放在推进项目的重点、难点上。生态园建设规划应有自己鲜明的特色，力求规划紧凑、布局合理、功能互补。要抓好海盛东方国际环保城特别是两座共 12 万平方米的高级写字楼的建设。石南路以南的房地产项目中，应积极做好新明珠房地产开发公司地块的规划以及土地功能转换工作，力保 6 月份挂牌，年内正式动工兴建。龙光集团地块由于土地权属复杂一些，手续会较麻烦，但也要争取 10 月能挂牌，春节前动工兴建。

我们要通过改革、发展让罗南登上新的台阶，进而更加和谐，更加稳定。

四、抓好民营企业家的素质提高，建设好民营企业家的队伍建设

民营企业的发展关键是人。就我村而言，为什么我们一大部分老板没有登上企业家的位子呢？主要是我们的企业老板的思想境界，他们还缺乏企业家的精神。什么是企业家精神呢？企业家要学会做人做事。首先就是要学会做人，才会做事。企业家要有社会责任感，为国家创税收，为员工创福利，为企业创红利，要善待员工，要回馈社会。我认为，中国的企业家要当好半个政治家、半个思想家、半个战略家。学会顺应时局，不要逆潮流而动。俗话说穷不与富斗，富不与权斗。你可以与天斗，与地斗，也可以与市场斗，但再雄心也不能与政策斗，不能与政府较劲。这就像股市的“庄家”一样，再有实力也不能跟国家的金融政策决战。纵观中国改革开放三十年，能成活下来的企业，基本上都经历了创业——发展——管理——创新这样几个阶段，企业走到今天，特别是经历了这次金融危机和国际形势突变之后，能继续走下去的企业真可谓英雄本色。最近有人问我，中国未来 20 年怎么走？中国的企业未来怎么办？这样大的问题我不能轻断。我认为，“认得先知便是智慧”，作为企业家，其经营理念应当是在追求全体员工物质和精神两方面幸福的同时，要为人类社会的进步和发展做出贡献。

很多人都喜欢做老板，但老板总是做不大。为什么做不大？我认为是意识问题，思想境界问题。企业发展到一定程度以后，要想再上一层楼，老板的意识必须上一个新台阶。现代企业的拓展必须随着形势发展突破企业家思维的锁定。企业发展的每一阶段就要有每一阶段的理念和思想。如百万元的利润就要有百万元的思想境界，千万元的利润就需要有千万元的思想境界，亿万元的利润就需要有亿万元的思想境界，不然就很难实现突破，而且这种突破不需要很长时间。

在现实生活中，到底是挣大钱容易，还是挣小钱容易呢？我认为，挣大钱容易，挣小钱难。现时企业比较困难，但当企业做大后就容易了，活是人干出来的，钱是靠有思想的人通过合法经营赚来的。越有思想的人就越富有，因为当今时代创造财富的环境不一样了。作为世界工厂的珠三角地区，我们干了很多活，才挣了一点小钱，那真正是辛苦钱和血汗钱呵！而西方国家是在做思想做标准，财富来自思想。一种新思想出现就是一种新货币，一种新思想就是一种新财富。在当今社会，没有思想、没有新的理念，就没有新的创新，就很难赚到钱。有的企业老板赚不到很多钱就说他们不会“玩”了，其实是利润来源发生了变化。我们的精神世界如果能前进一小步，对企业来说，就可以跨前一大步。实践证明，我们对物质的突破，对利润的突破，来自于大脑的突破，来自于思想的突破。如果思想不能实现突破，那么钱就拿不回来。有一句话说得好，“解放思想黄金万两，思想解放万两黄金”。从一定意义上讲，钱是思想解放出来的。

四种劳动和五种赚钱方式。

没有利润就没有企业。从当前南庄的现状看，企业与老板的情况不外乎以下三种：

第一种是辛苦不赚钱。老板和员工都没日没夜地加班但赚不到多少钱，这种企业在南庄和我村不占小数。

第二种是越是辛苦赚钱越多，赚钱越多越是辛苦。能够做到这样的老板已经是相当不错了。但是，他们已经被钱套住了，与人的本性背道而驰了。人的一生应当是工作、学习、休闲、娱乐。这种企业在我村大概占 30% 至 40%。

第三种是越是清闲赚钱越多，赚钱越多越是清闲。清闲赚大钱，赚大钱更清闲。穷人的钱用来购物，中产阶级的钱用来投资建厂等，而富人的钱却用来学习和休闲。

在当前市场经济环境下，社会上存在四种劳动收入状况：第一种是一次劳动一次收入，比如公务员、工人等，老板是绝对不会干这种劳动的。第二种是一次劳动多次收入，如老板。第三种是一次劳动终生收入，如某个专利、某个品牌等。第四种是一次劳动多代收入。在这四种状况中，作为老板，应该选择后三种状况。这关系到老板实施的战略管理，即一分耕耘不只一分收获。要做到这样，老板必须改变战略管理，实现战略的突破，由过去努力工作转变为今天更加聪明地工作。

目前存在五种赚钱方式：

第一种是站着赚钱，利用辛勤劳动赚钱；

第二种是坐着赚钱，利用经营劳动赚钱；

第三种是躺着赚钱，利用无形资产赚钱；

第四种是睡着赚钱，利用制度赚钱；

第五种是玩着赚钱，利用体系和系统赚钱。

老板是谋局的人，这个局谋好了，体系和系统就建立起来了。一个伟大的军事家，他从来就不需要自己开枪，他组织过许多战役，从来未受过伤。他的责任和功绩在于谋局，他在打造体系和系统。现时的大老板也是在谋局，把大的架构和体系打做起来就可以赚大钱。

村委会要指派得力干部，抓好民企协会工作。春节后应把近几年涌现出来的企业家吸收入民企协会。要定期组织民企协会成员交心通气，组织外出参观，通过参观学习提高他们的素质，塑造罗南企业家新的风貌。

五、优化载体功能，努力建设五星级罗南

发展精品经济，离不开脚踏实地去优化我村环境，打造宜商宜居宜游农村，改善载体功能。

环境是提高综合竞争力的重要元素之一。只有不断优化环境，才能成为生活乐地和创业佳地。我们要以已被评为国家级生态村为契机，突出抓好绿化管理和环境治理、绿化净化等关键环节，打造“蓝天白云、碧水绿地、鸟语花香”的良好生态。要利用综合管理工作站这一平台，强化村内交通管理，完善好停车场的管理规则，营造畅通安全的交通环境。要让罗南更加靓丽，彰显特色，增添魅力，让居者悦，远者慕，访者敬，名副其实的五星级罗南。

我们还要完善好土地股份集团公司的管理方案，及时把土地租赁合同重新修订好，超期不交土地租金的要交纳滞纳金。从明年开始，租用土地要先交租金后使用。今年土地租金仍在去年租金的基础上加5%。我们一定要在土地上做文章。逐步放开土地使用权，才能让我村的土地升值，达到村民增分的目的。隆庆市场由于建龙湾大桥不能保留，今年将安排地块新建标准的隆庆市场。

六、全面推进文化建设，进一步提升罗南形象

文化是一个民族的根基，民族的灵魂，也是推进城市化的软实力，凝聚村民群体的黏合剂，希望的田野上有了文化的滋润才能更加欣欣向荣，勤劳的人民接受文化的熏陶才能生活得更加幸福美好。

文化建设决定着一个地区未来发展的高度。注重弘扬地方优秀传统文化，塑造现代文化，加强文化与农业生态园的融合，就一定能把我村建设成为一个魅力无穷、活力无限的岭南文化之村。全面推进我村的文化建设，当前应当做而且可以做的，包括打造好隆庆历史文化的名片，赋予隆庆历史文物文化遗产新的生命，让它们重现辉煌；利用我村优越的水资源，打造岭南特色亲水生态和休闲服务，活化“水文化”“水经济”；开展为群众喜闻乐见的多项文化活动，以文化魅力提升罗南的软实力。同时，要集聚各方力量把罗南村报办好。

七、以精细化为目标，提升管理水平

一个村庄，给人的印象好坏，很大程度上取决于管理的精细化程度。村庄好的管理，表现为村容优雅、环境美化、交通畅顺、治安良好、服务高效、人际和谐，各项工作有条不紊。精细化的管理的核心在于处处体现人性关怀。这样的社会环境才能让村民安居乐业，客人流连忘返。我们必须以全方位的精细化管理为抓手，把重视细节、追求极致、着眼长效的精神，贯穿到农村管理、行政管理和日常工作的每一个环节中，提升每项工作的效率和质量。

精细管理是一项长期工作、系统工程，不可能一蹴而就，我们应当先抓好基础性工作，脚踏实地地稳步推进。理清权责关系是重要的一步，要将目标、任务分解到每一个管理环节，做到事事有人管，事事专人管，消除职责不清，相互扯皮现象，建立工作规程，使各项工作有目标可达，有程序可循，有标准可依，有指标可衡，有责任可究。让每一个干部和工作人员明白自己该做什么，该如何做，减少工作的随意性，加强协调与沟通，提高反应速度和整体效率。

管理工作是一盘棋，环环紧扣，任何一环脱节都可能影响大局。因此，每一个工作人员必须立足本职工作，从大处着眼，小处入手，做好每一件小事，重视每一个细节，做到“精”“细”“严”“实”。精在谋划，努力让每一个环节恰到好处。严乎问责，进一步完善个人问责机制。逐步形成管理长效机制，努力实现精细管理，全时段、全方位覆盖。要把握热点，着力解决好群众普遍关心的环境污染、乱摆乱卖、出行不便和行政服务方面存在的问题。对长期以来繁琐难办的某些工作如土地证、房产证等，要想办法与有关部门沟通，予以突破。以改革创新精神引领各项管理工作。

要抓好社会管理工作，打造好五星级的服务。

提高行政服务中心效能，让群众顺心。要更新服务理念，热情对待群众，自己能办和不能办的事情要与群众解释清楚，特别是土地证、计生证应做到始终由一个人办完，规定时间办结，并协助办理房产证。要创新服务方式，打造快捷、高效、优质的服务品牌。

加强社会保障，让群众暖心。着力解决一些关系群众利益的现实问题。大力加强就业与再就业工作，协助群众到民企解决就业，鼓励自谋职业。抓好农村全民医保和新农保工作。今年医疗门诊，村委会对每位就诊者补助50元，努力解决好因病致贫的救助力度，做好慈善分会救助金的发放和因贫没钱上大学的村民的扶持补贴工作。

解决热点问题，让群众舒心。对热点问题做到快速反应。对民生难点，要敢于直接面对群众。查找矛盾根源，及时排查疏导，把矛盾化解在始发之地，解决在萌芽状态之时。

推进民主法治，让群众聚心。要坚持党的领导，支持村民代表、党员监督村委会，充分发挥工会、共青团、妇委组织的桥梁纽带作用，扩大村内民主，推动党务政务村务公开，把群众参政议政的热情保护好，引导好。要推进依法治村，深入开展“五五普法”工作，树立法治村新形象。

构建平安和谐，让群众安心。要抓综治“拳头”，以我村“小 110”为平台，健全治安队护村队和公安合作的快捷反应和联动机制，加强重点部位治安整治力度，要抓实群防群治，加强人防加技防的配合，推进“联村联防”“邻里守望”等防范措施的社会治安综合治理格局，切实维护人民群众生命财产安全。今年治安案件要比去年下降 10%。要抓好安全生产。着力营造社会安定、投资安全、村民安宁的和谐氛围。

八、加强队伍建设，着力提高干部的领导力

落实科学发展观，关键在人。2010 年我村的工作十分繁重，两委干部要以提高领导力为主要任务。一方面，要锻造一把削铁如泥的利剑，谈何容易，除了要选好钢材，更要有精湛的工艺配合，可谓“炉火纯青”才能达极致。造利剑固然不易，“锻造领导力”更是困难。因为它不像造剑一样通过流程标准就能产出，它的对象不是物，而是有思想有性格、有特点的人。任何一个村的领导班子，客观上需要各种不同类型的人才，即管理型人才和领导型人才。统一人的思想是一项艰巨的任务。另一方面，要造就一名德才兼备的领导人才是非常艰巨的事，正所谓千军易得，一将难求，帅才更是少之又少。锻造领导力，是摆在我们面前十分迫切的任务。

什么是领导力？领导力就是领导者本人的品格魅力。领导力不是权力，也不是谋略，更非厚黑学，而是一种影响力。这种影响力的最大来源是领导者自身的品格与领导艺术和风格，这其中包含着领导者的知识层面，领导者的核心价值体系，以及在领导过程中，团结和包容他人的能力等。

领导力实则就是影响力。一个有领导力的人，他总是以自己优良的品格素质、价值观和科学的方法影响和主导着他所领导的群体。如果他是一名企业的领导人，他在任何情况下一定能够为群众为股东为社会提供真正价值，而不是走捷径，利用杠杆的威力牺牲他人的利益，甚至危害社会去为自己积累财富。

领导力是以“品格魅力”为基础的，有品格魅力才有影响力，有影响力才是领导力。品格魅力是领导力的源泉。

人的个性特征受到天生的影响，但人的品格是可以通过后天的培养和训练得到提升的，也就是说品格魅力也需要严格认真地锻造。

一个有品格的领导者要追求真理，明辨是非，还要在行动中表现出勇气和承诺，坚定的自我约束力和判断力，并且要做到品行服人，情感动人，以能力和智慧赢人，以榜样正人。如何才能锻造好自己的领导力，我认为：

1. 人格最重要（没有人格，人家不信任）；
2. 要有足够的智慧（没有智慧，人家不服你）；
3. 最重要的是诚信；
4. 沟通；
5. 领导艺术；
6. 梦想。

面对复杂多变的经济形势，要提高我们的决策力、执行力、协调力、沟通力、表达力、创新力、学习力。

要深入贯彻实践科学发展观，包括：

科学的目标——必须是有效的目标。目标要恰当，虽有一定的难度，但通过努力是可以实现的。

科学的发展——必须要有效的发展，发展方向必须顺应潮流。

科学的领导——必须是有效的领导，有效的领导就是保证不沉船。

科学的管理——必须是有效的管理。

科学的学习——必须是有效的学习。

我们要用科学发展观再造干部队伍。今后，我们的干部队伍，必须让善于科学发展的人上，不会科学发展的人让，阻碍科学发展的人下。要凭实绩论英雄，以能力定去留，依民意用干部，真正做到有为者有位，无为者无位，平庸者失位。

班子强事业兴。要配好领导班子，选好后备干部，带好队伍。领导班子成员要坚持在群众中推荐，在竞争中选拔，在实践中培养，在工作中考察。

要抓好党组织建设，切实发挥党组织“安民心、固根基、促发展、创和谐”的核心力量。村两委干部要以提升学习力为重点，要学以增智，学以立德，学以致用，不断提高素质和能力。要以提升执行力为目标，加强重要环节的监督落实，确保村委会的领导权力在阳光下高效、廉洁、有序运行。

在罗南村第五届村民代表大会第一次会议上的讲话

（2011 年 4 月 2 日）

全体村民代表：

今天，我受新一届村委会的委托，向大会作三年工作的报告，请予审议，并请列席代表提出意见。

一、对第五届村委会换届选举工作的总结

从 3 月份开始，我村开展了第五届村委会换届选举工作。在镇党委的正确领导下，村党委充分发挥党在农村工作中的领导作用，要求在换届工作中大胆提拔对待发展有信心、考虑发展有思路、推动发展有办法的优秀人才；把有一定的组织能力，能带领群众致富，办事公道，联系群众，热心为村民服务，办事能力强的人选进入村委会。

由于村委会部署及安排得当，我们已顺利地产生了罗南村选举委员会和村民代表。新一届村民代表比较稳定，更重要的是按照镇党委提出的选出三分之一的妇女代表的要求，共选出了 26 名妇女代表。上届村民代表 72. 8% 当选。今次的换届选举工作，由于有在座的村民代表和党员骨干支持，以及上届村两委会成员的团结协作，我们已成功地通过无记名候选人的选举方式顺利地产生了新一届村委会。

今次换届工作的成功对当前以至今后农村民主建设以及经济和社会发展都将产生深远的影响。就目前而言，已取得几个方面的效应。

一是农村民主的大发扬。村民对直接选举自己的“村官”十分关心。他们关注着选举每一阶段的工作进展情况，踊跃参加村民代表、选举委员会和提名候选人的选举，这充分说明村民不是不懂民主，而是殷切地盼望民主。不少村民反映直接民主选举村干部最能反映群众的意愿，是对民众的高度信任和尊重。今次选举，全村有 3045 名选民参加了投票，投票率达到 99. 99% 。

二是对农村基层干部的大考验。这次由村民直接选举村委会成员，实际上是对农村干部一次最广泛最直接的民意测验，是对党性事业心的重要考验。通过直接选举，增强了村干部的公仆意识，密切了党群、干群关系。由于干部是由村民直接投票选出的，是群众信赖的带头人，干部就自然地加强自己对村民的责任心。这是一股内在的无形压力，迫使他们决心把压力变成动力，把村里的各项工作做好，为村民多办好事、实事，以报答村民对自己的期望。

三是农村法制建设得到加强。本届村委会换届，村民们都能自觉地按省的一法两办法来依法选举，在这过程中出现了人人讲法、学法的崭新局面，干部和村民的法制观念大大增强了，村民参政、议政的意识也大为提高。

四是促进班子内部更加团结，增强了村两委会的凝聚力。通过换届选举，体现了班子内部成员思想高度一致，各成员之间齐心协力，斗志更高扬，凝聚力更强，造就了罗南更坚强、更有战斗力的领导核心。

今天，大家推选我为村委会主任，这是大家对我的信任。我深感使命光荣，责任重大，倍感压力，并清醒地认识到任重道远。我们第五届村官工作必须做好，不能辜负村民的期望。

我作为村的书记、主任，要做廉洁自律、干净干事的带头人，做贯彻民主集中制、促进团结和谐的带头人，做公道正直的带头人，做一心谋事、踏实干事的带头人。我向大家表示，我将挺起腰杆做表率，敢抓敢管敢负责，请全体村民代表、共产党员监督我，提醒我。

作为一班之长，我的领导职责归纳起来有四点：一把方向，二谋大事，三善协调，四做表率。我以及我的领导班子要具备四种能力，即：善于学习、运用政策的能力；为民服务促进发展的能力；破解难题，维护稳定的能力；树好形象，凝心聚力的能力。要掌握十种工作方法，即：宣传动员的方法；载体推动的方法；平等交流的方法；言传身教的方法；关爱体贴的方法；喜闻乐见的方法；典型引导的方法；寓情于理的方法；寓教于乐的方法；学习借鉴的方法。

作为班长的我，更要正确处理好以下三种关系：

一是正确处理好民主与集中的关系。作为班长，既要善于充分发扬民主，坚持集体讨论，虚心听取群众和各方面的意见，又要善于发挥好总揽全局，协调各方的领导核心作用。要审时度势，多谋善断，要善于协调各种不同意见，特别是要注意在充分发扬民主、集思广益的基础上，敢于集中、敢于拍板，抓住机遇，及时作出正确决策。

二是正确处理好集体领导和个人分工负责的关系。对重要工作的决策部署，特别是重点工程建设、项目，要把一些重点工作和重点工程项目具体分解到班子成员肩上，使每位班子成员真正做到在其位、有其权、明其责、谋其政，都有施展自己才华的舞台和机会。

三是正确处理好“班长”和一班人的关系。班长要自觉摆正自己的位置，十分明确自己与班子成员在政治上是平等的，始终把自己置于集体领导和监督之中，决不能搞唯我独尊，我行我素，更不能把个人凌驾于组织之上，把领导班子当陪衬，把集体讨论当形式，而应做到掌权不专权，纳谏不附和，宽容不纵容，严以律己，宽以待人，使集体的智慧得以充分发挥。

二、今后三年工作计划

未来三年是我村产业调整继续退二进三，加快发展、狠抓落实的三年，是建设富裕罗南、文化罗南、和谐罗南、生态罗南和向城市化进程取得成效关键性的三年。随着南庄城市化进程的加快，我村经济社会面临难得的机遇。我村目前已形成了较强的经济实力，具备加快发展、率先发展、协调发展的良好基础和内在动力，但也面临“不进则出局，小进则落伍”的严峻挑战，以及经济社会发展上还存在的一些深层次矛盾和问题。为此，我们要站在新的历史起点上，认清形势，抓住机遇，乘势而为，推动经济社会良性发展、创新发展，把改革开放和建设社会主义新农村提高到一个新高度。

指导思想方面。未来三年我们的指导思想是，坚持以科学发展观为统领，深入贯彻市委十届十次全会精神，围绕“加快转型升级、建设幸福罗南”和“民富市强、幸福佛山”这一核心任务，解放思想，改革创新，进一步围绕以下方面，即：加快转型升级，建设“幸福佛山”“幸福罗南”，加强基层组织等方面的创先争优，努力把罗南村建设成为“加快转型升级、建设幸福罗南”示范村。

目标任务方面。按照“半年强基础、一年见成效、三年大跨越”的总体要求，我们建设“幸福罗南”的发展目标是：

2011 年 6 月前，全面完成罗南村园林绿化、绿道建设和道路、卫生、村容村貌等基础设施的整体整治提升，完成首期罗南生态园建设并正式对外营业；2011 年年底前，罗南村产业转型升级成效显现，现代新农村建设取得明显效果，以罗南生态园为重点的都市型农业发展迈入快车道，以海盛东方环保城、海盛东方购物中心等项目为核心的服务业发展产生效益，以华美达五星酒店等项目为抓手的黄金商业走廊构建出雏形，以天湖郦都、新明珠等项目的高档商品居住社区建设顺利启动，以“龙舟”“秋色”“水乡婚礼”等传统民俗文化的发掘为特色的乡村民俗旅游业快速发展，以“休闲舞会”“体育竞赛”“户户读书、人人学习”等活动为载体的精神文化生活日益丰富。

2013 年，罗南村经济社会各项事业得到全面发展，基本实现罗南村工业农业发展根本转型和村民生活方式城市化，“物质更丰富、环境更优美、精神更饱满、气氛更和谐、生活更幸福”，充分彰显“加快转型升级、建设幸福罗南”的示范带头作用。至 2013 年底，力争罗南村集体经济收入达 2 亿元，村民人均分红比 2010 年翻一番。

制定规划的基本原则：

（一）立足当前，着眼长远。把争创示范村的建设与开展创先争优、构建现代产业体系及实施城乡统筹发展战略结合起来，统筹兼顾，处理好发展速度和发展方式、硬实力和软实力、经济增长和改善民生福祉、改革创新和稳定等的关系，树立可持续健康发展的罗南模式。

（二）发挥特色，增创优势。发挥罗南村在社会主义新农村建设中的示范作用，创造性地落实省、市委有关政策和要求，发挥其在产业转型、环境再造、基层组织建设等方面的特色，增创罗南发展新优势。

（三）以人为本，民生为重。适应发展的新需要和群众的新期待，要始终把实现好、维护好、发展好罗南村民根本利益作为一切工作的出发点和落脚点，坚持以人为本，尊重村民意愿，让人人成为创造幸福的主体，个个是享受幸福的对象。

（四）突出重点，统筹推进。紧紧围绕“加快转型升级、建设幸福罗南”这一中心，从最紧迫、最突出的问题入手，抓住最有带动示范意义的工作和项目，在夯实基层组织、加快产业转型、推进环境升级、打造文化精品等方面率先突破，力求早见成效。

（五）解放思想，先行先试。在推动农村管理体制改革方面，要冲破思想认识和体制机制障碍，不断改革创新，以转型升级谋求跨越发展。提高工作主动性，不断探索富民强村之路。

拟采取的主要举措：

（一）争当转型升级排头兵

1. 明确方向定位，加快思想转型升级。解放思想，大胆打破传统“小农”发展模式，积极融入城市化进程，按照南庄镇中心城区的发展定位，进一步优化罗南村规划和功能布局，统筹城乡发展，深化新农村建设内涵，努力把罗南建设成为“民富、村美、和谐、幸福”的新农村。

2. 提升产业层次，加快产业转型升级。结合罗南村区位特点、生态优势和产业特色，坚决实施“退二进三”战略，大力发展现代休闲农业、现代服务业、高端制造业等高附加值产业。

大力发展都市型农业。将罗南生态园纳入发展现代休闲农业重点工程，让生态园不仅成为旅游休闲景区，更成为向现代农业模式转型升级的示范和辐射带动周边村集体经济转型升级的龙头。加快罗南生态园建设进度，尽快完成农业生产区、园艺区、景观区等主体功能区建设，完善周边道路、停车场、餐饮娱乐等配套设施；进一步提升生态园文化内涵，规划建设博物馆、画廊、雕塑院，开发多种文化产品，展现具有罗南特色的岭南文化和乡村风情文化。加强农业科技创新。创建农业科技推广示范基地，引进台湾先进农业技术，打造绿色无公害蔬菜基地，用生态观光农业带动相关产业发展。推进生态园经营体制机制创新，形成“公司＋基地＋农户＋科技”的经营模式。打造智能化的农产品加工配送中心，保证今年底生态园二期工程动工建设。

集聚化发展服务业。坚定不移地推进“退二进三”，进一步巩固陶瓷产业优化整治成果，利用低端产业腾出土地，重点建设海盛东方城及其配套项目，加快海盛东方国际环保城建设，打造国内最大的环保产业贸易平台。推进购物中心、华美达超五星级酒店规划建设，进一步引进信息咨询、商贸流通、高级写字楼、星级酒店等现代服务业项目，打造具有特色优势的商务办公和休闲娱乐聚集区。加快推进沿南庄大道1.7公里长的黄金商业走廊建设，高标准规划建设龙光天湖郦都、新明珠等居住社区项目，让罗南村成为周边高素质人群投资创业、安居置业、休闲消费的首选之区。以“古镇名村”建设为抓手，深入挖掘“龙舟”“秋色”“水乡婚礼”等传统民俗文化，打造具有岭南特色的“生态旅游节”品牌旅游项目。

改造提升传统产业。利用倒逼机制加快淘汰低端产业，加大信息化与工业化融合力度，运用先进适用技术和现代管理手段优化提升周边现有陶瓷机械、电子电器等传统制造业，积极扶持一鼎科技等科技型企业发展壮大，着力发展科技含量高、产出效益好、环境污染少的新兴产业。

3. 优化人居环境，加快环境转型升级。深入推进“三旧改造”。加快推进隆庆工业区、高墩工业区等“旧厂房”改造，建设与城市化趋势相匹配的产业园区，拓展发展空间。逐步实现农村形态现代化、农民生活方式城市化。加快基础设施建设。完善规划修编工作，加强罗南村规划与市、区、镇规划的衔接、互动。进一步完善片区的路网等基础设施规划建设，高标准建设入村大道；完善入村公交网络，强化村内交通管理，完善停车场规划建设，营造畅通安全的出行环境；提高供电、供水、供气、通信、信息等公用基础设施的网络化程度，逐步实现城乡基础设施均等化。营造良好生态。以创建全国文明城市、国家级生态村为契机，以生态园建设、河涌整治、绿化提升和卫生保洁工作为抓手，加快城乡绿道、生态绿地和农田生态保护体系建设，加强滨水空间开发利用，让罗南呈现“春有花、夏有荫、秋有果、冬有绿”的良好生态景象，营造比城市更舒适、靓丽、生态的高品位人居环境。

（二）构建“幸福罗南”新生活

1. 推进农民就业创业方式创新，实现村民收入倍增。我们将积极顺应经济转型升级形势的要求，大力鼓励村民“二次创业”，拓展就业创业领域，使现代休闲旅游业、生产性服务业、社区服务业等成为村民创业就业的重要门路。建立经常性、开放式培训机制，利用企业等平台建设培训实训基地，着力培育现代创业就业人才。通过产业升级，村集体资产收益增值等手段，努力实现村民人均分红三年翻一番的目标。

2. 精心打造丰富、精彩、健康的精神文化生活，提升村民素质。我们将更加重视精神文明建设，不能“富了口袋，穷了脑袋”。积极推行“户户读书、人人学习”计划，并为每户村民公费订阅报纸杂志，通过学费补贴等方式鼓励村民主动学习、终身学习。进一步搞好活动场所、文化中心、图书馆等设施的配套建设，将城市文化信息资源延伸共享到村。继续完善广场文化阵地，将罗南村文化广场打造成为公共文化标志性广场。开展喜闻乐见的群众文化活动，精心打造优势群众文化项目，提升文化团队的水平，活跃群众文化生活。提高罗南村村报编撰水平，打造更能展现罗南风采的宣传载体。

3．不断提升民生保障水平，实现“学有优教、病有良医、老有善养、弱有厚助”。拟不断加大教育投入，促进信息化和教育相融合，全面提升学前教育质量，进一步提升省一级罗南幼儿园及罗南小学的办学水平，让罗南孩子享受更优质的教育。进一步探索让全体村民享受终身教育的机制和保障措施，实现罗南“富在教育、赢在教育”理念。实施门诊基本医疗保险补充合作医疗改革，实现村民持卡享受除挂号诊金费外的门诊全额免费医疗；推进罗南村健康e园工程建设，建立全体村民电子健康档案系统，不断提升村级卫生站硬件建设和医疗水平，使村民就医方便、看病放心。着力探索村民从不稳定的分红式保障向稳定的城乡统筹式社会保障转变，实现城乡一体的民生保障新体制。关心弱势群体，加大对困难群体的帮扶力度，加强慈善基金分会建设，完善社会保障体系建设，加强党员志愿服务、义工团队建设，实施对口帮扶。

4．全力营造安全稳定、民主和谐的社会氛围。依托全国依法治村示范村建设，推进村“两委”依法治村，大力宣传和组织实施普法活动，在全村形成尊重法律、信奉法律、拥护法律的社会氛围。着力抓好治安维稳工作，健全治安防控体系，逐步尝试建立社区警务“e超市”工程，完善视频监控体系等安全基础设施建设。进一步健全综合管理工作站，加强村治安巡防队伍建设，探索建立人人参与的群防群治模式，让罗南村人感觉更安全。进一步探索构建更加公正、更加广泛、更加规范的公众诉求机制，及时全面掌握村民、外来工、流动人口等多方利益诉求，让生活在罗南村的每一个人都感受到友善、平等和有尊严。

（三）建设基层党组织先锋队

1．加强思想建设，弘扬罗南精神。我们拟开展幸福罗南大讨论活动，就“幸福的标准是什么?”“怎样才能更幸福?”展开大讨论。通过讨论，达成共识，明确目标，村党委对照职责查找不足，拟定出改革方案并广泛发动村民群众参与讨论，接受党员群众监督，共建共享“幸福罗南”。

2. 加强班子建设，引领罗南更大发展。在“两委”中，我们将深入开展创先争优活动，把“两委”建设成为政治坚定、干事创业、为民务实、清廉高效、群众拥护的好班子。我们要实施大学生村官工程，建立科学的后备干部培养机制，形成科学合理的人才梯队。制定完善村干部培养制度，要从教育、管理、培养、使用和服务五个环节入手，有计划、有步骤、有选择地选拔政治思想好、综合素质优秀的高校毕业生到村里工作。实行后备干部到村行政服务中心、村集体企业中挂职锻炼，有针对性地培养村“两委”班子后备人才，特别注重培养思想品质好、公正廉明、眼界开阔、发展有方、务实为民的“领头羊”式的人才。积极引进一批创新意识和责任心强的高级管理人才和农业科技人才，加强人才储备。

3. 大胆探索村级管理改革创新，推进农村产权管理制度改革。我们打算结合南庄镇农村集体资产交易平台建设，规范村集体资产交易管理，引导罗南村成为第一批将集体资产交易纳入公开交易的村，并争取将“三旧改造”项目纳入平台交易。在农村股权固化到户改革的基础上，进一步探索村集团公司管理机制的改革，为村集体经济组织管理引入现代企业先进经营理念和现代企业制度。推进政务村务服务体制改革，探索农村管理政务与村务分开、村务与经营分离的途径。加强罗南村行政服务中心建设，进一步理顺村级组织之间的关系，建立健全党组织领导下的充满活力的村民自治机制。

4. 发扬民主，畅通党员群众表达诉求的渠道。积极推进基层党内民主建设，坚持民主集中制，不断发扬党内民主。落实村级民主自治机制各项制度，推进村务决策的民主化和程序化，实行村务公开的常态化与村务管理的透明化，形成村级民主自治工作新格局。建立健全基层党代表工作室和党代表联系党员群众制度，以村民小组党支部为单位，探索开展“公推直选”的新路子。凡涉及全局的重大问题，均要提交村“两委”会讨论，并分别召开党员大会和村民代表大会表决。深入推进党务公开和村务公开，建立党务和村务公布栏，定期公布党内和村内事务，并开辟群众建议栏，让党员和干部接受党员、群众监督，促进决策的民主化、科学化。

5. 抓好村民代表队伍建设，充分发挥代表的作用，报答村民对我们的信任。村民代表大会是村委会的最高权力机构。村民代表搭起了村委会与群众联系的桥梁，是落实村规民约的带头人，是村委会强有力的支柱。因此，村民代表要自觉提高素质，既实施自己的权力，又履行应尽的义务。

6. 抓好村民小组长和妇委队的建设。村民小组长是各个村民小组的法人代表，是基层群众信任的人。因此，村民小组长要负责办好村里社会各项工作，包括领导本村村民小组代表的工作，自觉承担起村委会和老百姓之间绿色桥梁的角色。他们既是妥善化解社会矛盾的实行者，又是直接监督村委会和股份集团运作的执行人。村民小组长是确保罗南社会稳定和经济发展的重要力量，提高他们的素质是非常必要。我们要抓紧制定好未来三年各村民小组环境建设和社会管理的目标和规划，不能够三年过后山河依旧。同时，村民小组长要做好上传下达工作，对村委会安排的工作要积极完成。克服遇事不点头、见到困难就退后的不良作风。同时，要有全村一盘棋观念，在推进罗南各村民小组团结合作方面当好带头人。

妇委是两委会委任的妇女干部。妇委除了要积极负责好本村民小组的计生和妇联工作外，还应努力协助村妇联做有关工作，以及协助村委会做好群众调解工作。妇委应当是群众贴心的妇女干部。

7. 抓好村委会各部门（包括计生、妇联、资产管理公司、治安队、青年民兵、共青团）负责人的思想建设。村委会各部门是村委会的组成部分，是两委会工作的执行机构，部门的每个人都是村委会的形象代表。因此，每个人都要有奉献的理想，干事的激情，强烈的事业心和责任感，良好的职业精神和团队精神，发挥好村委会联系群众的窗口功能。

8. 保障措施。我们要在村内开展形式多样的宣传活动，组织村民群众深入理解加快转型升级、建设幸福罗南的重要意义，以及幸福罗南建设的目标任务、政策措施，号召他们踊跃参加示范村的建设。

全体共产党员及村民代表：罗南正处于经济转型、社会转轨的关键时期，困难和挑战考验着我们，责任和使命激励着我们，让我们在镇党委和镇政府的正确领导下，团结和依靠全村人民，迎难而上，奋力拼搏，为罗南发展的新辉煌而努力奋斗。

加快转型升级，提升综合实力，建设幸福罗南

（2011 年 1 月 22 日）

2010 年工作总结

2010 年是罗南沉着应对危机、科学谋划、积极作为，取得丰硕成果的一年。一年来，面对复杂多变的环境和繁重的产业转移任务，我们全面落实科学发展观，以“调结构、惠民生”为方向，以“产业转型、环境再造”为切入点，大力实施“退二进三”“三旧改造”“项目引领”等发展举措，努力探索一条“产业集聚”“内涵提升”“环境优化”“和谐发展”的科学新路，年初确定的主要目标和工作任务完成良好。在村民分配方面，尽管在产业转移后经济收入减少，但两委会还是拿出老本确保村民的分配提高，2010 年全村股份分红和福利分红平均达到 10002 元，比 2009 年增长 24.2%，村民去年比前年实际多分 1185 万元，其中股份分红减少 7.26%，福利分红增 50.20%。2010 年我村被评为“广东省卫生村 A 级”“广东省科普示范社区”“全国民主法治示范村”。总的来说，2010 年，我村实现了物质精神双丰收。

一、经济取得跨越性的发展

去年，我村根据镇委、镇政府的部署，关停了全部陶瓷厂。至此，陶瓷企业作为我村集体经济支柱的历史基本过去了。在产业转型关键的这一年，我们当机立断，提出退二进三的新思路，保证了经济的继续发展。海盛东方城顺利兴建并有望今年 6 月开始营业。海盛东方国际环保城第一期土建基本完成，正进入装修阶段。大型商圈的定位，让我们对集体经济的再次腾飞发展充满信心，也看到第三产业在罗南的强劲势头，目前海盛东方城的配套设施——90000 平方米的五星级商务酒店，已打完桩，春节后有望正式落地。海盛东方国际环保城第二期也正在筹建中，春节后开始动工兴建。与此同时，我们利用“三旧”改造政策，把集团以东、恒峰厂以西的集体用地已经

省批准转为国有用地，由于该地块有集体用地、国有用地、私人用地，使得办证时间拖长，现仍在做前期准备工作，争取3月份挂牌，5月份动工兴建。与龙光集团合作的250亩国有土地正在办理功能转变、整合工作，争取五六月份挂牌后动工。

筹划多年的罗南生态园整体规划已完成。一公里河涌的开挖，两公里绿道的建设以及绿化工程已基本完工，配套设施也已基本完善。儿童游乐场春节后将动工兴建，可望今年五一节开门迎客。

生态园建设项目得到了省农业厅和市政府、区政府的高度重视，2009年就拨出了专项资金给予支持；2010年，市政府和区政府又再各拨出150万元支持该项目的基本建设；两年来，镇政府也划拨了950万元到生态园。目前，该项目大部分工程已基本完成。

生态园建设是我们打造生态罗南的重要举措。在生态园的建设中，我们还要增加历史文化元素，拟租用隆新村民小组三个旧物业打造一个从明清到“文化大革命”前后这一时期的历史博物馆，目前双方已签好合作协议，春节后动工建设。为了使生态园的文化设施配套好，在市有关部门支持下春节后拟开办一个规格比较高的画院和雕塑院。生态园工程二期也将在年底前动工。

另外，随着时代的发展，原来的村股份分红制度已显出不合理，我们两委会推出了新的股份分红方案，并以全村村民90.26%的赞成票通过。

二、社会综合管理各项工作成效显著（略）

三、民生工作扎实到位（略）

四、切实做好村务政务公开工作，保障村民的知情权（略）

五、圆满完成上级任务

2010年，我们圆满完成了征兵工作任务。计生妇女、文政调解、共青团、民兵、治保工作都受到了上级表扬。特别是在龙湾大桥和隆庆路改造工程中，我村两委会协助路桥建设公司深入到拆迁户做思想工作，通过双方协调，全面完成了拆迁工作。

2011年工作安排

国家“十二五”时期是罗南转型升级、跨越发展的关键时期，也是大有可为的重要战略机遇期。改革开放以来的实践证明，能不能抓住机遇推进发展，是能不能赢得主动、赢得优势、赢得未来的关键所在。我们要切实增强机遇意识和拼搏意识，牢牢把握“十二五”发展的重要机遇。2011 年是实施十二五规划开局之年，是我们认真贯彻十七大精神、实践科学发展观的重要一年，是我们村退二进三、产业转移关键性的一年。我们必须抓住国家发展绿色、低碳经济的机遇，全力推进环境再造工程；利用倒逼机制加快淘汰低端产业，促进工业文明向生态文明转型发展；借助先进地区科学发展对我们造成的强烈冲击，充分认识压力就是动力、差距就是发展空间的辩证关系，推动新一轮思想大解放，进一步形成科学发展的共识，坚定科学发展的信心，凝聚科学发展的合力，创新科学发展的举措，为实现罗南转型升级奠定更坚实的思想和物质基础。

2011 年，我村工作的指导思想是：以科学发展观为引领，以文化为魂，以民生为本，通过集聚、创新，实现赶超、跨越，着力构筑现代产业高地、人文荟萃之都、生态宜居之区、民生幸福之村。

我村 2011 年工作预期目标是：经济平稳较快发展，产业层次优化提升，生态环境进一步完善，村民人均分红增 20%，民生保障有效加强，干部群众心情舒畅，社会局面安定和谐。

要实现以上目标，每一位领导者都必须认清形势发展的趋势。正确判断这种趋势会给我村工作带来怎样的影响，跟上时代的脉搏，为此就要学习新知识、掌握新本领，整合新资源，用新的思维，新的方法，新的组织来适应新的变化，用改革的办法解决前进中的新问题，用创新的思路探索科学发展的新路径。我们要有更大的作为，还必须具有坚忍不拔、自我驱动、勇于创新、善于创业的气魄和精神，找到适合我村的发展道路。

要实现以上目标，必须坚定科学发展的信念。不可固守粗放分散的传统发展路径，否则罗南实现两转型一再造只会是一句空话。我们要不断研究市场规律，正视市场力量，激活市场活力，坚持用市场经济的办法发展经济。罗南的地理区位和环境容量决定了我们必须实行产业转移，注定了我们必须走出一条有别于周边区域的精品发展的科学新路。这是发展的方向问题，千万不能动摇。抓项目就是抓发展，抓项目就是抓未来。当前，面对低迷的经济环境，更要千方百计引入投资，今年引资的重点是要抓好海盛东方城和生态园的建设，以及两个房地产项目的上马，通过这些项目的引领作用拉动我村经济、促进就业，这是发展的手段问题，同样不能动摇。有什么样的环境就有什么样的产业，利用经济调整期潜心去经营环境，再造竞争优势。先把隆庆村前的水环境和生态园造好。生态园第一期要求今年五一开放。这是发展的策略问题，坚决不能动摇。

要实现以上目标，必须着力做好以下工作：

一、全面推进城市化进程，配合镇政府把我村建设成为南庄新的中心城区

禅城区关于推动禅西大发展的规划和南庄中心城区的规划已确定，以镇中心城区为发展方向，进一步优化城市规划和功能布局。我村应积极配合和协助镇政府落实收地方案。以“三旧”改造和统筹城乡发展为抓手，把下沙村东的“三旧”改造纳入镇政府提升中心城区的商业项目。协调解决好政府征地和留用地的合理安排。着力推动大项目和基础设施项目的规划建设。加快优化城市形态，努力把罗南建设成为高品位的商业商务区、高品质的生活居住区以及外村租地的高端产业聚集区，加快罗南退二进三的城市格局。

今年，要重点推进南庄大道1.7公里商业黄金大道的建设。要以海盛东方城为抓手，和两个房地产项目的配合，依托中心城区和道路交通的优势，突出发展包括生产性服务业、科技服务业在内的现代服务业。要利用海盛东方国际环保城的定位建设，引进信息咨询商贸流通和高级写字楼的建设，以及大型的商业五星级酒店的建设，形成休闲购物娱乐集聚区和高端房地产项目，使我村成为周边高素质人群投资创业、安居置业、休闲消费的“首选之区”。

加快推进“三旧”改造。进一步推进土地节约集约用地，利用好“三旧”改造的政策措施，加快推进隆庆工业区、高墩工业区的“三旧”改造项目建设，拓展发展空间，提升城市化形象。今后，民营工业区不准扩建和改建厂房。

协助政府加快基础设施建设。要积极支持和协助政府兴建龙湾大桥及引桥，努力配合推进隆庆大道扩建工程和路网配合好镇政府规划开涌工作。

二、以大项目为抓手，推进和谐罗南建设

大项目是擦亮罗南的名片，是推动罗南经济发展的发动机，也是锻炼罗南干部的主战场。没有几个重大项目的推动和落实，罗南难以完成形态转变、价值提升、财富积累。因此，不论任何时候，都应坚持以项目为引领，一步一个脚印地推动精品罗南建设。当前，应扎实推进已立项、已开工的项目落实。海盛东方环保城的建设今年一定要完成。

我村两委会对项目的落实要有勇于担当的精神，把它视作为“分内事”，积极聚合力量，调动资源，千方百计排忧解难使之落到实处。

当前，要抓紧时间完善好海盛东方城内罗格和部分私人属地与国有用地的置换手续，实行统一规划、统一报建。与新明珠合作的房地产项目用地手续，省政府已正式批准，其方案设计稿已由澳洲柏涛公司二稿修正，争取4月份动工兴建。与龙光地产的合作项目，第一期的国有用地手续正在办理，争取在3月底挂牌交易。

要大力发展都市型生态农业。我村正与台湾地区有关业界密切合作，把罗南生态园建成一个以水资源、田园风光、集观光旅游、餐饮娱乐、休闲度假、农业教育、历史文化为一体的生态农业园。新建的画廊，具有浓郁的禅城农村风情特色。生态农业园拟定于今年五一开放。

要高标准规划龙庆新市场，把它建设成为集饮食、购物、银行为一体的商业街特色的新市场。

三、统筹发展民生事业，迈进民富村强的新罗南

坚持发展为了人民，发展依靠人民，发展成果由人民共享，使罗南村民“学有所教、劳有所得、病有所医、老有所养、住有所居、活动有场所、生活更幸福”。

我们要以信息化助推教育现代化发展。民富根本在于教育。在科技日新月异和深度市场化的当代，没有知识难以立足，富足生活难以获取。我们要通过信息化与教育相融合，增加图书馆新书的购入，让更多的村民能看到更多更好的书，使全体村民享受终身教育。要全面提升学前教育质量，把省一级的罗南幼儿园以及罗南小学办得更好，让更多的孩子接受优质教育。

健康是民生之本。要协助市区卫生部门推进健康C园工程建设，构建市民电子健康档案系统，让人人拥有一个电子化的家庭医生，使村民就医方便、看病放心。我们村计划在今年春夏之交实现农民持卡免费门诊。

要以务实之举保障和改善民生。就业是改善民生之源，我们要保证所有愿意就业的群众都有就业的机会。要大力倡导勤劳创业，政策上防止养懒罚勤。做好没有购买养老保险的人员的养老金发放工作。对弱势群体更要提供教育医疗救助，让他们感到社会的温暖。加强人口计生工作，健全社会治安防控体系，强化公共安全应急处置，让生活在罗南的村民更有安全感。

四、优化载体功能，努力建设五星级罗南（略）

五、全面推动文化建设，进一步提升罗南形象（略）

六、以精细化为目标，提升管理水平

一个村给人的印象好坏，很大程度上取决于管理的精细化程度。村容整洁，环境优美，治安稳定，交通畅顺，服务高效，各项工作有条不紊，到处体现人性关怀，才能让本地人安居乐业，外地人流连忘返。因此，我们必须以全方位的精细化管理为抓手，把重视细节、追求极致、着眼长效的精神，贯穿到农村管理、行政管理和日常工作的每一个环节中，提升每项工作的效率和质量。

精细管理是一项长期工作、系统工程，不可能一蹴而就，必须从抓好基础性工作入手，脚踏实地地稳步推进，理清权责关系，将目标任务分解到每一个管理环节，做到事事有人管，事事专人管，消除职责不清、相互扯皮现象。建立工作规范，使各项工作有目标可追，有程序可循，有标准可依，有指标可衡，有责任可究。让每一个干部和村的工作人员明白该做什么，该如何做，减少工作的随意性，加强协调与沟通，提高反应速度和整体效率。

要做好以上工作，必须加强三项建设：

一是加强法治社会建设；二是加强人才队伍建设；三是加强两委会自身的建设。

罗南正处于经济转型、社会转轨的关键时期，责任和使命激励着我们，我们必须发扬迎难而上、奋发有为的作风，以“等不起”的紧迫感、“慢不得”的危机感、“坐不住”的责任感，切实在“加快”上下功夫，在“转变”上动真格，在“发展”上见实效，早转、快转、主动转，努力实现罗南跨越式发展，建设民富村强的新罗南。

坚持科学发展，加快转型升级，建设民富村强、幸福罗南新局面

（2012 年 1 月 11 日）

2011 年工作总结

2011 年，是罗南在困难中奋勇拼搏、在创新中焕发生机的一年。年初，中共中央政治局委员、广东省委书记汪洋视察罗南并作出重要指示：罗南应当在创先争优，推动转型升级工作中成为珠三角的典范。汪洋同志的勉励和指示，我们深受鼓舞和鞭策。我村两委会根据汪洋书记的指示精神，全面部署了全年和今后几年的工作，提出了“一年开好局，三年大发展，五年大跨越”的口号，作出了村民集体分红力争三年翻一番和罗南产业升级的计划。去年 10 月，省委召开双转移现场会议，省委书记汪洋再次视察我村的海盛东方国际环保城，为我们建设海盛东方国际环保城指明了方向。

去年，我村的工作，概括起来是三句话：

办成了一批大事。在镇委镇、镇政府的大力支持下，我村道路、环境得到了明显的改善和提升。罗南大道入口至龙庆村口铺了沥青道和新铺砌了路缘石，移走了在罗南大道入口中间的高压电线杆，并在罗南大道两旁重新种上了名贵的树木。高墩村北面改造了护栏，使罗南的外部形象有了更大的提升。创建省级名村的规划已全面完成并上报了省政府。“三旧”改造项目中，新明珠和龙光集团地块有关手续已全面完成，并于去年 12 月 31 号成功挂牌。生态园供港蔬菜基地的注册已经国家进出口检验局批准。名村建设正扎实推进。

办好了一批实事。村组两级换届顺利完成，文化建设取得了显著成效。去年三八节的妇女健身舞大赛和国庆前文艺晚会的成功演出推动了各村文化活动的蓬勃发展。东兴村企业家集资 30 多万元，于去年 12 月 31 日晚在村举行了烟花文艺汇演，近 2000 多人观看了演出，演出受到社会好评。沙村

企业家罗玉波、罗喜沃带头捐款，全村共筹集资金160多万元兴建了聚义堂，社会评价是小村办大事。去年，我村超额完成了征兵任务。一系列惠民工程和民生实事已开花结果。村民集体分红递增28%。全面实施新农保，医保全覆盖，门诊医疗已全面实施，因病致贫以及生活困难者的补助得到了落实。保障和改善民生工作正步入快车道。

办妥了一批难事。节能减排任务已全面完成。通过创建佛山文明城市的推动，一批多年来都不能解决的难事先后获得解决，如下沙新村的柴棚、高墩蚕薄廊的什物、沙村的乱堆什物等。多年来，计划面向社会的鱼塘开投，总是受到干扰，去年底我们决心实行先行先试，结果承包金提高了一倍以上。生态园资金不足，我们边做边想办法，力争早日建成旅游景点。建立了村综治信访维稳中心，完成了全村社会治安防控体系，去年治安案件下降30%以上。稳步推进民主法制建设，不断完善社会矛盾调处机制，使一批社会矛盾和突出问题得到了有效化解。

经过一年的不懈努力，全村经济发展质量已显著提升，综合实力显著加快，经济发展方式逐步转变，第三产业发展逐步增强，农村基础设施逐步完善，城镇化水平明显提高，生态环境逐步好转，农村服务功能不断加强，人居环境日益改善，人民生活和社会建设向全面小康迈出了一大步。

这些成绩的取得离不开历届两委会打下的扎实基础，更离不开我们坚持不懈加强和改进党的建设。一年来，党建水平不断提升，创先争优活动促进了转型升级，党组织战斗堡垒作用和党员先锋模范作用充分体现。风清气正推进换届。去年罗南村党委被省委和佛山市委授予了先进基层党组织称号。干部队伍得到明显优化，党风政风进一步好转。

但我们同时也清醒地看到，我村经济社会发展仍然存在着一些困难和问题。主要是“三旧”改造建设任务还很重，经济发展的质量和效益尚待提高，部分村民就业问题仍未解决，农村建设管理相对滞后，社会治安、安全生产、劳资关系等方面还存在一些隐忧，充分发挥利用土地来发展的约束日益突出。村委会公信力和执行力还有待进一步增强。对此，我们将采取有效措施，努力加以解决。

在工业化、城镇化、国际化水平不断提高的今天，我们深刻认识到，机遇和挑战无时不在，埋怨牢骚无济于事，杞人忧天、畏缩不前没有出路，依靠干部群众的智慧和拼搏精神，我们就一定能创造出幸福的明天。我们必须立足自身实际，将困难当作机遇，将问题当作进步阶梯，做到比别人反应更快一点，态度更积极一点，胆子更大一点，工作更刻苦一点。困难在我们面前必将一一解决。今天和过去比较，罗南的干部群众已经成熟起来，不好高骛远，遇到问题不悲观，不抱怨，满怀信心从容应对，迎着困难不断前行。虽然未来的道路不会一帆风顺，但是我们相信，经过风雨洗礼的罗南干部群众一定能够从容不迫迎接新的挑战，把握新的机遇，再创佳绩。

2012 年主要任务

2012 年，我村工作的指导思想是：以邓小平理论和“三个代表”重要思想为指导，以科学发展观统领经济社会发展全局，围绕建设幸福罗南、和谐罗南、生态罗南、文化罗南的目标，继续解放思想，加速转型升级，不断提升我村的核心竞争力，保障和改善民生，加快建设海盛东方国际环保城和两个房地产项目以及生态园二三期的建设，全力开创民富村强幸福罗南新局面，争当创先争优加快转型升级的排头兵。

罗南过去不是一个图慕虚名的村庄，将来也还是一个实实在在、锐意进取的村庄。我们一方面追求更高更快，大刀阔斧推进工作；另一方面又要求工作做得更精更美更好，慢工出细活。把发展的规模速度与质量的提高统一起来，把立足当前与着眼长远，建设富有罗南特色，更有魅力，更加健康的农村统一起来。2012 年，我村经济社会发展目标是：人均集体分红增 20%，社会生产力和农村管理水平大幅提升，实现学有优教、病有良医、老有善养、住有宜居、行有好路、治以法尊的社会发展目标。

为实现我村经济社会的持续健康发展，我们在指导思想上必须：一是要把加快经济发展方式的转变作为工作主线；二是要把增强创新能力作为发展的重要支撑；三是要把改革创新作为工作制胜的法宝；四是要把发展成果普惠共享作为发展的根本。

今年，我们要突出抓好以下四个方面工作：

一、加快转型升级，着力提升经济发展的质量和效益

全力构建现代产业体系。农业方面生态园一期工程的重点是加强配备现代农业设施，引进推广台湾等地良种，在市农科所的支持帮助下，多引进产量高、质量好的农产品，提高产出率。二三期工程的重点是建设蔬菜基地。除了要引进良种大面积推广种植外，应推广科技手段以及吸引城市人到生态园来种菜。通过与客商合作，搞好菜篮子基地，把罗南菜篮子品牌打造好。我们拟用几年时间，把生态园变成集农业、观光、休闲、购物等的生态旅游公司，以提高土地的产出率，增加村民收入。

提升招商引资的质量和水平。要建立和完善项目科学评估体系，在“三旧”改造中，既要注重引进带动能力强的龙头项目，又要注重引进现代服务业的长期项目。当前，要协助海盛东方国际环保城对美国科技项目的引进合作工作，使环保城成为生产销售一体化的环保项目。我们要将本村的“三旧”改造与向城镇化升级、产业转移紧密结合起来。

为企业家队伍的不断壮大提供更好环境。产业造就企业家，企业家成就产业。无论是传统产业，还是新兴企业，生产力的提升都要依靠企业家。两委会对企业家要精心呵护，鼓励和支持有志创业者做老板，为他们的成长排忧解难。希望在罗南能够成就一批名声卓著、影响力巨大的行业领军人物。产业转型升级的根本途径就是让现在的企业家进一步提高水平，变成更具雄才大略、更加卓著的企业家。如果我村能涌现出一批像“百年糊涂”罗玉波那样的企业家，就会产生一批像“百年糊涂”那样的大企业。

二、把我村建设得更宜居、更宜商、更富有特色

宜居宜商宜发展是农村向城镇化发展的基本条件。罗南通过二十年的建设，已打下很好的基础，下一步要继续不断提升。

今年，我村要以创建省级名村为动力，立足原有基础，建设更有品位和地方特色的新农村。要把环境卫生搞得更好。继续精心规划和组织实施绿地、蓝天、碧水工程。今年春节后要着手改造提升全村的主要道路以及重要路段两侧，主要道路铺上沥青路面。学会用 BT 的办法先投入后索取，让有限的名村补贴资金发挥出最大的效益，走出一条群众拥护、综合效益好的罗南特色道路。我们还要配合好镇政府把龙湾大桥和龙庆道路修建好，让城镇的基础设施向我村延伸。

三、把改善民生作为加强社会建设、创新社会管理的着力点

没有发展就没有民生的改善；但发展不科学也会破坏环境，贻害社会。科学发展观的要义之一，就是发展必须促进民生改善与社会和谐。多年来，我们一直把保障和改善民生放在突出位置，各项工作走在全镇前列，但同时我们还必须看到，村民的需求正越来越多、越来越细。这既是压力也是发展的动力。让民生问题解决得好，必须要抓得准，抓得及时。

要处理好多数村民利益与少数村民利益的关系。我们应优先找出多数人的共同需求，让多数人得到实惠。例如，我们两委会下大决心，把投塘面向全社会受到小部分人的非议，认为损害了他们的利益，但投塘后土地承包金比去年增长一倍以上得益的是多数人，无疑应当坚持。但同时也不可忽视少数人的利益，需想方设法做好安抚等工作。

要解决好可持续的民生问题。中国有句老话“授人以鱼，不如授之以渔”。危难时，授鱼以度生，但更重要的是鼓励其养鱼。福利制度有积极的一面，也有消极的一面。社会救济和集体分红只能做到吃饱，不能保证每个人吃好。美好的生活要靠自己付出汗水和智慧才能实现。我们要把乐善好施的中华传统美德与按劳分配的制度有机地结合起来，不养懒汉。就业是民生最重要的保障，但是我村目前仍有小部分人怕苦怕累，不愿意再就业，这是不好的，甚至会贻害后代。要以文化建设促进民生事业与社会和谐。建设“民富村强、幸福罗南”，既要让村民过上殷实富足的生活，又要让村民享有健康丰富的文化生活。在文化建设上，要着力提升村民的文化道德素养，构建积极向上、和谐康宁的社会心态，积极倡导村民行善举做好人，形成引人向善的良好风尚。要继续推进省名村创建活动，全面提升文明程度和村民文明素质，建设和谐农村。

四、建设坚强的村一级领导核心

要进一步密切党群关系，以村民之心为心，将自己的工作目标置于村民的需求之中，把党的群众路线落实到各项工作上，时刻了解社情变化，倾听群众心声，使党员与群众心态对接，踏踏实实地解决群众希望解决的问题，这是进一步密切党群关系的要领所在。

要发挥村领导班子的整体效能。我们村领导班子的每一位同志，既是大组织中的一颗螺丝钉，同时又是自己岗位上的发动机。未来社会必将越来越庞大复杂，这就要求我们两委会每个成员应有更多的授权，要调动起他们的积极性和主动性，让每个人都能大胆工作，增加工作中的享受感和成就感，并带动村民小组长、妇委等组织更好地开展本职工作。做到人尽其才，全村生机勃勃。

提高领导能力。提高领导能力的唯一办法是坚持学习再学习，实践再实践。时代日新月异，每个人都或多或少地会感到本领危机和恐慌。我们两委会干部要勇于学习，善于学习，结合实践需要去学习。一名合格的村官，最重要的是学会眼睛向上向下、向外向内看。向上就是研究党的政策和上级的指示、宏观大局，开渠引流，把上级的资源引到罗南来；向下就是要深入村民、了解村民、服务村民，让决策与服务更贴近村民所需；向外就是要横向联系互动，学习其他村的先进经验；向内就是要以身作则，把每个村民小组带动起来，增强团队战斗力。地区间竞争，村与村之间的竞争，在某种意义上是干部队伍状况的竞争。我们村、组干部都要把学习作为一种精神追求，一种人生享受，做到学以立德，学以增智，学以成事，提高领导能力。

形象千金难买。一个村庄如果名声不佳，一定会影响投资环境、生活环境、社会环境，做任何事都将付出更大的成本。在座的党员和村民代表都要自觉加强自律，“为公千古，为私一时”，纵使一时获利，最终也要付出沉痛的代价。希望全体党员和代表将建功立业作为个人理想追求，以个人人格魅力为群众树立榜样。

罗南村2012年两委会工作总结

（2013年1月19日）

2012年工作回顾

过去的一年是本届两委会履职的第二年，也是经济形势更加复杂、发展面临更大困难的一年。一年来，我们在镇党委的领导下，团结拼搏、迎难而上，积极贯彻落实科学发展观，坚持“抓重点、拨亮点、攻难点”的发展战略，较好实现了原先确定的目标。经济有较大的发展，农村建设和社会管理工作不断前行，各项改革深入推进，民生保障水平再上新台阶。

一年来，我村在以下方面取得了发展和进步：

1. 通过发展方式转变和产业结构调整，促进产业提升。去年，我村全面推进农用地招商制度，使农用地价值提高，生态环境改善，村民获得增收。龙光集团的水悦龙湾项目今年3月份将有76幢别墅可以出售；新明珠的绿岛明珠别墅今年5月份也可以出售；下沙村东的商业楼宇现正在办理有关手续。

2. 农村设施更完善，功能更优化。一年来，我们更加着力于完善农村的公共配套，优化农村功能，提升农村品位，农村活力全面增强。去年，在镇政府的大力支持下，除六兴潘家村前外，全部内涌清淤完毕。今年上半年全面完成内涌清淤后，我村内涌的水将更清，环境将更美。同时，新建了龙新市场、新的公共厕所，各自然村的公厕基本完成改造，成功创建了省级A级卫生村。去年10月，村委会收回以前承包经营的幼儿园，并投入100万元对幼儿园重新进行装修改善设施。

在创建幸福罗南的感召下，不少民营企业家能为村民慷慨解囊，筹资办好自己村的事务，如嘉村人少，但志气大，筹资160多万元兴建了聚义堂；龙庆片区四村村民自发筹资100多万元重新扩建观音庙，使观音文化在罗南得到发展；罗家的烟花晚会、东兴村的迎元旦贺新春晚会、下沙村正月十五晚会、龙新陈家龙舟激情赛等活动都为农村文化活动注入了新的内涵。

3. 社会环境更安定。村应急机制不断健全，落实了一岗双责安全生产责任制，突发事件处理能力全面提升，妥善处置了劳资纠纷，安全管理基础不断夯实。进一步完善了治安防控网络，各村都安装了防盗闸，去年治安案件比 2011 年下降了 44%。

4. 进一步改善了民生

我们已全方位构建了社会保障网络。

村委会对入读幼儿园、高中、大学的子弟实行不同程度的补贴。2012 年，进幼儿园的合计补助了 19.65 万元，入读高中、大学的合计补助了 54.8 万元。目前，我村大社保和新农保已全面覆盖，二次合作医疗成效显著，群众看病门诊在南庄只交四元挂号费和医保卡通就能看病。社会救助力度不断加大，获困难补助 22 人，全村慈善金补助共支出 8.78 万元，困难补助支出 4.48 万元，共计 13.26 万元。

5. 村委会改革迈出新的一步

去年，我村更加着力于深化改革创新，施政能力得到有效提升。

我们坚持重大集资事项要经党员和村民代表表决，表决通过后由集体资产管理小组把关，集体资产交易放到镇政府的交易平台上，使之更加阳光高效，收入支出发票交由理财小组审单盖章方能入账，集体财务监管更加公开透明。由于集体资产运营不断优化，决策过程吸收村民小组长参与，因而科学决策水平有了进一步提高。去年，我们继续完善依法行政，规范权力运行，依法治村建设更进一步加强。过去一年，我村实现了六大变化：社会治安变得更好了，民生欠账少了，经济实力强了，干部作风变实了，基层组织巩固了，党组织和村委会威信更高了。

2013 年的工作安排

2013 年是全面贯彻落实十八大精神的开局之年，也是我村科学施政、创新发展、实现新跨越的重要一年。今年发展形势仍然复杂，面临的不利因素和挑战较多。从国际看，世界经济复苏不稳定，不确定因素依然突出；从国内看，我国经济处于周期性下行区间，在承受较大通胀压力的同时，面临内需和外需不振的困境，经济仍将维持中低速平稳增长态势；从我村来看，虽然两个房地产项目正在建设中，但受房地产市场政策调控，会受到一定的影响，海盛东方城投资方资金不足，直接影响了我村的声誉和经济增长，经济增速难以保持高位态势。

但我们也应该看到：今年有利于发展的因素正在增多，包括区委提出要加快推进禅西新区的开发建设。我们要抓住有利时机，加快产业升级，尤其要抓住龙湾大桥通车对我们周边土地升值的机遇，加快项目推进。以高度的责任感和只争朝夕的紧迫感推进各项工作，着力推进经济结构调整，着力保障和改善民生，努力实现经济健康发展和社会和谐稳定。2013 年，我村人均分配计划增 10% 。

要实现上述目标任务，我们要重点抓好以下几方面工作：

一、坚持平台项目引领，加大发展力度

产业发展有质量才有未来，我们将打造更具竞争力的发展平台和产业体系，提升经济发展内涵。

一个人没有理想，就会萎靡不振；一个村没有理想，就会停滞衰落。我们要点燃理想的激情，让全村充满理想，满怀信心，阔步前进。我们在思想上要积极，今天的错失就是明天的损失；在产业发展上要做到规划如玉，惜土如金。我们不仅要谋划好一年的可见成效的工作，更要有勇气和毅力去开拓今后三、五年乃至十年的发展空间。心中有了远大的目标，眼前的困难才会变得渺小；只有确立长远的战略，才能凝聚力量。当然，没有近期的成功也难取得长远的胜利。为此，我村今年在产业发展方面，一是要抓好农用地的招商工作，要做到精规划，把好进门关，选好企业家进入农业园区发展现代农业，实现农业园区为村民增收、土地价值提高的预想，并提升生态罗南环境水平。二是要抓好罗南生态园招商工作。生态园的保值、增值，只有招进有资本、有管理水平、有平台的企业家来承包经营，生态园才能从农业观光到旅游观光的发展。三是要抓好下沙东面商业发展项目的落实。四是要抓好新市场地块的开发招商和龙庆东土地的商业引资项目。五是抓好龙湾以西三百亩“三旧”改造项目的招商工作，为今后长远发展增加后劲。

二、增强发展动力，加快产业提升

产业是我村发展的根基，是村民集体财富的源泉。去年，我村两个房地产项目高速度建设，今年是重要的一年，我们要在有关方面的协助下早日解决尚存在的问题，特别是东兴坟地的迁移。该坟地迁移了，项目才能顺利建设。要加大招商力度，引进好的企业家接手海盛东方城项目。要创新完善重大项目的落实协同工作机制，促进项目早动工、早建设、早投入使用。

三、建设美丽宜居家园，增强罗南吸引力

我们将更加用心建设和经营好我们的家园，打造一个宜居宜商宜游的罗南村。

要不断提升罗南建设水平，坚持高起点规划，提高规划的前瞻性和约束性，优化罗南轮廓和景观设计。今年，重点一是结合龙庆后涌政府扩宽工程，打造好内涌整治后的景观规划和建设；二是利用一事一议专项财政资金，全村大路铺上沥青路面；三是搞好龙湾大桥建成通车后的道路景观建设。

不断优化罗南生活空间。结合创文工作，加强村内环境治理，健全常态化管理机制，提升精细化管理水平和一涌两岸景观工程。

四、推进长效生态工程，继续优化居住环境

要以创建环保模范村为抓手，引导民营企业淘汰落后工艺设备，提升清洁生产水平。清理好内涌杂物，配合政府污水管网的安装工作。加强村前荷花塘的自净能力。抓好垃圾及时清运工作。结合现代农业园区和生态村建设，加强污染源监控，提升环境质量。

五、传承创新文化，提高文化影响力

发展经济和改善民生都离不开传承、创新文化。

促进旅游产业集聚发展。我们要充分利用龙湾大桥通车后的有利条件，加快罗南生态园的引商工作，把生态园变成观光农业与旅游文化相结合的园区。除了要充分发挥龙庆观音文化的作用外，同时引进建设一个精品文化酒店，把旅游配套进一步完善好。

我们要深入开展关爱、考德、树本、至善、核心价值观实践活动，推动文明创建，有效提升村民道德水平。实施文化惠民工程，支持粤曲私伙局建设，办好“三八”文艺汇演和小学生、幼儿园的文艺演出，邀请书法家到罗南画画写字，拓宽群众文体活动空间。

六、倾力保障改善民生，增强村民幸福感

让群众满意是村委工作一个永恒的主题，我们将积极推进各项民生工程，实现改善民生与经济发展同步提升。

不断推动社会事业发展。要继续投资修复幼儿园，抓好省一级幼儿园的复评工作。提升学前教育水平。抓好罗南卫生服务中心建设，健全流动人口动态服务机制，完善计生服务体系建设。抓好创建“妇女之家”省示范点工作。

不断提升社会保障水平，夯实和谐社会基础。完善村民养老制度，扩大社保和农村二次合作医疗覆盖面。关爱弱势群体和困难村民，完善因病致贫的救助机制。推行重大事项风险评估，提升突发事件的预警能力，深化安全隐患排查治理，完善治安防控体系，全面铺开安全小区建设。

七、不断创新社会管理，增强罗南凝聚力

社会善治方能社会和谐。我们将秉承开放包容的理念，努力营造宽松开明的社会治理环境。

积极实施村委会与村民小组协同善治，充分发挥党代表工作室与村民沟通的桥梁作用，鼓励和引导村民参与社会管理。实现从村委会单向决策向村委与村民双向互动的社会治理方式转变。

八、抓好村民小组长、妇委、村民代表和党员队伍建设

万事人为本，激发队伍的活力是落实目标任务的关键。完成一项工作任务固然是成功，通过完成任务培养和锻炼出一支队伍来则是更大的成功，也是可持续的成功。我们一定要努力建设一支廉洁、敢干、会干、敢担当的干部队伍。

要切实抓好党员队伍建设，党要管党。每一位共产党员，在经济建设、社会建设中都应自觉地起先锋模范带头作用。我们要切实解决一些党员责任不到位和无所作为等问题，同时要抓好发展党员工作，特别注重把一些思想品质好、文化水平较高、致富能力较强，又较年轻的优秀人才吸收到党员队伍中来，以提高我村党员队伍的素质和干事能力，特别是参与社会管理的能力。党员应该想法向前，言语向心，行动向民，对事向公。

更好地发挥村民小组长和妇委在村委会与村民之间的桥梁纽带作用。村民小组长要正确行使自己的权力，主动大胆地处理本村的工作，学会化解矛盾，不要什么事都推给村委会办。他们是3000多名村民选举产生的，应积极参与全村的经济建设和社会管理，更重要的是对村委会重大项目正确行使表决权和监督权。

九、加大股份集团的改革力度

我村股份集团当前工作的重点是，改革出租和土地承包金的办法和制度，以确保集体资产不流失，增值。我们要制订补充协议，今后鱼塘、店铺、厂均实行先交租后使用的办法。

十、积极推进村委会自身建设，提高两委会的执行力

我们将从机制、队伍和作风上加强建设，致力于打造一个廉洁高效有力的两委会。

村委会将继续坚持重大事项村民代表签名表决、党员大会通报的制度。努力加强廉政建设，自觉接受村民代表、党员和村民监督，强化审计监督，做到在阳光下干净干事、干好事。我们应大力倡导、实行兴邦精神，力戒空谈，进一步提升工作效能。加强干部素质能力建设，把学习创新和提高执行能力摆在更重要的位置上。两委班子成员任何时候都要做到思想上有民、决策上利民、作风上亲民、行动上帮民、利益上让民。

罗南村2014年工作总结

（2015年1月31日）

这次会议的主题是深入贯彻落实党的十八届四中全会及区镇有关会议精神，回顾总结去年工作，全面安排今年的工作，动员全村干部群众进一步统一思想，理清思路，适应新形势，顺应新常态，创新新发展。

2014年工作回顾

过去的一年，我村在上级党委、政府的正确领导下，在全体村民代表和共产党员的监督支持下，紧紧抓住发展和民生两条主线，创新社会管理，较好地实现了去年既定的工作目标任务。2014年2月，我村荣获“广东名村”称号。

我村集体股份分红逐年提高。2014年股份集团分红每股1692元，比2013年1591元增6.35%；福利分红每股13145元，比2013年11900元增10.46%。全村人均分红19430元，比去年17659元增10.03%。

一、坚持优二进三，经济发展取得新成绩

一年来，由于坚持走优二进三产业集聚的城市经济发展路子，加快发展现代服务业，全村产业实力得到进一步增强。

去年，最突出的是万家乐商场延长了5年承包期，商家投入近2000万元重新装修和招商，使商场的规模更大了，商品品种更多了，可与城市大商场相媲美。搁置了三年的海盛东方环保城，经过7个月的艰苦洽谈，终于与央企中粮集团正式签订了合同。中粮集团计划投资70亿元、用三年时间建成一个现代化的商城。我们还受惠于龙湾大桥交通便利的优势，投资了2100万元，新建厂房69000平方米，今年将能增收1000万元。

二、党的群众路线教育实践活动取得很大成果

一年来，村两委敞开大门听意见，查找问题，及时整改。一些涉及群众切身利益的问题取得新突破。例如，村民反映老人金比较低，以及买了社保到退休后得不到村老人金，对这一不合理问题，两委会马上进行了研究，召开了村正副组长和妇委会议统一思想，制定了从2015年起，老人金从每月200元提高到300元；买了大社保的退休人员也可以享受村的养老金的新方案。村民代表大会全票通过了这一新的方案。全村党员干部通过这场活动，群众观念也得到了强化。

三、坚持施政惠民，民生事业实现新发展

一年来，我们始终以改善民生作为两委会施政的根本出发点和落脚点，村民幸福感不断增强。

（一）民生实事落实到位。年初制定的各项民生实事件件有落实，事事见成效。比如，关于提升环境管理和解决私人建房乱堆杂物问题，我们组织村民代表到顺德蓬简村参观学习后，制定了建房的高度限制和占用道路的收费标准，以及先批准后改建、先交押金后动工的方案，得到了村民代表的全票通过。同时，新增垃圾桶100多个。为了进一步提升村容村貌和污水管网的建设，我们分别组织村民代表及党员两次到紫南参观，通过参观学习，找出了自己的差距。两委会及时制订了提升计划。一是向全村股东人均下拨2000元，用于制定方案和分步实施环境的整治与提升；二是请佛山设计院为我村设计污水管网建设方案。目前，设计已完毕，春节后开始动工，计划在污水管网建设的同时推动各村小组全面更换自来水管，以保村民能用上干净的自来水。

为了使我村的环境卫生长期保持良好，村委会把全村的保洁工作实行服务外包。顺德一公司以一年150万元的价格中标。开始运作以来，效果很不错，村民反响很好。我村去年还投资210万元新建了标准化公厕12座，现时村内公厕已全面达标。

去年，我村投资4000万元，配合区镇整治龙庆后面1500米长20米宽的新涌，整治后的新涌让我村换了新颜。此外，生态园改造第一期工程已基本完成。

（二）社会事业快速发展。我村村民登记失业率控制在3%以内，就业形势保持总体稳定，被省人力资源和社会保障厅评为“广东省创建充分就业”达标单位。我村健康村居创建工作扎实推进，去年被佛山市爱国卫生委员会授予“佛山市四星健康村居”称号。我村一度出现的登革热病已得到有效控制。去年，对因病致贫的困难村民发放救济金 19 人次，共 11.2 万元。“花开四季，文化罗南”等文化惠民活动蓬勃开展，私伙局每周的聚会和各类表演、学生体艺节、各类讲座等等，都受到村民的欢迎，学校的亲子运动会被佛山市妇联评为优秀社区儿童活动园地。

（三）社会和谐稳定。我村通过直联村居活动，有效地听民意并及时纾解民困，落实平安创建工作。去年，我村不断完善应急管理体系，预防和处理突发事件能力进一步增强，特别是加强了对出租屋的管理。有效警情同比下降 12%。没有发生较大事故。为确保治安更好，我村重新建设了平安视频监控平台，全村新装 108 个天眼，预计今年四月份可完成。

四、坚持内强素质，两委会自身建设进展良好

一年来，我们以开展党的群众路线教育实践活动为契机，大力加强两委会自身建设，提高干部队伍履职能力，为各项工作落实提供强有力的组织保障。

（一）作风建设紧抓不放。去年，我村结合开展党的群众路线教育实践活动，对本村干部突出的问题特别是慵懒散慢等不良风气做了有效的整治，压缩了村民代表和党员参观学习的经费共几十万元，重申必须严格执行村民代表会议的各项决定，并自觉接受村民代表和党员的民主监督。我们还借市区纪委把我村作为廉政监督示范点的机会，充分发挥村资产管理委员会和监督委员会的功能作用，实行三权分离。通过整治，两委干部勤政廉洁实干的风气更浓了，大家都抱着对村民负责的积极态度，认真履职。

（二）队伍活力不断增强。在狠抓两委干部和行政服务中心工作人员以及后勤人员改进工作作风的同时，通过规范人员招录、调配和安置等办法，进一步优化队伍结构，加强队伍梯队的培训，为扩大他们的视野、提升主观能动性、创造性提供良好条件。

此外，工会、妇女、共青团、计生、儿童等工作也取得了新成绩。

2015 年工作安排

新的一年是国家十二五规划实施的最后一年，也是全面深化改革的关键一年，也是我们全面推进依法治村开局的一年。我们要认识新常态，顺应新常态。认识新常态，从我村来说，就是要认识罗南依然面临着深化改革和转型升级的双重使命，转型升级是我村增创发展新优势的必由之路。顺应新常态就是，罗南必须坚持稳中求进，坚持以提高经济发展质量和效益为中心，只有加快转型升级才能实现持续良性健康发展。

我村当前的形势依然是挑战与机遇并存，压力与动力同在。我们要紧紧抓住禅西新城建设的有利时机，充分发挥我村产业基础比较雄厚、人流、物流集聚等优势，以及近年来在产业升级、产业调整方面已取得的成果，提升我村发展的质量，大力推进我村产业转型升级和农村升值工作。

2015 年，村委会工作的总体思路是，深入贯彻落实党的十八届三中、四中全会精神，以及区、镇党代会和人代会精神，坚持稳中求进，改革创新的总基调，主动适应经济发展新常态，以提高经济发展质量和效益为中心，以建设村民满意的两委会为抓手，通过产业发展，开展“和乐村居”“幸福罗南”“高效团队”三大行动，努力提升我村的品位和影响力、凝聚力，打造城市化进程的排头兵，融合典范共筑美丽幸福家园。

2015 年，我村主要经济指标是：全村经济总收入增长 15%，人均集体分红增 5%。

为实现上述目标，我们将重点做好以下几件工作。

一、以大项目为抓手，增强发展动力

大项目擦亮罗南名片，是推动发展经济的发动机，锻炼干部的主战场。不论任何时候，我们都要坚持项目引领特别是大项目的引进工作。当前，我村经济进入速度换档期、结构调整阵痛期和前期刺激政策消化期这“三期叠加”的新阶段，应主动顺应新常态，特别要抓好搁置了三年现正由央企中粮集团接管的原海盛东方大项目。要在区镇协调工作组的帮助下，像谋划自己的事情那样，聚合力量调动资源协调关系，化解阻力，千方百计让项目落到实处，争取用三年时间建成一个对周边有影响力的现代化商城，将区位优势转化为发展胜势。

二、认真抓好招商引资工作

当前，要着力抓好以下六个方面的招商引资工作：一是原恒华洁具厂的招商引资；二是龙庆东 100 亩地的招商引资或联合开发；三是在抓好原六兴自留地和污水塘填土和建厂房的同时，争取 7 月底前完成招商；四是龙庆市场后面30亩地的规划和建设，要做到精心规划，把好进门关；五是生态园二期的提升改造，用三年内把生态园提升为大公园；六是利用“三旧”改造政策，把原来留给龙光集团的华雄旧厂和恒峰旧厂的100亩国有土地引资发展。

我们不仅要谋划好一年可见成效的事，还应有勇气和魄力去开拓今后三五年以至十年的发展空间，只有确立长远的战略才能凝聚更大的力量。

个体企业的用地2015年已经到期，两委会研究，决定延长到2020年底。至于土地租金提高多少，待春节后村民代表会议讨论决定后再公布。个体企业家可以安心把企业搞好，希望个体企业努力提高产品的科技含量，加大环保投入，把安全生产和消防工作作为头等大事来抓，实现就地转型升级，不断提升企业核心竞争力。

三、大力开展“和乐村居”行动，营造和谐快乐幸福的罗南

（一）建造美丽的“好环境”。今年，要求九个村民小组的村心公园作升级改造特别是主干道两旁的环境提升。希望有关的各村民小组抓紧提出的具体方案，报村委会批准后实施。去年村委会定下的每人2000元提升资金今年将全部兑现。

（二）抓好“平安村居”建设。要完善立体化治安防控体系，今年4月10号前要安装好遍布于全村主要路段的108个高清天眼。为了确保幼儿园的安全，四月底前要完成室内监控安装。此外，还要做好村民住宅区的封闭管理，重点是加强流动人口服务管理和出租屋管理。今年开始，垃圾费村民每人每月交5元，外来人口每人每月交10元。外来人口交缴的费用实行四四二分成，即村委会和村民小组各占40%，余下20%作为各小组治安协管员的奖励金。

（三）进一步开展群众喜闻乐见的文化活动。文化是一个村的灵魂，也是一个村综合竞争力的核心要件。要树立抓文化就是抓发展的思维，要繁荣大众文化、民俗文化，加强体育竞技、亲子教育。

（四）继续抓好私人建房的手续完善和占用道路的收费工作。

（五）营造好民风，积极培育和践行社会主义核心价值观，以诚信建设为主线，促进邻里和谐。

四、完善农村各项管理

一是盘活好农村集体资产，拓展农村发展新空间。

二是完善三个平台建设，充分发挥村资产管理委员会和监委会的作用。健全集体经济资产管理交易平台，保障农村资产阳光下交易，规范财务管理，规范村民代表议事规则，明确村“两委”权限，提升两委干部执行力，建立健全后勤人员薪酬奖惩机制，激发他们的活力。

三是集中力量完成好全村污水管网和雨污分流及自来水管更换工作。利用镇、村各投资50%从事污水管网建设的利好政策，我村今年春节后开始投标，整个工程争取在10月底前完成。年底前完成主干道沥青铺设任务。

五、加强队伍建设

改革是我村的主旋律。我们要在改革实践中锻炼队伍，打造一支用心履职、精通业务、敢于担当、善治有为的干部队伍。

一是加强党的建设。党委会坚决落实从严治党的新要求，把抓好党建作为最大责任和最大政绩。严把发展党员关，党员质量，进一步发挥党员在农村各项工作中的先锋模范作用，和党组织在基层治理中的战斗堡垒作用。要强化党组织的核心领导地位。以党建引领基层治理。党组织要做好三务一监督一调解，夯实党务、落实政务、创新服务，健全监督和做好协调矛盾工作。

二是推进依法治村建设。坚持法以法尊，提高依法行政水平，构建惠及全村的公共法律服务体系，让村民更好地享受法治建设的成果。

三是提高两委会和后勤管理队伍的执行力。要以“为民 、务实、清廉”为总要求，以“用心、专业、担当、有为”为标准，建立以勤政廉政为荣，以慵懒散慢为耻的工作机制，提高队伍的岗位荣誉感和使命感，造就一支用心工作队伍。全面落实廉政建设责任制，严格用制度管权、管钱、管事、管人，为各项工作提供强有力的组织和纪律保证。

第二篇

罗南村党组织的建设

[导读]“农村基层工作的好坏，关键是党支部。”这是关润尧担任罗南党组织领导工作二十多年来的深刻体会。在回顾和总结罗南村发展的经验时，他指出：“没有一个坚强的党组织，就没有罗南今天的成就”；“最有力量的不是神灵，而是伟大的中国共产党培养出的有觉悟的先锋队”。

罗南村党组织建设，重点抓了两个方面：

一是党组织领导班子建设。关润尧认为，农村党组织要发挥战斗堡垒作用，首先是要建设一个坚强有为的领导核心，一个能够正确落实党的各项政策，全心全意并且有能力带领群众奔赴小康、在群众中具有吸引力的好班子。他说：“现在农村的许许多多问题，归根到底其实就是班子的团结问题。所以我认为，农村工作的好与坏，确确实实与班子建设息息相关。”他认为，党组织领导班子要强化五种意识，即：服务意识、责任意识、奉献意识、诚信意识和自我约束意识。而作为班子中的第一把手，更要明确和承担好自己的职责，把握好方向，谋划好大事，善于做好协调，为一班人做好表率；起好“三个作用”：主导作用、凝聚作用和模范带头作用。他认为，只有做到以上要求，班子成员将“好同乐师弹钢琴，十个指头都能用上，把农村基层工作领导好”。

二是党员队伍建设。关润尧一再强调，要建设一支“有理想、有责任心、有能力、形象好的党员队伍，发挥他们在促进经济发展、社会稳定中的先锋模范作用和骨干作用”。

罗南村党的组织建设不是停留在宣传层面上，而是以制度去保障，并落实到班子的每一个成员和全体党员的行动上。

第一，调整组织设置，健全党组织网络。2006 年 3 月 25 日经区委批准成立党委后，他们坚持把党建工作作了新的部署，党委下分设五个党支部，进一步健全基层党组织网络，加强了党员教育和管理工作。

第二，改善党员队伍机构。党员队伍在年龄组成、文化结构上都有不少变化，新吸收了一批符合条件的村民代表、村民小组长和企业主加入党的队伍。

第三，开展了“双联”活动。早在 1995 年，该村党组织就开始通过党员“巡村访户活动”密切党员与群众的联系。这种活动，一方面让党员深入了解民情，帮助群众解忧助困；另一方面又为发挥党员的先锋模范作用搭建活动平台，效果很好。

第四，加强了教育培训工作，提高党员素质。

罗南村正是因为有了这样一支好的党员队伍，才保证了罗南村的飞跃发展，超越小康。

在罗南党总支总结会议上的讲话

（1997 年 12 月）

今天下午在这里召开 97 年度罗南党总支总结大会，我受支部委托，向大会作总结报告。

第一部分　1997 年工作总结及体会

一年来，我区在镇党委和政府的正确领导下，在各部门的大力支持下，以十五大精神为动力，狠抓以经济建设为中心，团结战斗，艰苦拼搏，克服了前进中的各种困难，全区的社会事业和经济建设在逆境中仍有所发展，企业运作正常，社会稳定，精神文明，思想道德、社会道德活动深入发展，治安形势进一步好转，人民生活水平和质量进一步提高，转制工作进展顺利。具体表现在：

一、罗南企业集团经济保持稳定

众所周知，1997 年建陶市场疲软，产品价格下降 30% 左右，市场竞争激烈，难度很大。我企业集团不畏艰险，紧紧围绕集团公司 1997 年初的方案，并不断根据市场的变化而调整，更新观念，切实抓好技改，抓内涵挖潜，抓经营管理，千方百计提高经济效益。集团内部企业也实行了重组，效益差的厂由效益好的厂接管，实行技改，例如，恒发公司接管的恒发高级地砖厂实行技改，成效显著。效益一直较差的联发厂在年底由恒峰厂接管，目前，各项改造工作正在进行。瓷片厂恒峰厂在罗桂牛厂长的带领下，九七年创造了良好的经济效益，是企业集团的排头兵。总的来说，九七年是增产量、增质量、保分配、降成本，经济保持稳定的一年。10 月中旬，集团为适应形势的变化，提出了股份制的想法，很快得到响应，并执行起来。目前，股份制的工作正在紧张进行，干部群众普遍反应良好。

二、罗南农业股份集团工作扎扎实实，深入民心

（一）实现了“三增一留”。1997 年，罗南农业股份公司在上级党委和

罗南党总支的领导下，实现了“三增一留”，即增产、增分配、增积累，还留有储备金。

（二）农业股份公司是罗南农民自己管理小区的机构。1997年，面对每况愈下的市场环境，塘鱼和生猪价格下降，为了完善生产责任制，部分投塘者不得不推投，结果重新开投鱼塘370亩，每亩比九六年少投655元，村村都有推投现象，推投最多的是高墩村和隆新村，当然，我们不是希望投塘金额越高越好，而只是要求投塘者有利润。

（三）农业股份公司还进一步完善了机耕道路的整治工作。投资110多万元整治了从东兴村至沙村的道路，变成8米宽的水泥路；投资近30万元完善了隆新村后到陈家村口的水泥路，新造了7米桥梁一座。

（四）推进了各村的精神文明建设。精神文明建设需要有较大的资金投入。在这方面，各村都积极行动。如下沙、高墩、六兴、罗家、沙村、隆新等投放资金超过350万元，光下沙就超过200万元，全区水泥路路路通。目前，我们已实现了村村有球场。全区有村心公园6个，文化室6个，特别是原来比较后进的罗家生产队的面貌改变更大。1997年10月，全区为了巩固精神文明建设，全面进行了一次大检查、大扫荡，把各村有关乱堆乱放的街巷杂物全部一扫而光，使各村的村容村貌焕然一新。区对绿化也比较重视，我们自从参观了东莞长安镇以后，觉得自己管理区的绿化与别人相比还有一段差距，因而下决心全面整治绿化，由隆新至上沙村全面扩建，每边4米，全部种上绿化树，同时还有隆新、高墩村及各村都见缝插针，普及绿化，做到美化、绿化村貌。

三、文教卫生、体育事业蓬勃发展

罗南小学由于加强了领导，老师指导思想明确，校风学风有较大转变，1997年在全镇24所小学中排名第七。罗南幼儿园通过认真整顿纪律，加强领导，幼师深入实际，密切联系家长，使园风大大改变，1997年被评为南海市一级幼儿园，在全镇六一儿童节汇演上获一等奖。

每年两届的罗南体育运动会在群众中掀起了体育运动的热潮。篮球、乒乓球是大众化的体育运动，体育运动的兴起既起到了强身健体的作用，也激发了人们的斗志。12月底，由罗南民营企业家赞助的“民营”杯篮球赛把罗南体育运动再次推向了高潮。

与1996年相比，1997年全区的治安状况有所好转，无大的案件发生。

四、注重罗南民营企业的发展

集体企业和民营企业是罗南经济大花园中的两朵并蒂花。以前，我们忽视或者说没有重视民营企业的存在和对罗南经济发展的影响，现在我们要把他们组织起来，关心他们，给他们足够的自由，让他们在商品经济的海洋里掀起更大的浪花。10月份，我区成立了“民营企业家”协会，会长由东兴村的罗景桥、罗家村的罗喜沃担任。罗南的民营企业已在内部管理、产品质量上取得了可喜的成绩，如罗南盛发五金电器厂的厂长罗喜沃狠抓内部质量管理，通过了ISO9002质量管理和质量保证体系认证，产品质量实施严格的监控。目前，其产品“盛发”牌电热锅、电热瓶已出口国外，取得了良好的经济效益。

五、上级指令性任务圆满完成

1997年，我区计划生育宣传管理工作做到了实处，完成四术任务112例，达120%，其中结扎38人，纯二女户有6个，上环42人，人流引产32人，1997年出生58人。

回首过去，我们能取得这样的成绩，全区社会安定，人民群众安居乐业，关键在于：

（一）坚持党的正确领导

中国共产党是一个久经考验的党，她把中国人民从苦难中解救出来，并领导中国人民取得了一个又一个胜利。新的历史时期，党的根本任务是经济建设，十一届三中全会以后，改革的春风吹拂着珠江三角洲这块沉睡的土地，掀起了经济建设的热潮，人民的日子由贫穷到温饱，由温饱到小康。看一看我们身边发生的变化，摩托车、小洋房、小汽车，哪个不是党领导我们进行经济建设的成果，所以在任何时候，我们都必须坚持党的正确领导。

（二）有一个廉洁自律、勇于奉献的好领导班子

1997年，我们管理区能上下团结一致，同心同德抓管理，在市场形势不好的情况下，仍能取得较好的成绩，得缘于我们有一个廉洁自律、勇于奉献的好领导班子。从1997年一年来的观察，我们发现凡是领导班子能够团结协作、同心同德的，他们的工厂就能够在逆境之年顶住风浪向前发展，例如恒峰釉面砖厂、恒盛釉面砖厂、恒发公司、罗南实业公司。罗南农业股份公

司的罗家铭同志、管理区的关旺要同志，他们都能在自己的岗位上团结其他同志，搞好集体工作。

1998 年工作任务

九八年是我们集团实施二次创业的第一年，预计国家会继续加强宏观经济的调控，经济大环境依然偏紧。为此，我们的工作指导思想是在调整中求发展，在改革中增活力，在发展中保稳定；坚定不移地推进两个根本性转变，求实务实，不盲目追求高投入、高速度，切实贯彻稳中求进，有效增长的方针，扎扎实实、坚持不懈地走有速度、有效益、可持续发展的路子，把着眼点放在体制转变和效益提高上，避免大起大落。在行业布局上有进有退，适当收缩战线。全面推进我区经济建设和社会事业向前发展。具体说要做好以下几件事：

一、继续保持企业集团经济有效增长

二、完善企业集团股份制

三、继续完善农村土地股份制，搞好土地规划，要用土地加权力的办法把土地管好用好

四、大力发展民营经济，在发展问题上，不要在乎所有而是在乎所在

在前几年，民营企业依靠自身的优势而迅速起步，但当市场发展到一定程度后，企业存在和发展的前提不是所有制，企业的竞争不是所有制的竞争，而是实力的竞争，是管理水平、技术水平、人才力量的竞争，但最终检验成功失败的仍是市场，也就是说，市场锤炼出真的英雄。

五、继续想办法得到上级各部门的支持，开发沿海填土的房地产

六、继续抓好精神文明建设，见缝插针，绿化美化自己的家园

七、开征治安、城镇管理费，每人每月 5 元

春节在即，我希望管理区各村和各厂搞好清洁卫生，干干净净过春节，抓好安全防火工作，以及春节期间的防盗工作，严禁春节赌博闹事。最后，祝各位春节愉快，合家欢乐！

坚持党的领导，实现我村全面进步

（在市委召开庆祝中国共产党成立78周年座谈会上的发言）

我代表罗南党支部向大会作一个发言。

在过去的十年里，我们罗南党支部乘改革的东风，在上级党委的正确领导下，在各有关部门的大力支持下，发挥了党在农村基层工作中的核心领导作用，带领党员和村民走出了一条致富之路。我们靠改革启动，靠市场索动，靠科技驱动，靠政策推动，靠投入拉动，靠多轮传动，靠管理促动，确实赢得了一些利润，企业也由单一型发展成为了集产、供、销、工、贸、商较完善配套的大型经济实体，下属企业18家，拥有固定资产数亿元，基本实现了四年前提出的“奋战三年，把罗南建成远望像林园，近望像花园，细看罗南人民生活在幸福乐园”的目标，两个文明建设迈上了一个新的台阶。但成就和荣誉只属于过去，放眼未来，我们感到任重而道远。

十年来，我们体会最深的一点是，要完成跨世纪任务，发展壮大集体经济，带领村民进一步奔康致富，关键在于坚持加强和改善党的领导，使党组织增强凝聚力和战斗力，真正成为带领全村人民完成新的历史任务的坚强领导核心。

一、加强领导班子的思想建设，增强七个方面的能力

我们党支部一贯要求领导班子成员要树立新时期“兴一方经济，富一方百姓，建一方文明，保一方平安”的全心全意为人民服务的新观念。通过他们带领广大村民开展文明村、文明户创建活动，提高广大村民的法制观念和道德水平，树立良好的村风，使农村形成安定团结的稳定局面，为农村的改革和发展创造了良好的环境和条件。我们清楚地认识到，除了加强村委会干部和党员干部的思想建设外，还必须把各企业和各部门领导班子的建设搞好。变山变水先变人，变人先变带头人。我们坚持从适应市场经济发展的需要出发，一是按干部四化方针和德才兼备的要求选准用活干部，打破旧框框，不论资历深浅，不论本地人或是外地人，放手使用小字辈，破格从职工管理人员中选拔干部，是人才就公正使用。二是把换人与换思想结合起来，重点放在换思想，强化各部门与各厂领导班子的思想政治建设，坚持的原则是多换思想，少换人；不换思想就换人。特别是强调各部门和各厂的第一把手要增强七个方面的能力：

第一是增强统揽全局的驾驭能力。首先要学会站在局部看全局，把握全局的形势。一把手必须高屋建瓴，统揽好所负责的全面工作，统筹部署统筹安排，全面推进。其次是要善于在纷繁复杂的矛盾中驾驭全局，掌握全局工作的主动权。只有了解全局，掌握全局，心中有全局，才能统揽全局。上面的精神怎样，我们的实际怎样，根据上面的精神结合我们的实际应该怎样，这就是统揽全局。

第二是增强把握方向的调控能力。一把手在处理经济发展重大问题上，要掌握好自己，带好路，把好方向，使工作沿着正确的轨道前进。

第三是增强科学决策的决断能力。一把手要用好决策权，认真调查研究，集思广益，善于权衡利弊，去伪求真，抓住机遇，大胆拍板，果断实施，看准就干。

第四是增强解决矛盾的协调能力。由于一把手所处的关键位置，矛盾往往集中到这里来，所以一把手要注意协调各方面的关系，积极化解矛盾而不是回避矛盾，善于化解矛盾而不鲁莽行事，敢于抓住主要矛盾推动工作发展。

第五是增强恰当用人的明察能力。一把手要掌好用人权，用好用人权。任人唯贤，知人善任，管好干部，用好人才，要有容人之量，知人之察，管人之能，调动干部的积极性。

第六是增强依法办事的管理能力。作为一把手，必须依法行政，依章办事，依规管理，按法律法规管理行政事务，按市场经济法则管好经济事务。

第七是增强勤政廉正的示范能力。带头艰苦奋斗，勤奋工作，积极进取，带头廉洁自律，拒腐蚀，反腐败，在班子中、群众中树立良好的形象。

在增强七个方面的能力外，在全体管理干部中要树立“平庸即为错，无功便是过，成事者上，误事者下”的新观念。在全村形成能上能下、能官能民的社会舆论环境和管理运行机制，改变干部队伍死水一潭的不良现象，只有这样才能引导和激励干部在改革潮流中冲锋陷阵。

在当前改革的大好形势下，需要一大批组织能力强、业务水平高、具有创新意识、善于做群众工作的干部脱颖而出。企业干部的是否称职主要看其在改革开放过程中能否调动职工的积极性，提高劳动生产率，具有把企业搞好的水平和能力。从人才学角度看，人才有“帅才”和“将才”之分。由于每个人经历、学识、性格、态度、行为、能力以及兴趣、爱好、思维方法等诸多方面均有差异，因而我们各企业在选拔任用干部时要做到量才使用，职能相称，只有量其能，授其官，用其一技之长，充分发挥其聪明才智，使他们各司其职，各尽所能，各献其功，各得其所，才会真正做到人尽其才，才尽其用，为经济建设服务。

二、加强廉政教育和监控工作，确保集体资产不会流失

坚持两手抓，两手都要硬是邓小平建设中国特色社会主义理论的重要组成部分。我们村级干部在治理集体和治家中，也同样存在两手抓的问题，即一手抓政务治理，一手抓家务治理。

治政先治家，防腐先自廉。在当前的历史条件下，加强党员干部队伍建设是党的建设的一项重大任务。干部应以廉洁为本，正确对待权力和地位，注重自己的操守、名声和形象。既要做到独善其身，洁身自好，又要在拒腐防变、反腐倡廉中以身作则，率先垂范。不仅严格要求和约束自己，而且要管好自己的配偶和子女以及身边工作人员。要把党风廉政建设和反腐败斗争放在党的建设的重要位置上，把清除腐败现象同从源头上防腐败结合起来，在体制、制度等方面，进一步强化监督约束机制。因此，我们的各村民小组要实行民主理财、村政、村务、财务公开。企业要发挥各企业的监事会监控制度。集团要加大原材料购进的价格、质量、水分的监控，以及小五金件的购进监控，并要加强各种材料物料的验收手续。要实行各种购进材料公开制度，增强干部职工的监控意识，实行认质量不认人的观点，以减少群众对干部的不满，从根本上消除产生腐败的体制，提高反腐倡廉的整体效能。

三、充分发挥党支部在农村工作中的战斗堡垒作用

目前，由于我镇外围等地大上陶瓷生产线，加上市场没有完全启动，陶瓷市场出现了严重滑坡，产品价格大幅度下降，有的甚至降到成本价。对此，我们不少干部群众思想上出现了波动，对前途抱着听天由命的思想。针对目前干部群众出现的这种思想状况，我们支部专门召开了全集团的正副厂长会议，认真分析了当前的形势，找出了我们自身的优势和不足，制定了一些应变措施，稳住了干部群众的思想。

俗话讲，打仗最怕乱军心，搞企业也是一样。稳住了思想并不等于说轻视目前出现的困难，而是应该正视它。由于前几年连续抑制通货膨胀，造成今天的通货紧缩，开拓市场还会有很大的困难，特别是目前物价长期下降，也是一个灾难，出现了工厂难受、老百姓难受、政府难受的局面。我们通过教育统一了党员干部群众对当前经济形势的认识，懂得困难总是和机遇同时存在，增强了危机感、紧迫感和责任感，分析了我们存在的优势，那就是干群团结，实力雄厚，营运资金充足，社会信誉良好，有一定的技术力量。我们提出了目前应以市场需求为导向，以深化改革为动力，以科技进步为依托，以质量效益为中心，以加强管理为保障，正确对待风险。需要做到如下几点：1. 敢于接受风险，获取风险价值；2. 谨慎回避风险，避免灭顶之灾；3. 真正树立改革活企、科技兴企、开发旺企、管理强企的思想。

并根据我们的实际情况，主要抓好以下几点：

（一）满负荷工作法。以人尽其力，物尽其用，时尽其效为核心。管理干部必须做到以德拢人、以才服人、以勤带人、以绩感人，从而使企业整体效益达到最佳状态的管理方法。主要内容有九项：即质量指标满负荷，经营工作满负荷，设备运转满负荷，物资使用满负荷，资金周转满负荷，能源利用满负荷，费用降低满负荷，人员工作满负荷，八小时工作满负荷。

（二）靠动脑子来解决市场目前的需求以提高应变能力。目前外部环境迎着面向市场，走向市场，要千山万水跑，千方百计找，千言万语求，千辛万苦干，努力开拓新的市场。要正确认识，正确行动，要稳不要再错。

（三）积极推行智慧成本管理法。智慧成本管理主要是把降低生产成本的重点由车间转移到设计，由生产工人转移到试制人员，靠智慧降低生产成本。

四、实现全面进步

在现代化建设过程中，我们不仅要大力解放和发展生产力，推动经济快速、健康发展，而且要按照量力而行的原则有步骤有重点分阶段地发展各项社会事业，推动全面进步。未来三年，我罗南村要努力达到四个目标：

（一）公民素质的显著提高。要大力加强社会公德、职业道德和家庭美德建设，加强理想信念、民主法制和价值观、人生观、世界观教育，围绕实现教育现代化目标搞好学校和幼儿园的教育事业。

（二）社会文化生活水平的显著提高。要积极开展丰富多彩而健康的社会主义文化活动，每年坚持召开两至三次体运会和一次文艺活动，不断提高人民群众的文化生活水平。七一后，我们的400米标准足球场和50米标准游泳池将全面开放。

（三）精神文明程度的显著提高。要继续开展群众性的精神文明建设活动，拓宽精神文明建设领域，丰富精神文明建设内容。在小区建设方面，坚持以人为本，立足于“高台跳水”，详细制定绿化、美化、净化、亮化的方案，在实施中致力于把园林引入农村，把花草引入家庭，形成良好的生态条件，努力营造“出家门进花园”“小桥流水”的江南水乡特色。同时，确保全区大小道路路灯化。

（四）政治生活、民主制度的显著提高。此外，还要搞好安全防范工作，加强治安队人员的思想教育，加强安全文明小区建设，进一步落实社会治安综合治理的责任制，加强外来人口管理，把社会安宁祥和的基础建设好。同时，要搞好环境管理，坚持经济建设、城乡一体化建设、环境建设同步规划、同步实施、同步发展，通过加强环境保护提高全区人民的公共管理水平。

未来三年是非常重要、非常关键的三年。我们必须增强紧迫感，要以高度的政治责任感和历史使命感，抓住机遇而不可丧失机遇，开拓进取而不可因循守旧，求真务实而不可形式虚浮。在上级党委的领导下，我们罗南党支部和村委会一定要珍惜人民赋予的权力，认真履行职责，形成一个团结进取、协调务实、高效廉洁的领导集体，做到思想同心，目标同向，工作同步，发挥各自的积极性，以良好的精神状态和旺盛的斗志做好各项工作，向党和人民交上满意的答卷，向建国五十周年献礼，开创罗南村现代化建设的新局面，以新的精神、新的姿态迈向二十一世纪。

党支部、村委会工作总结

（1999 年 12 月 30 日）

在过去的一年里，我们遇上了改革开放以来最大的困难——产品价格大幅度下降，市场持续疲软。由于前些年我们的产品未上档次，在高速发展中积存的许多深层次矛盾集中暴露出来。但是，我们在上级党委和政府的正确领导下，在党总支、村委会的直接指挥下，按照稳中求进、有效增长的经济工作方针，充分调动各方面的积极性，采取有效措施，稳步推进各项改革，推动了我村国民经济持续健康发展和社会各项事业的全面进步。

一、切实抓好农村工作，农业和农村经济稳步发展

1999 年，我村全面完成了理顺农村基础体制工作。通过精心组织，依法选举，全村选出村民代表 98 人，13 名正副村民小组长，7 个村委成员，实现了基层干部队伍的相对稳定，推进了农村的民主法制建设。我村的做法得到了镇和市的肯定。我们还继续完善了以土地经营为中心的农村股份制、合作制，制定了固化股权，实行生不补、死不退的土地股权制，并开展了村务公开、财务公开的公报栏，民主监督有了更加具体的内容。

农业和农村工作的巩固与加强促进了农村经济稳步发展，去年全村总收入 56389 万元，比上年增长 66. 7% 。

二、深化改革，初步构建了罗南的社会主义市场经济框架，加快结构调整步伐，工业经济运行质量进一步提高

1999 年，党支部和村委会继续坚持深化改革，重点是抓集体企业和农村的改革。集体企业方面，通过改革我们实现了两大目标：一是大多数企业建立了现代企业制度；二是建立了适应市场经济的集体资产管理监督和营运机制。农村改革方面，我们完善和巩固了以土地为中心的股份合作制，提高了土地的耕作效益，推动了土地使用权的有偿转让，通过引进外地人解决了丢荒土地的价值，提高了土地的利用率。总的来说，我们已初步构建起罗南发展的社会主义市场经济框架。

1999 年，建陶市场变化大，党支部和村委会根据市场形势，大力整治对市场反应不灵的痼疾，经营理念由昔日的企业生产什么卖什么转为根据市场需要对产品进行策划、再作生产，使企业紧紧把握住市场的脉搏。如恒峰厂 5 月份把一条瓷片线改为地脚线；恒盛厂瓷片不够卖，立即转产生产瓷片；雄发厂转产部分高档水晶砖；罗南建陶厂推出高档“奥美斯”牌瓷片，等等。由于加快了产品结构的调整步伐，实现了集团产品高中档兼有。放弃了以前拼产量、拼价格的经营模式，加大了科技投入，加大了新产品的开发力度，工业经济运行质量进一步提高。

三、加大扶持力度，非公有制经济继续健康发展

1999 年，我村把非公有制经济作为经济工作的重点和新的增长点来抓。我们村委努力转变工作作风，加强领导，采取引导和协调办法，新增非公有制用地 90 亩，为非公有制经济的再发展创造了有利条件，并组织村委会成员和民营协会两会长到南庄境外的小塘、三水等地和全市的十三户大企业进行了拜访取经。去年，我村非公有制的投入增资超过 4 亿元，不少非公有制企业逐步向知识型、规模化、集团化迈进。

四、推进环境现代化建设，乡村环境进一步完善

我们的两级领导班子对环境建设和可持续发展的观念有了更深刻的认识，坚持了以规划为龙头，推进城乡一体化建设。罗南十年总体规划已完成了第二步，3 月份可望完成罗南的总体规划。我们的总体规划得到市政府的重视，他们免费安排了市规划局和规划设计院重新对罗南未来的发展进行了规划设计，这个在南海是首例。通过设计，我们的建设品位有了新的提高。在工程建设上，我们采用工程投标制度，提高了建筑工程质量。在市政建设方面，重点抓了高墩村南和村西的环村公路建设，以及东兴公园、高墩文化楼和公园的建设，并建成了标准 400 米足球场、50 米标准游泳池及标准舞台。此外，隆庆村前 500 米长，25 米宽的大涌，和新设计的两座苏州式桥正在建设中，更可喜的是对隆庆新村东面的拆建改造取得了群众满意的布局。在此基础上，对我村公路旁的建设，重新拆除，种上花草，使我村的环境面貌有较大改善。我们还积极推进环保建村的创建工作，重点加强了对污染源的监督管理。开展企业限期达标和工业污染源达标工作，有效减少了污染物的排放量，使工厂及农村环境质量有所改善。去年，还完成了农村宅基地的清理工作。

五、重视科技和教育工作，科教兴村成效显著

党支部为了适应经济的发展，十分重视科技和教育工作。现在是信息时代，不是胆色时代，我们要大量引进有关科技人才。今年新招聘大专生人才10多名。在教育方面，我们采取外引内育的办法，与中山大学联办罗南中上层管理人员工商管理研修班。村一级开办这样的工商管理研修班在省内是首例。通过学习，提高了中上层管理人员的企业管理意识和市场营销意识，为2000年企业制定各种管理制度作出了知识和人才的准备，为实现集团提出的2000年效益翻一番打下了良好的基础，并在全村形成了尊重知识、尊重人才的良好氛围。

教育事业有新的发展。去年，我们罗南幼儿园在镇文艺汇演中，继九连冠后又获得十连冠。罗南小学在规范学校建设外，狠抓教学质量，在教育现代化和信息化方面迈出了新的步伐。学校的整体水平上了一个新台阶，被评为佛山市一级小学。

六、加强精神文明建设，社会各项事业取得新成绩

以创建文明村为单位，把精神文明创建活动推向深入。我村先后被镇委和镇政府评为先进单位和文明村。全村有8个村民小组被评为文明村，一个村受到表扬，罗南小学、罗南幼儿园也被评为文明单位。

文体事业日益繁荣。去年组织了13个晚上的高层次的粤剧演出，还组织了卡拉OK大奖赛，参赛人员之多出乎意料。此外，还组织表演了幼儿园的自编自演节目，文艺创作水平上了一个新台阶，群众性体育运动取得了历史性突破，参赛人员一届比一届多。更可喜的是各村民小组在各村妇委的带领下，组成了11支女子篮球队，形成了村委支持、社会参与的良好局面。

计划生育工作由于抓好了宣传教育，在党支部的重视下，妇委会狠抓敢管，妇代会被评为先进妇代会。总之，我村高度重视计划生育工作，较好地完成了镇政府下达的四项人口计划主要指标。民政工作方面，做好了对老龄和残疾人的安排，殡葬改革全面达标。国防教育和双拥工作有新的进展，超额完成了年度征兵任务。

坚持不懈抓好社会治安综合治理，治保会和治安队贯彻严打严防、严管严控的工作方针，加强 24 小时值班制度，稳定了社会治安形势，扫除了“黄、赌、毒”等丑恶现象，完善了我村的治安防范网络，治保会被评为先进治保会，治安队、警务区被评为先进单位。今年，我村在去年的基础上，继续做好安全防火工作，集体企业去年基本消除火警，到年底，为了加强民营经济的安全防火工作，增加专人加强对防火工作的管理。

回顾一年的工作，我村的两个文明建设取得了新的成绩，但我们也应该清醒地看到我村经济社会发展中的困难和问题。主要是：农业生态环境还没有彻底改善，鱼塘排灌体系有待完善；经济发展仍受结构不合理和效益不高的问题束缚，厂与厂的差距较大，经济结构不合理的矛盾仍然比较突出，经济发展质量和效益不高，发展后劲不足；高素质人才特别是懂经营善管理的企业家相对缺乏；通过科技创新进行结构调整的力度还不足；民主和法制建设还须加强。对以上的问题，我们将实事求是地进行分析，采取积极的措施，努力加以克服和解决。

2000 年工作意见

2000 年是实施九五计划最后一年，做好今年的工作，对我村率先基本实现现代化有着十分重要的意义。今年，我村经济社会发展总的指导思想和要求是：坚持以邓小平理论和党的十五大精神为指导，坚决贯彻上级有关改革和发展的方针，以率先基本实现现代化为总目标，统揽全局，整体推进各项改革，巩固农村的基础地位，继续坚持稳中求进，有效增长的经济工作方针，加快实施科技兴企和可持续发展两大战略，着力调整产品结构和产品升级，促进经济的持续健康发展和文明建设全面进步。2000 年，我们要完成工业产值增 30%。为此，我们要具体从以下几个方面做好工作。

一、加强农业和农村工作，促进农村经济的全面发展

（一）继续增加农业投入，改善农业的生态环境。要加强农业的基础地位，搞好农田建设和农业的生态环境建设。2000 年底，结合总体规划的实施，逐步把我们的鱼塘分批整治好，并按观赏农业的规划，把鱼塘变成方格化和水深 2 米的整治方案实施。对内涌进行开大和疏浚整治，改善内涌的水质，以改善农业生产的生态环境，为发展三高农业提供条件，春节后把隆庆进海的小涌清理好。以后把六兴涌和高墩、东兴涌清理好，要恢复和完善因建设和多年失修的旧涌。

（二）调整优化农业结构，提高农业的经济效益。通过调整优化农业结构，确保农业增产，农民增收。在抓好鱼塘高产、优质高效的同时，要求引导农民，根据市场的需求调整种养结构，增加花卉，加快农业的产业化。

（三）深化农村土地股份合作制，全面加强农村各项管理。要通过深化提高农村土地股份合作制，改善农村的管理，促进农村经济的全面发展，落实“三会”制度，搞好土地规划，充分发挥股份合作制的优势。为了加强农村的管理，今年要全面完成村委会财务电算化工作，年底前，完成触摸荧屏或电脑查询公布系统，依靠信息技术使村务财务公开，规范化和科学化。通过教育和培训提高干部依法办事和管理社会的能力，为农村的发展建设一支高素质的干部队伍。今年，要实行政务公开（包括目标规划公开、财务公开、集体资产情况公开、厂企干部任用情况公开、勤政廉政制度公开），以利于建立和健全基层民主管理，民主监督和民主决策制度。

二、完成任务的根本保证

完成跨世纪改革发展任务，实现现代化的宏伟目标，关键在于坚持加强和改善党的领导，进一步把党组织建设好，不断增强凝聚力和战斗力，真正成为带领全村人民完成新的历史任务的坚强领导核心。

第一，加强思想理论建设。要坚持用邓小平理论教育和武装党员干部，坚定建设有中国特色的社会主义道路的信念，提高执行党的十五大制定的路线、方针政策的坚定性。要坚持着眼于实际问题，着眼于新的实践和新的发展，推动思想的进一步大解放，观念的进一步大更新。彻底从传统的公有制概念束缚中解放出来，从旧的利益格局中解放出来。实现改革的新突破，经济的新发展，社会的新进步。

第二，加强领导班子建设。要通过加强政治理论学习，健全民主集中制，加快选拔培养优秀年轻干部，加强廉洁自律领导班子，坚持两手抓，两手都要硬。指导思想更加明确、更加坚定，工作思路和领导方式更加要适应两个转变。统揽现代化建设全局和组织市场，经济发展的能力有更大的提高，坚持民主集中制，加强集体领导，实行民主决策、科学决策，党员有更高的自律性，经受执政和反腐败考验的能力有更大的增强，班子整体素质和结构更适应现代化要求。坚持和发扬理论联系实际，密切联系群众、艰苦奋斗和实事求是的优良传统。要十分注意做好老党员老干部的工作，政治上、生活上关心他们，发挥他们应有的作用。要十分注意对青年党员的教育培养及发展新党员，使我们党支部永葆青春，后继有人。领导班子成员要达成共识，强民方能百业兴。共青团是我们党的得力助手和后备军，要注意关心支持团的工作，充分发挥团员的带头作用，把他们培养成为担当跨世纪伟业的新一代。

第三，加强党风廉政建设。这是深化改革开放取得成功的重要条件，也是推动我村改革开放，实现经济新发展，保持社会稳定的重要保证。要把党风廉政建设和反腐败斗争放在党的建设的重要位置上，同党的思想建设、组织建设结合起来，把清除腐败现象同从源头上防腐败结合起来。在体制制度管理等方面进一步强化监督约束机制，要通过深化各方面的改革，从根本上减少和消除产生腐败的体制，提高反腐败整体效能。

三、全面推进各项改革，巩固和完善我村经济发展的社会主义市场经济体制框架

深化企业改革，提高企业改革的质量和水平。我村的企业改革仍然处于攻坚阶段，深化企业改革依然是我村今后的一项重要的任务。今后，企业改革要做好以下几方面的工作。一是对已转制的企业要进行回头看。已转制的企业要按照现代企业制度的要求，建立科学的经营机制和监督机制，严格搞好企业的内部管理，使企业不断适应市场经济的需要，提高企业的管理效能和经济效益。二是对未转制的企业，厂委会要把各种制度建立好，并成立监事会，把握好各种制度，同时理顺好、管理好企业，确保企业资产增值升值。三是从今年开始，村委会干部不再兼任厂长，把所有权和经营权分开，村委会在企业的干部主要是把方向、干部任免和发展目标的制定，更重要的是抓好监控工作，确保企业升值增值。

四、加快科技创新与教育发展，推动我村产业结构的快速升级

由于几年前我村的企业追求效益而忽视了高新技术的引进和高档产品的开发，使我村的企业变成了经济总量大、拳头产品少，很难参与市场竞争。今后要尽快走出一条科技与经济紧密结合的新路子，推动几间大企业成为技术创新的主体。扶持恒发瓷质砖厂、恒粤釉面砖厂、罗南建陶厂的产品上更高档次，搞好产品技术研究中心，开发新产品。集团计划成立科研所，专门研究适合市场的高档产品，促使企业尽快建立技术开发机构，加速形成有利于技术创新和科技成果快速运行的机制。鼓励企业加大科技投入，积极鼓励科技人员从事技术创新和科技成果产业化工作，加快培养具有创业能力的科技企业家和技术创新带头人，今后有新的高档产品推向市场，要给予奖励。

发展教育事业，培育好下一代。继续促进被佛山市评为一级小学的罗南小学进一步提高教育质量，加大校内管理体制改革力度，加强师资队伍继续教育，提高师资质量。全面推进素质教育，培养德智体全面发展，适应现代化建设需要的高素质人才。采取更加切实有效措施吸引高级人才到罗南任教。已被评为南海一级幼儿园的罗南幼儿园要保持 10 年第一的教育质量，用一至两年发展成为佛山市一级幼儿园。积极办好工商管理硕士研修班，促进中层管理人才水平的提高。随着知识经济时代的来临，我们必须增强工作的紧迫感，同时也应该清醒地意识到，推动经济社会发展的关键是科技和人才。通过学习加强信息技术的培训和推广应用工作，充分发挥信息在经济发展和社会管理的积极作用。要营造一个爱才、惜才、用才的社会氛围。抓好人才的引进和培训，为经济发展提供人才的保证。

五、提高我村规划建设管理水平，优化我村的城乡环境

（一）大力推进城乡一体化建设，不断提高我村环境现代化的水平

要强化规划意识，今后建设要按总规划分步到位的做法，坚持高起点规划、高水平建设、高效能管理、高品味文化的原则，搞好我村城乡一体化建设。在搞好总体规划的基础上，对建设项目必须做好修建性和控制性详细规划，增强规划的可操作性和科学性，继续增加基础设施投入，完善功能配套设施，搞好绿化、美化，营造一个舒适和谐的生活空间。

要以真抓实干的精神，切实抓好我村的环境现代化建设，突出重点，高质量抓好重点工程和形象工程。通过环境现代化建设，改善我村城乡一体化景观，提高我村品味，使我村经济社会环境协调发展。

（二）珍惜土地环境资源，实施可持续发展战略

在加快经济发展的时候，我们要正确处理好经济与环境资源的关系，不以牺牲环境和浪费资源为代价，而换取暂时的经济发展。采取切实的措施，保护和合理利用土地资源。要改变落后的信息观念，大力推广农民公寓，计划在陈家和隆庆建起第一批农民公寓，有计划地对旧村进行改造，以节约和

有效利用土地资源。积极开展创建文明村的活动，推进碧水蓝天绿地环保工程的实施，不断提高我村的环境质量。春节后，要着手规划好罗家西边到沙村的大路，并种上花草树木。

六、努力促进经济与人口环境的协调发展

加大实施可持续发展战略的力度，实现“蓝天、碧水、绿地”是广大人民群众的殷切期望，也是经济社会发展必不可少的环境。

突出抓好各厂的粉尘治理和废水再利用工作。确保企业的环境工作一年比一年好，特别是对工厂喷雾塔、喷淋装置要经常检查，并制定好处理不合格的污水不准排放的制度。加强环境污染的治理，落实环境保护目标责任制，增加环境保护投入，严格控制新生污染源。在率先基本实现现代化过程中，要加大环境治理力度，实现经济与环境协调发展。

重视生态环境保护和建设，继续抓好植树工作，有可能的地方都要种上各种树木，以改善生态环境。

加大计划生育工作力度。继续全面贯彻《广东省计划生育条例》，落实宣传教育为主、避孕为主、经常性工作为主的方针，进一步健全计生工作的规定和社会保障机制。强化计划生育工作，确保计生阵地建设和活动所需的经费，使计生工作走向经常化，制度化和法制化，今年人口出生率控制在0.3％以下。

七、推进精神文明建设和社会各项事业发展

坚持两手抓，两手都要硬的方针，大力加强精神文明建设，推进社会各项事业全面发展。

开展形式多样的思想政治教育和精神文明创建活动。我们的党员干部要进行以“讲学习、讲政治、讲正气”为主要内容的党性党风教育，要把树立坚定正确的理想信念作为首要任务。引导广大干部和群众树立建设有中国特色社会主义的共同理想，进一步开展社会公德、职业道德和家庭美德教育，在农村深入开展科技、道德、法律、文化“四进家”活动；继续深入开展创建文明单位和文明村活动。在规划建设中，继续推进创建高起点规划、高标准建设、高效能管理、高品位文化的文明村活动，努力满足人民群众的精神需求，各村要把文化室的图书室办好，增加藏书。每年还要举办一至两次层次较高的粤剧节目表演，满足老年人的精神文化需求。

发展体育事业，每年要举办两次大型体运会，努力提高运动竞技水平。广泛开展群众性多样化的体育运动，提高全村人民的健康水平，更加关心妇女儿童工作，确保基本实现《中国妇女发展纲要》和《九十年代儿童发展纲要》规定的目标任务。

进一步做好拥军优属工作，深化优托安置工作改革，加强民兵建设和民兵队落实工作。

八、坚持依法治村，建设文明法治的社会环境

进一步加强民主建设。村委会要自觉接受党支部的领导和村民代表的监督，发挥工会、共青团、妇联组织的桥梁纽带作用。进一步抓好村民自治工作，加强村委会规范管理，重点搞好村务公开，提高民主管理和民主监督水平。

加强村委会法制建设，全面推进依法行政。推动村委会决策科学化、民主化、法制化，落实行政执法责任制，加大行政执法力度，强化执法监督，确保政令畅通。加强法律法规宣传教育，全面完成“三五”普法，促进全民学法、懂法、守法、用法。认真落实廉政建设，加强民主监督和群众监督，从源头上、机制上、制度上预防和治理腐败。

正确处理好改革发展与稳定的关系，及时化解民事纠纷，保持社会政治稳定，强化社会治安综合治理，扫除“黄、赌、毒”。加强消防和安全生活工作，确保人民生命财产安全。治安队要开展好“内强素质，外树形象”的教育活动，维护好社会的大局稳定。

当前，我们正处在世纪交替、承前启后的2000年，我们深感任务艰巨，责任重大，我们一定要高举邓小平理论伟大旗帜，认清形势，明确任务，抓住机遇，开拓进取，坚定信心，团结奋斗，以新的姿态迎接新世纪，走进新时代！

两个文明齐发展，再创罗南新风貌

——2000 年党支部工作总结

（2001 年 1 月）

一、经济持续稳定增长，产业结构进一步优化

一年来，我们加大了经济结构调整的力度，三大产业逐步趋向协调发展，加快了农业产业化经营和现代化建设，农村经济稳步发展。农村以土地为中心的股份集团的收入、分配有所增加，人均分配 2350 元，比去年增加约 200 元。加大了工业结构优化调整力度，落后的传统产业正在弱化，并逐步转移和淘汰。经过改造的传统产业和新兴产业不断发展，并成为工业的主导力量。全村工业产值上报数为 10.35 亿元，比上年增长 13.8%。

二、市场经济体制初步建立并逐步完善

我村大力推进以市场为取向的各项改革，适应社会主义市场经济要求的新体制、新机制逐步发挥优势。集体企业及其配套改革不断深化。小企业能转的尽量转，大企业从过去的职工股份制过渡到一定五年的个人承包责任制，初步建立起集体资产管理监督和营运体系。公有经济布局得到调整，非公有制经济发展迅速，形成了多种所有制经济共同发展的格局。社会保障体制改革力度加大，覆盖全村的社会保障体系逐步完善。

三、基础设施和城乡建设取得新发展

通过请南海市规划局对我村十年发展进行规划设计。通过调整投资结构，加大了对基础设施和城乡建设重点项目的投资力度，按计划完成了交通、通讯、环保、生态等基础设施建设。2000 年完成了环村公路的建设，新建了桥梁三座，建成了村前村后可通汽车的路网。在电信局的大力支持下，完成了罗南全村的宽带网建设，预计 2001 年 5 月份可以全面开通使用。环保方面，全村花了 60 万元完成了 3.5 公里的旧涌改造和清淤工作。生态方面，按广东省生态示范村的标准进行建设、绿化和美化，2001 年 1 月份被广东省授予生态示范村的光荣称号。

四、积极发展教育事业，促进三个层次的素质教育

过去一年，我们在着力提高幼儿园和小学质量的同时，还抓了职工教育。我们认为，抓素质教育，应当从幼儿园和小学抓起，尤其是教师队伍素质的提高。去年，我们也为小学添置了一批电化教育器材。2000年，我村小学和幼儿园都被评为佛山市一级学校和一级幼儿园。此外，我们还开办了与中山大学合办的工商管理硕士研修班。

五、精神文明和社会各项事业取得新成果

一年来，我村群众性精神文明创建活动逐步向纵深发展。具体表现是，加强了对党员干部、群众的爱国主义和社会主义理想信念教育；结合一年两次的体运会，精心组织了丰富多彩的文化体育活动；加强民主法制建设，全面推进了依法治村和依法行政工作；在努力做好犯罪防范工作的同时，大力扫除黄、赌、毒等社会丑恶现象，社会治安做到群众满意；完善计划生育工作责任制，有效地控制了人口增长，被佛山授予计划生育先进村。目前，全村已涌现出一大批文明单位。我村由于精神文明建设成果显著，去年被广东省委和省政府授予先进集体光荣称号。其他方面如文化体育、社区建设、安全生产、妇女儿童工作、共青团、民兵、双拥、调解以及社会保障工作都取得了新的成绩。

在肯定成绩的同时，我们也看到了我村经济和社会发展上仍存在不少矛盾和问题，主要表现在：体制改革任务仍然很繁重，以集体经济为主体、多种经济成分共同发展的所有制结构还有待完善；产业结构调整步伐还不够大，传统产业比重仍较高，优化升级任务艰巨；环境整治还未完全解决；农村出现的不少新矛盾和新问题仍待解决；企业整体素质尤其是核心竞争力不强；党总支办事效率有待进一步提高等。对于这些问题，我们将在未来几年，采取措施认真加以解决。

六、几点体会

作为村级党支部，要实践“三个代表”，尤其是要代表人民群众的根本利益，我们认为，重点要做好以下几个方面：

（一）要制订出适应新形势，符合农村工作特点的基层组织新标准。农村基层组织建设要“有人管事，有钱办事，有章理事”的标准，这只是最根本的要求。在新阶段，我们应增添新的内涵，立新的标准。“有人管事”是要求党组织带领群众面向市场，调整结构，管增加农民收入的事。“有钱办事”是要为农村、农业、农民提供社会化服务并发展壮大集体经济。“有章理事”就是要严格实行村务、财务公开，民主管理，积极推进基础民主建设。村党支部是党在农村的最基层组织，它担负着贯彻落实党的路线、方针、政策的重要任务。我们党支部一班人任何时候，任何情况下，都要把传达、学习和组织村民执行党的大政方针、政策放在工作首位，确保完成党的各项中心任务。应该说我们，过去在这方面是较自觉的。例如征兵任务，年年超额完成；计划生育工作也圆满完成，多次得到上级的肯定。同时，党支部十分重视和注重培养发展年青党员，使党组织始终保持旺盛的战斗力，10年来，平均每年发展 4 人到 6 人，今后应当进一步提高自觉性。

（二）要发挥党支部的领导核心作用。村党支部是党在农村工作中的最基层组织，它担负着贯彻落实党的路线、方针、政策的重要任务。因此，党支部要充分发挥领导核心作用，处理好党支部与村委会之间的领导与被领导关系，侧重于从宏观把握大政方针，管理好以村委会为主的各种群团组织，主抓重大事项的决策，要讲究领导方法和工作方法，支持和保障村民依法自治，只有这样，才能使党的基本路线、基本纲领在农村得到落实。

（三）要搞好班子团结。村党支部要搞好班子的团结，这个团结是政治立场的团结，而不是拉帮结伙，搞小圈子的“团结”。要加强对村委干部党的宗旨教育，不断提高党员干部的思想政治素质，并十分明确村干部和村委会的目标是共同的，都是为了建设社会主义新农村而工作的。要做到小局服从大局，对事不对人，大事讲原则，小事讲谅解。要正确贯彻执行民主集中制原则，处理好民主与集中的关系，发挥党的组织和政治优势。

（四）要发展集体经济，引导农民致富。壮大集体经济，不仅是经济收入问题，而且是事关农村工作全局的根本性大事。村级支部一定要把深化农村改革，发展农村经济作为支部一切工作的出发点和归宿，确保村有经济实体、户有致富项目，从而增加集体和农民收入。

（五）要实行村务、财务公开。实行村务、财务公开，有利于密切党群、干群关系，增强村级党组织的凝聚力和战斗力，有利于党风廉政建设深入发展，有利于推进农村基层民主政治建设，促进农村经济和社会进步。

（六）实实在在为民办事。支部始终要把忠实代表人民群众的根本利益，全心全意为人民服务作为根本宗旨。大力发展集体经济，大力办好事办实事。如集体企业的转制问题，通过大小会议 10 多个，顺利地使 14 个企业转制，确保了集体资产保值和增值。在精神文明建设方面，我们请了南海市规划设计园为我们罗南进行了十年的整体规划，改变过去建设在前、规划在后的被动局面，建设以高起点规划、高标准建设、高效能管理、高品位文化、高文明素质为目标的高标准文明村。去年，我们实施了第一期投资 350 万元建设隆庆河堤公园，建成后群众拍手称赞。为了提高农民收入，我们按总体规划建设的 700 亩连片鱼塘工程，群众也表示赞同。目前，正抓紧施工，估计投资 200 万元，5 月底建成。建成后的农业保护区将是鱼塘方格化、运输公路化，成为一个集观赏型、种养型的农业基地，经济效益可以翻一翻，达到能够观赏，又增加收入的目的。为了把罗南建成省级卫生村，我们请了佛山市除四害专业队，每年花十万元，专门为我村 9 个小组除四害，确保群众身体健康。并引入城市化管理。一是把各户的散装垃圾改成袋装垃圾，每天上门收两次，并且规定家庭不准养鸡；二是村内的空房不能出租给外来工住，受到了广大群众的好评和拍手称赞。从而为村民提供了一个安全、整洁的居住环境。此外，我们还认真抓了三级教育。我们党支部认为，罗南人现在是富了，但不能富了口袋，空了脑袋，所以我们把人的素质教育放在首位，这是我们罗南今后的出路。

目前，我们正按去年党总支提出的奋战三年，把罗南建成“春有花，夏有荫，秋有果，冬有绿”的社会主义新农村的目标去做，并按十年的总体规划，把罗南建成都市里的村庄，村庄里的都市，努力着力建成罗南水乡式的、小桥流水人家式的村庄。

罗南党总支工作总结

（2001 年 12 月 29 日）

过去一年的工作概况

2001 年，我村农村经济呈现出持续稳定发展的良好势头。据初步预计，全年农业增加值比上年增长 5%，农民人均纯收入超万元，各项工作均取得较大进展。

各项改革稳步推进。企业改革进一步深化，转制工作取得阶段性成果，大部分转制企业经营状况有所改善，监督和营运体系逐步完善，资本营运有新的突破。我们占了新建立的中国石油燃料股份有限公司 7% 的股权，该公司预计明年 10 月份前上市。社会保障制度力度加大，扩大社会保险覆盖面工作取得了重大进展，预计今年社会保险费支出达到 450 万元。

农村改革方面继续巩固。完善以土地经营权为中心的农村股份合作制，实行股权可以流动，生不补、死不退的政策。村务公开制度全面推进，特别是运用信息技术，加强农村管理有新的发展，电脑触摸屏开始安装，从而建立完善的农村管理信息系统，促进民主决策，民主管理和民主监督。

信息化建设取得了重大突破。按照全民培训、广泛应用、高起点规划、高标准建设的方针，富有成效地推进创建信息村工作，全民信息化意识和素质明显提高。去年底，在电信局的帮助下，重新铺设光纤，目前达到了户户可上网的目标。

乡村环境及基础设施进一步完善。环境现代化建设近三年工作成效显著，全村总投入 2305 万元，全面铺开绿化、美化、净化、亮化工程，新增绿化面积 21000 平方米，新建花园及亲水工程多个，使我村面貌有较大改观。还注重环境景观的规划设计，精品意识明显增强，规划建设管理水平的品位有新的提高，公共配套设施逐步完善。初步取得了环境经济的效果，狠抓环境综合治理，实现了工业污染源达标排放和排污总量控制，使全村环境质量明显改善。土地利用总体规划编制完成，促进了土地资源的优化和有计划利用，保障了经济的可持续发展。基础设施保持适度超前发展。罗家至沙村的环村公路建成使用，全村通车道路超过 20 公里。为了配合罗南的总体规划建设，党总支通过多方努力和请求，促成了镇党委和政府高度重视和大力支持，在今年人代会上公布了罗南水闸 9 月份动工，目前，基础工程接近完成。南庄至隆庆 15 米宽公路修建，预计 12 底全面通车。还有我们和镇政府合办的东兴市场。这三项工程的完工，将对罗南的投资环境、生态环境和第三产业发展起到重要作用，将把罗南两个文明建设推上一个新台阶。今年一月，我村荣获了广东省生态示范村的光荣称号。

民主法制建设得到加强。党总支和村委会坚持了向党员和村民代表报告工作的制度，广泛听取村民代表的意见和建议，认真办理村民代表提出的意见和建议，积极推进依法治村工作，实施依法行政。深入开展普法教育，提高了广大党员干部群众的法律意识。两委领导班子在“三个代表”的教育活动中，切实解决广大群众反映的热点、难点问题，化解社会矛盾，大力转变作风，增强了村委会的服务意识。严格实行公开招标制度和公物采购制度，廉政建设进一步加强。坚持社会综合治理，完善治安防范体系，社会治安进一步好转，狠抓安全隐患整治，安全生产事故明显减少。

党的建设进一步加强。农村工作的好与坏，关键是党支部。我们党总支认为，一个单位能否取得成功，最重要取决于三点，第一是否顺民意，合潮流，得人心；第二是否营造了一种有利于人才成才和发展，有利于创造发明的环境；第三是否形成了一个强有力的领导班子，有没有核心和领导人物。

我们除了贯彻党的各时期的中心任务，做到先党内后党外的原则，充分发挥党员在各条战线和各行业的先锋模范作用外，党支部还加强对村委会的领导，使村委会的各样工作按照支部提出的各项任务努力完成。我们按照江泽民同志提出的“三个代表”的要求，加强基层党组织建设，使农村基层党组织、党员干部始终成为先进生产力、先进文化、人民利益的忠实代表，把农村基层组织建设成为坚强的战斗堡垒，制订出适应新形势，符合农村工作特点的基础组织。与此同时，党支部十分重视和注重培养发展年青党员，使党组织始终保持旺盛的战斗力。三年来，平均每年发展 4 到 6 名党员。我们坚持实实在在为民办事，关心群众生活，对我村的老弱病残给予了极大照顾，即使未达到退休年龄，每月也给予200元的生活困难补助。对于困难户，每年都上门慰问，给予2000元至3000元的慰问金。

加强精神文明建设。我们请了南海市规划局免费为我们罗南进行为期十年的整体规划，改变过去建设在前、规划在后的被动局面，建设以高起点规划、高标准建设、高效能管理、高品位文化、高文明素质为目标的高标准文明村。通过总体规划，我们去年实施第一期工程，投资300万元建设的隆庆河堤公园，建成后群众拍手称赞。我们按总体规划建成700亩连片的鱼塘整治工程比较深得民心，目前已投入使用。投资200万元，建成后的农业保护区是鱼塘方格化、运输公路化，成为一个集观赏型、种养型的农业基地，经济效益可增50%，达到能够观赏，又增加收入的目的。为了把罗南建成省级卫生村，我们请了佛山市除四害专业队，每年花十万元专门为罗南9个村民小组除四害，确保群众身体健康，并引入城市化管理，确保村民有一个好的生活环境。

目前，我们正按上届党总支提出的"奋战三年，把罗南建成春有花、夏有荫、秋有果、冬有绿的社会主义新农村"的目标去做，并按十年的总体规划，做到水秀花香，努力建成罗南水乡特色的小桥流水人家式的村庄。由于全体党员干部的努力和群众的支持，党总支连续三年被评为先进党支部。今年还被南海市、佛山市、广东省授予先进基层党组织的称号。今年9月，我村通过了省的考核，被评为"广东省卫生村"；11月份又被佛山市授予三五普法先进集体。

多年来，我村经济和社会发展取得了新的业绩，这是全村党员干部和人民群众坚决贯彻执行上级方针、政策，团结拼搏，开拓创新的结果，也是上级党委、各部门和各界友人鼎力支持的结果。

为保持我村经济持续快速地发展，对未来三年发展的主要指标有如下的设想和规划（含非公有制企业）：国内生产总值年均增长10%，工业产值平均增长13%，农业产值增5%。

一、加快信息化建设步伐，以信息化推动现代化

信息化是当今世界经济和社会发展的大趋势，是覆盖现代化建设全局的战略举措，也是推进我村产业优化升级和率先基本实现社会主义现代化的关键环节。要把经济和社会信息化放在优先位置，顺应世界信息技术的发展潮流，面向市场需要，推进体制创新，努力实现我村社会生产力跨越式发展。

推进信息网络技术应用，提高工作效率和经济效益。积极推进信息技术在各领域的广泛应用，尤其是在经济运行、政务运行、社会管理等方面的应用，使经济运行更加顺畅，政务运作和社会管理更有效率，从而进一步提升我村的经济和社会发展质量，增创新优势，发展新经济，加快现代化进程。在农村全面推行财务电算化的基础上，积极推进管理信息系统建设。企业要广泛运用计算机技术进行生产经营管理，并通过企业上网工程，加快与国际接轨。

加强信息化知识的培训，全面提高村民信息化的应用水平。要营造我村良好的信息化工作氛围，按照分级培训分类指导、重在应用的培训原则，有计划地组织实施信息化全民培训计划，村干部、企业经营管理者首先要掌握计算机应用知识。

二、加强农业和农村工作，促进农业和农村经济高质高效发展

继续增加对农业的投入，改善和优化农业生态环境，以提高农业的综合生产能力和效益为中心，继续加强农业的基础地位。多渠道增加农业投入，搞好农业生态环境的改造和整治，以及河涌设施的建设。抓好罗南世纪工程：一是抓好隆庆至上沙的大涌和桥梁建设的配套工程；二是抓好高墩工业区至幼儿园的公路建设，便于开发新涌以北的工业区开发；三是搞好隆庆至隆庆涌口的公路建设，从而提高民营工业区的投资环境；四是着手规划好下沙的文明建设方案。

健全各项管理机制，提高农村管理水平。加强以农村经营管理为基础的各项管理工作，全面推行农村财务电算化和管理信息化工作，进一步加强农村资源和资产的规划与监管工作，规范和完善村务公开，财务公开与民主监督的内容。

三、加大工业体制和创新力度，促进工业经济的优化升级

创新经营管理机制，适应新经济发展。新经济将会主导全球经济的发展。我村企业要适应经济的需要，建立一套与新经济相适应的经营管理机制、决策机制和创新机制。企业要融入新经济的理念，加快与国际接轨，大力发展高新技术产品，提高产品的科技含量。要提高企业的经营管理效能，建立现代企业管理制度，大力推进以ISO9000体系认证为核心的企业质量管理工作。借助计算机辅助管理手段，着力抓好质量、成本和资金的管理工作，适应新经济发展的需要，提高企业的经营效益。

应用信息网络技术，提高生产经营管理水平。一是运用计算机辅助设计与制造技术开发新产品，运用信息技术加强企业生产经营管理，以达到降低成本、科学管理的目的。二是运用信息化、社会化手段推动企业强强联合或扎木成排，通过联合和扎木成排，建立现代企业制度，实行标准化、规范化经营，增强品牌意识、专利意识。

加大企业技术改造力度，提高产品质量和效能，切实转变工业增长方式，增强技术创新能力。积极采用高新技术，加快传统产业技术改造，紧紧围绕增加品种，改善质量，节能降耗，特别陶瓷业，有重点地改造一批企业，提高工艺技术和装备水平，提高产品质量，增强企业市场竞争力。

积极实施三个一批战略，全面提高工业经济发展水平。一是运用高新技术发展一批新的产业和产品；二是运用信息技术改造提升一批传统产业，着重提高现有基础较好的陶瓷；三是运用经济和必要的行政手段，来更换亏本企业的经营者。

四、大力发展第三产业，推动经济协调发展

为了促进经济全面发展，加快第三产业的发展，我们要发挥地缘优势，积极发展商贸市场，充分利用我村便利的交通和完善的基础设施，构建现代物流运输平台，推动和完善我村与镇合办的商贸市场，预计明年建成使用。为了配合环境建设，新建隆庆市场是一个集商贸、饮食、肉菜的综合市场。此外，还要搞好外工村的建设和规划，以增加第三产业的收入。

五、深化企业改革和各项配套改革，建立比较完善的社会主义市场体制框架

深化企业改革，培育适应社会主义市场经济的市场主体，进一步加大公有企业的转制力度。进一步探索和推进集体资产监督管理和营运机制。明确和理顺产权所有者、企业经营者和职工之间的关系，形成合理的激励与约束相结合的经营机制，真正体现市场经济条件下村委会管好所有权，放开经营权，行使监督权，实行政企分开，政资分离，使企业成为独立的市场主体。引导困难企业通过资产重组和盘活工作，确保公有资产的保值和增值。

深化农村股份制改革，提高农村的社会资源的质量和效益。进一步完善和深化以土地经营权为中心的股份合作制度，加强股份合作制的制度建设，依法引导土地使用权的合理有效流转，优化配置农村土地资源。

继续巩固和扩大社会保险覆盖面，完善社会保障体系。巩固和扩大养老的覆盖面。把合作医疗制度认真健全，制定养老保险和医疗基金的固定落实，建立可靠、稳定的社会保障基金筹集机制和有效营运、严格管理机制。切实解决少数弱势群体的基本医疗、子女就学和就业等问题。

六、加快农村向城市化建设的进程，不断提高建设水平

加强规划建设和管理，提高农村向城市化建设的品位。在抓好总体规划修编的基础上，继续抓好控制性、详细性和修建性详尽规划。

坚持适度超前的原则，切实搞好基础设施建设。按照“适度超前、整体规划、分步实施、重点推进”的方针，大力加强我村的交通、绿化、河涌等基础设施建设和配套，完善向城市化转变的功能。着重抓好利用罗南水闸建成后对罗南水利和道路网的配套工作。

继续推进环境现代化建设，大力推动环境经济发展。今年，我村现代化建设将进入第三阶段，我们要按照“高起点规划、高标准建设、高效能管理、高品位文化和高文明素质”的要求，再用三年时间，使罗南的面貌有一个巨大变化，以促进环境经济的发展。

实施可持续发展战略，坚持走人口、资源、环境与经济协调和谐发展的可持续发展路子，科学地规划土地，提高土地的开发和利用性。对土地要区域性的规划和使用，切实保护耕地，实行土地用途管制。规划和建设好“农民公寓”。积极实施绿地、碧水现代化环境工程，加大环境整治力度，加大对污染企业的治理力度，严格控制污水排放。加强对老榕树的保护工作，新建河涌水系的绿化和林带建设，建设现代化的新农村。

七、加强精神文明建设，推动社会各项事业全面进步

优化教育资源，以教育信息化推动教育现代化，强化在职教师的培训，努力提高教师和幼师的素质，以满足社会对教育的多种需求。教育工作的监督要由村民小组长联合监督，完善好管理制度，促使教育素质进一步提高。计划生育要强化第一把手负总责的制度，落实村干部计划生育工作责任制，发挥计划生育信息网络的作用，实施计生工作科学管理，巩固计生合格村的工作，全面提高计划生育工作管理水平。

努力做好社会各项工作。进一步做好拥军优属工作，关心和做好儿童工作，提高妇女综合素质，维护妇女儿童合法权益。进一步做好共青团、民兵、妇女、调解、民政、治安等工作，促进社会各项事业全面进步。

坚持以人为本，深入开展精神文明创建活动。必须坚持以人为本，两手抓、两手都要硬的方针，切实加强社会主义精神文明建设，坚持不懈地进行弘扬爱国主义、集体主义、社会主义精神的教育活动，在全社会形成共同理想和精神支柱。大力倡导社会公德、家庭美德和职业道德，特别是加强青少年的思想政治和道德品质教育。大力开展群众性精神文明创建活动，继续深入开展创建文明村、文明单位活动，倡导科学文明健康的生活方式。

八、坚持依法治村，加强民主法制建设，维护社会安定局面

加强民主建设。坚持和完善先党内后党外的原则，重大问题向全体党员汇报。认真听取村民代表和各部门的意见，认真重视群众的来信来访工作，密切支部与人民的联系，推进决策科学化、民主化，完善村民自治，进一步扩大民主，实行村务、厂务公开。

搞好法制建设和廉政建设。加强法制建设，积极推进依法治村工作，推进村委会工作法制化，依法行政，依法办事，建设廉洁高效的党总支和村委会。推行和完善行政执法责任制，加强内部监督。深入开展社会主义法制教育，提高全体村民，首先是村委会干部的法制观念。健全依法行使权力的制约机制，加强对权力运行和监督，坚持标本兼治，从源头上预防和治理腐败，解决群众反映强烈的问题。

加强社会治安综合治理，落实和维护稳定的社会治安治理的责任制。开展人民内部矛盾纠纷的系统排查和妥善调处。继续构筑和完善治安防范网络，进一步加强流动人口和出租屋的管理，强化安全生产和消防工作，维护社会安定局面。

展望新世纪，任重而道远，面对世界信息化和新经济的浪潮，面对我村率先基本实现社会主义现代化建设的新形势和新任务，我们深感任务艰巨，责任重大。几年来，我们两委会得到在座的村民小组长党员和干部的关心和支持，我们虽然尽自己的最大努力做了一些工作，但距上级党委的要求和群众的愿望还有一定的差距，在工作中仍有许多不足。我们决心在上级党委的正确领导下，在全体党员干部和群众的支持下，振奋精神，开拓进取，扎实工作，带领全村人民为建设更加美好的罗南而努力奋斗！

2003 年罗南村党总支的工作任务

2003 年是全面贯彻落实党的十六大精神的一年，也是罗南历史翻开全新一页的一年。经国务院批准，佛山市的行政区域作了调整，南庄的行政区域划入禅城区，成为佛山中心城区的组成部分。这对我村今后的发展和工作提出了更高的要求。我村应抓住机遇，谋势而动，顺势而为。高举邓小平理论伟大旗帜，认真贯彻落实党的十六大精神，以率先基本实现现代化为总目标，以"三个代表"重要思想为指导，以建设第三大城市为主题，以体制创新和技术创新为动力，以优化经济结构、政治文明建设、精神文明建设为主线，加速经济转型升级和城市化进程，推动我村经济、环境和人的素质可持续发展，促进社会各项事业全面进步。

面对新的形势和新的工作任务，全村上下在今后的工作中必须以更高的标准来要求自己，切实更新观念，转变思维方式，以新的眼光认识和分析问题，跟上新的发展形势，并增强主人翁的责任感和使命感。

在新形势下，我们要激发四大精神，即激发善于探索、勇于开拓、敢于创新的改革精神；抢抓机遇、力争上游、加快发展的创业精神；坚忍不拔、迎难而上、勇挑重担的进取精神；实事求是、真抓实干、讲求实效的务实精神；强化五种意识，即强化竞争意识、创新意识、开放意识、城市化意识、团结协作意识；增强六个观念，即增强发展是硬道理观念、环境是生产力观念、人才是财富观念、企业发财就是地方发展观念、教育就是未来观念、管理就是服务观念，有效地把全村干部群众的力量和智慧凝聚在一起，为罗南的发展、进步而顽强拼搏、努力奋斗。

2003 年，我村要努力做好以下几件工作：

一、加强农村工作，稳定农村社会局面

坚持把农村和农业工作作为我村基础性工作来抓，采取有力措施，确保农村稳定，推动农村发展。以稳定保发展，以发展促稳定，实现我村全面进步。加强基层组织建设，抓好干部的理论和文化知识培训，提高干部的综合素质和工作水平，增强村领导班子的团结以及班子对群众的凝聚力，进一步密切干群关系，拓展我村团结协作的大好局面。继续抓好增收节支工作，做到收支平衡。增强村民的大局意识、集体意识，解决我村的热点难点问题。增加农民就业渠道，稳定农村社会局面，积极探索和发展适合我村的农业，进一步推动三高农业发展，优化农业结构，提高农业效益，增加农民收入。在以前完成的整治鱼塘工程后，着力配套好机耕路网的建设。引导村民向三高农业发展，特别是优质鱼和观赏鱼的发展，充分利用罗南良好的水质，提高养殖业的质量，促使农业增产，农民增收。

二、走新型工业化的路子，做强做大传统产业

固本创新是经济发展再上新台阶的保证。我村的经济之“本”和优势就是工业，因此，我村必须坚持“工业之村”不动摇，坚定不移抓工业发展。随着南庄定位的改变，区域增值和市场竞争的要求，过去那种生产低档次、低附加值的产品，走污染大、效益低的路子，已不符合提高企业竞争力的要求，也造成了资源的浪费。今后，我村工业必须向新型工业化方向发展，推动高新技术与传统产业结合，提高管理和营销水平，实现传统产业升级换代、向着大而强转变。为此，必须引进和吸收国内外的先进技术，通过自主创新和消化创新，研制新产品，开发新技术，增加企业的自主知识产权，提升企业的核心竞争力，使我村的工业创新体系不断完善，产品的技术含量和档次逐步提高。

推动管理现代化，提高企业管理水平。积极学习借鉴国内外先进的管理经验，转变陈旧的管理理念，实施现代化管理模式，争取更多企业通过国际质量认证体系管理，提高产品质量，达到国内外采用标准。引导中小企业管理走规范化、正规化的路子，摒弃家庭式管理，建立健全法人治理结构，实行现代企业制度。加强企业文化建设，把物质激励与精神激励相结合起来，提高员工的积极性。

实施品牌战略，提高企业营销水平。增强企业的品牌意识，提高品牌建设水平。健全市场网络，加大工程市场的开发力度。我们要培育和发展一批在国内同行业中已具有一定影响力的品牌，促使其进入名牌产品行列。

落实发展民营企业的方针政策，加强民企工会建设。对民营企业实行政治平等、政策公平、法律保障、放手发展的方针，在抓好管理的同时，给予民营企业多方面的支持，保护民营企业和企业主的合法权益，努力营造鼓励人们干事业、支持人们干成事业的社会氛围，形成有利于民营企业发展的环境。提高民营企业主的积极性，使民营企业在社会上有地位、政治上有荣誉、经济上有实惠，让一切创造社会财富的源泉充分涌流。提高民企工会的地位，重视和支持民企工会的建设，使其成为民营企业的自我管理机构，对民营企业形成凝聚力。增强企业家的团结，推动我村民营企业自立自强，健康发展。

三、积极参与经济全球化，全面提高国际竞争力

外贸的迅速发展为我们进一步分享全球化带来的好处提供了有利条件。今后，我村企业要利用自身的比较优势和核心专长，全面出击，在更宽领域、更高层次上参与经济全球化，主动融入世界经济体系，加速开放型经济发展，增创开放新优势。

进一步强化企业的全球化意识和全球化发展策略，自觉把自身的发展融入全球经济发展的大格局中，提高对国际资源的整合能力，对资本、知识、人力资源进行全球配置，实现资源配置最优化。培养和引进一批精通国际贸易的人才，建设一支外贸队伍。帮助有条件的企业申请自营进出口权，推动陶瓷出口。构筑全球性的营销和服务网络，千方百计扩大产品出口，拓展对外贸易增长空间。推动出口市场多元化，巩固发展传统市场，努力开拓新市场。坚持科技兴贸，扩大技术含量高、附加值大的优势产品出口。

四、加快信息化建设，以信息化推动现代化

在经济运行、政务运作、社会管理等方面，全面推进信息网络技术应用，提高工作效率和经济效益。从现在开始，村委会的国土管理，群众的塘租、企业的地租、铺租，以及农村各种规章制度及管理，全面使用电脑管理。在农村全面推行财务电算化的基础上，积极推进信息系统管理。

五、推进环境现代化建设，深化创卫工程，建设生态型环保村

根据南庄新的发展定位，加快环境现代化建设，全面提高罗南的环境质量尤为迫切，这不但是一项民心工程，而且是关系到我村是否可持续发展的问题。今后，我村必须以更高的标准和要求抓好环境现代化建设，目标更是要把我村建设成为国家级生态示范村（2000 年，我村已被评为省级生态示范村）。明年，我们还将完成隆庆村高级公寓的设计和动工，投资1000万元兴建文化中心。因此，要把2003年作为我村环境现代化建设强化管理的一年，以生态健全、配套完善、环境优美、特色化、精品型为方向，狠抓环境现代化建设，树立罗南环境美化、生态优化的新形象。为此，我们要加强宣传工作，提高全民的环保生态意识。与此同时，对全村进行生态规划。要在全村确立生态GDP观念，发展经济、社会、环境效益相统一的“生态型经济”，促进经济与社会、环境多赢。重点整治工业污染，强化对企业的监控，加大企业的环保投入，改进环保设施，引进和应用现代环保技术，提高治理能力，保护水土植被等自然景观，形成完整的生态环境体系。

通过推进环境卫生建设，营造城市化、现代化的新貌，逐步树立起生态型环保村的新形象，创建出和谐优美的人居环境和投资环境，为城市化建设创造有利条件，确保我村可持续发展。

六、大力发展第三产业，推动经济协调发展

充分利用罗南的地理优势，特别是交通的便利、基础设施的完善，积极发展商贸市场。明年，与镇合办的商贸市场将投入使用。此外，农村股份集团公司与陶瓷企业将合资兴办5000人入住的外工村，以增加第三产业的收入。

七、大力推进政治文明和精神文明建设，促使社会各项事业全面进步

加强和改进党的组织建设，推进党风廉政建设，提高党员思想政治素质，使之成为团结带领全村人民实践“三个代表”重要思想的基本力量。

发展社会主义民主政治，建设社会主义政治文明，为社会主义现代化建设提供坚实的政治保障。坚持依法治村与以德治村相结合，建设公平、公正的社会。保障人民当家做主的权利。落实政务公开，完善村民自治，建设管理有序、文明祥和的新型社区。拓宽人民群众反映意见的渠道，妥善处理人民内部矛盾，维护人民的合法权益。加强普法工作，增强公民法律意识。严厉打击违法犯罪活动，坚决扫除黄、赌、毒等丑恶现象。落实安全生产责任制，使之制度化、日常化，减少事故的发生。

坚持以人为本，提高精神文明建设水平。继续开展学习党的十六大精神活动，使之化为建设新罗南的坚定信念和精神动力。开展社会主义、爱国主义、集体主义教育，引导村民特别是党员、干部树立正确的世界观、人生观和价值观。深化文明创建活动和“三德”教育，营造社会文明风尚。

建设学习型社会，培育创新型城镇文化，打造文化强村。加强基础教育，发展职业教育，建立终身学习机制，做到“全程、全民、全视角、多方位”教育，培养各类与社会主义现代化建设相适应的复合型人才。强化人才队伍建设，健全人才引进、激励体系。培养群众良好的社会价值观和人文精神，培养注重规则、团队合作、爱岗敬业等社会价值观，提高和升华其内在素养，提升人的综合素质，塑造时代新人，确保人的素质可持续发展。加强文化设施建设，建好文化中心和图书馆。大力弘扬创新精神，鼓励创新实践，使全村人民保持奋发有为、昂扬向上的精神状态，形成健康向上的人文环境，提升城镇文明品位。我们努力达到四个目标：一是村民素质显著提高；二是社会文化生活水平显著提高；三是文明程度显著提高；四是政治生活、民主制度的建设显著提高。

全面发展社会各项事业。计划生育长抓不懈，有效控制人口增长。广泛开展全民健身运动，提高竞技体育水平。切实维护妇女、儿童、老年人权益，促进家庭和睦。推进乡村医疗卫生改革，落实优抚措施。扶助困难群众，完善社会保障体系。做好工青妇工作，大力发展文化、体育和卫生等事业，抓好各项社会事务管理。

八、坚持依法治村，加强民主法制建设，维护社会安定局面

加强民主建设。重大问题要经过村民代表大会讨论决定，认真听取村民代表和各部门的意见，认真重视群众的来信来访工作，密切村委会与村民的关系，推进决策科学化，民主化，完善村民自治。

回首过去，我们罗南有着厚重而辉煌的历史，为今后的持续发展奠定了厚实的基础。展望未来，全村人民要在镇委和政府的统一领导下，认真贯彻党的十六大精神和省委九届二次全会精神，进一步弘扬我们罗南人“敢想敢说敢闯，敢为天下先”的开拓创新意识和拼搏奋进的精神，把区域调整作为新的契机，把思想观念、干劲和行动统一到发展是执政兴国的第一要务的观点上来，建设广东第三大城市的决策上来。不论顺境还是逆境，坚定不移抓发展这一点绝不能变。为此，我们必须一如既往全力以赴抓发展，振奋精神，增强信心，与时俱进，自强不息，锐意开拓，不断创新，以更加扎实的作风，更加有力的措施，大力抓好招商引资和经济结构的调整优化，大力抓好环境现代化建设，大力抓好精神文明建设和各项工作，确保社会安定团结，为促进罗南的两个文明建设再上新台阶，为努力建设繁荣富强的罗南作出更大的贡献。

2004 年罗南村党总支工作总结

2004 年工作回顾

2004 年，是我国加强和改善宏观调控的重要一年。对于我村来说，是狠抓落实、推动各项工作取得新成效的一年。一年来，我们在上级党委的正确领导下，在全体共产党员和村民代表的监督支持下，两委会始终坚持以邓小平理论和“三个代表”重要思想为指导，认真深入贯彻落实科学发展观和中央加强宏观调控的决策部署，更加注重以人为本，全面协调发展，积极创新发展思路，努力破解发展难题，在推进科学发展上有了新的突破，保持了经济社会发展的好势头，维护了社会大局的稳定，取得了经济建设、文明建设、文化建设和党的建设的新成效。

紧紧抓住发展第一要务，促进经济持续快速发展。2004 年，我村农业股份公司进一步完善了土地开发、商铺租赁制度，村务财务制度公开化，大事要事必须经党员和村民代表大会通过，健全了监理小组以及审单制度，党员和村民代表对公司的收支情况行使了知情权和监督权，运用信息技术加强农村管理方面有新的发展，从而确保农业增产、农民增收和农村稳定。2004 年，农业股份公司注重村内工业区建设，除继续整治隆庆、六兴、上沙工业区建设外，还着重开发了高墩工业区，新开发罗南大道旁土地 100 亩租赁给陶瓷企业作物流区，目前已投入使用；恒发楼租赁稳定；与镇政府合办的利南市场生意红火，收入可观，为股份公司增分奠定了比较牢固的基础。2004 年，农业股份公司人均分红增分 450 元。

罗南陶瓷企业集团属下各厂自去年成功转制后，全部企业都能保证供给、生产、销售正常运转，集团派驻会计大多数能坚持原则，一方面做好财务监管，保证集团的资产续买金和土地租金能按时上交，另一方面又能做好厂方的理财助手，为厂方增收节支出谋划策。在市场陶瓷利润率下滑的情况下，绝大多数厂能按时上交资产续买金和土地租金，只有极少数厂有拖交情况，集体资产的保值增值得到了有力保障。

除陶瓷产业外，我村的小家用电器、五金、泡沫塑料、装饰木板等产业也蓬勃发展。非公有制经济不断发展壮大，除规模较大的盛发电器、天伦电器、兴悦泡沫、华达威木业外，小工业区内五金塑料电器厂鳞次栉比。目前，我村已有 3 家企业产品获得“国家免检产品”称号。值得一提的是盛发电器厂产品已获得“中国名牌”产品称号，获此殊荣的在禅城区只有 4 家企业产品。不少企业正逐步向高新技术和新经济领域迈进。名牌企业、名牌产品已成为我村拉动经济增长的重要力量。

2004 年，陶瓷企业集团出口超历史水平，年出口总值超过 3000 万美元，为国家提供税收人民币 7000 多万元，今年该集团还被国家工商行政总局授予“全国守合同重信用”企业。

努力发展第三产业，陶瓷企业集团参股的海神汽车销售公司经营良好。

乡村环境建设和基础设施进一步完善。多年来，由于大量资金的投入，罗南环境现代化建设有了较大的改观，受到了上级的很大关注。几年来，上级领导部门到罗南视察的有 100 多次，不少社会各界人士也到罗南来参观。罗南村先后被评为“广东省生态示范村”“广东省乡镇企业十强村”。此外，2004 年，隆庆新建立了亲水工程和两个电信发射网。隆庆工业区用电配套工程、村内电线配套改造已完成。他们投资 1500 万元建成的文化中心现已投入使用。

注重规划建设，培养新的居住理念。根据佛山中心组团城市发展总体规划的发展要求，南庄镇定位为城市功能延伸区，这就要求我们罗南的规划建设管理水平要有新的提高。在禅城区的帮助下，我们请来了武汉华中师范大学的规划专家为我村制订了罗南控制性详细规划。该规划完工付诸实施后，将对罗南整片土地的升值和罗南村的品牌提升起到极大作用，并为日后把罗南村建成生态旅游区提供环境和物质的保证。目前，我村的公共配套设施逐步完善，并取得了环境经济的效果。

改变村民居住理念，建设罗南村民公寓。罗南党总支多次组织党员及村民代表到广州、河源、黄岐、桂城等地参观学习村民公寓建设情况，又利用晚上时间多次组织村民开会，征询村民意见，公寓设计方案依村民意见多次改动，真正体现了党总支为村民办实事，办好事。目前，村民公寓报名户数已达到287户。

实施文化强村战略。2004年，我们继续深入学习贯彻“三个代表”重要思想和党的十六届四中全会精神。党总支结合实际情况，提出了“防止返贫，关键在于提高素质”的工作思路，在全村范围内开展富翁贫民论教育，即“今天的生活二十年前是富翁，今天的生活二十年后是贫民”，以此来激发罗南人要树立艰苦奋斗、开拓进取、与时俱进的精神。在教育活动中，以全面提高我村的文明程度和村民现代文明素质为目标，开展了“三个心”的教育，即“对父母要有孝顺心，对社会要有公德心，对工作要有事业心”。向全村大、中学生提出“建设文化罗南，我们大、中学生如何面对”等问题。

为实施文化强村战略，发展文化产业，丰富文化活动，多渠道满足群众文化生活需要，两委会决定斥巨资兴建罗南文化中心。罗南文化中心自5月份落成后，文化活动频繁。学校和幼儿园在文化中心举行了两次汇报演出，受到了社会和家长的好评。村委会、团总支以及罗南大学生分会联合在文化中心举办了一次“英语角”活动，活动受到了参与者和来自美国外教的赞赏。我们还利用暑期举办了罗南村首届体艺节。9月份“佛山市琼花粤剧艺术节”在文化中心进行了粤剧表演演出，这是此艺术节唯一在村级单位举行的表演。12月份，佛山市文联艺术家们到罗南赠书、送戏精彩的综艺节目深受村民的欢迎。

学校、幼儿园素质教育全面提升。南庄幼儿园连续十二年获得冠军。该幼儿园2002、2003年被南海授予“先进幼儿园”称号后，今年又被镇委镇政府评为文明单位。罗南小学教学质量逐年提高，在全镇名列前茅，也被评为南庄镇文明单位。

精神文明建设和社会各项事业有新发展。通过素质教育、文化罗南建设教育，我们感到罗南人的素质正在逐步地提高，人的就业观念正在改变，人与人之间的关系也更加融洽。

10月份，全国妇联书记处书记洪天慧、广东省妇联主席赵东花等领导到罗南村视察，对我村开展的“美德在农家”活动给予了充分的肯定，并号召全市向我村学习。

2004 年，我村被禅城区委、禅城区人民政府评为“文明村”，被南庄镇委和政府评为环境现代化建设先进村委会。共青团支部被评为佛山市五四红旗团支部。工会、民兵、调解、民政工作也受到上级的表扬。工会被佛山市总工会评为工会示范单位。我村较好地完成了征兵任务，积极做好了拥军优属工作。

积极推行社会保障制度。2004 年，陶瓷企业集团参加社会保险人数达 2755 人，其中属罗南户口的 1173 人，每年承担社会保险费用 316 万元，

加强社会治安综合治理，全力维护社会稳定。几年来，我村始终切实加强治安防范工作，把治安工作作为确保社会稳定的重要工作来抓，刑事案件不断下降，治安队伍的整体素质得到了提高。去年投资 70 多万元建设人防加技防工程，在全村各路口安装了摄像头，在村委成立小 110 报警中心，有效地控制了案件的发生。佛山禅城区公安局多次来检查工作，对我们的工作给予了高度的表扬。今年 9 月，公安部科技局在罗南举行了“科技强警”会议；10 月，全国综治委领导在市委副书记、政法委书记吴志强，市委常委、公安局长杨建华陪同下到罗南村视察工作，对我村的治安工作给予了高度评价。

扎实推进固本强基工程，加强党的建设。通过坚持抓教育，深入学习贯彻“三个代表”重要思想和科学发展观，广大党员干部坚定了走中国特色社会主义道路的信念，增强了率先发展、加快发展、协调发展的决心和信心。坚持抓骨干，按照团结、干事、创新、干净的要求，通过民主推荐，任前公示、干部交流，成功地进行了换届选举。新一届党总支体现了知识化、年轻化，做到了让上级满意，让群众放心。党总支除了贯彻党的各时期的中心工作任务，做到先党内后党外的原则，充分发挥党员在各系统和各行业的先锋模范作用外，还加强对村委会的领导，使村委会的各种工作按照支部提出的要求努力完成。

我们按照“三个代表”重要思想的精神，加强了基层党组织建设。包括：推进非公有制企业党建工作，首先在盛发电器厂成立了党支部；党总支十分重视和注重培养发展年青党员，平均每年发展党员 2—3 名。在实实在在为民办实事方面，成立了扶贫领导小组，对我村的老弱病残和因病致贫的群众给予了极大的照顾，每年上门慰问，发给慰问金。每年的老人节都让每

一个老人过上一个有意义的节日，体现了对老人的尊重和关爱。

2004 年，罗南党总支多次受到了上级的表扬和嘉奖，被中共佛山市禅城区委授予“先进基层党组织”称号。禅城区委组织部、佛山市委组织部把我村党总支定为固本强基示范点。省委常委、市委书记黄龙云，省委常委、组织部长胡泽君，佛山市副书记兼市长梁绍棠，副书记兼组织部长徐萍华，市委副书记卢汉钊，市委常委、禅城区委书记刘耿文，区长林邦彦分别到罗南村视察，肯定了我村三个文明建设的成绩。特别是，全国东部 15 个省市创卫领导也来罗南检查视察工作。这是上级领导对我们罗南的信任和支持，是全村党员的光荣，更是罗南人民的光荣。

鉴于我村经济和社会发展成绩显著，2004 年初，中共广东省委、省政府授予我村“广东省文明村”的光荣称号。

立党为公，执政为民

——在佛山市委纪念中共成立八十三周年座谈会的发言摘要

回想我在当选为支部书记后的第一个会议上，就向全体党员和群众提出了一个奋斗目标：奋战几年，把罗南建成“三园”“三化”的新农村，即“远望像林园，近望像花园，细看罗南人民生活在幸福乐园”和建设绿化、美化、净化的村容村貌。目标一提出，有人惊，有人疑。而我和支部一班人下决心拼死拼活也要实现这一目标。十年创业路，旧貌换新颜，我们的理想已经实现。到罗南走一走，我们可以看到，村村都有文明楼、文化室、村心公园和灯光球场，整个村貌体现了“春有花、夏有荫、秋有果、冬有绿”的景象。

由于做出了一定的成绩，罗南党支部先后被中央组织部和省委市委授予先进基层党组织的光荣称号，罗南村先后被评为广东省先进集体、广东省十强村、广东省生态示范村、广东省卫生村、广东省文明村，党总支连续十二年被镇党委评为先进党支部。我先后被评为广东省优秀企业家、全国优秀企业家和南海、佛山、广东省全国劳动模范，还当选为广东省九届人大代表、广东省九次党代表、佛山市八、九次党代表、十届全国人大代表。上级党委授予我和我们这么多的荣誉，我是始料不及的。拿自己来说，我只是尽了一个共产党员的应尽义务。我自己常常说，我是一个农民，一个普普通通的农民，改革后的农村是我施展才华的沃土；如果没有上级党委的正确领导，群众的支持，至今我可能是一事无成。

罗南富了，但是我和我们的干部没有在荣誉、地位、金钱面前陶醉，依然兢兢业业、勤勤恳恳地工作。我认为，人生的价值在于奉献。为使全村人尤其是党员干部在成绩和荣誉面前保持清醒的头脑，我向全村党员和村民提出了一个新的要求：“唯一持久的竞争优势是具备比你的竞争对手学习得更快的能力”。

早在六年前即1998年，我针对当时村民素质低下，很难适应特别是部分家长不想子女进大学的陈旧观念，我就提出了“罗南人不能有了口袋，穷了脑袋，这样就会误了下一代”的教育，村党总支积极发展教育。2003年，罗南的发展进入了一个全新的时期，要确保罗南的可持续发展，我向支部提出了要审时度势，按照时代发展的要求，不断超越自我，克服缺点，学习先进，与时俱进，防止千里之堤溃于蚁穴，及时地在全村提出防止返贫，关键在于提高素质的工作思路，在全村开展了“三心”（孝心、公德心、事业心）教育，使罗南人的素质、生活习惯、干群关系、邻里和睦得到了很大的提高。2002年，我村集体企业转制，罗南党总支大力加强了对村民的政治思想教育，及时地提出了“富翁贫民论”：即“今天的生活二十年前是富翁，今天的生活二十年后是贫民”，以此来激发群众树立艰苦奋斗的精神和开拓进取的观念。随着佛山市区域的调整，城市化进程加快，对人的素质、生活方式、行为习惯、思维观念、文化素养有更高的要求。罗南身处佛山市中心区，要消除这些差距，只有靠文化的提升。为此，我们大力抓了文化建设，特别是投资1500多万元兴建了文化中心，以文化中心为基地积极开展多种文化活动，有效地提高了罗南村民的文化素质。

总结多年来的实践，我有以下几点体会：

（一）村级党支部，是党在农村的最基层组织。农村工作的好与坏，关键是党支部。切实抓好党支部的建设非常重要。党支部建设必须重点抓好以下方面：一是解决精神支柱问题；二是解决提高基层党组织的凝聚力和战斗力问题；三是解决保持共产党员先进性问题；四是解决与群众的血肉联系问题；五是解决提高执政能力问题。农村党支部工作能否做好，最重要取决于三点：一，是否顺民意，合潮流，得人心；二，是否营造了一种有利于人才成才和发展，有利于创造发明的环境；三，是否形成了一个强有力的领导班子，有没有核心和领导人物。

（二）我认为，作为村的第一把手，其职责归纳起来有四点：一把方向，二谋大事，三善协调，四做表率。作为一班之长，要充分发挥好“三个作用”“四种意识”。“三个作用”是：主导作用、凝聚作用、模范作用；“四种意识”是：自知不自大意识、容人不怨人意识、诚信不扯皮意识、公正不徇私意识。

（三）牢牢树立立党为公、执政为民思想。世界上最难得、最宝贵的是人心。人心靠上级封不来，靠权力压不来，靠自己吹不来，靠小聪明骗不来。做好工作，要靠对党的忠诚，靠无怨无悔的实干，靠脚踏实地工作。只有这样，才能赢得人心。

（四）一个领导者要有效地实现领导目的，不但要有权力，还需具有威信。领导威信从哪里来？它是通过领导者的人格、品德、学识、才华、感情、廉洁、政绩、魄力等领导实践活动表现出来的，具体而言：一是以德立威，二是以才增威，三是以廉生威，四是以公助威，五是以诚取威，六是以情育威，七是以干树威，八是以创升威。

（五）发挥党在农村的领导作用。我的体会，抓住中心，凝聚人心，依靠支部领导核心。就是说，党组织要成为经济建设的重要决策者和组织者，成为党员拥护、群众公认的领导核心。

（六）要做实事，要做群众看得见、有成效的实事。尤其是要努力把经济搞上去，使群众看到文明建设效果好、群众收入年年增的景象。

（七）充分发挥党员联系企业和群众的固本强基工作，通过发挥他们的作用，使党各个时期提出的奋斗目标和社会各项工作很好地融合到群众中去，并起积极带头作用。只有人心齐，事业才能兴旺发达。

以上是我在工作中的体会，我取得的成绩都是与上级党委正确领导分不开的。历史雄辩地证明，最有力量的不是神灵，而是伟大的中国共产党这支有觉悟的先锋队。

党总支工作汇报

——2004年8月6日在罗南村党员大会上的报告

一、三年工作回顾

过去三年，我们在上级党委的正确领导下，在党总支的直接领导下，在全体共产党员和村民代表的监督支持下，始终坚持以邓小平理论和“三个代表”重要思想为指导，深入贯彻落实党的十六大、十六届三中全会和胡锦涛总书记视察广东时的重要讲话精神，紧紧抓住发展这一要务，促进经济和社会各项事业全面发展，原先确定的各项目标已经实现。

本届支委会任期三年。由于全体党员的努力和干部群众的大力支持，我们支部多次受到了上级的表扬和嘉奖：支部连续三年被评为先进党总支；被中共佛山市禅城区委授予先进基层党组织；佛山市委组织部、禅城区委组织部把我支部定为固本强基示范点；省委常委、市委书记黄龙云，副省长李容根等领导同志分别来我村视察，充分肯定了我村三个文明建设的成绩；全国东部15个省市抓创卫工作的领导还到罗南来检查视察工作。上级领导对我们罗南的信任和关怀，给我们以极大的鼓舞。

三年来我们的工作取得了以下几方面的成绩：

经济持续健康协调发展。过去三年，在国家宏观经济逐步好转的情况下，我村整体经济保持增长势头，运行质量进一步提高，平均年增长10%，固定资产投资9000万元。我们加强了农业基础设施建设，整治了鱼塘，改善了农业生态环境，新开河涌9.85公里，为农业高产、农民增收和农村稳定打下了良好基础。我们新建了隆庆市场，开辟了下沙村出口铺位，投资2000万元的恒发楼已建成使用，与镇政府合办的利南市场全面建成并有可观的固定收入，从而为我村股份集团增分奠定了比较牢固的基础。此外，股份集团新开发的200亩土地投入使用，还把官洲烂地改造成别墅区。这样一来，我村以土地为中心的股份集团公司，年总收入增长13.5%，人均分红每年增长15.9%，三年人均分配增1000元。我们认真抓了转制企业产品的升级换代，使经济结构进一步优化，壮大非公有经济。目前，我村已有三家企业产品获得“国家免检产品”称号，不少企业正逐步向高新技术和新经济领域迈进，出口超历史水平，今年出口总值预计将超过 3000 万美元。去年，村辖区企业为国家提供税收 6000 多万元，预计今年全年将达到 7000 万元。今年，集团被国家工商行政总局授予“全国守合同重信用企业”称号。

各项改革稳步推进。我们取得的成绩离不开坚持改革。三年来，我村超 10 亿元的集体企业都进行了转制，即从集体企业转为股份制企业，这不仅减少了集体经营的风险，在收入方面还比转制前高出了 38%，确保了集体资产的增值。目前，大部分转制企业经营状况有所改善，监督和营运体系逐步完善，集团派驻各厂的会计能行使会计制度，每月能按时上交续买金和土地租金。我村社会保障力度进一步加大。三年来，转制企业参加社会保险人数 2755 人，其中属罗南户口的 1173 人，转制企业每年承担社会保险费用 316 万元。在农村改革方面，我村完善了以土地经营权为中心的农村股份合作制，固化了股权，实行村务财务公开制度，全面推进和健全了监理小组以及审单制度，村民代表对村委会和股份集团收支情况有知情权和监督权。在运用信息技术加强农村管理方面也有了新的进展，促进了我村的民主决策、民主管理和民主监督。

乡村环境和基础设施进一步完善。我村近三年在环境现代化建设方面成效显著：我们重新整治了从南庄到隆庆涌口的公路，修建了罗南大道，以及从沙村到村委会大基的沥青路，这几项工程合计长 7 公里，共投资了 500 万元；投资 1500 万元开通了从罗家到上沙大涌 3. 5 公里通道，新建桥梁 9 座，涵洞 2 个，在河堤两边打造河堤公园，兴建下沙荷花公园；投资 1500 万元兴建了文化中心，现已投入使用。此外，在隆庆新建了亲水工程，以及电信发射网两个。本届支委会在环境和道路建设上的投资是历届最多的一届，总共投入资金 3500 万元。由于大量资金的投入，罗南环境现代化建设有了较大的改观，几年来，外地来到罗南视察参观的有 100 多人次，罗南村先后被评为“广东省生态示范村”“广东省乡镇企业十强村”。最近，在禅城区的帮助下，我们请来武汉华中师范大学的规划专家正为我村制订打造岭南水乡的罗南控制性详细规划，整个规划完工后，将对罗南整片土地的升值和罗南村的品牌提升起到极大的提高作用，并为把罗南村建成生态旅游区提供环境和物质的保证。

精神文明建设和社会各项事业有新发展。在广泛开展“三个代表”重要思想的教育活动中，党总支在党员群众中开展了“富翁贫民论”教育，即“今天的生活二十年前是富翁，今天的生活二十年后是贫民”，以此来激励群众树立艰苦奋斗、积极向上、开拓进取精神。在教育活动中，我们还以全面提高我村的文明程度和村民现代文明素质为目标，开展了“三个心”的教育，即“对父母要有孝顺心，对社会要有公德心，对工作要有事业心”，以及做人的“取向教育”，我们从社会实际去归纳，指出做人存在四种取向：一是损人利己；二是损己利人；三是损己损人；四是利己利人，强调必须做一个利己利人的人。通过这些教育，罗南人的素质逐步地在提高，人与人之的关系也更加融洽。我们深深地领悟到，抓好人的素质教育是增强农村社会凝聚力、促进农村工作的一项根本性工作。

几年来，我村学校、幼儿园的素质教育也得到全面提升。幼儿园连续十二年居全镇冠军，2002、2003 年还被南海授予“先进幼儿园”称号，今年又被镇委镇政府评为文明单位。罗南小学教学质量连续三年逐年提高，成绩名列全镇前茅，还被南庄镇评为文明单位。目前，该幼儿园还开办了英语教育。我村文化活动日益繁荣，在党总支提出“文化罗南”的号召下，借罗南文化中心的建成，组织学校和幼儿园举行了两次的汇报演出，受到了家长和社会的好评。最近由村委会、团总支以及罗南的大学生分会组织，在文化中心举办了一次“英语角”活动，体现了罗南大中学生英语的提升，受到了来自美国外教的赞赏。党总支还邀请了全村大中学生到文化中心开展讲座，向他们提出了“建设文化罗南，我们大中学生如何面对?”村委会、团支部还联合举办了暑期罗南村首届体艺节。由于我村在精神文明建设方面抓得紧抓得实，先后被评为“广东省卫生村”、禅城区“文明村”、南庄镇委和政府也被评为“环境现代化建设先进村委会”。青、工、妇等部门也先后获“先进妇代会”“先进妇女学校”“佛山市五四红旗团支部”“佛山市工会示范点”“先进民兵营”、司法“先进集体”等光荣称号。

社会治安综合治理效果明显。三年来，由于加强了治安防范工作，治安队伍的整体素质得到了提高。通过在路口安装摄像头和各村委成立小 110 报警中心，已有效地控制了案件的发生。2002 年，罗南村被评为“南海安全文明小区”“佛山市交通安全村”，治保会连续三年被镇评为“先进集体”。

党的建设进一步加强。村级党支部是党在农村的最基层组织，农村工作的好与坏关键在党支部。我村在2002年第二届村委会的选举工作中，党总支能够积极发动群众，大胆领导，积极稳重、稳妥地产生了第二届村民委员会和选出了第二届村民代表，做到了上级满意，群众放心。我们认为，一个单位要取得成功，最重要取决于三点：一是顺民意，合潮流，得人心；二是营造了一种有利于人才成长和发展，有利于创造发明的环境；三是否形成了一个强有力的领导班子。几年来，我们党总支充分发挥党员在各系统和各行业的先锋模范作用，使我村基层党组织、党员干部始终成为先进生产力、先进文化、人民利益的忠实代表，把党组织建设成为坚强的战斗堡垒。我们大力推进了非公有制企业的党建工作，首先在盛发电器厂成立了党支部。党总支十分重视和注重培养发展年青党员，使党组织始终保持旺盛的战斗力。三年来，平均每年发展党员2—3名。我们切实加强了对村委会的领导，带头开展群众工作，受到村民的好评。

三年来，由于我村经济和社会发展取得了新的业绩，今年初被广东省委、省政府授予“广东省文明村”的光荣称号。

在肯定成绩的同时，我们也应该清醒地看到，我村经济和社会发展仍然存在不少困难和问题，主要表现在：工业产业水平不高，综合竞争力不强，产业发展和设备改造后劲不足，可持续发展环境不尽如人意，就业观念还须加强，领导者和村民的文化素质尚待提高，人文环境有待进一步改善，村规民约制度还未有按照新形势要求重新制订好，村委会的软环境特别是制度管理方面仍十分欠缺，等等。我们要正视存在的问题，增强忧患意识和紧迫感、使命感，采取有力措施，认真加以解决。

二、本届支委会对下届支委会的工作建议

未来三年，是深化改革，加快发展的三年，是建设文化罗南、岭南水乡罗南和向城市化进程发展的三年。当前，我村进入了一个新的发展机遇期。世界经济趋好，国内经济发展加快。我村过去三年已为今后的发展打下了良好的基础，村整体规划修编完成也为第三产业加快发展提供了有利条件。但我们也应看到，影响世界经济复苏的因素仍然存在，国内经济宏观政策在调整，经济发展的瓶颈仍然存在，加之周边迅猛发展的强劲势头进一步增大竞争压力。我们必须保持清醒的头脑，增强忧患意识，树立科学发展观，夯实发展基础，增强发展后劲，抓住机遇，乘势而上，努力实现更快更好发展。

未来三年的工作指导思想是：以邓小平理论和“三个代表”重要思想为指导，以建设宽裕小康社会和率先基本实现社会主义现代化为总目标、总任务统揽全局，努力建设产业强村、文化罗南和岭南水乡罗南。坚持科学发展观，全力抓好各项工作，落到实处。以人为本，加速城市化进程，推进政治文明和精神文明建设，提高人民生活水平，力促经济与社会协调发展，人与自然和谐发展，把罗南建成宜居宜商的新罗南。我们的经济战略是做强主业，发展物流业，搞活商贸业，做精农业，壮大农业产业，逐步发展旅游业。城市化战略，规划科学化，项目集约化，市政环境配套城市化，教育卫生多元化，村政管理要现代化。

未来三年我村的主要指标拟作如下规划（含非公有制企业），村内生产总值平均年增长 10%，工业产值增 15%，农业产值增 5%，股份集团分红三年内实现人均增分 1000 元。

为实现上述目标，要认真做好以下工作：

（一）以打造产业强村为目标，促进产业优化集聚提升

做大做强支柱产业和骨干企业。巩固提升陶瓷、家用电器、童车、木业和金属家具产业。陶瓷业、家用电器是我村的主业。我村陶瓷业产值占全村生产总值的 70% 以上，做好我村陶瓷业，一可以扩大我们的就业率，二可以提供更多的税收。关于陶瓷产业，佛山市已召开专门会议，稳定和鼓励发展现在陶瓷产区。我们要鼓励和帮助我村的陶瓷企业主积极进行调查研究，加大企业改造的力度，利用南庄大道方便快捷的交通和黄金大道的优势做强做精陶瓷业。壮大发展塑料制品、家居用品。我们要制定完善的鼓励名牌发展的奖励措施，扶持一批带动能力强，拥有自主知识产权的重点行业、重点企业和重点产品。

推动以现代物流业为重点的第三产业发展。我村处于良好的沿河交通枢纽，有着产业集聚地以及燃料、码头等有利条件，我们要做好物流发展规划，建设好物流基地，推进连锁经营，搞好利南市场。在整体规划完成后，逐步开发生态旅游业，加快发展服务业，这是罗南今后增收的一门新兴行业。

大力发展民营经济，提高民营经济发展的质量和水平。我们要落实好各

项加快民营经济发展的政策措施，引导民营企业加快体制、科技和管理创新。积极引导民营企业实行多元化股权结构，建立现代企业制度。对规模以上民营企业在经济发展中遇到的难题给予帮助，以加速规模以上企业的发展。我们还应采取各种有效措施，积极扶持我村的中小企业发展。

鼓励规模以上企业加大出口力度，力促企业产销平衡。我村的企业要积极开拓国内市场，这是企业生存的根本保证。不能只止步于此，应立足广东，面向全国，走向世界，这也是企业必走之路。当然，出口产品打自己品牌是最理想的，但是贴牌生产是一个过程。当前，我们可以先通过贴牌出口，抓好质量的提升。推进品牌提升很必要，不仅可以确保产销平衡，更是企业发展的目标。

（二）认真解决三农问题，促进农业和农村经济发展

要解决好农业问题，关键是要做精农业。我们要利用罗南鱼塘、河涌整治后具有的良好水质，向高质鱼进军，从养四大家鱼过渡到优质鱼的养殖。要发展观赏和休闲农业，促进生态旅游业发展。这样，我们的农业才能做精，才能壮大农业产业。

以农业产业带动农业经济效益的增长，提高农民收入。要进一步完善提高以土地为中心的农村股份合作制，确保农村股份制分配三年人均增长1000元。

要积极探索和创新农村集体经济和集体资产管理运行的新途径和新办法，建立就业服务网络，用救济模式解决困难家庭、困难群众问题。让农民实现从依赖土地生存转到依赖就业和社会保障的跨越。为了确保老人的生活有所提高，本届支委会经过研究，建议老人退休金从今年9月份开始，党员每月200元，群众每月170元，每年发放13个月。

加快农村城镇进程。依照目前总体规划，我村今后应建设成宜商宜居的地方。10年后，我村常住人口将达至3万人。罗南将作为禅城高新技术产业区重要配套生活区，它以居住用地及沿河生态保护区为主，并结合现状配套公共服务设施用地。我们要充分抓住机遇，利用好土地，加快村民公寓建设和旧村改造。

（三）推动文化罗南建设，促进经济社会协调发展

加强文化罗南建设，提高村民思想素质。我们要以提高村民素质和城市

化文明度为目标，以文化罗南建设来提升从村民到市民的行为习惯、思维方法、文化素养、文化内涵的转化，完成从村民到城市人的过渡。为此，要进一步加大社会主义精神文明建设的力度，实施建设文化罗南战略。弘扬罗南人文精神，塑造罗南新形象。具体内容是，深化以诚信为重点的公民道德建设，扎实抓好文明村、文明单位等群众性精神文明创建活动；抓好拥军优属工作；建设好罗南图书馆，充分利用罗南文化中心，促进文化产业发展；挖掘整理和提升历史文化资源，修缮具有岭南特色和浓郁文化底蕴的建筑，如隆庆祠堂、隆庆官道，作为佛山历史文物进行申报；广泛开展丰富多彩的文化生活，提升城市化进程中的罗南文化形象，如举办第二届龙舟邀请赛等。此外，要对超过百年历史的老榕树进行保护。

推进教育强村建设。罗南今后的发展要靠新一代年轻人的努力，因此教育问题是一个十分重要的脑袋工程，一定要抓好落实。一是要抓好成年人的素质教育；二是要抓好幼儿园、小学的教育及质量的提高。要积极鼓励适龄初中毕业生考高中，高中毕业生考大学，力争60%以上高中毕业生能够考上大学，以保罗南人才发展的后劲。深化办学体制改革，争取镇政府支持把罗南小学办成实验小学。此外，还应更多举办有益身心健康的各种活动。建立健全公共卫生管理体系。村级卫生站实行改制，增加人才，着力把我村卫生医疗搞好，提高疾病预防控制和应对突发公共卫生事件能力。加快公共卫生设施建设，加强妇幼卫生保健工作，高度重视和预防冬春两季传染病的发生。解决看病排队问题，努力做到群众小病不用出村。

（四）抓好规划，推进城市化进程，努力建成岭南水乡的罗南

认真抓好规划建设。武汉华中大学对罗南整体规划的方案等待佛山市规划局审批同意后，就可以分步实施。该规划的目标是建设具有岭南水乡特色及良好生态环境的居住区和大力发展田园观光旅游、生态示范区，并建设成为现代化城镇建设示范基地。我们要按照规划分步到位，不可毕其功于一役。落实规划原则是：生态性，生态优先；特色性；尽现地域地理文化；持续性，按可持续发展战略逐步实施。

（五）加强环境保护和人口计生工作，促进可持续发展

加强环境保护。为配合佛山市2006年达到全国环保城市要求这一决策，我村陶瓷企业必须要有计划地做好环境整治工作，否则这些企业就无法发

展。村内其他企业的环保也要整治，特别是要解决好隆庆工业区的污水排放问题。要提高罗南内涌水环境质量，抓好生活垃圾、生活和工业污水的处理。加强我村几个工业区的环境规划和管理工作，从源头上控制新污染源的产生。环保的另一任务是抓好生态环境保护。要加大罗南内涌水源的保护，加大力度搞好村内河涌与两边企业及仓库之间绿地隔离带和生态屏障建设，处置好闲置地，促进土地的合理高效和可持续利用。同时，要把树木保护好，让罗南成为名副其实的生态示范村。

此外，还要按政策做好人口与计划生育工作。

（六）加强党组织建设，推进固本强基工程

农村工作搞得好与不好，关键在于党支部。党要管党，抓好党的建设。每一个共产党员都要加强学习，在群众中起示范作用、表率作用。党支部要健全三会一课等制度，增强基层党组织的创造力、凝聚力和战斗力，使基层党组织真正成为群众信任的队伍。在这次落实“三个代表”的活动中，罗南有幸成为市区的示范点。我们决心通过示范点的建设，将罗南党组织早日建设成一个领导班子好、党员干部好、工作机制好、小康建设业绩好、农民群众反映好的五好党组织。

（七）落实好十项民心工程，改善人民生活质量

切实关心群众生活。实施好十项民心工程，努力为群众多办实事，办好事，改善人民生活质量，切实解决好困难群众吃、住、行、看病、上学等问题，完善好社会保障制度。

扩大和促进就业。积极落实就业和再就业的各项政策，每年分两次安排就业工作，确保就业和再就业工作目标的实现，特别是解决好未安排工作的大学毕业生的就业问题。

（八）坚持依法行政，推进民主法制建设

加强民主法制建设。坚持向党员和村民代表通报情况的制度，认真听取村民代表的意见和建议，自觉接受他们的监督。建立完善重大事项由支部大会和村民代表大会决议制度，提高决策透明度，推进决策民主化、科学化、制度化。健全村民自治，加强对村委会行政监督，规范行政行为。

维护社会稳定。加强社会治安综合治理，推进社会治安防控体系建设。坚决打击各种刑事犯罪活动，深入推进“禁毒 03 工程”，扫除社会丑恶现

象。提高治安队人员素质，努力化解各种社会矛盾和纠纷，保持社会和谐稳定。

加强廉政勤政建设。开展两个务必教育，落实五个力戒和干净干事要求，从源头上抓好预防和治理腐败的工作，构建科学严密的权力运行机制。进一步规范事权财权，加强对村委会和股份集团的资金监督制度，坚持由村民代表选出的理财小组审单制度。

切实更新村委会治政理念，推进村委会管理现代化。进一步更新村委会行政指南，重新制定好村规民约和各种制度。推进村委会管理方式创新，为村民提供公开、透明有效的公共服务。转变村委会职能和作风，形成层次少、服务好、效率高的政务环境。

在罗南村党总支保持共产党员先进性教育活动动员大会上的讲话（摘录）

（2005年10月25日）

这次活动的指导思想，是以邓小平理论和“三个代表”重要思想为指导，认真贯彻党的十六大精神，紧密结合本村实际，围绕建设“富裕罗南、文化罗南、和谐罗南”的目标，切实解决我村党组织和党员队伍中存在的突出问题，增强党组织的凝聚力、战斗力和创造力，达到“党员受教育，村民得利益”的目的。

保持共产党员先进性教育活动的工作要达到提高党员素质，加强村级组织，服务人民群众，促进各项工作的总体目标。

具体地说，要从以下方面努力：

1. 提高党员素质。要通过教育活动，勤奋学习，提高自身素质；掌握技能，提高就业本领；致富奔康，为我村发展多作贡献；树立新风，努力服务人民群众；遵纪守法，自觉维护我村稳定等五个方面当好带头人。村两委干部要强化公仆意识，增强为民办事本领，提高依法依规办事能力。村安排从事管理和公共服务的党员要强化奉献精神，提高管理水平和服务能力，争当先进楷模和表率；自谋职业的党员要强化党员意识，带头就业和创业，做致富奔康和公益事业的领头人。老党员要增强帮带意识，掌握社情民意，支持村干部开展工作，教育引导青少年，积极参与人民调解和热点问题的化解工作，充分发挥余热。

2. 加强组织建设。加强村两委班子和党员队伍建设，着力于增强村党组织的凝聚力、战斗力和创造力。认真研究探索发挥党员先锋模范作用的有效途径，建立完善适应农村形势，便于党组织操作，有利于保持村民党员先进性的教育、管理、考核和发展党员等相关的制度，建立我村党组织建设和党员教育管理工作常抓不懈的工作机制。

3. 加强村党组织领导班子建设。党委一班人要进一步强化全心全意为人民服务的宗旨观念，进一步改进作风，真正做到权为民所用，情为民所系，利为民所谋。密切党群、干群关系，抓好民心工程，为民办实事好事，做群众的贴心人。提高组织群众、宣传群众、教育群众、服务群众的本领。

4. 提高党员的政治责任感，要有“四个气”。共产党员必须有强烈的政治责任感，时刻注意维护党的利益，遵守党的纪律，不折不扣地贯彻落实党的政策。提高党员的政治责任感，关键在于努力学习，增强党性修养，严于律己。我们要在工作和生活的方方面面体现出党员应有的特质和品格。

我认为，作为党员，应努力培育“四个气”。

在人生追求上，要有“志气”。人贵有志，志当存高远。共产党员应该牢固树立共产主义理想和为实现中国特色社会主义而努力奋斗的强烈信念。坚决抵制拜金主义、享乐主义、极端个人主义思想，切不可把个人的理想追求和目标放在攫取金钱上。一个党员，如果理想信念发生动摇，人生追求就一定会陷入“俗气”，价值观、人生观、世界观就会出现扭曲。我们要不断校正自己的人生方向和追求，做一个名副其实的共产党员。

在为民谋利上，要有“勇气”。全心全意为人民服务是党的宗旨，每个党员干部都应在本职岗位上努力工作，为群众办实事谋实利。凡是有利于人民群众的事都应认真去做，大胆去做。现实生活中，有的党员宗旨观念淡薄，把为群众排忧解难喊在嘴上，写在纸上，而不落实在行动上；有的在为群众办实事的过程中，缺乏勇气，怕困难惧矛盾，畏缩不前，无所作为等等。这些都是与党员先进性要求不相符合的。“群众利益无小事”，群众在我们心里的分量有多重，我们在群众的心里分量就有多重。我们只有踏踏实实地想群众之所想，办群众之所需，解群众之所难，才能建立和发展良好的群众关系。

在社会生活中，要有“正气”。社会生活是复杂的，有积极健康的主流，也有消极落后的支流。党员既要坚持做到一身正气，以自己的良好形象影响和带动群众自觉维护安定团结的局面，又要坚决抵制歪风邪气，同那些危害人民群众利益的现象作斗争。

在个人得失上，要有“大气”。党员是群众中的先进分子。作为普通公民，他们的权利应当得到尊重和保障；作为党员，又要求他们在对待地位和利益等问题上，境界应更高一些，不仅不能见利忘义，而且在个人利益同党和人民群众的利益发生矛盾时，应当做到前者服从后者，就是在看待个人得失上，应该“大气”一点，而不是斤斤计较，与民争利。

在这次教育活动中，每位党员要以严肃认真的态度来对待，增强搞好先进性教育的使命感和责任感，把自我教育、自我完善、自我提高作为一种觉悟、一种责任、一种追求，使我们的心灵再次受到洗礼，党性觉悟进一步提高，永葆党员的先进性。

立党为公，执政为民

——在南庄镇保持先进性教育学习大会上的讲话

（2005年7月26日）

各位领导：

根据镇党委安排，要求我在镇委召开保持共产党员先进性教育活动的大会上作一个发言。我认为中央在全党开展保持共产党员先进性教育很有必要，很及时。要巩固好共产党的执政地位，侧重于组织上加强党的执政能力建设，开展理想、责任、能力、形象教育活动，注重从党员队伍上加强党的执政能力建设。保持共产党员先进性教育活动是全党政治生活中的一件大事，把学习实践“三个代表”重要思想引向深入，把胡锦涛总书记视察广东的重要指示落实到基层，把党的执政能力建设落到实处，是一个重大课题。省委决定在全省党员中开展“理想、责任、能力、形象”教育活动很好地回答了这个问题。为什么呢？理想是方向和动力，责任是使命和奉献，能力是本领和才干，形象是威信和力量，做到有理想、有责任、有能力、形象好是时代对党员的要求，是党员先进性的要求。下面，我结合自己十多年农村工作，向在座各位领导汇报罗南党总支带领全体共产党员和人民群众落实“三个代表”，建设现代化新农村的情况，希望与各位领导共同探讨、共同交流建设新农村的体会。

我从1992年上任以来，在党的富民政策和上级党委的正确领导下，坚持以经济建设为中心，努力实践“三个代表”重要思想，积极创造宽松的发展环境，坚持多种体制一起上、多种行业齐发展的指导思想，罗南从一个贫穷落后的农村，通过十二年的艰苦奋斗，目前，罗南经济呈现百业兴旺的景象，走上了快速发展的快车道。全村面积4.75平方公里，户籍人口3519人，其中党员110人，下设三个支部，外来人口10000多人，下辖九个村民小组。近两年，村辖区内企业年上缴税收6000多万元，全村人均纯收入连续8年超万元，每人每年可累计报销医疗费8万元。土地股份集团公司总收入近三年每年增长13.5%，三年人均分配增加1000元。2004年，一家企业产品获得“中国名牌产品”称号，三家企业产品获得“国家免检产品”称号。过去几年，罗南共投入一亿多元进行精神文明建设，取得了可喜的成绩。全村共有水泥道路32公里，绿化面积18万平方米，做到了出家门、进花园的感觉。由于经济的发展，绝大部分家庭进入了小康水平，全村小汽车已达到800辆。

回想我在当选为支部书记后的第一个会议上，就向全体党员和群众提出了一个奋斗目标，我们要奋战几年把罗南建成“三园”“三化”的新农村，即“远望像林园，近望像花园，细看罗南人民生活在幸福乐园”，“三化”是绿化、美化、净化。目标一提出，有人惊，有人疑。而我和支部一班人下决心拼死拼活也要实现这一目标。十年创业路，旧貌换新颜，我们的理想已经实现。到罗南走一走，我们可以看到，村村都有文明楼、文化室和村心公园、灯光球场，村委会拥有标准化的足球场和游泳池，目前基本达到了城市有的，我们都要有；城市没有的，我们也要有。整个村貌体现了“春有花、夏有荫、秋有果、冬有绿”的景象。罗南人的生活达到了“小有教、老有靠、病有医、行有车”。经常举办丰富多彩的文体活动、文化活动，如舞狮、粤剧表演、体运会、龙舟激情赛等以此来陶冶群众，使男女老少走进运动场，来营造积极向上的社会氛围。

2002年初，我们在“三个代表”重要思想学习教育活动中，又启动了“水乡罗南”建设方案。一是着力打造一河两岸怡人景色。开挖了一条30米宽，3.5公里长的环村大涌，新建桥梁7座，目前，两岸绿草萋萋、鲜花盛开，工程投入近一千万元。二是建造荷塘月色美景，投入100多万元在下沙村前建造荷花公园，投资近100万元在隆新重建河堤公园，搞亲水工程。三是重现古建筑风采，投资100万元重新修缮具有200多年历史的隆庆祠堂，不仅保护了文物，也为我村增添了浓厚的历史文化氛围。

由于做出了一定的成绩，罗南党支部先后被中央组织部和省委市委授予先进基层党组织的光荣称号，罗南村先后被评为广东省先进集体、广东省十强村、广东省生态示范村、广东省卫生村、广东省文明村，党总支连续十二年被镇党委评为先进党支部，今年又被广东省委和佛山市委授予红旗基层党组织。上级党委授予我们这么多的荣誉，我是始料不及的。就拿自己来说，我只是尽了一个共产党员的应尽义务，我先后被评为广东省优秀企业家、全国优秀企业家和南海、佛山、广东省全国劳动模范，还当选为广东省第九届人大代表、广东省第九次党代会代表、佛山市第八、九次党会代代表、十届全国人大代表，今年又被评为高级政工师。我自己常常说，我是一个农民，一个普普通通的农民，是改革后的农村给了我施展才华的沃土，没有上级党委的正确领导，群众的支持，至今我可能是一事无成。

罗南富了，但是我和我们的干部没有在荣誉、地位、金钱面前陶醉，依然兢兢业业、勤勤恳恳地工作。有两种创业者，一种是功成名就，急流勇退；一种是志存高远，奋力攀登。我和我的同事们属于后者。我没有沉醉在成功的喜悦中，而是以更大的胆略、气魄，追求更高的目标。面对创业的成功，置身于荣誉褒奖之中，我又在想什么？干什么？这是体现一个共产党员的重大选择。我认为“人生的价值，在于奉献”。十年创业皆艰辛，一朝成名不骄奢。在改造物质世界的同时，如何去完善自己，发展自己，把一个基层党组织建设成为坚强的战斗堡垒。我和我们支委会是这样想的，也是这样做的。我们深知若要兴村，先要律己，要带领群众致富，首先要在群众中站得住。在竞争激烈的年代，机遇失不得，节奏慢不得，必须全方位出击，才能取得成功。我们党总支和村委会一班人，除具有文武韬略的素质、敢闯敢干、吃苦耐劳的精神外，更重要的一条是身先士卒，做克己奉公的表率。我们一班人如同乐师弹钢琴，十个指头都能用上，村领导班子成员分工明确，各负其责，人人肩上有担子，个个身兼数职，党政分工不分家，由于安排合理，尽管工作千头万绪，但进行得有条不紊，各项工作齐头并进，呈现出一派喜人局面。

为使全村人尤其是党员干部在成绩和荣誉面前保持清醒的头脑，我向全村党员和群众提出了一个新的要求，“唯一持久的竞争优势是具备比你的竞争对手学习得更快的能力”。

早在六年前，我就针对当时村民素质低下，不适应发展的需要，特别是有部分家长眼光短浅，只想子女快做工赚钱，不愿他们进大学深造，我就提出了“罗南人不能有了口袋，穷了脑袋，这样就会误了下一代”。村党总支接受了我的意见，积极发展教育。目前，我们的小学和幼儿园都建成了佛山市一级小学和佛山市一级幼儿园。对于在本村入幼儿园的小孩每人每年补助1500元，对高中毕业考上大学的学生实行助学金制度，每年的助学金达50万元，现时我村在读大学生已达100多人。另外，村委会每年花20多万元为每户村民订《佛山日报》，成为佛山市第一个党报村，读报让村民能及时了解党的各项政策。除了发动群众学习外，我自己也带头学习。我深深地懂得，靠没有文化的农民，要建设现代化的企业是不可能的。为了提高知识，我于1993－1995年在佛山大学攻读工商管理大专班。1999年在中山大学岭南学院攻读工商管理硕士研修班。为了进一步提高罗南中高层管理人员的水平，我邀请中山大学派教师到我们村举办为期一年的工商管理硕士研修班，这是省内村一级举办硕士研修班的首例。通过一年的培训，中大为我们培养了120名高中层管理人员，为本村企业的发展打下了坚实的基础。

2003年，罗南的发展进入了一个全新的时期。要保持罗南可持续发展，我向支部提出了要审时度势，按照时代发展的要求，不断超越自我，克服缺点，学习先进，与时俱进。“千里之堤，溃于蚁穴”，我深知这个道理，任何一种隐藏的细小的危机，都可能引发一场惊天动地的大地震。为此，党总支在全村范围内提出防止返贫，关键在于提高素质的工作思路。为加强村的道德修养，用上课的形式，分片晚上召开群众学习会，提倡“三心”教育，即“孝心、公德心、事业心”，对父母要有孝心，对社会要有公德心，对工作要有事业心，要求村民尊老爱幼，树立社会新风尚和支持公益事业的思想。通过教育，使我感觉最好的是罗南人的素质、生活方式、干群关系、邻里和睦等都得到了很大的改善和提高。

2002年，我村集体企业转制，罗南党总支对村民及时地加强了政治思想教育工作。由于企业转制，普通职工的工资明显下降，很多本地村民由于缺乏技术，年龄偏高，只能做一般职工，于是就产生了不想进厂打工的念头，做清洁工也觉得低人一等，造成村民失业，家庭生活困难。如何解决这个问题呢？我及时地提出了“富翁贫民论”：即“今天的生活二十年前是富翁，今天的生活二十年后是贫民”。激发群众树立艰苦奋斗的精神和开拓进取的决心。通过思想教育，部分不适合到工厂打工的群众报名参加了环卫工作，改变了村环境卫生要靠外来工的习惯，并安排了37人就业，27人为花木除草。罗南人的就业观念有了一个新飞跃。

为了保持罗南的社会稳定，2003 年初，我向支部提出了在安全防范的基础上，实行人防加技防的思路。两委班子统一思想后，共投资 70 万元在全村十二个路口安装了全套光纤摄像机、监测器，形成完善的治安防范网络，使罗南更成为名副其实的文明小区。

随着佛山市区域的调整，城市化进程肯定加快，我感觉到城市化进程中，人的素质、生活方式、行为习惯、思维观念、文化素养、文化内涵与现代化城市要求尚有距离。罗南地处建设现代化大城市中心区，消除这种差距，实现罗南人从农民到城市人的飞跃，靠什么，只有靠文化的提升。于是，我向支部提出了建设文化中心的建议。在两委干部统一思想后，召开了党员村民代表会议，并同意了我们的建议。2003 年，我村投资 1500 多万元兴建文化中心。该中心会场设有 2180 个座位，有图书室（图书 40000 册）、展览馆、网球场、足球场、乒乓球场、羽毛球场、老人活动中心和妇女学校和文化气息浓郁的广场。以“致富思源、富而思进”命名的展览馆，通过实物、文字、图片反映罗南的今昔，开展生动的社会主义教育，使罗南的子子孙孙都能见证祖辈的辛勤，学习先贤的睿智，同时激发干部群众投身社会主义现代化的热情。广场把休闲、生态等元素与文化和谐相融，是一个具有文化品味的休闲场所。广场于 2004 年 5 月 24 日投入使用时，省委常委、佛山市委书记黄龙云亲临现场进行剪彩。随着文化中心的落成，先后举办了一系列文化活动，包括粤剧表演、“六一”文艺汇演、中学生英语角活动、学生暑期文艺节。2005 年新春佳节，举行了“春之韵”新春文艺晚会。这些活动都为群众普遍欢迎。

以下谈谈我工作的几点体会：

1. 村级党支部，是党在农村的最基层组织。农村工作的好与坏，关键是党支部，所以搞好党支部建设非常重要。党支部工作是否做好，我体会最重要取决于以下四点：第一是否顺民意，合潮流，得人心；第二是否营造了一种有利于人才成长和发展，有利于创造发明的环境；第三是否形成了文明法治、稳定和谐、谅解宽容、凝聚人心、调动激情的环境；第四是最根本的，即是否形成了一个强有力的领导核心。

2. 我认为村的第一把手，其领导职责归纳起来有四点：一把方向，二谋大事，三善协调，四做表率。作为一班之长，要充分发挥好“三个作用”，增强“四种意识”。“三个作用”就是充分发挥好主导作用，充分发挥好凝聚作用，充分发挥好模范作用。增强“四种意识”，就是自知不自大意识、容人不怨人意识、诚信不扯皮意识和公正不徇私意识。在工作顺利并且取得成绩、受到上级表扬时，必须有危机感。没有危机感，就没有紧迫感，也就没有责任感。

3. 立党为公、执政为民思想。世界上最难得、最宝贵的是人心。人心靠上级封不来，靠权力压不来，靠自己吹不来，靠小聪明骗不来。要取得人民群众的信赖，靠的是对党的忠诚，靠的是实干。只有踏踏实实地工作才能赢得人心。踏实，体现一个人的精神状态、政治素质和工作作风。要做到踏实，就要有一种良好的精神状态，现在的干部队伍，党员队伍，就很需要有一种忠心向党、踏实为民、乐为人民办事、甘为人民吃苦的精神。

4. 一个领导者要有效地实现领导目的，不但要有权力，还需具有威信。领导威信从哪里来？它是通过领导者的人格、品德、学识、能力、魄力、感情、廉洁、政绩等领导实践活动表现出来的，一是以德立威，二是以才增威，三是以廉生威，四是以公助威，五是以诚取威，六是以情育威，七是以干树威，八是以创升威。

5. 农村党支部的领导作用，主要是抓住中心，凝聚人心。农村党支部是当地经济建设的重要决策者和组织者，对党支部领导核心成员自然有更高的要求。我体会，他们应当具备八种素质：一要有使命感，二要有智慧、干练，三要有全局观念，四处理问题要果断，五要有胆识，急群众之所急，六要善良，忠厚诚信，七不贪钱财，八心胸宽广。在市场经济条件下，干部的权威从何而来，我们的体会一是内行，二是廉洁，三是有政策水平。还要把握政策法规的严肃性，把握保障发展的灵活性，把握对上负责和对下负责的一致性。

6. 要做实事，做群众看得见、有成效的实事，尤其是要努力把经济搞上去，让群众收入年年增，生活一年比一年好。

7. 充分发挥党员联系企业和群众的固本强基工作，通过发挥他们的积极带头作用，使党在各个时期提出的奋斗目标和社会各项工作很好地落实到群众中，这样才能人心齐，事业兴。

8. 搞好农村土地股份制建设，并且使农村股份制深入人心，这样才能做到全村一盘棋，便于统一规划，统一开发，财务公开，才能使群众增收。我们从 1995 年开始实行以土地为中心的农村股份制，从成立到去年共 10 年间，从 1994 年人均股份分配不足 400 元到去年平均达到了 3650 元，不单群众能增收，更是解决了村界矛盾、姓氏矛盾。个个都是股东，人人关心集体。

9. 谈谈个人的一些体会。一个人如果没有一个目标，不知为何而奋斗，过着一天算一天的日子，像一只无头苍蝇到处瞎忙，像一只断了线的风筝在半空中随风漫无边际的飘荡，在工作中、在事业上是很难成功的。我作为一名共产党员，要做到执政为民；作为一个支部书记，就要以人为本，把群众利益放在首位，要保护好一方的环境，保障发展，确保社会稳定，善待农民，实实在在为群众办实事，这是我个人的理想和目标。十多年来，我也是朝着这个理想和目标去实践的。

我认为人生的成功公式 = 人格 + 形象 + 礼节 + 三识 + 三性 + 五心 + 五力。

一个人如果有奋斗目标，成功是容易的，不成功反而是困难的。因为成功的人只要奋斗五、七年就成功了，最多是十年；而不成功要用掉一辈子的时间，一辈子的时间让人不欢迎，甚至贫穷。我认为成功不能完全用金钱来衡量，只要一个人能够做好一般人不能做好的事就可以算成功了。

（1）人格。人格人品占据成功要素里的比重约为 50%，而人格人品的培养是一项最省的投资但收获最大的事。我们认为，有德有才是正品，有德无才是次品，无德有才是毒品，无德无才是废品。人的本质决定意识，意识决定思想，思想决定结果，结果决定地位。做小事靠能力，而做大事就要靠人格。

（2）形象。一个人的形象是非常重要的，你表达的效果有 60% 是通过形象语言来表达的，需要很好的锻炼。

（3）礼节。有礼有节，谦虚谨慎反映了一个人的整体素质。

（4）“三识”就是学识、见识和胆识。学识是最难解决的，而没有胆识是难成大事的，只有拥有这“三识”，自身才能建立起一个良好的能力结构。功高艺多，艺高人胆大。所以我们做事要注重实践，不能让理论与现实脱离。胆识要建立在文化上，做到有胆有识。在工作和实践中，做到“多看则清，多听则明，多思则准，多干则成”。

（5）“三性”即是韧性、悟性、理性。一个人出来工作，有时难免会受委屈，能坚持卧薪尝胆、委曲求全，那就是韧性的表现。悟性就是灵感，悟性需要经常的思考与总结。当你想把一件事情做得好上加好的时候，你就会变得聪明。人生最大的敌人就是自己，缺乏理性的人一定会失败，理性是做人的长青石。

（6）“五心”是专心、恒心、信心、诚心、虚心。专心放在第一位，就是说做什么事情都要专心做好，人最怕的是没有目标或目标不明确。人必须知道自己的爱好在哪？长处在哪？决定人生的道路该如何走？接着朝着目标，持之以恒，坚持不懈。信心，不要事情还没有做自己就已经怕了。有了信心，就有了精神，就有了力量；有了力量就可以无往而不前。虚心，骄傲对自己一点好处都没有，骄傲是不成熟的表现。真正的成功是不用骄傲就已经很骄傲了。诚心，能分解社会的许多矛盾和赢得人的尊重。

（7）“五力”包括人格力、学习力、亲和力、调整力和控制力。总的来讲，成功没有必然性，成功需要你的学习奋斗和人品。同时，成功还需要胆略，胆略是建立在有文化的基础上。有勇有谋是战夫，有勇无谋是蛮夫，有谋无勇是懦夫，无勇无谋是匹夫。高楼得以建成的原因，一是基础好，二是正直。因此，我认为做事或是在商界中，正直诚信很重要，不诚信付出的代价更大。没有良好的家庭教育，就没有良好的后代，不能治家就不能治理好一个单位或企业，不善于经营家庭，就不会善于经营好一个单位或企业。

人最大的敌人是自己，最难战胜的也是自己。控制自己的欲望有利于磨炼自己的意志。一个领导者或企业家，如果光会享乐，早上围着车子转，中午围着盘子转，晚上围着裙子转，这样，党员就会败坏党风，企业家就不是企业家，是败家。

10. 努力读书，天天读报。在今天这个瞬息万变的社会里，我们一定要好好学习，努力学好文化，多看报，多读书，才能跟上时代的要求，才能努力改变自己，提高素质。我自己也是十年如一日地读书和看报。我的读书方法有三种，高山俯瞰，海边拾贝，揽镜自照。一个地区的经济持续发展与这个地区文化底蕴的支撑是分不开的。

在当今的社会里，任何知识都不会是多余的。而吸取知识的重要途径便是读书，读那些有价值的好书，读那些给人知识、给人启迪的书。读书使人了解世界的浩瀚辽阔，人心的博大精深，也能使人热爱生命，热爱生活，激起追求真理，实现理想的欲望和激情。读书的过程是欣赏和接受的过程，也是思考和感悟的过程。如果能经常用自己的语言记录读书的感想，那将是一件极有意义的事情。当然，读书的过程，也可能是排斥的过程，因为不是所有的书都是有价值的，也不是所有的书都是有趣的，古人说，“尽信书则不如无书”很有道理。一个真正的读书人应该通过自己的思考判断一本书是否值得读。

人生最大的实惠和快乐就是读书。书可以开阔眼界，陶冶性情，丰富知识，升华自我。经验越多，书更容易读。读书还可以提高人的能力，读书是力量。我自己一边工作，一边读书和看报，自己给自己制定一个奋斗目标，要做到人尽其才，物尽其用，钱尽其值，各尽所能。一天做一件实事，一月造一件新事，一年做一件大事，一生做一件有意义的事，为一个地区的群众创造好一个环境，为股东创造利益，为群众创造前途，为社会创造繁荣。

以上是我们党总支和我自己在工作中的体会。我们所取得的成绩都是与上级党委的正确领导分不开的。历史雄辩地证明，最有力量的不是神灵，而是伟大的中国共产党这支有觉悟的先锋队。目前，我们正深入开展中央提出的保持共产党员先进性教育活动，结合省委和市委关于全省全市共产党员开展理想、责任、能力、形象的教育活动。我们要用这八个字的有力武器武装全体共产党员，带领全体罗南人民建设和谐罗南努力奋斗；在抓好党员教育的基础上，用三年时间抓好未成年人的思想道德教育示范点，使未成年人思想道德教育活动达到三个一的目标，即树立一种信念，爱国爱党，爱乡爱家；营造一种氛围，知书识礼，好好向上；培育一种精神，踏实进取，包容创新。

2 月 18 日，中共佛山市委宣传部在我村举行了《超越小康——罗南村的故事》画册出版发行座谈会，这使我们每个罗南人感到无比振奋和高兴，同时，我们也感到罗南村只是美好的《春天的故事》中的一个组成部分，是盛世中华的一个小章节，这激励着我们每一个罗南人发扬敢为人先的精神，把罗南的工作做得更好。希望各级领导和部门在今后给予罗南更大的支持和帮助，使罗南成为“远者来，近者悦”的乐土。

在罗南村党委换届选举会议上的讲话（一）

（2007 年 8 月 18 日）

在本届党委会三年任期里，在上级的正确领导下，加上我村全体党员的努力和干部群众的大力支持，罗南党组织又连续三年被评为先进党组织，其中，被中共中央组织部授予“全国先进基层党组织”，被广东省委授予“红旗基层党组织”，被佛山市委两次授予“红旗基层党组织”，被禅城区委授予“先进基层党组织”等光荣称号。罗南村也成为佛山市党组织固本强基示范点。

三年来，我们主要做好了以下方面工作：

一、应对转型考验，经济在保持稳健增长中得到优化提升

（一）产业强村战略促进我村强势发展。三年来，我村工业快速增长，规模工业领跑带动作用明显。家用电器企业发展势头良好，增幅较大，如天伦电器增加了厂房设备，实现产销两旺；盛发电器被评为中国名牌产品后产品销售比过去有较大增幅；照明电器威达斯电器有限公司增加了设备和厂房投资，出口量增加，成为了我村照明电器的又一颗新星；物流业的中油南海燃料有限公司，在困难中发展，2006 年完成税收 900 多万元；利南市场的二期扩建铺位全部已出租完，三期扩建铺位在 2007 年 8 月前完成，现在也已全部租出去；和政府合资投入 1500 万元的高中学生宿舍已全部投入使用。

（二）品牌带动战略取得重大发展。盛发电器往年曾获得中国名牌及广东省名牌、广东省高新技术企业称号，去年又获得“中国驰名商标”称号；天伦电器有限公司被评为“广东省高新技术企业”。盛发电器、天伦电器、威达斯电器等一批企业已经在同行中建立起巩固的市场，而且正在成长和壮大。

（三）支柱产业在困难中谋求发展。去年，陶瓷企业有部分企业开工不足，有三家陶瓷企业关闭。面对困难，村两委会、集团与企业一道采取积极措施应对，一是积极开拓海外市场，不断扩大产品出口量；二是调整产品结构，加大设备改造投入，三年来转制企业大约投资近两亿元进行技术改造；三是停产企业重新开投。到目前为止，停产企业技改后已全部投产而且效益可观，为日后发展起到了启动作用。目前，陶瓷企业产销两旺。以土地为中心的股份集团分红（含福利分红）三年人均增收1500元。

（四）民营企业发展战略初见成效。三年来，尽管遭遇多种困难，但民营企业仍然获得增产增收增效益增税收的良好成绩，产业承载和集聚能力得到有效增强，初步形成了良性互动的局面。

二、农村工作在规范管理中取得明显进步

三年来，我村切实做好了村务、财务的管理工作。对村委会和股份集团的收支均由理财小组月月审单，全面推行了村务财务公开、建设项目招投标公开，和由村民小组把关、参与质量验收工作制度，并引入了社会中介组织第三方管理村财务工作。我们及时有效地做好了暴雨灾害的救灾复产工作，最大限度挽回群众损失。

去年，为了方便群众办事，村投资三十多万元新设了罗南行政服务中心，实行一站式服务，大大地方便了群众，受到了上级和群众的好评。另外，我们还投资十多万元成立了罗南义务消防队。同时，加大了社会保障力度，老人退休金从每人每月170元提高到200元，每年发放13个月，对生活困难的群众和有困难的大学生以一定的补贴。村幼儿园转制后，村籍幼儿入托每人每年补贴1500元。

三、党的建设进一步加强

我村于2006年3月25日成立了佛山市第一个农村党委。党委成立后，全村共建立了五个支部。从此，党建工作有了进一步加强。

党委成立后，我们认真抓了非公有制企业的党建工作。首先在盛发电器厂成立了党支部，今年又在天伦电器厂成立了党支部。村党委十分重视和注重培养发展年青党员，三年来，每年平均发展党员3—10名，党的队伍不断壮大。

我们切实加强了党风廉政建设。在佛山市纪委和禅城区纪委的支持下，我村开办了廉政文化进农村活动。我村被佛山市纪委确定为廉政文化进农村的示范点。

四、推进政治文明和精神文明建设，加速各项事业发展

三年来，我村深入开展了爱国主义教育和公民道德教育，以及未成年人思想教育，倡导健康文明的生活方式，营造积极向上、奋发有为的风气。精神文明建设工作取得较大发展。

为了建设美丽家园，我村继陈家、高墩耗资几十万元铺设地下水管和用混凝土地面后，去年又投资20多万元建设了陈家公园，使龙庆片整片村民受益。由于成绩显著，我村被中央文明委授予“全国创建文明村镇先进单位”，今年南庄镇党委、政府又授予我村“环境现代化建设先进村委会”。作为鼓励，禅城区委宣传部专门拨出几万元专款给我村。

三年来，我村加强了体育设施建设，积极开展群众性体育活动。成功举办了中国乒超联赛和第四届大中学生运动会和小学的亲子活动。被国家体育局授予我村“全国群众体育先进单位”。

教育事业取得新成就，文化活动蓬勃开展。小学教学质量稳步提高，今年小学成绩名列镇小学前列，教研活动、竞赛取得丰硕成果，幼儿园保持了连续15年全镇第一称号，并于今年被评为省一级幼儿园。

做好社会综合治理和治安工作。去年，各村小组增加一名治安协管员，实行对治安队伍值班的监督。今年，村委会增加20多万元财政支出，抽调本村劳动力对各个路口晚落闸加强管理，确保了治安的好转。去年，我村治保会获南庄镇维稳办颁发的“2006年度综合工作一等奖”，并连续两次被区政府授予“先进治保会”称号。妇代会在连续几年评为市先进妇代会后，于2005年被省妇联授予“省先进妇代会”。2006年，妇代会工作又上了一层楼，先后获得佛山市妇联授予的“先进妇女组织”“佛山市妇联系统先进妇女组织”，镇妇联授予的“先进妇代会”和禅城区妇联授予“巾帼文明岗”等荣誉称号。我村还被评为“佛山市美德在农家示范点”以及“计划生育先进村”。

大力开展法制宣传教育，做好人民调解工作。去年，我村被中共佛山市委授予“佛山市依法治市工作先进单位”，被禅城区委、区政府授予“2001－2005年法制宣传教育先进单位”。我村联合工会被佛山市总工会评为“工会示范点”。共青团相继被佛山市团委、省团委、团中央评为“五四红旗团支部”。

几年来，我村圆满完成了征兵任务，切实做好了优抚安置工作。对于退伍军人继续入校读书的，每人每年补贴5000元。切实抓好了安全生产工作，经常组织责任人到企业检查，加强了安全生产教育，加快了体育和人口与计生事业的发展。

过去三年，我村虽然取得了一定成绩，但在经济社会发展中仍然存在一些矛盾和问题，主要是自主创新力量不足，经济增长方式有待转变，特别是股份集团的发展遇到瓶颈问题，部分转制企业技改力度不大，人才队伍招不进，产业发展集约水平不高，经济发展与环境的矛盾日益突出，部分民营企业安全问题未有搞好，存在安全隐患，陶瓷企业环保工作任务繁重。经济社会发展还存在体制机制障碍，村委会职能转变还未完全到位，社会主义新村镇建设还存在不少困难，社会不稳定因素仍需进一步化解，和谐罗南建设任重道远等等，对于这些问题，我们一定要保持清醒头脑，高度重视，采取有力措施，切实加以解决。

本届党委会对下届党委会工作的建议

未来三年是我村产业调整优二进三，加快发展、狠抓落实的三年，是建设富裕罗南、文化罗南、和谐罗南、生态罗南和向城市化进程能否取得成效关键的三年。未来三年，我们也有许多有利的因素，包括：一是随着南庄城市化进程的加快，我村经济社会正面临难得的机遇；二是我村目前已形成了较强的经济实力，具备加快发展、率先发展、协调发展的良好基础和内在动力，但也面临“不进则出局，小进则落伍”的严峻挑战。我们要站在新的历史起点上，认清形势，抓实机遇，乘势而进，推动经济社会良性发展、创新发展，把改革开放和建设社会主义新农村提高到一个新高度。

我们建议，未来三年我村发展的指导思想应是以邓小平理论和“三个代表”重要思想为指导，贯彻落实科学发展观，全面贯彻省委十次党代会和市区镇党代会精神，紧紧抓住“发展”与“和谐”这条主线，坚持发展第一要务，推动经济增长方式转变和产业结构优化升级，着力自主创新，走新型工业化道路，配合好镇委的优二进三战略部署。我们要实施教育兴村和人才强村战略，建设富裕罗南、文化罗南、生态罗南、和谐罗南。

我们建议，未来三年应达到的主要目标是，生产总值增长12%，农村股份分红年增长10%，单位生产总值能耗消耗比往年降4%。

为实现上述目标，新一届村党委应当把“农业增收，工业增效，村民增分，后劲增强”作为工作方针，并力求形成一套育队伍、抓改革、促发展和保稳定的工作体系。具体地说，要做好以下五个方面来工作。

一、加快产业结构优化、提升，坚持走新型工业化道路

——推动产业结构优化升级，全面提升工业发展水平。随着南庄城市化进程的推进，我村优化土地使用和物业改造升级非常紧迫。要确保村集体经济增收，村民分配年年增加，就要搞好统一规划，改造旧物业，把有限的土地市场化运作。为此，新一届党委要在镇党委和政府的支持下，做好总体规划的修编，坚持成熟一片改造一片的原则，有计划地进行物业改造。

——增强自主创新能力。我村企业的发展，关键是解决观念问题。观念不创新，有再多的资金和人才还是不行。因此，一定要把观念创新放在首位。重点是“三破三立”，即破除小富即安、不思进取的守业观，树立开拓进取，做强做大的创业观；破除拼投入、拼资源的粗放增长观，树立依靠自主创新，依靠人才资源的集约发展观；破除重引进、轻消化、重模仿、轻创新的技术依赖观，树立敢创自主技术、敢创自主品牌的技术创新观。同时，还要大力加强创新文化建设，在全村营造“鼓励创新”“激励成功”“善待挫折”“宽容失败”的文化氛围。要注重科技人才队伍建设，健全有利于科技创新和创业人才汇聚的机制。坚持依靠科技创新和自主创新，管理创新和体制创新，推动经济结构和经济增长方式的战略性调整，走内涵发展为主和自主创新的道路。

——投入资金改造、提升转制企业。转制企业要通过资金的投入，引进人才，整治企业环境，从而提高产品质量和市场的知名度，走出一条以市场为导向、以人才为根本、以产业技术为支撑、以环境为基础、以体制为保障的自主创新路子。重点是整治好石南大道两旁的陶瓷企业环境，以陶瓷企业产值为基数，提取不少于0.5%基金作为环境整治资金。

二、用“三化”解决“三农”问题

农业丰则基础强；农民富则国家盛；农村稳则社会安。农业仍然是国民经济中承受风险最大的弱质产业。农业虽然不是我村主要的经济成分，但我们仍有1000亩农田，解决好农民增收也是我们的责任。我们要引导农民利用我村水质较好的优势，养殖高值鱼，提高耕塘户的收入；规划隆庆村前村后700亩地为海峡两岸农业合作试验区，目标是建设成生态观光农业示范区，以增加股份集团的收入。

——进一步抓好农村各项工作。要按照生产发展、生活富裕、乡风文明、村容整洁、管理民主的要求，推进社会主义新村镇建设。大力推进“三个一工程”。一是确保每一个有就业愿望的劳动力都有一份工作；二是确保每一个罗南人都有一份医疗保障；三是确保每一个罗南人福利分红每年增分10%。让我村群众“劳有工作，小有所学，壮有所为，老有所养，病有所医，弱有所助，贫有所济”，努力实现无人不饱暖、无处不安康的社会环境。重点解决零就业家庭的就业问题，使低保户户有着落，人人有保障，并把它作为民生之本、公平之器、和谐之基、稳定之策来抓，让农民实现以依赖土地生存转到依赖就业和社会保障的跨越。我们要营造尊重有贡献的富人、关爱穷人的社会氛围，营造热心公益扶贫的人际关系。重点引导富裕阶层及成功人士，自觉关心社会，自愿回馈社会。努力做到富人、弱势群体的子女都同样得到应有的教育，初步营造公平、公正、机会均等的社会环境，促进人的全面发展和社会进步。

——提高土地利用价值。随着经济的发展，我村土地租用价格在全镇中偏低，由于土地租用地价偏低，股份集团的分红很难提高。今后，新开发区土地租用实行公开投标，确保地价每年递增5%。此外，要想办法开发投资少、收效快的产业，使股份集团增收、村民增分。

三、确保稳定，建设和谐罗南

稳定是发展和改革的前提。必须把握好改革措施出台的时机，把改革的力度、发展的速度和社会的可承受度统一起来。在社会稳定中推进改革发展，通过改革发展促进社会稳定。

——常思安民之策。要牢固树立执政为民的思想，要善待农民，以人为本，把群众利益放在首位。村委会的发展规划，必须以保护环境、保障发展、确保稳定为依据，计划的执行与环境资源要素的供给相协调，各项措施与人民生活的改善，社会事业的进步相适应。南庄镇委提出建设有南庄特色的城市化工程，南庄镇政府十三项工程正开始动工，按照镇的规划，我村是宜商宜居宜游的一方净土，因此我们要更加着力以集约开发利用土地的方式发展经济，通过优二进三和集约式建设提升我村城市化进程。

——常怀爱民之心。要经常研究分析新的社会矛盾，建立村内民主分析机制，使两委会在决策和实施过程中，能够针对不同类型的群体和对象，运用不同的方法加以解决。尤其要注意积极、妥善地化解经济发展过程中利益再分配可能导致的各种问题。

四、加强社会各项事业的建设，促进经济社会协调发展

——加强精神文明建设。进一步开展爱国守法、诚信知礼的现代公民教育活动。加强社会公德、职业道德和家庭美德教育。加强和改进未成年人思想道德教育。倡导科学文明健康的生活方式，树立现代社会文明风尚，以创文明村和文明户为契机，积极开展全方位的文明创建活动，推动全村文明诚信建设，建设学习型社会。

——推进民主法制建设。坚持向共产党员、村民代表报告工作和通报情况的制度，自觉接受党员和村民代表的监督，听取村民代表的意见和建议。发挥工会、共青团、妇联的人民团体桥梁纽带作用。以政务公开、财务公开、财务第三方管理规范化，推进两委会重大决策科学化和民主化，确保村民代表的知情权、参与权和监督权。

——努力营造和谐安宁环境。深入开展平安和谐村庄建设，加强对外来务工人员、流动人员，特别是出租屋的管理和服务。抓好治安队的思想建设，落实好岗位责任制。实行晚上落闸管理，发挥各路口电子眼的作用，发挥人防加技防的能力，切实保障人民群众生命财产安全。配合公安部门严厉打击各类违法犯罪活动。强化安全生产责任制，进一步加大安全事故的防范和处理力度，及时化解安全生产事故。抓好罗南专业消防队伍建设。

——不断改善人民群众生活，维护社会公平。加大帮扶力度，协助困难群众特别是因重病致贫户解决实际困难。进一步完善扶贫助学。从维护社会公平原则出发，及时有效化解有关矛盾。

——营造全村良好生态环境。以参评“国家首届生态村”和“全国绿色小康村”为契机，全面提升我村的生态居住环境，在绿化覆盖率、生态农业等方面加大工作力度，让村民真正享受“和谐人居环境”。

五、加强党委会自身建设，建设廉政、勤政、善政、高效党委会

首先要抓好党委成员的自身建设。党委成员要做到为民、务实、清廉。

加强对权力运行的制约和监督。在全村范围内创造公平、公正、公开、文明的依法办事的政务环境，真正把村民的根本利益实现好，维护好，发展好。

村党委要着力提高两委会善政的能力。加强两委会干部执政能力和执政道德建设，大力提高村干部促进科学发展，依法行政，驾驭复杂局面和协调利益关系的能力。

村党委要切实抓好党员队伍建设。要求我村全体共产党员在经济建设、社会建设中起先锋模范带头作用，做到五带头、五带领：带头勤奋学习，带领群众提高素质强本领；带头执行政策，带领群众遵纪守法保稳定；带头发展经济，带领群众共同致富奔小康；带头弘扬美德，带领群众树新风、讲文明；带头履行义务，带领群众完成任务作贡献。切实解决一些党员责任缺位、不到位和无所作为等问题，同时要抓好发展党员工作，特别注重把一些有政治觉悟、文化水平较高、致富能力较强、较年轻的优秀人才吸收到党的队伍中来，以提高我村党员队伍的整体素质和能力。

抓好村民代表和村民小组长队伍建设。我村的村民代表在我村三个文明建设中发挥了重要作用，是一支有头脑、会经营、群众信得过的生力军，也是确保社会稳定和发展的重要力量。应继续提高这支队伍的素质。

村民小组长和妇委是妥善化解社会矛盾的执行者，又是监督村委会和股份集团运作的监督机制，是村委会的得力助手，要充分发挥他们的作用。要求这支队伍发扬耳听八方、眼睛向下、做好小事成大事的作风，协助村委会做好各项工作。这支队伍同时是农村股份集团的领导班子成员，把他们的力量充分发挥出来，股份集团将发展得更好。

村委会各部门是村委会的组成部分，是两委会工作的执行机构。部门的每个人都是村委会的形象代表，他们的言行表现对村委会的整体形象影响很大。要求他们为了方便群众，应集中在村委会服务中心办公，实行面对面的为群众办实事。同时，要进一步提高部门工作效能，使村委会办事效率明显提高。

在罗南村党委换届选举会议上的讲话（二）

（2010 年 8 月 12 日）

今天我代表本届党委会向全体共产党员汇报三年来的工作情况。

三年来工作回顾

过去三年，在上级党委的正确领导下，在我村共产党员和村民代表的监督支持下，罗南村本届党委会始终坚持以邓小平理论和“三个代表”重要思想为指导，深入贯彻落实科学发展观，紧紧抓住发展这一要务，围绕上届党委会提出的各项奋斗目标，克服前所未有的困难，坚持不懈狠抓经济建设和文明建设，促进经济和社会各项事业全面发展。目前，本届党委会确定的各项目标已经实现，村委会订立的各项任务也基本完成。

本届党委会任期三年，三年来，我村先后被评为“全国首届生态村”“全国文明村”“全国依法治村示范村”“全国绿色小康村”。在经济极度困难的情况下，还清了银行的全部贷款。实行了压缩其他开支，保村民分配的政策，村民人均分红分配从 2007 年 4400 元到 2009 年 8056 元，三年增分 83%。中央及省市领导多次来我村视察，肯定了我们三个文明建设的成绩。这是上级领导对我们罗南的信任和支持，是在座各位党员的光荣，也是罗南人民的光荣。

本届党委会按照上届党委提出的发展方针，按照发展科学、环境优美、社会和谐、人民幸福的总体要求，建成了绿树成荫、鲜花盛开、村容整洁、充满希望的村庄，提出了一年开好局、三年大发展、十年大跨越的发展理念。切实消除了重经济发展、轻社会事业，重产业建设、轻民生改善的倾向。

一、坚定思想信念，不断强化宗旨意识

作为村党委，农村工作的基层组织，我们深感责任重大，使命光荣。深

信崇高的理想信念是推动事业发展，实现人生价值的力量源泉和精神支柱。因此，我们始终要求班子坚持以邓小平理论和“三个代表”重要思想为指导，始终坚持以科学发展观统揽工作全局，切实加强思想政治建设，努力提高党性修养。三年来，班子从理想信念这一灵魂的总开关入手，通过学党章、学理论、学榜样，努力升华自己的思想和觉悟，树立正确的世界观、人生观、价值观，自觉地把个人的理想融入到社会的共同理想之中，牢固树立大局观念，模范执行上级党委的决定、意见、措施，切实发挥先锋模范作用。通过实践共产党员先进性，实践科学发展观，实践最广大人民利益，在工作中身体力行，团结和带领罗南干部和村民，以积极主动的态度，只争朝夕的精神，为加快提升罗南综合竞争力发挥应有的作用。

二、注重学习，不断提升班子成员的素质和能力

我们党委班子成员一向注重理论学习和听取意见。在学习上，一是完善自身的知识结构，通过自修自学，参观学习，思考与讨论，通过社会法律文化等综合业务知识的学习，全面提升班子成员的理论素养、决策水平和工作能力。二是注重理论联系实际，坚持“学以增智，学以立德，学以致用”，注重谦虚谨慎，乐于听取不同意见，虚心接受党员村民代表的建议。注重深入群众，不论是处理产业转移，处置旧厂房、旧设备、撤销隆庆片区的自留地，以及龙湾大桥的建设和“三旧”改造项目等重大决策均主动深入工作第一线，收集资料和了解情况，面对面倾听群众的呼声和诉求，注重综合分析，在听取意见中，既坚持独立思考又抛开个人成见，兼听不偏信。

三、事非经过不知难，科学发展解困难

三年来，村党委根据区委和镇委的战略部署，围绕“科学发展与和谐构建”两大主题，紧紧抓住发展第一要务，落实稳定第一责任，着力推进城市进程，着力提升罗南综合竞争力，主要抓了以下工作：

（一）凝聚发展共识。我村由于产业调整，原来村集体的陶瓷企业要全部搬迁，每年要少收入 6000 万元。如果产业调整不好，对我村今后的村民分配、社会事业影响十分大。在镇党委的大力支持下，大力协助招商和依靠“三旧”改造的政策，来搞好产业转移。通过调查研究制定了发展共识，通过科学评估罗南发展的优劣势，破除阻碍罗南发展的一系列思维瓶颈，确立了罗南只有退二进三，才是今后发展的方向。我们分别召开了村民代表、党员会议，提出了我们发展的思路，特别是组织村民代表到成都、贵州和浙江参观学习，使党员和村民代表大开眼界。当时村党委提出了坚持优化结构不动摇、坚持项目带动不动摇、坚持环境再造不动摇的发展对策，带领全村干部群众坚定信心，知难而进。在制定战略的时候，社会上有三种思想的人。一种人希望你干好事，二种人看你有没有干错事，三种人想你干错事。我们深深地懂得“天下之忧在于民权，天下之惧在于民怨”，“是非审之于己，毁誉听之于人”。做一个村的领导，老想自己历史上留点什么，别人怎样评价自己，就会妨碍你作出正确决策，该触及的矛盾就不敢触及了，我们不希望做这样的领导。要对历史负责，对罗南人民负责。如果我们不作为，迟作为，乱作为，总账都记在我们的头上。作为我自己，为了平衡矛盾心理，在笔记本上写下了五句七字诗：大事难事看担当，逆境顺境看胸襟，是喜是怒看涵养，有舍有得看智慧，是成是败看坚持。

（二）明晰发展战略。根据我村的发展实际，明确了充分利用好“三旧”改造政策，提出了选好合作伙伴，在充分选资上确立了海盛东方投资有限公司为合作伙伴，建设400亩的海盛东方城和海盛国际环保城，以及南庄大道南的500亩房产地，合作开发房产项目，把龙庆村前村后建成海峡两岸农业合作试验区。

通过项目的引领和发展，用三句话高度概括就是：罗南的发展找到了一条新路子，罗南的社会地位得到了提高，干部群众得到了实惠。

（三）高度关注民生，圆满完成了股份改革。维稳、信访工作得力，在经济转型的不稳定大局中能稳定和谐。视频监控织下安全网，多年以来，我们采用人防加技防双重保险的防范手段，弥补了人力巡逻的不足，2009年，我们辖区的刑事立案数大幅下降了21%多。村级卫生站方便全体村民，老有养、病有医，紧推“新农保”，继续扶持合作医疗。我村已完成了60岁以上老人的登记工作。经济发展惠及弱势群体，成立了慈善基金，每逢大节日，都对困难群众和孤寡老人进行慰问，使他们感受到集体的温暖。随着时代的发展，原来的股份分红制已显出不合理性，上月底，我们成功完成了股份改革。

（四）提升执行能力。引导干部树立勇于开拓、敢于负责、善于管理的主人翁精神，形成了讲一件、做一件、成一件的工作氛围，对于全村的重点工作有安排、有检查、有落实，使各项工作得到重视，较快推进较好落实。

四、加强和谐建设

一直以来，村党委使群众表达诉求的渠道保持畅通，集中整治社会治安突出问题，社会大事体现民主集中，不断发扬党内民主。凡属全局性的问题，凡属重大问题的处理，均要要求提交两委会讨论，并分别召开党员、村民代表大会表决，促进决策民主化、科学化。在决策过程中，高度发扬民主，充分体现人人平等的原则，较好地体现了民主基础上的集中和集中指导下的民主相结合的原则，在工作生活上自觉接受干部和村民的监督。鼓励班子成员之间互相沟通，互相信任，互相谅解，互相支持，形成了团结协作的良好氛围。

五、保持廉洁自律，不断加强廉政建设

村党委清楚地认识到廉政建设、干部作风关乎我村未来事业成败。因此，把加强党风廉政建设长期摆在重要位置，贯彻于各项工作始终。一是严于律己，时刻注意自己的形象，严格执行各项规章制度，做到自重自省自警自励，以身作则做好表率；二是突出重点，对项目投标、重大资金使用都要经村资产处理小组严格把关，按规章制度做好。

回顾三年的工作，深感成绩来自于镇委的支持和罗南干部群众的共同努力，在此，我代表村党委衷心感谢镇委镇政府的正确领导，感谢在座的党员们的不懈努力，感谢各有关部门的大力支持和帮助。朝着罗南人开拓的路子走去，罗南村将是一个“宜商、宜居、宜游”的社会主义新农村。明天的蓝图需要我们同心谋划，我们相信凭着罗南人高瞻远瞩的视野和睿智的头脑，我们的发展前景将是无可限量。

审视三年的工作，我们深知发展任重道远，清醒地认识到必须加快解决存在的问题和不足。自身与加强执政能力建设的要求相比，与党和人民群众的要求相比，还存在很大的差距。深入农村调研时间不够，理论素养和政策水平仍有待提高，引领罗南创新发展的思维和办法不够多。村民就业未有充分解决。社会不稳定因素尚未彻底消除，平安和谐建设任务依然比较繁重。部分民企存在安全隐患，农村管理面临诸多新课题。干部群众思想观念未全面解放，干部队伍的潜能还未得到充分发挥，实现新一轮跨越式发展面临的困难仍然比较多，等等。

本届党委会对下届党委会工作的建议

全体党员，未来三年是我村产业调整继续退二进三，加快发展、狠抓落实的三年，是建设富裕罗南、文化罗南、和谐罗南、生态罗南和向城市化进程取得成效关键的三年。随着南庄城市化进程的加快，我村经济社会面临难得的机遇。从我村来看，目前已形成较强的经济实力，具备加快发展、率先发展、协调发展的良好基础和内在动力，但也面临“不进则出局，小进则落伍”的严峻挑战，以及经济社会发展的一些深层次矛盾和问题。因此，我们要站在新的历史起点上，认清形势，抓实机遇，乘势而为，推动经济社会良性发展，创新发展，把改革开放和建设社会主义新农村提高到一个新高度。

未来三年的指导思想是，以邓小平理论和“三个代表”重要思想为指导，贯彻落实科学发展观，紧紧抓住“发展”与“和谐”这条主线，坚持发展第一要务，推动经济增长方式转变和产业结构优化升级，着力自主创新，配合好镇委的优二进三战略部署。我们将实施教育兴村和人才强村战略，建设富裕罗南、文化罗南、生态罗南、和谐罗南，加强民主法制建设，建设文明法治社会。

未来三年主要目标是生产总值增长 12%，农村股份分红年增长 10% 以上，力争三年分红翻一番。

为实现上述目标，建议新一届村党委把“农业增收，三产增效，村民增分，后劲增强”作为工作方针，并力求形成一套育队伍、抓改革、促发展和保稳定的工作体系。具体地说：

一、全面推进城市化进程，配合好镇政府把我村建设成为南庄新的中心城区

要按照南庄中心城区的规划，以镇中心城区为发展方向，进一步优化城市规划和功能布局，协助镇政府的收地方案，以“三旧”改造和统筹城乡发展为抓手，协调解决好政府征地和留用地的合理安排，着力推动大项目和基础设施项目的规划建设，加快优化城市形态，努力把罗南建设成为高品位的商业商务区、高品质的生活居住区，以及外村租地的高端产业聚集区，加快罗南退二进三的城市格局。

今后几年，要重点推进南庄大道 1.7 公里商业黄金大道，以海盛东方城为抓手，和两个房地产项目的配合，依托中心城区和道路交通的优势，突出发展现代服务业，大力发展生产性服务业，科技服务业，即海盛东方城。利用海盛东方国际环保城的定位建设，引进信息咨询商贸流通和高级写字楼的建设，以及大型的商业五星级酒店的建设，形成休闲购物娱乐集聚区和高端房地产项目，使我村成为周边高素质人群投资创业、安居置业、休闲消费的“首选之区”。

加快推进“三旧”改造。进一步推进土地节约集约用地，利用“三旧”改造政策措施，加快推进隆庆工业区、高墩工业区的“三旧”改造项目建设，拓展发展空间，提升城市化进程的形象。今后，民营工业区不准扩建和改建厂房。

协助政府推进基础设施建设。支持和协助好龙湾大桥建设和引桥的拆迁征地工作，配合推进隆庆大道扩建工程。配合好镇政府规划的路网和开涌工作，加快基础设施建设。

二、以大项目为抓手，推动建设和谐罗南上台阶

大项目擦亮罗南名片，是推动发展经济的发动机，锻炼干部的主战场。没有几个重大项目的推动和落实，没有持续一段时间的建设和发展，罗南难以完成形态转变、价值提升、财富积累的过程。因此，不论任何时候，都坚持项目引领不动摇，一步一个脚印地推动精品罗南建设。当前，更加要以扎实推进已立项已开工项目落实为抓手。

党委会对项目落实应有勇于担当的姿态，把推进项目落实作为“主人翁”的“分内事”，聚合力量，调动资源，像谋划自己的事情那样，千方百计让项目落到实处。有主动协调的气魄，以“双方共赢”理念调处关系，平衡利益，尽可能争取各方支持，减少项目推进的阻力。有突破障碍的决心，把精力放在解决项目推进过程中的重点难点问题上，切实为各大项目扎实推进扫清道路。

当前，要抓紧时间完善好海盛东方城内，罗格和部分私人属地与国有用地的置换手续，实行统一规划、统一报建。与新明珠合作的房地产项目的用地手续，省政府已正式批准，争取 9 月底前完成挂牌交易。其方案设计稿已由澳洲柏涛公司二稿修正，争取年底前动工兴建。与龙光地产的合作项目正在办理中，先办理第一期的国有用地手续，也争取在 10 月底挂牌交易。

大力发展都市型生态农业，与台湾地区密切合作，把罗南生态园建成一个以水资源、田园风光、观光旅游、餐饮娱乐、休闲度假、农业教育为一体的生态农业园，营造禅城特色的农村风情文化。

要高标准规划龙庆新市场，建设成为集饮食、购物、银行为一体的商业街特色的新市场。

稳定是发展和改革的前提，在社会稳定中推进改革发展，通过改革发展促进社会稳定，努力营造和谐稳定的社会环境。

党委会要每月集中村小组长汇报各村民小组及村民的意见，研究分析新的社会矛盾，建立村内民主分析机制，畅通渠道，从而使两委会在决策措施执行过程中，可以针对不同类型的群体和对象运用不同的方法加以解决，积极化解经济发展过程中利益再分配可能导致的各种矛盾。

三、抓好民营企业家的素质提高，建设好民营企业家的队伍建设

民营企业的发展关键是人。人是最宝贵的财富，就我村而言，为什么我们一大部分老板没有登上企业家的位子呢？主要是我们的企业老板的心态。什么是企业家精神呢？企业家要学会做人做事。首先就是要学会做人，才会做事。企业家还要有社会责任感，为国家创税收，为员工创福利，为企业创红利，要善待员工，要回馈社会。感恩，是中华民族的优良传统，也是一个真正人的起码品德。作为改革开放的最大受益者，回首过去 30 年，站在今天的新起点上，民营企业家们更需胸怀感恩之心，增强感恩意识，为构建和谐社会承担社会责任。

时至今日，很多民营企业家都从自己奋斗成功的历程中深刻体会到，没有党的改革开放政策，就不可能有自己的成功，并逐步形成了“致富思源、富而思进，感恩时代、倾情回报社会”的感恩理念。但也有一小部分民营企业家将自己取得的成就视为理所当然，看作纯粹是自己的努力加运气的结果。

其实，民营企业家必须懂得一个道理：没有党的改革开放好政策，就不会有非公有制经济，更不会有自己的今天！我们每一位民营企业家都应心存这样的感恩之心，因为个人的命运永远是与国家民族的命运息息相关的。父辈们之所以艰苦奋斗一辈子，也没过上像今天这样的好日子，并不是他们不聪明，不勤劳，而是没有赶上伟大变革的好时代。

致富思源、富而思进。民营企业家必须清醒地意识到自己所肩负的历史使命、所应承担的社会责任，以极大的热情投入到社会慈善事业，社会公益事业，并在回报社会的实践中学会感恩。

容万物，成久远。要办成一流的企业、百年老店，民营企业家拥有感恩的意念非常重要。感恩党，企业方有努力的方向；感恩员工，企业方成其兴旺。因此，只有懂得感恩，常怀感恩之心的企业家，才更有希望将自己的企业越做越大，越做越好。

党委会要指派得力干部，抓好民企协会工作，要定期组织民企协会成员交心通气，组织外出参观。按目前的情况，要重新把近几年涌现出的企业家邀请参加民企协会，通过参观学习提高素质，重塑罗南企业家的风貌。

四、优化载体功能，努力建设五星级罗南

发展精品经济，必须脚踏实地经营我村环境，改善载体功能，通过量变达成质变，逐步建设五星级罗南。

打造宜商宜居宜游农村，优化功能环境。环境是综合竞争力的重要组成元素，只有不断创优环境，才能成为生活乐地和创业佳地。要让生态更加美好，以我村国家级生态村建设为契机，突出抓好绿化管理和环境治理、绿化净化等关键环节，打造“蓝天白云、碧水绿地、鸟语花香”的良好生态。强化村内交通管理，利用综合管理工作站的平台，完善好停车场的管理规划，营造畅通安全的出行环境，要让我村更加靓丽。以增添魅力，彰显特色，打造亮点为基础，精细管理好农村，让居者悦，远者慕，访者敬。

同时，完善好土地股份集团公司的管理方案，要把土地租赁合同重新整理好，对超期不交土地租金的要交纳滞纳金。从现在开始，租用土地要先交租金后使用。今年土地租金仍在去年租金的基础上加5%，要实现股份集团的增收，一定要在土地上做文章。共产党员思想一定要大解放，要逐步放开土地使用权，才能让我村的土地升值，达到村民增分的目的。

五、全面推动文化建设，进一步提升罗南形象

文化是一个民族的根基，一个民族的灵魂，是推进城市化的软实力，是凝聚村民群体的黏合剂，希望的田野上有了文化的滋润才能更加欣欣向荣，勤劳的人民接受文化的熏陶才能生活得更加幸福美好。文化具有“弘扬正气、凝聚人心、净化心灵、陶冶性情、增长知识、提高素质、纾缓压力、娱乐身心、沟通感情、增进融汇”等多种功能，文化在人际社会的和谐共进中有着重要的地位和作用。

文化建设决定着一个地区未来发展的高度。注重弘扬地方传统文化，塑造现代文化，加强文化与农业生态园的融合，把我村建设成为一个魅力无穷、活力无限的岭南文化之村。打造好隆庆历史文化的名片，赋予隆庆历史文物文化遗产新的生命，让它们重现辉煌，体现价值，实现更加有效的保护。利用我村优越的水资源，打造岭南特色亲水生态和休闲服务，活化“水文化”“水经济”，开展喜闻乐见的群众文化活动，以文化魅力提升罗南的软实力。同时，要集聚各方力量把罗南村报办得更好。

六、以精细化为目标，提升管理水平

一个村给人的印象好坏很大程度上取决于管理的精细化程度。村容整洁，环境优美，治安稳定，交通畅顺，服务高效，各项工作有条不紊。到处体现人性关怀，才能让人安居乐业，流连忘返。我们必须以全方位的精细化管理为抓手，把重视细节、追求极致、着眼长效的精神，贯穿到农村管理、行政管理和日常工作的每一个环节，提升每项工作的效率和质量。

精细管理是一项长期工作，系统工程，不可能一蹴而就，必须抓好基础性工作，脚踏实地地稳步推进，理清权责关系，将目标任务分解到每一个管理环节，做到事事有人管，事事专人管，消除职责不清、相互扯皮现象。建立工作规范，使各项工作有目标可追，有程序可循，有标准可依，有指标可衡，有责任可究。让每一个干部和村的工作人员明白该做什么，该如何做，减少工作的随意性，加强协调与沟通，提高反应速度和整体效率。

七、加强党委会自身建设，建设廉政、勤政、善政、高效党委会

首先要抓好党委成员的自身建设。建设政治坚定的领导班子，建设干事创业的领导班子，建设团结协调的领导班子，建设敢于负责、能驾驭大局的领导班子，建设群众拥护的领导班子。党委成员要做到为民、务实、清廉。加强对权力运行的制约和监督。树立勤政为民作风，确立管理就是服务的思想，在全村范围内创造公平、公正、公开、文明的依法办事的政务环境。坚持全心全意为人民服务的宗旨，做到忠于职守，认真履职，勤政为民，真正把广大人民群众的根本利益实现好，维护好，发展好。

其次要切实抓好党员队伍的建设。党要管党，党员队伍的建设关系到执政党在群众中的威信的重要问题。要求我们全体共产党员在经济建设、社会建设中起先锋模范带头作用，切实解决一些党员责任缺位不到位和无所作为等问题。同时，切实抓好发展党员工作，特别注重把一些文化水平高、致富能力强、较年轻的优秀人才吸收到党员队伍中，以提高我村党员队伍的整体素质和干事能力，使其真正发挥战斗堡垒作用。

全体共产党员：罗南正处于经济转型、社会转轨的关键时期，困难和挑战考验着我们，责任和使命激励着我们，让我们在镇党委和镇政府的正确领导下，团结和依靠全村人民，迎难而上，奋力拼搏，为罗南发展的新辉煌而努力奋斗。

加强农村党建工作，促进社会和谐

——在南庄镇委加强农村建党工作会议上的讲话

（2011 年 9 月）

区党委提出了“加快转型升级，建设幸福禅城”的目标，我村应当如何落实？我认为，关键在于加强农村党组织的建设。在市场经济条件下，特别是产业转型的关键时期，农村党组织的建设和党员创先争优尤为重要，而且显得十分迫切。

近几个月来，我到一些村进行调研。发觉部分村选举换届后，村党组织和村委会不协调，甚至有对抗情绪，这对农村集体经济的发展和社会稳定都会带来严重的影响。比如堤田村，党支委会和村委会各有一套人马，互相不协调，根本没有坐下来一起开会研究工作，甚至严重到党支部召开党员会议买矿泉水的支出村委会主任却不准报销。该村村委成员大声讲，我们是代表群众来做事的，等等。由于领导层形成两派力量，结果经济发展不起来，什么事情也办不成，党的各项方针政策得不到落实，群众对此意见很大，党在农村的威信受到了削弱。而我所调查的另一些村，由于党支委会和村委会是两套班子一套人马，他们人心齐，党群组织都一心为集体出言献策，对村的管理意见也少，集体经济有较大的发展。

通过调查研究，我发现了一个很重要的问题。“什么是幸福”？我认为社会公平就是“最大的幸福”。要社会公平、正义，就要加强党组织建设，选好党组织的领导班子，特别是要选出好书记。对党组织领导班子的挑选要严格把关，要选出廉洁自律、干净办事的带头人，能贯彻民主集中制，促进团结和谐的带头人，公道正派、任人唯贤的带头人，为村民踏实干事的带头人。这样的带头人，对村事务才能挺起腰杆，敢抓敢管，才能使全村正气上扬。对此，希望区委有足够的重视。

建设社会主义新农村的终极目标是让农民幸福。“穷生乱，富生安。”贫穷建不成和谐幸福社会，贫富差距过大也建不成和谐幸福社会。“三农”问题实质上是农民幸福问题，是农民增收问题，是农民共同富裕问题。悠悠万事，人民幸福为大。为政之要在于幸福人民，带民共富为本。要农民幸福，经济是基础，发展是关键。有了经济发展，有了经济实力才能更好地增加“农民幸福的经济资本”，“农民幸福的政治资本”，“农民幸福的文化资本”。否则为民创造幸福，只是一句空话。

建设幸福禅城，除了经济发展外，关键是要加强和创新社会管理。农村的社会管理尤其重要。目前，我国正处于急剧的社会转型期，各种社会矛盾尖锐、复杂，成就与问题并存，进步与倒退并存，机会与困难并存，社会稳定面临着严峻挑战。那么多的事情靠谁来做呢？还是靠基层党组织，靠加强农村党的领导。如果农村党的基层组织不是坚强的战斗堡垒，那社会稳定、社会和谐就一定出问题。只有建设好农村基层党组织这些堡垒，充分发挥农村党员的先锋模范作用，才能最大限度地激发农村活力，最大限度地增加和谐因素和减少不和谐因素。我们应当抓住影响社会和谐稳定突出问题的解决作为突破口，提高社会管理科学化水平，建设一个民主文明公正和谐的法治社会。

通过到部分村的调研，我深深感受到“天下之忧在于民权”，“天下之惧在于民怒”。在社会急速转型期，党在农村的领导工作十分艰巨，基层党组织在基层社会管理中担负着领导责任。要理清思路，带领群众致富；要真心实意服务群众，多为老百姓办实事；要妥善化解矛盾纠纷，维护群众合法权益；要加强群众团体和自治组织的领导和协调。基层党组织负责人要深刻理解加强和创新社会管理的核心是坚持以人为本、执政为民，坚持理论与实际相结合，把我们党为人民服务的根本宗旨落到实处。

为了确保农村和谐稳定，我认为：

一是要求区委对农村两委加强领导，选好题目加强培训，通过学习，使两委干部以正确的世界观立身，以正确的权力观用权，以正确的事业观干事，以正确的群众观做人。我们的农村已折腾不起，已耽误不得。两委班子应深刻认识到使命的光荣，责任的重大，绝不能让村民失望，倍感压力并清醒地意识到担子很重，任重道远。

二是为了维护农村稳定，区委应更关心、关怀各村党组织书记的工作，包括政治上的关心，工作上的支持，应组织他们到先进地区、单位参观学习，提高他们做好工作的责任感和使命感。我认为，一个农村基层的书记，应当既会说又会做。会说就是善于宣传党的理论路线方针政策，善于发动团结党员和群众做宣传家。会做就是要有干实事、干成事的本领和行为。会说和会做相互联系、相辅相成。会说才能充分调动党员和群众干事创业的积极性、创造性，会做才能有效破解难题，化解矛盾，促进发展。

三是抓好农村的文化建设。区委区政府要关心和支持农村的文化建设。从农民过渡到城市人靠什么呢？靠的是文化。文化具有弘扬正气、凝聚人心、净化心灵、陶冶性情、增长知识、提高素质、纾缓压力、娱乐身心、沟通感情、增进融汇等多种功能，文化在人际社会的和谐共进中有着重要的地位和作用。

四是区委要组织机关各部门到农村挂点抓好党建工作，尤其是要到后进村抓好党建工作。与此同时，还需抓好民营企业的党建工作。真正抓好党建就能促进社会和谐，就能推动农村经济的大发展，就能让农民收入倍增的计划落到实处，就能确保幸福禅城的目标早日实现。

抓好农村党建工作的体会

（2012 年 2 月 17 日）

罗南村有 3900 人，9 个自然村，党员 163 人，党员平均年龄 44 岁，65% 是高中以上文化，25% 是大专以上文化。20 年来，我们一手抓党建工作，一手抓经济发展，使村的面貌发生了根本性的转变，被评为全国先进基层党组织。在党员的带动下，我村先后获“全国创建精神文明先进村镇”“全国文明村”“全国首届生态村”“全国民主法治村”“全国绿色小康村”“全国体育先进集体”等光荣称号。这些成绩都是我村党组织长期以来抓好党建工作，充分发挥党员先锋模范作用，从而调动了群众的积极性而取得的。我们有一个相对稳定的领导班子，在过去五届党委换届选举中，原来的党委成员都得到了群众的拥护和支持，因为群众看到了党组织是为村民办实事谋发展的。很多青年都要求参加党组织，我村党员从 20 世纪 90 年代只有 40 名发展到今天已 163 名，从而使我村党组织在党员的年龄结构、文化程度、党员素质等方面都有了极大的改善。目前，我村党员在各条战线上充分发挥着先锋模范作用，为我村的经济发展、社会和谐稳定发挥了积极的作用。

健全党员三会一课制度，提高党员素质，以及建立以村民小组为单位的党支部或党小组是抓好党建工作的着眼点。多年来，我们健全了三会一课制度，党员每月都有集中学习。对村内重大问题的认识和处理，采取先党内后党外的原则。提高党员的知情权和责任心。在学习中，能够做到理论联系实际，及时让党员了解上级党委的精神。

充分发挥党员先锋模范作用，促进双转移工作顺利完成。2007 年，省委、市委提出产业转移和产业提升。我村有 12 间陶瓷厂，如果一下子全部关闭转移，每年的收入损失将达 6000 万元。光是陶瓷厂的转移，花在固定资产损失上就近 8 亿元。同时，村民就业问题、社保问题、年终分红问题等都是将面临困境。群众当时意见很大。但由于我村是“老先进”，上级政府要求我们带头转移。我们村党委通过认真讨论，决定响应上级党委的号召，做好产业转移的工作。党组织多次召开党员大会、村民代表大会和企业座谈会，宣传产业转移和产业提升的战略意义，表明党组织的决心，希望党员和村民代表理解党组织的意图，支持我们的工作。我们两委会向党员、群众指出，“只要思想不滑坡，办法总比困难多”，并向党员和村民代表对问题作出具体的分析和预测，提出产业转移后，三年确保村民每年增分 10% 以上的理据。我村产业转移后的结果证明，我们的分析和预测是靠谱的。三年村民集体分红增了 84% 。我村 2007 年集体分红人均不足 5000 元，2011 年已增长到 12000 多元。去年，我们又向党员及村民承诺，确保今后三年人均分红超两万。

抓好党组织领导班子廉政建设和制度建设是建设和谐社会的重要保证。制度建设是十分重要的。要做到干部清白、群众明白，就要在村民代表和党员中选出“集体资产管理小组”和“理财小组”，负责对集体资产发包租赁、拍卖、出售、出让或转让作出决策。在决策前，先把方案公示，听取群众意见。在决策过程中，坚持对方案以一事一谈、一人一票作表决。决策后，再向群众公示。还规定：对金额 10 万元以上的集体建设项目要到镇交易平台；10 万元以下的由资产管理小组主持招标，全程由村民小组长参加见证，确保交易公平；村委会和集团公司的收支由村民理财小组逐单审批盖章方能入账；村里的重大建设项目要经党员、村民代表大会讨论表决后才能动工。我们认为，两委领导班子在廉政建设中一定要起带头作用，否则就不可能得到群众的信任和拥护。

党组织要加强自身建设，努力提高党员素质。我们深深感到，在当前加强和创新社会管理的新形势下，加强学习是十分迫切的。党组织领导班子要多读书，特别是有关法律法规方面的书籍，做到全民普法，依法行政。同时，还要做到五个带头：一是带头推动科学发展；二是带头贯彻执行各级党委政府的政策要求；三是带头维护社会和谐稳定；四是带头加强基层组织建设；五是带头走正道保廉洁。党委书记、支部书记要做好政治引导推动发展；服务群众，凝聚人心；维护稳定，促进和谐等方面的工作。对党员的要求是，思想认识要高于群众；道德修养要高于群众；业务技能要高于群众；工作业绩要高于群众。我们深深地懂得，抓好村级党组织建设，充分发挥党员先锋模范作用是建设社会主义新农村的基石。通过创先争优强村、转型发展富民活动，深入开展创先争优活动与基层村党组织推进科学发展的有效结合，审时度势与因地制宜的有效结合，对促进经济发展、维护稳定，村民致富等方面能发挥着重大作用。

在罗南村党委换届选举会议上的讲话

（2013 年 8 月 10 日）

三年工作回顾

过去三年，我们在上级党委的正确领导下，在全体共产党员和村民代表的监督支持下，深入贯彻落实科学发展观，紧紧抓住发展这一要务，克服了前所未有的困难，取得了一定的成绩。村党委被佛山市和禅城区评为“先进基层党组织”。

三年来，尽管经济极度困难，但我们还清了银行的全部贷款，通过压缩开支保障了村民的分配。村民分配从 2009 年人均分红 8056 元，到 2012 年人均 15788 元，三年增分 50%。

一、村党委自身建设情况

三年来，我们切实努力改变了过去重经济发展、轻社会事业，重产业建设、轻民生改善的倾向。本届党委会可以说是做到了对上尽职尽责不失本分，对下尽心尽力不失真诚，对人尽情尽理不失原则，对己尽严尽廉不失节操，赢得了群众口碑。

（一）坚定思想信念，不断强化宗旨意识

作为农村基层组织的村党委，要取得事业上的成功，必须有坚定的思想信念，否则就难以完成村民的重托。三年来，我们面对的困难确实很多，能够继续前进，靠的是正确的思想信念。崇高的理想信念是推动事业发展、实现人生价值的力量源泉和精神支柱。三年来，我们班子成员坚持以科学发展观统揽全局，切实加强思想政治建设，努力提高党性修养，从理想信念这一灵魂的总开关入手，通过学党章、学理论、学榜样，努力提高自己的思想觉悟，树立正确的世界观、人生观、价值观，自觉地把个人的理想融入到社会的共同理想之中。牢固树立大局观念，模范执行上级党委的决定、意见、措施，切实发挥先锋模范作用。通过实践共产党员先进性，实践科学发展观，实践最广大人民利益，在工作中身体力行，团结和带领罗南干部和村民，以积极主动的态度和只争朝夕的精神，为加快提升罗南综合竞争力做出了应有的贡献。

（二）注重学习，不断提升班子成员的素质和能力

我们党委班子成员一向注重理论学习。通过学习，丰富了自身的知识结构，提升了自身的理论素养、决策水平和工作能力。我们班子的学习非常注重理论联系实际，坚持“学以增智，学以立德，学以致用”。在学习讨论中，乐于听取不同意见，做到既坚持独立思考又抛开个人成见。

（三）推进民主、和谐建设

一直以来，村党委让群众表达诉求的渠道是畅通的。凡属全局性问题的处理，都分别召开党员、村民代表大会讨论和表决，较好地体现了在民主基础上的集中和集中指导下的民主相结合的原则。在工作、生活上，村党委成员自觉地接受干部和村民的监督。在班子成员之间，能够做到互相沟通，互相信任，互相谅解，互相支持，形成了团结协作的良好氛围。

（四）保持廉洁自律，不断加强廉政建设

村党委清楚地认识到廉政建设、干部作风建设是事关我村未来事业成败的根本。因此，长期以来，始终把加强党风廉政建设摆在重要位置上。要求班子成员一要严于律己，时刻注意自己的形象，以身作则，严格执行各项规章制度，做到自重自省自警自励；二是突出重点，坚持对项目投标、重大资金使用都要经村资产处理小组严格把关的制度办事。

以上是村党委自身建设的情况。

二、三年来，村党委具体抓了哪些工作

1. 圆满完成了镇政府对我村全征地的落实工作。

2. 在镇委、镇政府的大力支持和帮助下，完成了罗南入村道路和绿化提升工程。

3. 完成了上沙和东兴的迁坟工作。

4. 二次合作医疗成效显著，村民就医更加便利。群众在南庄医院门诊看病只交 4 元挂号费就能看上病。

5. 全面推动农用地招商制度，使农用地的价值得到提升，亩产值增 120%。此外，生态环境也得到了改善。

6. 做好了社会管理的有关工作。我们更加着力于完善农村公共配套，不断优化农村功能，提升农村品位，农村活力全面增强。

几年来，罗南农村面貌发生了很大变化，表现在：

农村设施更加完善。为了确保各村垃圾能每天清运完毕，我们把原来各村的垃圾池全面改成垃圾桶，原来用拖拉机运垃圾改为用标准垃圾车装运垃圾，使环境得到改善。按上级部门文件精神，经两委会研究决定，2012 年 10 月，村委会收回以前承包经营的幼儿园，并投入 150 万元对幼儿园重新进行了装修。这一举措，受到禅城区教育局的高度赞扬。

农村内涵更加丰富。为创建幸福罗南，不少民营企业家慷慨解囊。如嘉村人少，却筹资 160 多万元兴建了聚义堂；龙庆片区四村村民自发筹资 100 多万元重新扩建观音庙，使观音文化在罗南得到发展；罗家的烟花晚会、东兴村的迎元旦贺新春晚会、下沙村正月十五晚会、龙新陈家龙舟激情赛、“三八”妇女文艺汇演等活动，都为农村文化活动增添了新的内涵。通过活动促进了各村村民的沟通，特别是龙新村通过观音文化的带动，解决了部分村民不团结的问题。村委会还邀请佛山书法家到罗南举办了挥毫活动，为群众免费写春联。

生态环境更加优美。在镇政府的大力支持下，完成了我村全部内涌的清淤工作，现时，我村内涌的水更清了，环境更美了。我们还新建了龙新市场、新的公共厕所，各自然村的公厕已基本完成改造，成功创建了省级 A 级卫生村。

社会环境更加安定。村应急机制不断健全，突发事件处理能力全面提升。妥善处置了劳资纠纷。落实一岗双责安全生产责任制，安全管理基础不断夯实。进一步完善了治安防控网络，各村都安装了防盗闸，去年治安案件比 2010 年下降了 60%，群众安全感明显增强。

回顾三年来的工作，我们深感成绩来自于镇委的正确领导和支持，也与罗南党员、干部、群众的共同努力，和有关部门的大力支持帮助分不开。在肯定成绩的同时，我们要清醒地认识到，本届党委还存在着很多问题未有解决。主要是：海盛东方城投资公司资金不足拖慢了工程，同时也反映出我们监管不力，严重影响了罗南村的声誉；东兴村迁坟时间拖长了，影响了房地产发展；部分党员长期不参加会议，反映出我们党员教育工作不够深入细致；环境治理和杂物占用主干道的管理措施尚未实施，等等。

本届党委会对下届党委会工作的建议

未来三年是我村产业调整、科学施政、创新发展，实现新跨越的重要三年，是建设富裕罗南、文化罗南、和谐罗南、生态罗南和向城市化进程取得成效关键的三年。随着南庄城市化进程的加快，我村经济社会面临难得的发展机遇。目前，我村已形成较强的经济实力，具备加快发展、率先发展、协调发展中的良好基础和内在动力，但也面临“不进则出局，小进则落伍”的严峻挑战。因此，我们要站在新的历史起点上，认清形势，抓实机遇，切实解决好经济社会发展中的一些深层次矛盾和问题，乘势而进，推动经济社会良性发展，创新发展，把改革开放和建设社会主义新农村推进到一个新高度。

我们要以科学发展观为指导，紧紧抓住“发展”与“和谐”这条主线，着力推动经济增长方式转变和产业结构优化升级，解放思想，勇于自主创新，配合镇委的战略部署，实施教育兴村和人才强村战略，建设富裕罗南、文化罗南、生态罗南、和谐罗南，加强民主法制建设，建设文明法治农村。

未来三年我村人均分红年增10%（不含地产分红）。

为实现上述目标，我们建议，新一届村党委应把“土地增值，三产增效，村民增分，后劲增强”作为工作方针，并力求形成一套育队伍，抓改革，促发展和保稳定的工作体系。具体工作是：

一、以大项目为抓手，增强发展原动力

大项目能擦亮罗南名片，是我村发展经济的发动机，也是锻炼干部的主战场。没有几个重大项目的推动和落实，没有持续一段时间的建设和发展，罗南难以完成形态转变、价值提升和财富的积累。因此，不论任何时候，都应坚持项目引领不动摇，一步一个脚印地推动精品罗南建设。当前，更要扎扎实实地推进已立项和已开工的项目。

党委会对项目落实应勇于担当，把推进项目落实视为“分内事”，协调关系，聚合力量，调动资源，千方百计让项目落到实处。项目落实以后，则把精力放在解决项目推进过程中的重点和难点问题上，切实为各大项目扎实推进扫清道路。

产业发展有质量才有未来。我们要打造更具竞争力的发展平台和产业体系，努力提升经济发展内涵，生产出高质量产品。

一个人没有理想，就会萎靡不振；一个村没有理想，就会停滞衰落。我们这一代人更要点燃理想的激情，让全体村民都满怀理想，这样我们这个村才有希望。作为村的领导人，应多一点学习思考，做到博学而笃志，切问而近思。在产业发展和规划上要做到规划如玉，惜土如金。在行动上兢兢业业，明白今天的错失就是明天的损失。我们不仅要悉力做好一年就见成效的工作，更要谋划好未来三年五年以至十年的发展空间。也就是说，把可持续发展的理念筑牢。我们心中有了远大目标，眼前的困难才会变得渺小。只有确立长远的战略，才能凝聚力量。当然，没有眼前的成功也难取得长远的胜利。

为此，今后在产业发展方面，一是要做好我村全征地后镇政府协助我们办好征地的190亩留用地和龙湾桥征地后的90亩留用地的规划和开发以及招商工作。在发展理念上既要立足当前，更要着眼长远，要做到精心规划，把好进门关。产业是我村发展的根源，是创造财富之源。今年我村有两个房地产项目高速度建设，现在正是开始有收获的重要关头，今后三年将是大收获的三年。今年，我们应重点解决好原海盛东方城另一方的接收工作，促进项目早日落成。二是抓好原恒粤厂和原华雄厂的地块转房地产项目的手续办理工作，力争明年挂牌交易。三是要抓好下沙东面商业发展项目的落实。四是加快推进“三旧”改造。利用“三旧”改造政策措施，加快推进龙庆工业区、高墩工业区的“三旧”改造项目建设。五是抓好龙湾桥以西三百亩项目的规划和招商工作。六是抓好龙庆东原公寓楼地块的商业引资项目。七是大力发展都市型生态农业，把罗南生态园建成一个以水资源、田园风光、观光旅游、餐饮娱乐、休闲度假、农业教育为一体的生态农业园，营造禅城特色的农村风情文化。八是高标准规划龙庆新市场，把它建设成集饮食、购物、银行、外工村为一体的商业街特色的新市场。

我们要走出一条从“资源”变“资产”，“资产”变“现金”的新路子。党委会每月要集中村小组长汇报各村民小组及村民的意见，研究分析新的社会矛盾，建立村内民主分析机制，畅通渠道，从而使两委会在决策措施执行过程中，能够针对不同类型的群体和对象运用不同的方法解决有关矛盾，尤其要积极化解经济发展过程中由于利益再分配可能出现的各种问题。

二、建设美丽宜居家园，增强罗南吸引力

一个村的魅力在于舒适和安逸。我们将更加用心建设和经营我们的家园，打造一个宜居宜商宜游的罗南村。

我们要不断提升罗南的建设水平。规划要高起点，着力于罗南的景观设计，要有前瞻性。实施要有约束性。今年重点：一是结合龙庆后涌政府扩宽工程，打造好内涌整治后的景观规划和建设；二是利用一事一议专项财政资金，把全村大路都改成沥青路；三是搞好龙湾大桥建成通车后的道路景观建设。

结合创文明工程优化罗南生活空间，搞好村内环境治理，健全常态化管理机制。要制定好占用道路的收费标准，提升精细化管理水平和一涌两岸景观工程，让罗南越来越美。

三、全面推动文化建设，进一步提升罗南的内在形象

民族文化是民族的根基，民族的灵魂。社会主义文化是我国推进城市化的软实力，也是凝聚村民群体的黏合剂，它具有“弘扬正气、凝聚人心、净化心灵、陶冶性情、增长知识、提高素质、抒缓压力、娱乐身心、沟通感情、增进融汇”等多种功能，在人际社会的和谐共进中有着重要的地位和作用。

文化建设决定着一个地区未来发展的高度。我们要弘扬优秀的地方传统文化，塑造现代文化，加强文化与农业生态园的融合，把我村建设成为一个魅力无穷、活力无限的岭南文化之村，要打造好隆庆历史文化名片，赋予隆庆历史文物文化遗产新的生命，实现更加有效的保护，让它们重现辉煌，体现其社会历史价值。

要利用我村优越的水资源，打造岭南特色亲水生态，活化“水文化”“水经济”，促进旅游产业集聚发展。要加快罗南生态园的引商工作，充分利用好龙湾大桥通车后的交通方便，把生态园建设成观光农业与旅游文化相结合的园区，并充分发挥龙庆观音文化的引领作用。同时，引进建设一幢精品文化酒店，不断完善旅游配套。要坚持做到不求所有、只求所在的原则，努力创建文化产业示范园区。

实施文化惠民工程，让公共文化更好地服务于民。我们应积极支持粤曲私伙局建设，办好“三八”文艺汇演和小学生、幼儿园的文艺演出，办好大学生运动会，积极支持群众性的健身操、太极拳。邀请书法家到罗南画画写字，拓宽群众文体活动空间。集聚各方力量把罗南村报办得更好。深入开展关爱、孝德、树本、至善等价值观实践活动，推动精神文明建设，提升罗南的软实力。

我们应当把文化产业的发展作为一项重点产业来谋划。要借助佛山市实验中学在我村的优势，逐步把罗南小学变更为实验小学或实验初中，并要新建一间标准化的高级幼儿园。这是一项高投入高回报的文化产业，它将会为我村产业升级提供一个较高层次的教育基地。

四、倾力保障改善民生，增强村民幸福感

让群众满意是我们工作的永恒主题。我们将积极推进各项民生工程，努力实现民生改善与经济发展同步提升。

不断推动社会事业发展。抓好省一级幼儿园的复评工作。提升学前教育水平。健全流动人口动态服务机制。完善计生服务体系建设。抓好创建“妇女之家”省示范点工作。

不断提升社会保障水平。完善村民养老制度。扩大社保和农村二次合作医疗的覆盖面。关注关爱弱势群体和困难村民，完善因病致贫的救助机制。继续巩固以平安罗南为基础的建设，推行重大事项风险评估，提升突发事件预警能力，深化安全隐患排查和治理，全面铺开安全小区建设。

五、不断创新社会管理，增加罗南凝聚力

社会善治方能社会和谐。我们将秉承开放包容的理念，努力营造宽松开明的社会治理环境。

积极实施村委会与村民小组协同善治，充分发挥群众参与社会管理的作用，充分发挥党代表工作室与村民沟通的桥梁作用，推动社会治理从村党委单向决策向村党委与村民双向互动的转变。

六、继续坚持抓重点、拨亮点、攻难点的战略，用发展的眼光和迎难而上的精神，谋划好几件工作

一是要谋划好到2016年集体资产和地租收入超亿元的发展目标和具体规划。

二是谋划好到2015年底民营企业租地到期后如何处理的实施方案。

三是制定2014年全村全面完成迁坟的计划和措施。

四是要重点制定好村民因建房占用主干道的收费标准和管理办法，以及屋前屋后种树的处理办法。

拨亮点主要是抓好两个房地产项目的销售问题。攻难点是办好“三旧”改造的批文和原恒粤厂地块的国有工业用地变国有商住用地的有关手续。

七、建设廉政、勤政、善政、高效党委会

首先要抓好党委成员的自身建设。要建设政治坚定 、干事创业、团结协调、敢于负责、能驾驭大局并为群众拥护的党委领导班子，党委成员应做到为民、务实、清廉。

村党组织在村的事务管理中担负着领导核心责任。我们要理清思路，要真心实意为老百姓办实事，带领群众致富，妥善化解矛盾纠纷，维护群众合法权益，要加强对群众团体和自治组织的领导和协调。同时，领导班子成员要发扬团结合作、荣辱与共的团队精神，奋发图强、坚忍不拔的进取精神，率先发展、敢于争先的创新精神，艰苦奋斗、勇于拼搏的奉献精神，勤奋好学、忠于职守的敬业精神，求真务实、强村富民的致富精神。

其次要切实抓好党员队伍的建设。党员队伍状况关系到执政党工作的成败和群众对党的向心力的程度。我们每一个共产党员都应当在经济建设、社会建设中起先锋模范带头作用。要切实解决一些党员责任缺位和无所作为等问题，否则党组织就难以发挥其战斗堡垒作用。同时，要切实抓好发展党员工作，特别注重把一些文化水平较高、有政治觉悟、致富能力强和较年轻的优秀人才吸收到党员队伍中来，以提高我村党员队伍的整体素质和干事能力。

今天，罗南正处于经济转型、社会转轨的关键时期，困难和挑战考验着我们，责任和使命激励着我们，我们要在镇党委和镇政府的正确领导下，团结和依靠全体村民，迎难而上，奋力拼搏，为创造罗南的新辉煌努力奋斗。

第三篇

罗南企业的强势发展

［导读］企业管理关系着企业的成败，这一点已是人们的共识。关润尧以现代企业科学管理理论为指导，结合南庄企业的实际，提出了一系列很有价值的理念和观点。尤其是关于企业的凝聚力问题，企业的领导力问题，企业的人才战略，以及企业文化建设问题更有其独到的见解。

关润尧指出："管理是企业的永恒主题，效率是管理的第一要务。""企业制度和组织结构需要被人认同和理解，才能真正得到执行和有效运行，而理论和文化是支撑企业制度和组织结构的无形而有力的基础。核心理念把企业管理者和员工的思想统一起来，使企业成为坚强的战斗集体，形成组织的合力，为共同目标奋斗。因此，核心理念的稳定性就成为企业稳定的基础，是企业长治久安的基础，进而成为企业长盛不衰的基础。"

他认为："一个没有凝聚力的企业是没有竞争力的。""同样水平能力的人群，经过不同的组合，效应完全不一样。"企业内部"协调与协同、合作与凝聚力、群体与团体，从其表现看到是团结精神的表现，而本质是有区别的。协调是被动的，协同是自觉的；合作是被动的，凝聚是自觉的；群体是松散的，团队是有机的。"

增强企业的凝聚力，实际上是包含了增强员工对企业的向心力，增强企业对员工的吸引力和企业内部的亲和力。他认为，增强企业的凝聚力，首先必须增强企业对员工的吸引力。作为企业的领导者，要学会尊重人、关心人、激励人，重视人的价值。"用实际行动焕发职工对企业的感情，用爱心培育企业对职工的吸引力和职工对企业的向心力。"

关润尧在增强企业凝聚力问题上考量最多的是关于领导力的提升问题。

他提出，企业“班子成员，思想要优于群众，素质要高于群众，形象要好于群众”。领导要讲正义，干部职工要讲士气。要避免领导干部搞歪风邪气，干部职工垂头丧气，老实人上气不接下气，一潭死水，缺乏活力。为此，他在企业的决策、用人制度、应坚持的原则和领导者的个人修养等多个方面提出了许多精辟的见解。而更有独到见解的：一是“企业末日论”，二是“企业领导人要有狼性论”，三是“企业价值论”。

“企业末日论”也就是办企业要居安思危。他认为：“企业大了，钱赚多了，环境好了，人们往往失去危机感，这是企业走向衰亡的开始。”“成功不忘危机，企业永远都在创业，才能立于不败之地。”

“狼性论”是他从企业家张瑞敏砸冰箱的事件中获得的启发。他认为：“缺腿的狼、缺尾巴的狼、缺耳朵的狼是最凶的狼。一个优秀的团队领导，一定是那些经历过痛苦、受过打击、承受过常人想象不到的艰辛和辛劳的人。企业要突破，必须唤起总经理的狼性，淘汰懦弱员工，使员工能及时进化。企业总经理有了狼性，企业才能拥有群体性的狼性，职工才能从痛苦中崛起。”“把暂时的利益、辉煌毁掉，才换来未来。适者生存，不适者淘汰，企业才能不断发展。”

在阐述领导核心的吸引力对增强企业凝聚力的主导作用的同时，关润尧也非常重视员工对企业的向心力问题。他要求每一位员工都应视企业为自己的家，应当不断提高自己、完善自己，把做好分内工作、推进企业发展作为人生的抱负。

在本篇中，关润尧用较大篇幅阐述了他关于人才战略的观点。他认为，办好企业，“决策是前提，人才是关键。科技与人才是企业生存发展强盛的保证”。他把企业与人才的关系比喻为“企业是水，人才是鱼”的关系。要不拘一格选人才、用人才、培养人才。要“一方水土养八方人”。他特别强调，要摒弃用人问题上的裙带关系，要选贤任能，引进法治，用人法制化；要建立能者上、庸者下的制度；要制定用人才的标准和人才的竞争机制。

在现代企业管理方面，关润尧不仅在管理策略、管理方式方法等方面作出了详细的阐述，更是深入到企业管理最深层的核心，对企业文化提出了自己精辟的见解。他认为：“理念和文化是支撑企业制度和组织结构的无形而有力的基础。不同企业的不同状况、不同前景，是因为有着不同的企业文化。”“企业要想做强，靠管理；企业要想做长久，靠文化。没有文化的企业是短命的。”“企业运行有两种力量起着重要作用：一种是制度的力量，另一种是文化的力量。企业文化的力量是自觉的、发自内心的。制度约束是被动的。”他概述了企业文化的本质和内涵，强调指出，“企业文化是以企业价值观为核心的。核心理念的稳定性是企业稳定发展的基础。”他把经济全球化的视野与本集团企业实际紧密地结合起来，深刻地指出：“利润的最大化目标是古典经济学的基本理论，传统的理念已不适应当前的竞争环境。争取价值的最大化应是为客户创造最大价值，由此实现企业自身价值的最大化，从而带来更多的利润。”这就是关润尧提出的新的企业价值观。这是一个很有见地的重要思想。

抓政治思想工作促管理，向管理要效益

——在镇工作会议上的发言

（1999 年 7 月 22 日）

今天，镇党委召集我们在这里开会，探讨在目前极端严峻的形势下，如何真正渡过难关。

目前我们陶瓷行业正处于改革开放以来最困难的时刻。由于产品大幅度降价，不少干部群众忧心忡忡，对前途抱有听天由命的思想。针对这一情况，我们罗南党支部和集团董事会多次召开会议，总结了上半年生产情况和存在的问题，提出了应变措施。我们认为，在关键时刻加强政治思想工作是最重要的，必须抓好政治思想工作促管理，向管理要效益。

在过去的几年里，我们靠改革启动，靠市场索动，靠科技驱动，靠政策推动，靠投入拉动，靠多轮传动，靠管理促动，企业发展壮大了，也确实赚到了一些钱。现在，在逆境中，如何把以前辛辛苦苦赚来的资产增值，确实是一件十分艰难的事。克服困难，最重要的还是靠人，特别是人的思想，树立和提高应变能力是最重要的。由于去年新增加的陶瓷工厂较多，而市场尚未完全启动，陶瓷销售的严重滑落是必然的。珠海巨人集团、沈阳飞龙、山东三株、广东太阳神等国内知名企业在近几年内由于多种原因相继垮了。这些知名企业的垮台给了我们严重的教训，现在是我们应当好好反省自己的时候了。

俗话讲，打仗最怕乱军心，搞企业也是一样。在困难的时候，稳住干部群众的思想非常重要。由于前几年连续抑制通货膨胀，造成了今天的通货紧缩，开拓市场还会有更大的困难，特别是目前物价长期下降，对企业也是一个灾难。现在是：工厂难受，老百姓难受，政府难受。困难出现了，我们不能等，也不能靠；不能怨上也不能怨下，唯有从当前的形势出发，既要顺天意，又要顺民心，保持大局稳定，领导班子团结协作，保持旺盛的斗志，发扬一贯的拼搏精神。这样才能在当前的惨烈竞争中取得主动权，才能使我们成为真正的险路英雄。

我们认为企业的政治思想工作可以从以下几个方面来抓。

一、狠抓企业高层领导、中层干部的廉政工作

从中央到地方，廉政问题是一个时时刻刻都在谈的问题，但也是一个容易发生的问题。俗话讲“打铁全凭自身硬”。在过去10年里，我们的企业能够不断发展壮大，形成今天的规模，拥有今天的实力，得益于我们拥有一支作风过得硬的干部队伍，他们廉洁自律，克己奉公。现在，在企业危难时刻，我们的干部队伍更要保持和发扬这种精神，不能大树欲倒众人推，你贪我也贪，如果这样，我们的企业垮台就指日可待了。干部队伍的廉洁对于增强群众的信心、鼓舞群众士气、搞好干群团结起着不可估量的作用。

在这方面，我们集团成绩是骄人的，值得一提。集团监事会对各厂原材料的购进和财务审批都有严格的规章制度，并且保证贯彻落实，从而堵住了一些不正之风的来源，深受群众赞扬，保证了干部队伍的廉洁。

二、党总支、集团董事会成员统一认识，以身示教，做干部群众的典范

在当前严峻的经济形势下，我们多次召开了党总支和集团董事会，分析了我们存在的优势，那就是干群团结、实力雄厚、营运资金充足、社会信誉良好、有一定的技术力量。在目前有些陶瓷企业亏损的情况下，我集团18间厂（公司）除1间厂亏损外，其他厂都有利润，个别厂利润还很可观。这是有目共睹的。

俗话讲“人过一百，形形色色”，“林子大了，什么鸟儿都有”。我们集团是由十多间厂或公司组成的大集团，干部职工7000多人，在当前的经济环境下，由于受种种社会不良因素的影响或者在某些利益的驱使下，出现各种各样的想法是难免的。在这种情况下，党总支和集团董事会、监事会要充分发挥集团领导的作用和权威，统一认识，做好榜样，以身示教，如此才能对中层干部、群众中出现的消极言论加以说服，才能保持大局稳定。

三、增强干部群众的凝聚力是领导的天职

不管在任何时候，增强干群的凝聚力十分重要。首先是各级领导班子要团结。因为只有领导班子团结了，才有可能搞好干群关系。团结才能出凝聚力，出战斗力，出号召力。也只有团结才能出生产力，这是一条颠扑不破的真理。

一个优秀的领导者应该善于协调企业内部人与人之间的矛盾，把不同的人紧紧团结在自己周围，做到上下一心，为一个共同的目标努力奋斗。在当前困难的情况下，一个领导者是否具有协调能力和培育、增强干部职工的凝聚力显得尤为重要。

人各有异，一百个人，一百个面孔，一百种心思，各有各的特点、爱好。领导者应因人而异，循循善诱，观其行，切其脉，握其质而后开配方。一个成功的管理者必须具备一定的素质和管理技能。首先要具备良好的政治修养、有政策水平和法治观念，在管理方面做到以德拢人，以才服人，以勤带人，以绩感人，才能激其心，扬其志，实现齐心协力，共图大业。并且还要做到对内向的人多给予鼓励，外向的人多提醒，倔强的人多说服，专制的人多给钉子。总之，对不同的人要使用不同的方式方法，让他们心悦诚服地团结在领导这个核心的周围。有了这样的团结，困难必将攻无不克，战无不胜，在商海大潮中独占鳌头。“会咬人的狗不叫”，领导并不需要特别会说话的人，而是需要会做事的人。当然，我们的领导者要知人善任。“骏马能历险，犁田不如牛；坚车能载重，渡河不如舟。舍长以就短，智者难为谋；生才贵适用，慎勿多苛求。”清代诗人顾嗣协的这首诗形象地告诉了我们用人在于用其长，避其短。

四、重视思想教育，做好外来工工作

作为管理人员，特别是领导干部，必须深入群众，体察民情，关心群众生活，注意工作方法，克服官僚主义作风。尤其要重视外来工。外来工占职工的绝大多数，是整个企业的主要力量，他们的工作好坏，直接影响着企业的成败。因此，认真解决外来工的思想问题、工作问题和生活问题十分重要。外来工来自五湖四海，人员和思想都非常复杂，其流动性也很强。为了更有利于企业的发展，我们不但要把他们的人留住，更应该把他们的心留住，使他们能够为企业出大力，流大汗。要做到这一点，就必须加强对外来工的教育，提高他们的思想觉悟和技术水平，可通过办黑板报、宣传栏，公布企业的规章制度以及各个时期的工作任务、具体要求。他们中的好人好事应进行宣传报道，使他们学有榜样，赶有目标。今年以来，我们认真抓了饭堂工作，坚决杜绝了饭堂采购工作中的缩水现象，使同样的资金能够采购更多的物资，让包括外来工的广大职工吃得更好，尽可能创造条件让广大职工觉得在企业这个大家庭中，干部职工没有贵贱之分，只有劳动分工的不同，让他们觉得自己是企业的一员，从而与企业同命运，共呼吸。

以上几点说明，政治思想工作在任何时候都是首要的。我们应充分认识到：一个企业要想取得成功，特别是在困难时期，从领导到一般群众，从本地职工到外来工都必须有统一的思想认识，大家团结一致，齐心协力，才能在难中取胜。

不知大家明不明白“欲吃蜂蜜，勿踢蜂箱”的道理？领导者如想其下属为他领导的事业尽心尽力，首先要赢得下属的心，那就要求领导者要尊重下属，和下属平等相处，没有贵贱之分。伤害职工的自尊心就如同踢翻了蜂箱，不但吃不上蜂蜜，还有可能被恼怒的蜜蜂蛰上几个大包。一旦触犯他人的尊严，他们将会以眼还眼，以牙还牙。领导者尊重下属也等于尊重自己。没有了拼死冲锋陷阵的士兵，作为统帅，你又如何能部署作战呢？作为一个领导者，还要善于征求和采纳别人的意见，独断专行是用人之忌。一个领导者能力的强弱，关键在于是否能得到同伴的合作，激励他们向你提供建议，你将从中得益。征求意见的能力是成功领导者的一个显著特征。吝啬、拒谏、不关心下属是企业领导者的三大忌。

思想教育的方法主要是说服教育，以理服人，典型示范，以事感人，言传身教，以身作则，区别对待，因人施教。俗话讲：良言一句三冬暖，恶语伤人六月寒。在思想教育中，我们要着重对全体干部、职工进行“企业末日”的思想教育。为了避免出现“企业末日”，全体干部、职工都应做好自己应该做的事，努力提高自己的科学文化、技术业务水平，共建起一支有理想、有道德、有文化、有纪律的干部队伍及职工队伍。此外，还应开展形势教育、正确的人生观、价值观教育、职业道德和社会公德教育。在教育中，结合开展表扬和批评。在表扬与批评的比例上，六分表扬，四分批评，效果会更好。

企业经营者是企业的灵魂，在思想教育中，重点应是提高正副厂长的思想认识。要让他们知道，从严格意义上讲，他们还不都是企业家，厂长、经理只是职业、职务。企业家是个人素质的标志。一个真正的企业家要具备以下的素质：1. 一定要有创新意识和创新能力；2. 要有对经济生活非常灵敏的反应；3. 要有对企业扩张永不满足和对事业永不知足的追求。在学习中，我们一再告诫我们的厂长经理，企业家阶层是社会的一种稀缺资源，是以经营管理为职业，以市场为舞台，以追求经济效益为最大冲动，以创新为根本特征的一种人格化的资本。并向他们指出，未来几年对我们企业负责人来说都将是一个炼狱，有的会炼出金睛火眼，有的则会趴下去，能成为真正企业家的估计不到50%。因此，每一位企业领导者都必须不断地丰富自己，提高自己，完善自己。

劳动者是生产力中最活跃的因素。人的思想工作做好了，其他的事情就会迎刃而解。

在生产管理中，我们积极推行智慧成本管理法和满负荷工作法。智慧成本管理主要是把降低生产成本的重点由车间转移到设计，由生产工人转移到试制人员，靠智慧降低生产成本。满负荷工作法就是以人尽其力、物尽其用、时尽其效为核心，使企业整体效益达到最佳状态的一种管理方法。主要内容有九项：质量指标满负荷，经营工作满负荷，设备运转满负荷，物资使用满负荷，资金周转满负荷，能源利用满负荷，费用降低满负荷，人员工作满负荷，八小时工作满负荷。并要求达到这样一个目标：三个人做五个人的事，领四个人的工资。

罗南企业集团 1999 年工作总结

（2000 年 1 月 15 日）

狠抓内部管理，促进企业健康持续发展
1999 年工作总结

1999 年是我集团转制的第二年，也是我们建陶行业生产和销售最困难的一年，产品价格下浮最大的一年。一方面，是由于新的陶瓷厂剧增，而国内需求却乏力，市场持续疲软；另一方面是，前些年，我们产品不上档次，在高速发展中，积存的许多深层次矛盾集中地暴露出来，因而出现一些从未遇到过的困难。但是在上级党委和政府的正确领导下，我集团按照稳中求进、有效增长的经济工作方针，充分调动各方面积极性，采取有效措施，稳步推进各项改革，积极开拓国内外市场，全集团上下政通人和，同舟共济，确保了工业生产保持快速健康发展，各项事业取得新成绩，达到了增产量、增产值、降成本、减效益、资金运作正常。

回顾一年来，我集团紧紧围绕年初制定的目标，在改革中增活力，在发展中保稳定，求实务实，切实贯彻稳中求进、有效增长的方针，千方百计提高经济效益，取得了一定的成绩，主要表现在以下几个方面：

一、抓好思想工作，及时对职工进行“企业末日”教育，是提高员工对企业凝聚力的一个重要法宝

一年来，我们集团切实加强了干部职工的思想工作，各厂都利用管理人员会议和班前班后会议进行思想发动工作，特别是在去年市场大滑坡、销售价格大幅度下滑的情况下更是如此。例如，去年 5 月份，当市场形势发生急剧变化，职工情绪低落时，集团及时组织了全体正副厂长进行“企业末日”教育。在此基础上，再召开全体管理人员会议开展宣传教育，从而增强了干部职工的危机感，稳定了民心，保证了生产的稳定和健康发展。去年 3 月份

春节投产后，雄发厂认真抓了职工教育，责任到人，使该厂质量产量、水晶砖效益和设备管理都走在全集团的前头。集团及时召开了战地会议，推广雄发厂的经验。各厂回去后又通过先进典型开展教育，促进了四月份产量质量的提高。又如恒盛厂，该厂连续一年在同行业中领先，但他们不骄不躁，坚持通过每月一至两次班后会议，有效加强思想工作，进一步提高了干部职工的积极性，保持了效益居全集团第一的荣誉。相反，个别厂长期不抓思想教育工作，没有把厂的任务和质量产量管理条文落实到干部职工，好人好事没有人抓，违章制度的事没人管，造成企业连连失手，出现亏本现象。这就说明思想工作抓与不抓大不一样。抓思想教育工作是多方面的，例如，恒粤厂是新组建的工厂，职工人员新，但是，该厂注意发挥外来工的积极性，关心他们的文化生活，在饭堂装有电视机，安装了南庄有线电视线，使外来工在工作之余可以看上电视，还可以收看香港电视。用爱心激发职工的爱企业心。他们还办起了宣传专栏，每逢节日，都要求每个职工写心得、写诗歌，并把外来工写的文章组织评比，优者现金奖励。由于重视了外来工的思想工作，该厂的外来工普遍关心工厂，工作热情大为提高，工厂的环境卫生也有了改善。该厂的外工宿舍的卫生和管理是全集团一流的。上述事例说明，抓好思想工作，才能把职工的积极性调动起来，企业才能发展，效益才能不断提高。

二、坚持以人为本，抓好领导班子的团结协作和企业管理，企业才能在逆境中得到发展

过去一年，我们集团属下的各厂都坚持了抓好领导班子的团结和企业管理工作，但是否抓得细、抓得准却不尽相同。这个问题非常重要。哪个企业班子抓得好，哪个企业效益就会好。例如，兆源燃料公司是新近两年才组建成的大企业，人员的配备来自全国各地，他们在总经理潘民强的带领下，不仅确保了全集团用油的供给，而且保证了集团的用油价比市场低。更可喜的是，尽管遭遇不少困难，他们仍然取得了产值翻一番、利润翻两番的大好成绩。兆源燃料公司不仅解决了我们集团的低价用油，而且平抑了整个南庄油料价格的过渡上升，受到了上级和有关方面的好评。目前，兆源公司的利润已占了我们集团总利润的28%。为什么会取得这样的成效呢？归根到底，还是人的积极性问题。他们的干部不怕苦，不怕累，不怕脸皮厚，多方设法解决原料供应的紧张。如副总经理张景阳同志，原来是中油广州公司的副总经理。总经理潘民强同志发现张景阳是一个人才后，千方百计把他拉进了兆源公司。张景阳来到兆源公司后，不仅提出了很多方面的合理建议，而且在去年 9—12 月油料紧张的情况下，连续几个月在北京工作，就算是家里有事，也只是回家一晚，又马上赶回北京。由于有了像张景阳这样忘我工作的干部，燃料公司才能低价购进，为全集团各厂用油提供了可靠保证。又例如，连续几年增产增收的恒盛厂，去年尽管市况不好，但仍比前年增收 2000 万元。为什么在市场普遍降幅达 35%—40% 时，恒盛厂仍然会增产呢？关键是他们领导班子和全体管理人员的积极性。可以讲，全集团管理人员工作时间最长，而且效益最好的企业就是他们。他们保持了开厂以来的光荣传统，对每月的产量、质量、成本都分析得很细，所以尽管市场逆境，但该厂还是利润丰厚，这些都很值得在座各位深思。进入 2000 年，他们又迎来了一个开门红，产量质量销售势头较好。本来今年安排技术改造都要到一月底才能停火，年初五又要点火，初八出砖，真是越干越火热。在这里，我希望各厂的第一把手要学习梁启林的这种精神。又例如雄发厂，去年在集团算是水晶砖的龙头大哥，他们的成绩也是由于坚持了领导班子的团结，艰苦奋斗，按制度办事治厂而取得的，同时也验证了我以前曾经讲过的，低档有低档赚钱，中档有中档赚钱的道理。他们共同的特点是抓了一个稳定。

三、调整发展策略，狠抓技术改造，提高设备利用率是逆境中求生存的法宝

去年，我们大胆地进行了设备的技术改造，投入技改的资金超过一亿元，是建厂以来改造资金最多的一年，也是改造面最广的一年。光小窑改大窑就有 31 条。由于设备的改造，新增产量超过 3000 万平方米，使亏损的面积大为缩小。可以这样说，1999 年我们已基本完成了设备的改造工作，2000 年我们要把设备利用率提到最高，充分发挥设备的作用，争取工业产值再增长 40%，为全集团利润翻一翻奠定坚实的基础。

四、积累发展，营造资金优势是企业平稳发展的重要法宝

企业要想发展，必须有雄厚的资金优势作后盾。靠借贷往往会造成机遇的错过和效益的流失，而且借来的钱总是要还的，借多了就成为包袱。企业要生存，就必须求发展，只有投入，才能有产出，没有资金办不成事情。前些年，我们抓了分配和积累的制度。在分配上，不搞攀比，不搞暴富，逐步增长，保证集体个人共同富。正因为这样，我们才会有今天的积累，去年在逆境中才能够保持稳定，才能在紧要关头没有因资金不足而造成停产。否则的话，在陶瓷市场价格下滑、利润无几的情况下，我们的企业就会举步维艰。我认为，今后我们还要抓好积累这一关，使集体经济形成自我造血，流动发展，良性循环。这一条经验相当重要。

五、把握市场动向，及时调整产品结构，是促使企业正常运作的法宝

去年由于建陶市场变化大，一年几大变，有些产品已达到了亏本经营，有些产品甚至销售不出去，我们大部分企业都面临着停产的危险。如果我们的产品结构再不调整，干部职工的思想就会出现混乱，不少企业都竭尽全力去转产。如恒峰厂5月份瓷片销售困难，把一条瓷片线改为地脚线，这样就缓和了产品积压的危机；而恒盛厂却瓷片不够卖，于是就立即转产部分生产线生产瓷片，缓和了供货紧张的局面。雄发厂看到市场低档的水晶砖没钱赚，就下决心转一组高档水晶砖，缓解了燃眉之急，增加了效益。罗南厂根据该厂单一生产水晶砖、销售困难的状况，及时改产了一条高档瓷片，是目前罗南集团瓷片档次和售价最高的一组生产线。恒粤厂全部都是生产低档瓷片，到11月份，又改产一条高档瓷片。华雄厂单一生产水晶砖多到没地方可放的情况下，改产了两组瓷片，扩大了销售的品种，减少积压，确保企业平稳运作。这些例子说明，及时调整产品结构以适应市场需要非常必要。

六、搞活营销，实现产销平衡，确保企业正常运作

一年来，我们面向市场，紧紧抓住市场的契机，不断开拓和巩固我们的产品市场，实现现款现货的办法和扩大地销的办法。由于各厂的销售都贯彻了这个方针，我们的客户不但没有减少，反而新增了较多、较大的客户。如雄发厂新开发了西北部的市场，恒峰厂开辟了向十个国家出口的市场，是全集团出口量最多的一个厂。去年以来，市场出现了时淡时旺的现象，恒峰厂、恒盛厂、恒粤厂不断派出业务员到广西、湖南、江西去开辟新市场，寻找新客户，力求把自己企业的产品销售出去，扩大知名度，出现了冬季变旺季的现象。至年底，我们集团已把原来积压的产品几乎销售一空，确保了企业正常运作。今年是我们集团销量最大、资金回笼最好、收款最及时的一年。

七、抓好安全环保工作，促进生产的发展

1999 年，我们集团在安全生产和安全防火工作的治理中，取得了较好的成绩。原因是集团各级领导充分重视，措施得力，责任到位。具体表现为：

（一）认真贯彻“安全第一、预防为主”方针，做好宣传教育及培训工作，使广大干部职工人人懂得生产必须安全的道理。一年来，集团内十几间厂没有出现过一宗大的火灾事故和大的工伤死亡事故。

（二）重视喷雾塔的粉尘治理工作并落实相应的有效措施，抓好沉降室内喷淋沉降治理工作，确保大气不受粉尘的严重污染，在这方面做得比较完善和理想。

（三）大多数的厂能够做到层级管理，抓好各车间和各工序的节约用水，特别是原料车间。有部分厂已经杜绝了以“冲水”代替扫把的现象。大部分厂能够落实好水处理人员责任制，实行不达标不排放的原则，大大减少了清涌费用。

（四）除了个别厂的车辆从黑泥仓库带泥垢出厂造成污染出入口外，大部分的厂的出入口和人行道的环境卫生都比较理想。

八、调整好各厂的领导班子，实行能者上、平者让的原则

根据党总支的安排和企业发展的新思路，我们认为，企业要生存，就要不断地投入，改造、开发新产品，以适应市场的需要。而千条万条，领导班子政治稳定是第一条。按照这个精神，我们这次调整班子中，坚持集团的决策人员必须稳定，中层人员必须流动，在实践中识别人才，在流动中培养人才，勇于弃旧创新。如果中层人员不流动，只能进不能出，久而久之，就会变成一潭死水，企业就缺乏活力。必须坚持任人唯贤，知贤善任，实行能者上、平者让、庸者下的原则；坚持引进与淘汰相结合的原则。并进行大厂分小厂，调配和任命了各厂的领导班子。新的领导班子组建后，从目前来看，各厂都积极制定了 2000 年的发展目标和管理方案，而且劲头十足，为 2000 年全集团利润翻一翻作出了精神上的准备。目前，各厂正总结经验，吸取教训，满怀豪情迎接新世纪。

九、坚持一方水土、用八方人的原则，大量吸入技术和管理人才

一年来，各厂都能按照去年集团总结会议提出的精神，招贤纳士，务实创业。有了先进设备还必须有高素质的人才来管理。我们坚持一方水土、用八方人的原则，大量吸纳适应我们企业需要的人才。在这方面，兆源燃料公司做得较好。他们吸纳了大专以上多名管理人才，从而提高了他们的管理水平。恒发瓷质砖厂也吸纳了一大批技术和管理人才。按不完全统计，去年全集团共吸纳了各种专业人才 20 多名，其中一部分已被提拔到重要工作岗位。人才的吸纳，不仅是为我集团提供了技术，更重要的是带来了全集团管理干部素质的提高。在此，我代表党总支和集团董事会对支持罗南经济发展的外来技术人员表示衷心的感谢。人才的大量吸纳是今后罗南经济发展的重要支柱，今后，我们要继续大量吸纳有用的人才，以改变我们技术和管理上的不足。

十、充分发挥三会作用，以改制为动力，进一步探索监控工作路子

一年来，我们充分发挥董事会、监事会、股东会的作用，各厂都按股份制的章程充分发挥三会的作用，遵循重大问题都先开董事会研究确定，再开管理人员会议传达的原则，充分发挥董事成员的作用，充分体现了董事、监事会的集体领导作用。在监控方面，我们集团根据以陶瓷行业为主，各企业所用的材料质量不一致的情况，进行市场调查，以集团下文进行死规定的形式，如包装、泡沫、包角、熔炔等以市场最近售价确定企业最高限价，以质量达标为标准，严格要求购进价格低廉，确保企业效益。根据坭石料及部分化工水分含量差异大，部分客商变奸商，集团规定其水分含量进一步使用检测手段，坚决杜绝水分超标现象。同时，集团严把监控措施，全面介入，全过程参与，边实践，边完善，为制定严密的监控制度做了大量工作，降低了生产成本，提高了企业效益。这方面，集团监事会陈兆锐同志做了相当多的工作，他身为财务总监，又兼管兆源公司的工作，仍然把监控工作做得深入细致。一年来，我们集团在监控工作方面，由于抓得细，抓得紧，确保了集体财产不会流失在少数人手里，也为 2000 年进一步落实监控工作迈出了可喜的一步。此外，集团还规定了领导用车收费标准。

综上所述，我们在经济发展面临着更大困难的一年里，走出了低谷，保住了企业，稳定了民心，克服了重重困难，取得了好的成绩，它给我们的经验是什么呢，同时又给我们留下了哪些教训呢？

一、要有一个办实事、求实效、团结一致的各级领导班子，我们的企业才能兴旺发达

在经济建设中，首要的因素是人，要有一支思想觉悟高、业务水平高和领导能力强的干部队伍。1999 年，我们在最困难的一年里，企业能顶住风浪，取得一定的成绩，全赖在座各位有着一心为公、同心同德、团结战斗的精神，带领全集团职工共同奋斗。你们有胆有识，敢于负责，艰苦创业，困难时更能捱得，千方百计把企业搞上去。如燃料公司、恒峰厂、恒盛厂、雄发厂、恒粤厂的领导班子，他们思想统一，行动一致，团结战斗，每天工作时间长，因而取得了可喜甚至是惊人的成绩。事实上，罗南集团上下各级都有着一种可贵的精神，那就是团结战斗、艰苦奋斗、服从分配、实绩到位的罗南精神，这种精神是创业之本、立业之宝。

二、市场第一是企业发展的灵魂

市场推动企业，只有为消费者带来切实可靠的、与众不同利益点的产品，才会真正拥有市场。产品质量好不好，服务过不过关，不是自己说了算，而是要靠消费者来评说。超级服务才符合新时代消费者的选择，产品质量的领先与销售服务的优良使企业长盛发展。

三、技术创新是现代企业的驱动器

在陶瓷产品趋于过剩和降价的市场形势下，高新技术最具吸引力，尖端产品最具鉴赏眼光，这就说明了技术领先是企业制胜的法宝。科技是企业发展的第一要素。对科技人员的重视和重用、爱护与关心，使他们尽心尽力为企业多作贡献，为产品培育出属于罗南自己的广阔市场空间，产品与世界潮流同步，这就是罗南科技兴业的发展路子。

四、监控是提高企业效益的硬道理

在当前市场经济的环境和气候下，钱在作怪的不良风气长期腐蚀着人的灵魂。提倡“两本”思想，促进廉政建设是时代赋予我们的艰巨任务。为确保集体资产的安全完整，严把监控关，建立和健全公开监控措施和制度，甚至下文硬规定，确保材料质优价廉，降低企业成本，对增强企业活力非常重要。

五、加强学习，共同提高是企业二次创业的原动力

在经济高速发展的情况下，特别是企业步入信息时代，我们更要加强学习，才能提高。去年，集团举办了工商管理硕士研究班，参加学习的人员普遍认为收效甚大，不少干部说我们开办得太迟，如早办两年，我们罗南人的观念就不是现在这个状况。学习、读书，提高理论认识水平，对我们制定

2000年管理方案起到了积极作用，特别是对如何使用好人才资源的问题有了新的认识。现在，很多人都要求多举办这样的班，以提高我们全体管理人员的市场意识，帮助我们了解产品推介、企业推介、产品定位和边际成本的制定。

在过去的一年里，同志们都能各尽所能，竭尽全力形成一个良好的风气，创造创业的大环境，勇于开拓创新的氛围，坚持发展是硬道理，始终围绕坚持发展经济为中心，取得了较好成绩。但是我还要告诫同志们：我们应戒骄戒躁，不要安于现状，在新的一年里，要再接再厉，不断提高自身素质，为实现更高目标而努力奋斗。

2000年工作意见

2000年，我们要完成工业产值比1999年增30%，第三产业增50%的目标。为此，要具体从以下几个方面做好工作。

一、抓好干部员工素质的提高是确保企业稳定发展的重要法宝

市场经济运行的轨迹充分显示，企业要有大的发展，必须充分发挥人的优势，把人的最大潜能挖掘出来。因此，我们在吸收先进技术、优化内部结构、夺取优质高效的同时，要把做人的工作放在核心位置上。要把企业员工的思想教育作为各厂工作的重要任务来抓，重视人的价值，尊重人、关心人、激励人，用实际行动唤起职工对企业的感情，用爱心培育企业对职工的吸引力和职工对企业的向心力。并要对全体员工进行各方面的“企业末日教育”，使员工有危机感，正确认识当前企业发展过程中存在的困难，同心同德，团结一致，为克服困难共同努力。各级领导更要明白“欲吃蜂蜜勿踢蜂箱”的道理。领导人如果想下属为他尽心尽力，首先要赢得下属的心。领导人首先要尊重下属，平等相待，不分贵贱。领导人绝对不能随意伤害员工的自尊心，否则犹如踢翻了蜂箱，不但吃不到蜂蜜，而且有可能还被恼怒的蜜蜂蛰上几个大包。领导人尊重下属，也等于尊重了自己。每一个人都有一种维护自己尊严的强烈愿望，一旦尊严受损，就会以眼还眼，以牙还牙。没有了拼死冲锋陷阵的士兵，作为司令部里的统帅，又如何部署作战呢？希望每一位领导人都切记“欲吃蜂蜜勿踢蜂箱”。同时，作为领导者，还应明确，独断专行是用人之忌。一个领导者能力的强弱，关键在于是否能得到同伴的合作。能力强者善于激励下属向你提供建议，并从中得到益处；弱者则不肯听取别人的意见。征求意见的能力是成功领导者的一个显著特征。吝啬、拒谏、不关心下属是企业领导者的三大忌。

二、抓好领导班子的思想建设，健全董事会、监事会、厂委会的工作，是企业腾飞的驱动器

企业要搞好，关键是要有一个好的领导班子。有一个好班子，才能有一个好机制，才能有好产品，才能提高市场竞争能力，也才能搞好企业。为此，领导班子成员，思想要优于群众，素质要高于群众，形象要好于群众。特别是主要领导，即各厂的正副总经理，要求达到“三得，三不得”。就是说：要“讲得，写得，做得”；不要“唱得”唔讲得，食得唔做得，艰苦时就唔挨得。各厂的第一把手更要善于处事，尤其更要善于处人，礼贤下士，智而不傲，富而不骄，待人以诚，处事以勤，亲力亲为，精打细算，公道交易，做到帅才以德服人，将才以才服人。

合格的企业领导人员，必须有良好的思想政治素质，热爱集体，乐于奉献，勤奋敬业，清正廉洁；必须有强烈的发展意识和市场观念；必须具有较丰富的社会主义市场经济知识、必要的科技法律知识和较强的经营管理能力；必须有良好的作风，善于同领导班子成员合作共事，依靠广大职工干部，艰苦奋斗，开拓进取，求实务实，自觉做到两手抓。要进一步解放思想，更新观念，拓宽选人视野，坚持选优汰劣的用人机制，把那些政治和业务素质好、具有开拓精神的同志选拔到企业领导岗位上来，营造有利于优秀企业管理人才脱颖而出的环境和条件。同时，要通过建立廉洁自律的制度，个人重大事项报告制度和加强党内监督、职工民主监督等办法，逐步完善监督约束机制，加强对企业领导人在重大问题，特别是资金运作、用人决策上的监督和约束。

要抓好各级班子的团结和职工对企业的向心力。这方面应从搞好班子自身的凝聚力入手。我认为，班子有团结的欲望和团结的行为才能形成真正的团结，班子团结了力量的辐射力才大。为达到真正的团结，我认为在实践中要注意三点：一是将民主、信任、理解、关心引入班子内部。各展其才，各负其责，使班子内部形成遇事有人管（分工负责），处事有次序（按章办事），理事有实权，大事靠集体（班子研究）这种良好的群体决策机制；二是正确对待不同意见。班子成员文化气质各异，处事往往有不同意见，这不奇怪；我认为方法不同，意见分歧，更能深化大家对事物的认识，提高决策质量，促进工作发展；三是班子成员相容相济。班子内部兼容并蓄，互相取长补短，智慧互补，气质互补，力求使内向型与外向型相容、稳健型与进取型相结合、经营型与政治型相统一，形成一个坚强的领导集体。一个企业从小打小闹的乡镇企业裂变成现代化的高新技术企业，没有企业管理的革命，是不会成功的，即使是靠技术创新、品牌创意，也只能是昙花一现。我们要通过教育，使职工把企业的发展与自己的命运挂起钩来，真正做到厂兴我荣，厂败我耻。特别强调人与人之间要有两种感情的结合：一种是工作感情，一种是私人感情。仅有工作感情，人与人之间就有一种很微妙的鸿沟，人的积极性就不能最大限度地发挥出来；仅有私人感情，就会变成庸俗化，就要产生对企业不利的无原则的团结。所以，应始终强调两种感情的有机结合，这样才能使整个企业形成一股合力。

同时，要把董事会和厂委会的职责分开。董事会是每个企业的决策层，它负责制定好企业的发展目标和任务，并把任务交给厂委会。厂委会则负责制订各种管理制度和组织生产经营的运作。董事会要经常检查厂委会制定的各种制度是否落实并加以监督。监事会要监督好财务收支，材料购进是否认质量不认人，还是认人不认质量。通过对购进价格的监督，使企业能达到董事会下达任务的要求。三会制度的建立和健全，才能确保企业的正常发展。今年，我们还要求每次董事会、厂委会、监事会做好会议记录和参加人员的登记。

三、搞好企业文化的传播和落实（即企业管理制度）是我们办企业的法宝

我们讲的企业文化，不是指唱唱歌、跳跳舞和开展各种文化体育活动。企业文化实际是企业制度的建立、健全和实施。我们在座各位要明白，企业搞得好不好，关键是企业文化的传播是否执行得彻底。比如说：我们所制定的企业员工守则、管理人员的岗位责任制、企业管理文件、企业发展目标及边际成本的制定都是办好企业的法宝。这方面，我们要制定好各种制度，实行以制度管人，把企业文化传播到每个干部和员工，使他们能理解到搞好企业就一定要把制度落实并贯彻执行。只有这样，我们的企业才能生存和发展，否则，企业就会灭亡。比如，要确保我们的生产质量达到既制定的目标，就必须强化设备管理。生产质量上台阶，不是一个口号，而是从厂部到车间、班组共同的奋斗目标。在加强设备管理上，各车间和班组就应做好设备的保养，有专人负责对其工作实绩及责任进行检查监督，并把任务完成情况与经济利益挂钩等，都是制度建立的内容。更重要的是，各车间、科室在制度建立后，车间主任和各部门的主管要向各厂的总经理签订产量、质量、损耗、维修金额和安全环保的达标协议书，确保层层有人管，有人负责。如车间领导和科室不按企业制定的制度执行，三个月后就要就地免职，以确保制度的严肃性。同时，还要协调好不同利益者关系。干部和员工、供应商、客户是与我们企业利益相联系的三大不同利益者，我们要按实际情况加以协调。

四、增强科技是第一生产力的认识，抓好企业产品的定位工作

企业在发展过程中，机遇与风险并存，困难与挑战同在。企业必须密切注视形势的发展，善于驾驭局势，开拓创新，把创造力引入企业。何谓创造力？我认为就是企业自强的能力，应变的能力，参与社会竞争的能力。在当今瞬息万变的市场竞争中求生存、图发展，把握有利时机及时发展才是硬道理。各厂在2000年产品的定位上，一定要定得准。只有产品定位准才能在逆境中挣到钱。如果产品定位不准，就会造成效益低下，利润无几。因此，全体管理干部要以良好的精神状态，扎实的工作作风，高昂的改革士气注入当前调整结构降耗挖潜、优质高效、再造管理新优势事业中来，要发扬通力合作、敢于拼搏、打破常规、永不满足的企业精神。确立高起点，利用新科技，发展高精尖，创造高效益的企业宗旨。

我们要招贤纳士，务实创业。社会主义市场经济在发展，日益激烈的市场竞争实际上是人才的竞争。决策是前提，人才是关键。这对一个企业是很重要的。科技与人才的掌握和运用是企业生存发展强盛的保证。总结我们过去取得的成绩，我们深深地体会到科技的重要性和人才的宝贵性。实践证明：企业是水，人才是鱼。水越清，鱼越欢；水养活了鱼，鱼也搞活了水。我们的领导班子对科技人员要有爱才之心，护才之胆，用才之量，守才之能。

在市场竞争中，人才是第一位，资本是第二位。有好的人才，才有明显的效益。今后，企业要有一支科技队伍。这支队伍，要是“三多”：掌握现代化信息技术的人才多；能独当一面，有开拓精神的人才多；一专多能，善于应变的人才多。

五、关于营销工作

对于建陶企业的营销，我提出“怀抱炸弹强经营”。可以想象，要想炸弹不炸，需要分析市场，预测变化，才有正确的营销决策。企业产品很少能与市场同步，难免有超前或滞后，平行产销是很少的。

商场如战场，要打好销售这一胜仗，是企业发展的关键。企业成败，决定是能否不断开拓市场。怎样开拓市场？人的因素是第一。目前，我们的营销策略是不行的。我们的业务员不是业务员而是坐销员，业务员不去开拓市场算什么业务员。要请有营销本领的人员来管销售和开拓市场。大家应该明白：只有末日的企业，没有末日的陶瓷产品；我们不去主动占领，就会被别人占领，这样一来，我们企业产品在市场的占有率就会越来越少，企业的“末日”就要来临。这点希望大家不要掉以轻心，应引起高度重视。今后的业务员应该具有以下三种素质、有嘴头、有派头、有水头，还要有信息档案和信息反馈。这就要求我们要抓好销售方案的制订和落实。

12 年来在销售上的成功经验与失败教训启示我们，今后的营销战略是要打阵地战，不打游击战，步步为营，看准一个地区就要集中力量攻打，扩大战果。

六、抓好企业单项成本核算，搞好产品边际成本的编制

企业单项成本的核算和边际成本的制定是企业是否赢利或亏本的重要核算方法，并通过此项分析去指导企业产品的开发和生产。各企业应把它作为企业管理的内容来抓。要充分发挥企业会计的职能，因为企业会计是厂长的参谋。因此，要求企业会计要忠于职守，不受任何干扰地把各项成本核算好，并按边际成本的要求用文字分析好，用每月的单项成本的增减来分析企业管理的真实情况，从而提出各车间的增收节支计划，使我们的产品真正做到高档产品有高档赚钱，中档产品有中档赚钱，低档产品有低档赚钱，为我们集团 2000 年利润翻一翻发挥参谋作用。当然，我们要明白一点，那就是成本要服从质量，不能质量服从成本。

七、搞好廉政建设教育，加强监督，确保企业健康发展

《新魔鬼辞典》上说：贪婪是一种比贫困更糟糕的痛苦，贫困意味着缺少很多东西，而贪婪却是什么东西都不够。我们在座各位更要明白，世界上财富有两种：取之有道，谓之正道；取之无道，谓之不义之财。

丑的东西，最怕公开，最怕监督。我们只有从制度入手，才能有效防止腐败变质。赢利和亏损之间仅隔一道沟，防止亏本却要付出不知多少心血。我们必须清醒地认识到我们在监督制约机制的完善和管理上仍存在不少问题。主要是财务监督和对领导干部，尤其是第一把手的权力约束。为此，2000 年，企业的购进材料要有两个领导联合签名才能付款。同时，要坚持认质量不认人的态度。

从我们集团目前的管理机制来看，迫切需要一整套对企业领导层的监督机制。首先，要实行有效的上级监督，企业的上级主管部门对下属企业领导层必须有一套规章制度和考核标准，同时必须严格毫不留情地执行。虽然我们已实行了股份制，加大了监控力度，但还必须有监督，否则集体的利益就可能在少数人手中流失；其次，企业领导层要严格要求自己，作为领导管理者应以企业为重，不断学习，严于律已，不要做山大王，要做群众的公仆，不能抱着“所有人都是我养的”心态，否则搞不好企业。

要坚决实行党支部、股东代表和监事会的民主监督作用。目前，有些企业的监事会形同虚设，其后果十分严重。那种认为党支部、股东代表会的作用有限的观点十分可怕，实际上，就是害怕民主监督。集体的资产和利益，实际上是广大人民的财产和利益。事实证明，一个效益好的企业，董事会和监事会起了很大的作用，它加强了企业的凝聚力和战斗力，提高了企业效益。民主监督十分必要和迫切，失去这种监督，实际上就是放纵少数人任意妄为，损害集体和人民的利益。

目前，我们的企业正处于困难和攻坚时期，对领导层的监督也关系到企业改革的成功与否，无数的事实已证明了这一点。

八、两个文明一起抓

随着物质生活的丰富，人们求知、求实、求美的欲望越来越高，他们要学习文化知识，要娱乐，要有休闲场所。现代文化、传统文化、外来文化正交汇着深入到企业经济生活中的方方面面。人们的文化生活水平提高了，对自己原来的追求感到不满足了。也许有人认为企业精神是虚无缥缈的，看不见摸不着的。在社会主义两个文明建设日新月异的今天，职工需要充实的精神生活。所以，我们每年都要举行两次体运会来丰富职工的文化生活。工人是企业的主人，而发挥他们的能动性是企业兴旺发达的内因，“工”“人”两字连起来就是“天”。人是决定性的因素，只要调动起每个人的积极性，没有办不好的事。因而，我们要关心好职工的生活，特别是认真抓好职工饭堂的管理和购物监控工作，确保职工饭热菜香，提高企业的凝聚力。另外，要关心职工的身体健康，各厂要下大决心整治粉尘和搞好环境清洁。

安全工作关系着每个干部职工的生命和财产。各厂要安排好专人负责该项工作，并要教育职工有安全的意识，做好防范工作，并把安全工作做到实处，落实安全制度，避免出现不必要的伤亡。环保工作更要抓紧抓好，集团拟安排一人专门负责该项工作，各厂要落实好污水处理承包人员的问题，真正做到按质排放。在理顺本地工和外来工的关系上，应确立本地工与外来工都是企业中的平等主体的思想认识。由于我们企业转了制，本地工与外来工同工同酬。我们要充分认识外地工对企业发展所起的作用，要关心他们的生活和工作，坚决反对鄙视外地工的行为，创造职工上下朝气蓬勃的氛围。

在南庄镇委经济工作会议上的发言

（1999 年 6 月）

今天，镇委陈书记召集我们在这里开会，探讨在目前极端严峻的形势下，我们应采取哪些措施，渡过难关。

说句老实话，目前我们集团遇到了改革开放以来最困难的时刻。由于产品的大幅度降价，不少干部群众思想上出现了波动，对前途抱着听天由命的思想。针对这一状况，我们党支部在 5 月 29 日专门召开了全集团的正副厂长会议，总结了前五个月的生产情况和存在问题，讨论了在当前市场严峻的形势下，如何采取应变的措施。大家都认为，在过去的几年里，我们靠改革启动，靠市场卖动，靠科技驱动，靠政策推动，靠投入拉动，靠多轮传动，靠管理促动，企业发展壮大了，也确实赚到了一些钱；如何把以前辛辛苦苦赚来的资产在今天的逆境中增值是一件十分艰难的事。我们认为，克服目前的困难，最关键的还是人，特别是人的思想，树立和提高应变能力是最重要的。如果我们忽视了人的教育，那么我们连企业是如何失败的都不清楚，到时，就只能一败涂地。由于去年新投入的工厂较多，市场还未完全启动，陶瓷市场的严重滑落是必然的，不过是时间迟早问题。为此，我们首先对各厂的正副厂长进行了“企业末日教育”，并举例说明情况。例如珠海巨人集团、沈阳飞龙、山东三株、广东太阳神等国内知名企业，在几年内由于各种原因相继垮下来了，它们的垮台给了我们深刻的教训，值得我们好好反思。我们要求全体干部要联系自身状况，分析当前中国的市场实际，探索在市场经济尚不成熟、不健全、不规范，和不断动荡的外部环境下，我们应有的对策，否则我们的企业就会“长不大，活不长”。如何在逆境中求生存，是我们集团目前的头等大事。要赢得这一场经济仗是十分艰难的，我们可以用一个“赢”字来解释。

单单一个“赢”字就有非富内涵，它告诉我们要赢就要做很多工作。前进的道路是艰辛的。要使我们集团的干部明白，出现目前的经济困境原因是什么？是脚大还是鞋小？我说实际上是鞋小。

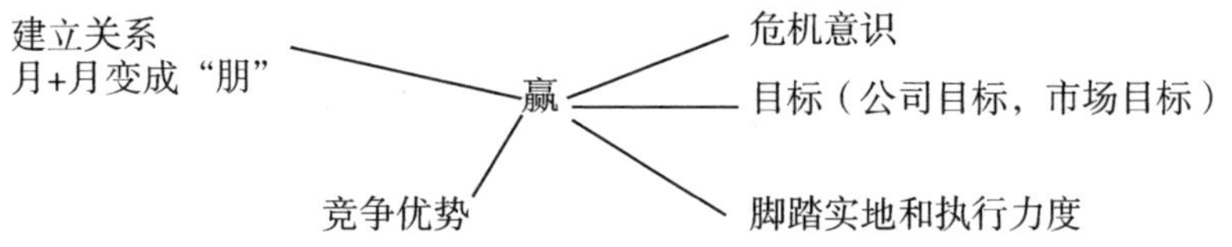

我们要准确地认识当前的经济形势，增强危机感和“企业末日感”，提高我们的厂长和全体管理干部的紧迫感和责任感。困难总是和机遇同时存在的。也要分析我们自身的优势，那就是干群团结，营运资金充足，社会信誉良好，已具有一定的技术力量。我们应以市场需求为导向，以深化改革为动力，以科技进步为依托，以质量效益为中心，以加强管理为保障，正确对待风险：1. 敢于接受风险，获取风险价值；2. 谨慎回避风险，避免灭顶之灾；3. 真正树立改革活企、科技兴企、开发旺企、管理强企的思想。我认为，应根据我们的实际情况，抓好以下几点：

一、满负荷工作法

以人尽其力、物尽其用、时尽其效为核心，管理必须做到以德待人，以才服人，以勤带人，以绩感人，从而使企业整体效益达到最佳状态。管理方法我认为主要有以下九项，即：质量指标满负荷，经营工作满负荷，设备运转满负荷，物资使用满负荷，资金周转满负荷，能源利用满负荷，费用降低满负荷，人员工作满负荷，八小时工作满负荷。

二、面对市场目前的需求状况，想方设法提高应变能力

我们要面向市场，走向市场，要千山万水跑，千方百计找，千言万语求，千辛万苦干，努力开拓新的市场。有了正确认识才能行动正确，要稳不要再错。

三、抓好市场定位和逐步有计划地淘汰中低档产品，向中高档产品推进

此外，要努力改变领导方法。企业规模越大，管理层次就越多；层次越多，工作效能可能越低，指令传达的失真越高。因此，减少管理层次是现代组织的重要原则。应推行高效少层的管理体制，实行“金字塔”式的多层次管理体制。

四、积极推行智慧成本管理法

智慧成本管理主要是把降低生产成本的重点由车间转移到设计，由生产工人转移到试制人员，靠智慧降低生产成本。

富而好学，充实人生

——在罗南企业集团素质教育会议上的讲话

（2000 年 5 月 7 日）

在年景好的年代，我们抓住了机遇，企业顺利成长发展，大家都吃到了甜头，大部分人都富起来了。可是到了逆境的那些年，我们的企业比较被动，暴露出不少问题。今天，我们确实需要静下心来好好地总结一下了。

富了以后怎么办？现在不少人有一种自满自足的心理，根本没有“不进则退”这一意识，于是当企业遇上逆境就显得束手无策。前段时期，中央领导来广东视察，要求沿海发达地区开展“致富思源、富而思进”活动，为我们今后的工作指明了方向。我想，我们应当抓住以“富而思进”为中心在集团内掀起一个“富而好学”的热潮。要认识到“好学”是“思进”的前提条件。“好学”才能看清自己工作中的不足，才能确立上进的方向，提高上进的工作能力和水平，才能充实人生。“好学”也是现代市场经济发展的要求，知识经济时代的要求。我们集团这次开展素质教育活动，提倡“富而好学、充实人生”，目的是在集团内形成一种人人好学上进的良好风气。

富而好学，首先是要努力学习和深刻领会党的基本路线、方针政策，使集团管理层和广大员工认识到我们之所以能在改革开放后走上了富裕之路，是党的政策好。我们必须清醒地认识到，我们富的源头是什么？是党的十一届三中全会以来的正确路线和一系列方针政策；是党中央的正确领导；是上级党委的正确领导和各部门的支持；是我们罗南的全体党员干部、群众抓住了机遇，吃透了政策，用足了政策的结果。

富而好学是要努力学习和运用科学文化基本知识。在知识经济时代，科学文化知识是我们开放致富之门的金锁匙。回想改革开放前，经济短缺，供给严重不足，那时候，我们生产出来的产品一般都能卖得出去，因此只要肯刻苦耐劳就可以富起来了。但时至今日，经过改革开放 20 多年的发展，国内已开始出现产品过剩现象，买方市场已经形成，市场对产品科技含量的要求越来越高。在这种情况下，我们想要继续致富，就不仅要肯劳动，还要树立会劳动的恒心和掌握劳动的本领。为此，就需要掌握一定的科学文化知识，否则在激烈的市场竞争中就将被淘汰。一句话，要想继续致富，就离不开学习；只有学习才能不断进步。这对我们管理干部来讲是如此，对广大员工来说也是这样。我们今天举行的学习会，就是要使管理人员和广大员工通过学习，明确在新形势下办企业是为了什么？如何才能把企业搞活？怎样才能成为一名出色的管理干部？我希望学习会后，各厂也都认真组织学习，在各企业掀起学习的热潮。

我认为，我们应当认清以下几个问题：

首先，我们办企业是为了什么？

我们罗南集团的管理干部，现在都成了企业的股东了，然而，大家是否明白为什么要将企业转制呢？将自己的真金白银投入企业参股又是为了什么呢？如果不明确这个问题，继续用以往的眼光看问题，用以往的思维方式想问题，用以往的心态想事情，那将是股东们自酿的苦果，同时也会增大企业面对当今时势的危机。

讲得好听些，现时企业转制是市场所迫，也是大势所趋，是为了使集体企业能够继续生存，是为了发展集体经济，保障广大村民的社会福利及劳动就业。说得浅显些，股东们用真金白银投资参股，与其说是为了集体经济，不如说是为自己的股份增添丰厚的回报。然而，企业转制后是否就一定能够赚到大钱呢？面对转制两年多来的企业实情，面对市场的激烈竞争，我们如何去把握好企业的大局，给全体股东们一个坚定的信心？我们提出“勤学勤劳，刻苦钻研，求贤若渴”这几字。

怎样才能将企业搞活？新形势下如何使企业有所发展，让股东们的股金活得起来？根据我集团企业的现状，我认为应从以下几方面做好工作：

一、加大力度，实施人才战略

我们集团确实已经具备了一定的规模，但论整体实力，除了资产雄厚些外，其实却比较空虚。其中最为薄弱的就是人才稀少，包括高级管理人才、技术人才、营销人才、企业规划人才等，现时企业内部自认为派得上用场的是绝大多数管理人员、技术人员。我们静心想一想，他们不外乎是当年洗脚上田的农民子弟，靠着当年的豪情及干劲将企业支撑到了今日的规模，到现在所奉行的仍然是以往年份的管理方式及方法，与此下去就可能走到尽头了。鉴于此，我们应当吸取一些单位由于人才缺乏而造成经济损失的经验教训。

一次又一次的挫折推动了我们的觉醒。我们目前工作的中心，应当是加大推行人才战略的力度。全体管理人员都要充分认识其重要性和必要性。我认为今后几年内，人才竞争的局面将更加凸现。现在许多有远见的企业，都已实施了自己的人才战略计划，广招各路人才来充实自身的企业实力。为了使企业在今后一定的时期内不被同行挤垮，不被市场淘汰，从现在起，我们必须警醒，必须抛弃一切旧的观念，大力实施人才战略计划，聘用各类专业人才来稳住企业的阵脚，包括高档次的管理、销售、技术、设备等方面的人才，力争在2－3年内使集团企业变为知识型、人才型的企业，提高企业的整体档次。

二、要想方设法改变以往的用人制度，重点打破村民裙带关系网，让庸者让位，让低素质者下岗

当前市场经济的态势十分严峻，我们全体管理人员必须充分认识到是来真格的时候了。我们把自己的真金白银投进了企业，都不想让它付之东流。因此，各方面工作都不得有半点松懈，企业的各项制度都必须与现代化企业管理制度接轨，否则，企业运作就将受到极大阻碍，后果不堪设想。一家企业的用人制度科学与否，会直接影响企业的健康发展。多年来，我们企业的一大顽疾及最棘手的问题是，以“村民裙带关系用人”。到目前为止，这种状况还在一定程度上存在。由此，各种矛盾就逐步尖锐地显露出来。为什么会出现人浮于事的情形？这是由于人员素质太低，工作是做完了，但根本不考虑质量，更不去考虑自己这样做会给工厂带来什么样的后果。比如，个别主任，平日在管理工作中，有的只会对员工发脾气；有的只知道自己埋头苦干，没有认真去研究如何抓住管理工作的关键和诀窍，更没有意识到如何关心员工并对他们的工作给予帮助和支持，致使一些员工产生逆反心理。这样一来，就严重影响了企业的生产质量和效益。有个别机修人员，他们已工作多年，是个“老机修”，但是素质不高，老是没有长进，这个部门排斥他了，另一个部门又接纳他，为什么？是碍于情面，不愿给他指出不足之处，怕说了得罪人，干脆听之任之。这样一来，一个污点就影响了全局工作的进展，加上其他干部员工有样学样，使整个企业管理工作面临越来越大的危机。

上述种种，是我们企业内部历来存在的弊端，已严重影响到企业的正常运作，与现时面对的知识经济和以人才竞争为核心的市场发展态势极不相称。企业要想活起来，就要跟得上时代形势的发展，就必须想方设法卸下这些沉重的包袱，彻底改变以往的用人制度，再不能用股东们的血汗钱来照顾这些关系网中的人了。

三、逐步改变一些管理人员的家长式作风，多给员工关心和指导

我们大多数管理人员都是当年洗脚上田，凭着干了几年陶瓷厂的经验，一步步走上管理岗位的农民。坦率地说，部分同志的文化素质有限，在日常实践中又不愿意多学习、多研究分析问题，自认为有工作经验就可以了。其实论起管理，其水平确实有限。我们有一些生产第一线的主任们，在日常跟班管理中，常常以“家长”自居，用“家长”式的作风去管理员工，缺乏关心和指导。比如：某一工序出现问题后，作为管理人员，不是与员工一道寻找问题的根源，共同商量解决办法，而是大发“家长威”，指责辱骂，把责任全部推给员工。这样的方式方法，员工会服你吗？问题会得到解决吗？你没有给他们指出问题出在哪里，没有教他应该注意些什么，没有教他如何应付突发性事件，结果类似问题仍是层出不穷，对整体生产运作带来十分不利。其实，正确处理好与员工之间的关系，对管理者来说并不失威，而是对工作更有利。你管理有方，你处理问题方法合理，员工就会听你的话，大家就会齐心协力做好工作，为整体卖力，你的工作自然就会轻松得多；但是，如果你以家长自居，不懂正确处理，只会骂人，不清楚了解实情就乱责怪人，这种不近人情的做法，员工肯定就不服，而且会产生出一种反叛心理，工作消极、怠慢，出现的问题会更多，各种损耗会更大。试想，受损失的是谁？所以说，作为一个管理者，平时应多学些有关的专业知识，不断提高自己的管理水平。要从管理中学习管理，将管理工作做得出色，生产运作就能明显地活起来。

四、用企业文化来激发广大员工的凝聚力和向心力

多年来，我们企业都忽视了如何激发员工的向心力和凝聚力这一重大课题。可以说，我们的企业目前存在的许多问题都和忽视了员工的向心力有关。有些干部认为，员工到企业打工，无非是为了钱，只要有工作做就不愁他们不去完成工作任务。这样的认识是肤浅的，是错误的。美国有位著名的企业家曾经说过：企业员工的积极性是企业的财富。而员工的积极性则来自员工对企业的向心力和企业的凝聚力。全体干部员工，只有当大家都齐心协力为企业卖力，为企业多出谋献策，多干并干好本职的工作，企业才会产生巨大的良性效应。

作为企业的管理者，具备什么条件才称得上是一个合格的管理者呢？在激烈竞争的市场态势下，联系到我们集团企业的实况，我认为一个合格的企业管理者，应具备以下的素质：

一、牢牢树立全局观念

目前，我们的企业管理者大都成了企业的股东，时时刻刻都应牢记，从大局着眼，以大局利益为重。要以正确的态度面对、理解、支持、执行集团董事会的各项决策措施，实事求是地做好自己分内的工作，在管理队伍中和广大员工中真正做到以身作则和起带头作用，成为他们的楷模。如果你作为一名管理者，对集团董事会和各厂董事会的各项决策处处加以抵触，持消极态度，不严格要求自己甚至落后于员工，员工怎能信服你呢？到头来受害的不单是工厂，也关乎你自己的切身利益。

二、品行端正

人格的力量是管理者领导力的基础。管理者必须具有优秀的人品，任劳任怨，廉洁自律，尊重他人，热心帮助下属解忧排难，用自己人格的魅力去凝聚全体职工。

三、头脑清醒

目前，国内外市场形势正处于非常特殊的转折阶段。如何适应市场，确立本企业产品定位，提高产品的品质，优化企业的管理模式，争取在一至三年内树立起企业产品的好品牌，时间已经非常紧迫。如果我们再这样糊糊涂涂、漫无目标、得过且过、一成不变，企业的生存期以及效益期就不会持久。因此说，作为管理者，必需时刻保持清醒头脑，面对变幻莫测的市场形势，做好日常的企业管理工作。

四、责任心强，追求上进

当今，企业需要的是工作意识强且责任心强，永远追求上进的管理者，有了这样的管理者，企业才能出现生机勃勃的景象。然而，目前我们企业的某一些管理人员，对集团的某些决策措施（比如针对市场趋势，要改变产品结构，开发新产品或从严抓产品质量，提高产品品位等），总是抱着观望、等待的态度，认为我们的企业目前的局面已先天性地注定不变还是能够赚钱。他们在上班的十个小时中，在车间走几趟，或在某个岗位看上几个小时，等别人下班了，自己也同样下班，在一天的工作中，自己究竟做了些什么实际性的工作？企业生产情况如何？糊糊涂涂，一问三不知。这些都是当今存在着的责任心不强的表现，是不求上进的具体反映。我们各级管理人员如果能够抓住和做好以下几方面的工作，才能说是“问心无愧”。

（一）深刻领会并大力支持董事会针对各个时期企业动态做出的决策

在管理工作中，应经常做好本部门的工作小结，总结贯彻上级决策措施成功的方面和欠缺的地方，然后向集团或各厂董事会提出自己的意见或建议，使集团决策方向更加明朗，思路更加清晰，更加有目的地制定出下一步的决策计划，并及时纠正决策中存在的问题，实现好中求进。否则，集团与各部门在决策上就会出现脱节，导致上级的决策出现盲目性，甚至会使各部门产生误解，全局工作将得不到协调和发展。

（二）每日做好生产情况分析纪录

从主任到生产科长直到厂长，每天都应该做好本班当天生产情况的分析，然后召集有关人员进行研究，指出问题的症结，商讨解决的具体办法，拟订好下一班应注意的事情，这样做才算得上工作有序进行。例如：本班质量为什么低？处理了没有？问题根源是什么？是机械造成还是人为造成？你应当向有关所属人员提出应注意的问题，科长把材料整理后汇总到厂长，厂长要将实情书面汇报董事会主管领导，这样，管理才算是明确到位并落到实处。

（三）虚心学习，默契配合

作为一个管理者，不但要经常阅读有关资料，学习更多的生产管理知识，掌握更多的生产管理技能，做到干中学、学中干，还要虚心向相关部门的管理人员请教学习。部门出现问题，首先应检查本部门的责任，然后会同相关部门人员共同商量研究解决办法，切忌把所有的责任都推给别的部门。总之，只要我们虚心学习，刻苦钻研，掌握更多的管理方法和操作技能，工作就会得心应手，员工们就会信服你；同时，只要我们在工作中，部门之间配合默契，就可以减少某些枝节性的误解，企业整体才能协调，才能产生较好的效益。

（四）时刻明确企业对质量的宗旨，发挥出管理者对质量意识的领导作用

现时市场的竞争已经变成品牌的竞争，而品牌是靠过硬的产品质量树立起来的。因此，要求我们的管理者在生产管理中必须具备强烈的质量意识，而且还要经常通过现场实样教育，督促员工共同来执行统一的质量标准，真正发挥出管理者对质量意识领导力量的作用，绝不能为本班及本车间的短期利益随意放宽质量标准。要知道，今日的陶瓷市场形势已经不同往日，产品在具备了质优的前提下才能逐步产生出品牌效应，企业才能保持其生命力。

（五）关心员工，理顺与员工之间的工作关系

员工与管理者之间始终是从属关系，如何拉近他们之间的距离，使员工发挥出更大的能动性，这对管理者来说是一门学不完的学科。1. 在日常工作中，管理者要严于律己，以身作则，真正起到带头作用，员工才能服你。2. 管理者要不断充实自己，对本部门的各类工作力求比员工更熟悉。不然的话，你又怎能评定员工的工作质量，怎样要求员工提高工作质量呢？所以，管理者一定要力争以自己的真正实力来赢得员工们的信服。3. 处理好与员工之间的工作关系，经常深入到员工作业场所，了解他们的工作情绪，及时解决他们遇到的难题，把自己平日所掌握的知识和经验传授给他们。这样做，关系自然会好起来，日常工作配合得好，差错自然就会减少。4. 当员工偶然出现差错时，首先要了解真实情况，然后作出处理，事后再找当事员工进行谈心教育，避免下次再出现同样的差错。但是如果不分是非黑白，动不动就大骂或者以罚为本，就会使员工产生反叛心理，怨声载道，日后还可能再出现类似的问题，对工作造成不利。

当前，我们集团企业应如何跟着市场走？

一家成功的企业，无论是产品的品种花色、档次结构、经营策划理念、管理方法，以及技术设备、人才配置等都是紧紧跟着市场形势发展而发展的。成功企业的企业家有一句流行名语，叫做：“适销对路的产品才是企业的生命”。这与当今“质量”“品牌”是企业的生命并不矛盾。因为产品适

销对路必须是在质优、品牌过硬的前提下，方能使广大消费者认可。现时我们同行业中的好企业，如鹰牌、东鹏、东莞维美、新明珠、金舵、双喜等名牌企业，他们的产品都比同类产品价格高出30—100%以上，原因在哪里呢？是因为它们质量过硬，产生出品牌效应，深受广大消费者欢迎。上述例子充分说明，适销对路的产品是企业生命这一硬道理。因此，如何及早反省过来，树立重新再创业的意识，加大力度树立起自己过硬的产品，参与市场激烈竞争，已成了摆在我们面前的两大问题。可以这样讲，企业的生命能否延续，就看我们能否紧紧把握市场的脉搏，能否适应市场，就看我们大家如何定位了。

我们应具备什么条件，才能使企业产生出品牌效应。

品牌已经成为当今现代企业占领市场的制高点。许多知名人士认为：在产品和销售策略中，压倒一切的东西应当是创立良好的品牌形象，要消费者了解和依赖的首先是品牌，其次才是产品。随着当今市场的开放，外国知名品牌的进入，中国企业特别是像我们这样的企业，压力正越来越大，可以说品牌竞争的时代已经开始了。

“品牌是消费者的信心”，“品牌是企业的生命”，如何理解呢？我举一个实例：在鹰牌公司展销厅内，有一对从广州专程来的夫妇，在展销厅内选中了800X800大规格的大颗粒抛光砖。我问他们：为何100多块钱一块砖都肯买，他们不假思索地回答说：买鹰牌产品就买个品牌，买个放心，贵点无所谓。这个例子，绝不是特例，是当今消费市场的普遍现象。当前国内市场上的600X600抛光砖厂直销每平方价格30—100元不等，其中的差价一至两倍有多，因为业内人士已经有了一个共识，这是品牌或者讲是品牌效应决定着这个商品市场售价及至消费者的心理承受能力，品牌的确给消费者树立了信心。打个比方，鹰牌陶瓷厂如果委托哪一家陶瓷厂合作生产某一产品，肯定比原厂价格高了一倍以上，而且销路好，这就是品牌，是企业生命的最好解释。

那么像我们这类型的企业，如何去创立自己的品牌，如何使企业真正产生出品牌效应呢？

我认为我们首先必须具备品牌意识，充分认识品牌是消费者的信心，品牌是企业的生命。同时，要知道创立品牌的艰难性。树立一个品牌，不是一朝一夕，不是一条标准，一个广告就能树立起来的，而是要经过一段时期的努力，一段时期的积累，同时更重要的是要给予广大消费者信心，才能产生出来的。

品牌的创立受制于诸多因素，其中包括一个优胜的产品，有优良的服务。其中就包含着厂领导机构的才干，员工的素质，完善的企业管理，实施策略以及企业文化等。最主要也是关键的因素是产品质量。在今后一两年内，我们要树立起产品的品牌，使自己企业拥有一个品牌产品，在市场上产生出品牌效应。对此，我认为要做好以下几方面工作：

1. 重新审定企业质量标准。必须以市场认可为企业质量的标准。用质量领导力来监督每一个工序环节的质量执行情况，绝不能用自己的质量标准来强迫市场及消费者接受。

2. 在达到消费者及市场公认的质量档次后，加快搞质量认证。

3. 加大力度开展产品广告的宣传策划。

4. 全面调整营销战略，一定要从长远利益出发，增强销售队伍的整体水平，全面开发各地市场。

5. 全面开展员工质量教育，加大力度搞好有关的宣传活动。

6. 对全体管理人员，全面开展素质教育及技能教育。

7. 明确良好的售前、售中、售后服务内容，制订出严厉的以销售行为为中心的适宜的处罚条例。

企业的规范化有利于企业的竞争与发展。企业规范化包括企业整体形象规范化、企业管理规范化、产品规范化、营销策略规范化、人才管理规范化等内容。如何使本企业走上规范化的路子，并与规范化的品牌企业接轨呢？

1. 企业整体形象规范化：进行厂容、厂貌布局的修整，包括产品展厅的建设等，加大力度通过各种媒体宣传广告，广泛树立本企业的社会形象及产品品牌形象。

2. 企业管理规范化：向外界咨询成功企业的管理经验，大胆引用国内先进管理方法，大胆聘用有一定工作经验的高级管理人才及技术人才参与企业的高层管理。

3. 产品质量规范化：引入国内同行成功企业的品牌管理体系，在任何情况下一定要突出出厂前的产品质量，以市场消费者认可为质量标准，做到不合格的产品一片也不能出厂。

4. 在各厂提高质量档次后，加速进行质量认证，争取在两年内，通过ISO9002 质量体系认证，力争在1—2 年内树立起有知名度的品牌。

5. 营销规范化：引入国内成功的品牌企业的销售策略和销售管理方法，大胆起用外聘营销人才，给其发展机会，着手策划产品网络销售工作，建立和保护好产品销售的网络，力保经营者与我厂双方都实现一定的经济效益。

6. 企业中高层管理人员规范化：各厂中高层领导及特殊部门人员应逐步外聘充实，并经常组织他们学习，自我充电，熟练掌握企业化的科学管理方法。各层次领导者之间时刻要保持团结默契，力求做到企业的目标与方向保持一致。领导层必须善于倾听各方面职工的意见及建议，与员工保持良好的关系，关心员工并尽可能解决他们的实际问题，树立良好的领导形象。

7. 企业员工的规范化：企业的各类员工特别是关键性工序的员工，实行定期对口培训，使每个员工都能熟练掌握本工序的知识及操作技能，做到不合格者坚决撤换，逐步使企业员工及管理者变为知识型。

在村办管理干部MBA研修班开学典礼上的讲话

随着知识经济时代的到来，世界经济一体化的发展以及中国加入WTO后市场竞争的日趋激烈，我们企业的生存与发展环境已发生了重大变化，客观形势对企业经营管理人员提出了新的要求。为适应这些要求，我们集团特别邀请了中山大学经济管理专业一批副教授、博士以上教师对我们集团的中上层管理干部进行MBA（工商管理）课程培训。今天是研修班开学典礼暨上第一堂课。参加今天开学典礼的有省乡镇局庞局长、中山大学岭南学院舒元院长、喻副院长及专家教授。此次活动，我们还得到了南海市委、市政府的重视和支持，市人大常委会主任关则新同志和副市长黄炳同志、南庄镇党委领导在百忙中也赶来参加我们的开学典礼，我们表示衷心的感谢。

欲用人，先育人。我们集团董事会认为，随着市场经济的深入发展，目前阻碍我们经济发展的主要原因还是人才的缺乏。市场竞争实际上是人才的竞争。只有通过知识的培训才能提高我们的管理水平。因此，我们集团下大决心，邀请中大经济管理专业教授来办培训班，目的就是提高我们管理人员的管理知识水平。五年前，我在年终总结中就讲过，要搞现代化的企业管理，靠我们这一代没有文化的农民是根本不可能的。今天，我们采取了外引内育的措施，举办MBA研修班，目的就是提高我集团的企业管理水平。

下面，我想提出几点要求：

第一，全体学员要从根本上转变和提高对“知识”的认识。告别昨日贫穷的罗南，走进今天富足的罗南，我们靠的是科技；创造明天辉煌的罗南，我们仍然要靠科技。

1. 要十分重视科技是第一生产力，加大企业技术改造力度，更新设备，改进工艺，提高企业技术开发和创新能力，大幅度提高产品的科技含量。

2. 以人才为核心，以品牌为资产，以竞争为动力，以社会为明镜。

3. 舍得投入搞技术改造和新产品开发是一件不容易的事，要有胆量和魄力，更要有准确的眼光，投入的项目必须是有市场前途的。

4. 要懂得，在激烈的市场竞争中，要立于不败之地，依靠科技是一个无法回避的必然选择。

第二，全体学员要抱着一种求贤若渴的精神去学习。对事业的知足，其结果并不是维持现状，而是日趋没落，甚至一落千丈。我们不仅要学，而且要结合我们企业的实际加以运用，在实际管理中做到以德服人，以才服人，达到帅才的水平。

第三，通过学习“管理者行为”和“管理心理学”，我们全体学员要达到善于处事，更善于处人，能礼贤下士，智而不傲，富而不骄，待人以诚，处事以勤，亲力亲为，网罗人才，精打细算，公道交易。三国时诸葛亮提出了治国之道务在举贤，明末学者王夫之直截了当地提出能用人者可无敌于天下。希望我们从中吸取人才管理的营养。

第四，要克服自己文化水平低、读书少的弱点，虚心向专家教授学习，鼓励课后讨论，力求理解细致深入。

俗语讲：好汉不怕出身苦，勤学努力有来日。天下无难事，只怕有心人。失意勿灰心，得意勿忘形。希望我们这次的研修班能够带给全体学员新的启示和帮助，并运用到企业管理中，使罗南的明天更加灿烂辉煌。

《基业长青》读后感

企业如何能保持长久、持续的竞争力？如何才能在竞争激烈的市场经济中立于不败之地？那些长盛不衰的企业是如何成功的？他们何以能够基业长青？这是每个从事管理实践的企业家、每个从事理论研究的管理学家都关心，并希望获得答案的问题。

针对这些问题，斯坦福大学商学院的教授詹姆斯·柯林斯和杰里·波拉斯在经过六年潜心研究，翻阅了大量资料后，出版了《基业长青》这本书。在这本书中，柯林斯和波拉斯确定了18家成功的长盛不衰的公司作为研究对象，它们称为“高瞻远瞩公司”（Visionary Companies）。他们确定高瞻远瞩公司的标准是：为所在行业中第一流的机构、广受企业人士崇敬、对世界有着不可磨灭的影响、已经经历很多代的CEO、已经历过很多次产品（或服务）生命周期，而且在1950年前创立（平均创立时间为1897年）。根据这六条标准，他们选定的公司有：国际商用机器公司（IBM）、通用电气公司（GE）、宝洁公司（P&G）、摩托罗拉公司（MOTOROLA）、惠普公司（HP）、索尼公司（SONY）等共18家。另外还选择了另外18家公司（包括通用汽车公司、高露洁公司等知名大公司）进行对照研究。

经过对这18家高瞻远瞩公司的系统分析和研究，《基业长青》总结了它们成功的经验。

企业家要成为“造钟师”而不是“报时员”。要建立一套完善的机制，让企业不断产生持续的竞争力，企业家应该着眼于公司的长远发展，而不是着眼于个人英雄主义。

高瞻远瞩公司长盛不衰的法宝是“保存核心、刺激进步”，即保存自己的核心理念，通过不断的刺激进步来适应不断变化的环境，产生持续的竞争力，进而实现自己的使命追求。

高瞻远瞩公司“保存核心”的方法主要有三种：“利润之上的追求”

“教派般的文化”“自己培养经理人”。

高瞻远瞩公司“刺激进步”的方法主要有三种：“胆大包天的目标”“择强汰弱的进化”“永不满足的心态”。

这四点成功经验之间有着内在的逻辑联系。“造钟”的原理，即企业制度和文化的设计思想，就是企业的核心理念，企业要使“钟”持续地自动运转，就必须坚守自己的核心理念，而为了适应不断变化的市场环境，企业必须进行各种创新，不断进步，这就是“保存核心，刺激进步。”要达到这个目的，必须采取一系列的手段。

市场经济条件下，企业生存和发展的基础是企业的竞争力。企业短期的竞争力依赖财务周转的能力（资金），中期的竞争力则必须拥有良好的服务与产品（技术），长期竞争力则要依靠公司的各级管理者和员工（人才）。因此，能够凝聚共识的高效能管理团队和员工队伍是企业永续经营最重要的资源。市场经济中，土地、技术、资本都是死的资源，他们是不能自行升值的；只有人才是活的资源，是一切价值创造的真正源泉。因此，能力卓越、态度忠诚、能够为公司发展贡献力量的人，无疑是公司最重要的财富。企业如何才能聚集优秀的人才？从另一个角度说，就是如何营造一个有利于吸引人才加盟、培养人才成长，有利于人才发挥才能的环境。《基业长青》研究了高瞻远瞩公司的成功案例，得出的结论是：优秀的企业管理者要“造钟”而不是“报时”（书中把优秀的管理者称为“报时员”，把企业不断产生优秀人才的机制称为“时钟”）。企业要长盛不衰，就必须建立一套基于组织而不是基于企业家个人的机制，也就是在组织的层面建立一套能不断吸引优秀人才，不断培养优秀人才的机制，即把企业打造成一台自动运转的“时钟”，这台“时钟”能够不断的自动“报时”。

正如《基业长青》所说：“高瞻远瞩公司和对照公司最大的差别不是领袖的素质，而是优秀领袖的一贯性”；“高瞻远瞩公司的成功因素是来自于深植于组织里的基本程序和根本动能。”这里的“基本程序”就是企业的基本制度和流程。“根本动能”就是不断追求卓越、永不满足的企业文化。而所谓机制就是制度、流程、文化的总和。企业如何造出这样的“时钟”，建立这样的机制呢？机制不是凭空产生出来的。企业的文化、组织、制度也不是无源之水、无本之木。任何制度、任何文化都有其背后的理念支撑。我们必须去探求机制背后的观念，即这种机制的设计思想，“造钟”的原理，“造钟”的思路，也就是企业的核心理念。正是因为有了这些核心理念，企业才有了理念演绎出来的文化、组织和制度。

企业的核心理念是企业固有的属性，是一个企业区别于其他企业最根本的特征。正如书中所说：“核心价值是一个组织长盛不衰的根本信条，即少数几条一般的指导原则；不能与特定的文化或作业方法混为一谈；也不能为了财经利益或短期权益而自毁立场。”企业的核心理念一般包括两个主要方面，即企业的使命和企业的价值观。企业的使命是指一个企业对自己终极目的的规定性。企业的使命阐明企业组织的根本性质与存在理由，说明组织业务的宗旨、哲学、信念、原则，根据组织的意愿及服务对象的性质揭示组织的长期发展前景。

企业的价值观是企业做事所奉行的根本原则，是企业判断是非的根本标准，是企业中各级管理者和员工行为的准则。核心理念，顾名思义，是整个企业的核心。企业的战略、组织、制度、企业文化都是围绕着核心理念来展开的。企业的战略是实现使命的具体手段，组织和制度又是实施战略的手段。企业文化是激发员工使命感和塑造员工价值观的手段。总之，核心理念贯穿于整个企业系统，是战略制定、组织和制度设计、文化建设的最根本依据。高瞻远瞩公司非常重视维护自己的核心理念。

在没有核心理念或者核心理念不清晰的企业中，各级管理者和员工都没有共同的目标，不清楚企业前进的方向，不能体会到自己工作的意义和价值，也没有从事一项事业的使命感，因而也无法从工作中得到成就感。这就必然会导致企业战略错位、组织和制度混乱、企业文化不良等一系列问题。企业的内耗就会大大增加，战斗力就会大大降低。相反，核心理念一致的公司，内部沟通成本极低。理念一致的公司更容易渡过危机和困难时期，它们永远有一种朝向目标的斗志和动力。企业的制度和组织结构需要被人们认同和理解才能真正得到执行和有效地运行，而理念和文化是支撑企业制度和组织结构的无形而有力的基础。核心理念把企业的各级管理者和员工的思想统一起来，使企业成为坚强的战斗集体，形成组织的合力，为共同目标奋斗。因此，核心理念的稳定性就成为企业稳定的基础，是企业长治久安的基础，进而成为企业长盛不衰的基础。

一个企业若想长盛不衰，若想打造一支精诚团结的队伍，就必须坚守自己的核心理念。企业一旦认定了自己前进的道路，不管遇到多大的艰难险阻、惊涛骇浪，也必须坚持，不停留，不退缩，最终才能度过重重难关，实现自己的目标。“不管外在环境怎么变化，即使环境不再利于我们拥有这些价值，甚至使我们受到惩罚，我们依然如此。”相反，企业如果不能坚守自己的核心理念，而是机会主义、见异思迁，就会产生严重的投机心理和短期行为，企业的各级管理者和员工也会方向不清、目标不明，最终导致军心涣散、内耗严重，企业就难以形成团结一致的合力，也就难以赢得市场竞争，甚至导致组织解体。企业的核心理念是不容改变的，但其他方面却是可以改变的。这是一枚硬币的两面，企业生存在变幻无常的市场中，要生存、要发展就必须不断地改变以适应环境的发展。僵化不变的企业无法赢得日益激烈的市场竞争。高瞻远瞩公司的经验是：“除了‘基本的’信念之外，企业在前进时，必须准备改变本身的一切……组织中唯一神圣不可侵犯的东西应该是它经营的基本哲学。”

因此，企业必须区分什么是核心的理念原则，什么是非核心的具体做法。“许多公司因为把核心理念原则和非核心的特定做法混为一谈而陷入困境。”企业的变化必须坚守自己的核心理念。“高瞻远瞩公司小心地保存和保护核心价值，但是核心理念的所有表象却都可以改变和演进”。“信念必须始终放在政策、做法和目标之前，如果后面这些东西似乎违反根本信念，就必须改变。”

这就是变与不变的辩证法。不变是变的目的，变是不变的手段。企业为了保持自己的核心理念，就必须不断变化以适应环境，而只有通过这种不断变化，企业才能够实现自己不变的使命。《基业长青》将此称之为“保存核心、刺激进步”。

“保存核心”就是坚持企业的使命和价值观，坚持企业的选择，沿着企业既定的目标不断前进。“刺激进步”是通过各种方法不断创新，不断进步，使企业不断地产生新的活力和动力，以适应不断变化的环境。“保存核心”与“刺激进步”是辩证统一的。正如书中所述：“核心理念和追求进步的驱动力之间的强力互动，百般纠结，无法分开，都全力促进组织的最高利益。”

在明确这两个概念的基础上，《基业长青》系统地研究了高瞻远瞩公司

“保存核心”和“刺激进步”的方法。

1.“保存核心”的方法。高瞻远瞩公司“保存核心”的方法大体上有三种：一是“利润之上的追求”，这种方法是用核心理念去塑造员工的观念，激发员工的使命感；二是“教派般的文化”，这种方法是用核心理念去规范员工的行为，塑造员工的价值观；三是“自家培养经理人”，这种方法保证了核心理念的保持和传承。三种方法成为一个体系，有效地保证了企业能够坚守自己的核心理念。

志存高远——“利润之上的追求”，这种方法是用企业的使命去激发各级管理者和员工，使他们产生超越现实利益、短期利益的使命感。正如书中写道：“高瞻远瞩公司能够奋勇前进，根本因素在于指引、激励公司上下的核心理念，亦即核心价值和超越利润的目的感。”企业必须有利润之上的追求，单纯追求利润最大化只会产生投机心理和短期行为。企业会因为暂时的利益蒙蔽了双眼，而不会有长远的眼光。诚然，企业需要利润，但利润不是企业的目的，利润只是企业赖以生存的必要条件。“企业需要利润就像人体需要氧气、食物、水和血液一样，没有它们，就没有生命。但这些东西不是生命的目的。”“利润不是经营层正确的目的和目标——仅是使所有正确目的和目标得以完成的手段。”并非说利润不重要，而是说一个企业不能把目标仅仅局限于利润最大化上，而应该有更高的理想和追求。只追求利润最大化的企业就像只追求温饱的人一样，是难成大器的。企业如果只追求利润最大化，相应地会导致员工也只追求薪资最大化，这样员工就不能产生干事业的使命感和成就感，他只是在谋生，而不是在从事一项事业。他只是被动地应付工作，而不是主动地开拓创新。因此，它就很难从内心深处激发他的积极性和创造性，他的潜力也很难发挥，也就很难取得真正的成就。员工只有从内心深处真正认同了企业的核心理念，才能激发出使命感和成就感，成为自觉的战士，真心诚意地为企业做贡献。《基业长青》研究发现，事实上，他们总是把追求理想的使命和追求现实的利润的关系处理得非常好，奉行的是务实的理想主义。“高瞻远瞩公司不是在短期和长期之间寻求平衡，追求的是短期和长期都有优异表现；高瞻远瞩公司不光是在理想主义和获利能力之间追求平衡，还追求高度的理想主义和高度的利润；高瞻远瞩公司不光是在保持严谨形状与刺激勇猛的变革行动之间追求平衡，而是两方面都做得淋漓尽致。”

诚心正意——“教派般的文化”。理论是抽象的，现实是具体的。理念必须通过文化的形式来贯彻，没有文化的理念是空中楼阁，是没有根基的。企业必须建立以理念为核心的企业文化，把核心理念落实到管理者的日常管理中，落实到员工的日常行为中。在企业中形成认同企业使命、遵循企业价值观的文化氛围，并不断强化这种文化氛围，使其深入人心。企业必须用文化塑造每个人的显意识甚至潜意识，进而塑造他的行为，最终使得核心理念深入每个人的骨髓，使每位员工在工作中自觉遵循这种理念，充满激情地展开协同，自觉地执行企业每一项决策。高瞻远瞩公司企业文化的狂热灌输强化，以及对不能认同理念员工的强烈排斥，几乎就像宗教布道的狂热以及对异教徒强烈排斥一样。因此，《基业长青》将高瞻远瞩公司的这种企业文化称之为“教派般的文化”。

高瞻远瞩公司的特点和宗教的确有相似之处。但这种宗教般的狂热毕竟不是宗教，高瞻远瞩公司“不是要求对个别领袖奴隶式的崇拜”，而是让员工真心地认同企业的核心理念。这种“教派般的文化”并不代表着专制的集权，恰恰相反，“高瞻远瞩公司虽然比对照公司更像教派，但是，高瞻远瞩公司普遍实施分权的制度，并给予员工高度的作业自主性”。因为明确了企业的核心理念，员工反而拥有了更大的自主权。他知道什么事情应该做，什么事情不应该做，大大降低了企业管理成本和监督成本。为了在企业中形成这种“教派般的文化”，这些高瞻远瞩公司在招聘人员的时候是非常谨慎的，像选择信徒一样严格地去选择新员工。“非我族类，其心必异。”“高瞻远瞩公司的招聘和面试程序通常远比对照公司的更复杂、严密。”因为他们很清楚，如果没有选到合适的人，企业对员工的文化整合成本无疑会大大增加。

固本清源——“自己培养经理人”。为了保证企业的核心理念能够有效地保持和传承，高瞻远瞩公司基本上只用自己培养的人担任最高层管理者。在 18 家高瞻远瞩公司“总长达 1700 年的历史中，只有 4 位 CEO 是外聘的，而且只在两家公司出现过。”通用电气公司前 CEO 杰克·韦尔奇被称为“二十世纪全球最佳 CEO”，是职业经理人的典范，人们或许会以为是优秀的韦尔奇造就了成功的通用电气，但是《基业长青》的结论恰恰相反：是成功的通用电气造就了优秀的韦尔奇。“事实上，整个 CEO 的选择过程，一直到最后选定韦尔奇当CEO，是传统的通用电器最优秀的一面。”高瞻远瞩公司基本上都实行严格的内部晋升制度，因为在长期的企业文化的浸淫下，公司内部的人已经不是原来的单纯的个体了，已经成为组织中的人，他们的观念、行为已经被企业文化重新塑造了，这种重塑达到了这样的程度，以至于他的一切行为基本上都不会违反企业的核心理念。正如孔子所说：“从心所欲不逾矩。”他自身已经成为企业核心理念的倡导者，成为企业文化的宣传者。而聘请外来的经理人则有文化整合的巨大风险和成本。“外人可能淡化或摧毁公司的核心，关键是要培养和提升能够刺激健全的变革和进步，同时又能保存核心的内部干才。”通过这种形式，管理者成为企业核心理念自觉的维护者和传承者，使得企业的核心理念得以保持，而这种核心理念的保持，有力地保证了企业持续稳定地发展。相反，某些企业由于没有做到这一点，在企业领导人变更的时候，给企业带来巨大的震荡，对企业的竞争力带来巨大的破坏。《基业长青》总结了这两种企业的差别：高瞻远瞩公司的情况是：“管理发展及继承人计划——强有力的内部人选——内部卓越领袖的连续性——保存核心、刺激进步”。其他公司的情况往往是：“经营层发展计划不佳，继承人规划不当——缺少强有力的内部人选——领袖断层，公司停顿，寻找救世主——不能保存核心、刺激进步”。当然，内部培养也不是绝对的，必要时，企业也可以外聘职业经理人，但是必须保证一个前提：“如果公司觉得必须要外聘最高层经理人，也要找和公司核心理念高度一致的人选，他们的管理风格可能不同，但是应该真心地赞同公司的核心价值。”

2.“刺激进步”的方法。《基业长青》研究了18家高瞻远瞩公司的成功案例，总结出了三点成功经验：“胆大包天的目标”“永不满足的心态”“择强汰弱的进化”。企业不断发展前进的力量无非两种：外加的压力和内在的动力。外加的压力在高瞻远瞩公司体现为“胆大包天的目标”。内在的动力则体现为“永不满足的心态”。而外生的选择和内生的创新的结合体现为“择强汰弱的进化”。这三种办法是一个完整的体系，有力地刺激企业不断进步，推动企业持续创新。

志在千里——“胆大包天的目标”。高瞻远瞩公司的使命通常都是宏伟而远大的，因而离企业具体的日常行为比较远，如何让员工能够真切地感受到企业的使命与自己日常工作的联系，把核心理念贯彻到员工的具体行为中去，是企业必须解决的问题。高瞻远瞩公司的做法就是设立“胆大包天的目标”。为了实现企业的使命，管理者必须为企业设立阶段性的目标，这是不言而喻的，但高瞻远瞩公司设立的目标是“胆大包天的”，因为“胆大包天的目标”才能真正刺激进步。这种“胆大包天的目标”往往要求员工有高度的献身精神，为了实现目标，贡献出自己所有的智慧和力量。“如果目标不要求高度献身精神，这种目标也不能算是胆大包天的目标。”总结高瞻远瞩公司的成功经验，“胆大包天的目标”必须是明确、动人的，让员工能够真切地感觉到，从而积极地向着这个目标去努力。“胆大包天的目标是有形而高度集中的东西，能够激发所有人的力量，只需略加解释，或者根本不需要解释，大家立刻就能了解。”“问题不在于目标的对和错，问题是要像登月任务一样清楚动人，就能刺激进步。”当然这种“胆大包天的目标”必须符合公司的核心理念，高瞻远瞩公司“只是追求既能加强本身核心理念，又能反映公司自我定位的胆大包天目标”。

自强不息——“永不满足的心态”。“胆大包天的目标”用外加的压力来刺激进步，而另一方面，企业还需要内在的动力，高瞻远瞩公司刺激进步的内在动力是永不满足的心态，这是企业持续进步的动力源泉。《易经》上说：“天行健，君子以自强不息。”“高瞻远瞩公司设置强大有力的机制来产生永不满足的心态，消除自满，从而在外部世界发出要求之前，就刺激变革和改善。”正是这种永不满足的心态，使得高瞻远瞩公司总是立足长远。“高瞻远瞩公司习惯于长期投资、建设和经营，他们这样做的情形比对照公司多多了。”“而有些对照公司刻意采取安逸的态度，牺牲公司长期利益、榨取短期利益的情形并不少见。”

适者生存——“择强汰弱的进化”。如果说“胆大包天的目标”是一种自上而下的刺激进步的方式的话，那么“择强汰弱的进化”就是一种自下而上的刺激进步方式，是一种内生变化，外加选择的方式。企业既要“保存核心”，又要“刺激进步”，这二者是对立统一的。企业发展过程中会遇到各种各样的机会，如果不加选择，企业就难以保持自己的核心，如果一概拒斥，企业又难以持续进步。如何平衡这种关系呢？高瞻远瞩公司的办法是“择强汰弱的进化”。企业能够整合的资源、能够把握的机会是多种多样的，不确定的，但企业的选择必须是确定的，即只选择符合自己核心理念，并且能够刺激企业进步的机会。这种选择类似于达尔文的“不定向变异，定向选择”生物进化论。因此，书中把企业比作“逐渐演进的物种”，并将这种方法概括为“择强汰弱的进化”。

企业家不是上帝，因而也无法绝对准确地预测未来，企业在现实中必然会遇到很多事前无法预料的变化和机会。这种变化、这种机会有着相当大的偶然性。高瞻远瞩公司的高明之处就在于有这种“择强汰弱的进化”的机制，这种机制保证了企业能够把握这些未曾预测到的，但有可能给企业带来巨大发展的变化和机会。比如，强生公司意外的进入消费产品领域，马立奥特公司借机进入空厨服务业，美国运通公司无心涉足金融与旅游业，最后都取得了巨大成功，就是这种“择强汰弱进化”机制的最好说明。企业“择强汰弱”的依据是什么呢？一方面，是否符合公司的核心理念，另一方面，是否有市场前景。这就是所谓的“定向选择”。正如古人所说：“弱水三千，吾只作一瓢饮。”“高瞻远瞩公司都是突变的机器，但同时都坚决地固守核心理念。”“核心理念的作用好比强力胶和指导力量，使高瞻远瞩公司在突变和演进时，精诚团结。”“高瞻远瞩公司的最佳行动绝不全是来自复杂的策略规划，反倒有很多是来自试验、尝试错误和机遇，欣然接受改变。”

概括而言，“高瞻远瞩”公司“基业长青”的秘密在于：

“基业长青”的理念——有一个真心认同的核心理念，这个理念包括企业的使命和价值观。“基业长青”的原则——依靠“保存核心”，集聚起真心认同企业的使命与价值观的员工，打造可以同甘共苦、荣辱与共的团队；依靠“刺激进步”激发员工的积极性和创造性。“基业长青”的方法——“保存核心”的方法有三种：“利润之上的追求”“教派般的文化”“自家培养经理人”；“刺激进步”的办法也有三种：“胆大包天的目标”“永不满足的心态”“择强汰弱的进化”。理念、原则、方法三者成为一个从理论到实践的完整体系，是高瞻远瞩公司保持持续竞争力的法宝。理念是“造钟”的原理，原则是“造钟”的图纸，方法是“造钟”的工具。有了原理、图纸和工具，造成这个“钟”就水到渠成了。因此，高瞻远瞩公司的成功绝非偶然，他们的成功在于他们能够“高瞻远瞩”，把握到了企业生存和发展的内在逻辑和规律，并且按照这些逻辑和规律的要求，勇敢地投入实践，使得企业能够长盛不衰。正是他们的“高瞻远瞩”最终赢得了企业的“基业长青”。

毋庸置疑，《基业常青》是一本值得慢慢品味的好书。从文章的字里行间首先感受到的还是作者严谨、认真的工作作风。研究对象的确定、主题的筛选、案例的选择等，都是经过深思熟虑之后才有的结果。书中所阐述的观点和思路，都极具现实的参考和指导价值。书中的每一个标题以及总结式话语都很能抓住读者的眼球，也足以让人好好回味。书中运用大量的事实资料和文字阐述了企业经营和长足发展中诸多有实无形的东西——理念、价值观、目标。通过分类和对比，书中列举了持续经营企业的思维方式。书中研究的企业都是在当今世界上鼎鼎有名、有实力，而且仍然有活力、高速增长的典范。综合而言，这是一本读来有感、思来有触、做来有方，在字里行间时时透露着指针式的影响的好书。

罗南集团创跨世纪企业发展规划的构想

（1999 年 12 月 20 日）

随着我国改革开放不断深入发展，社会主义市场经济的意识已进入各行各业。“只有失败的企业，没有失败的行业”这一经济规律在市场经济竞争中，已经不断被企业验证和得到充分的体现。企业进入市场后，犹如逆水行舟，不进则退。目前的市场确实发展很快，“适应已是落后”。面对市场不断出现的新挑战，罗南集团如何在国内建陶行业中保持领先地位，并且在国际市场开拓过程中占有更大的份额？最近几天，我在考察国内市场过程中得到了启发。我认为，企业的知名度越低，产品在市场占有率也就越小，长期下去，企业的末日就会来临。我觉得罗南人办企业有很好的条件，前几年我们已创出了一些名牌产品，但近两年落后了。经过思考，我对罗南企业今后的发展构思了一个规划。

一、建筑陶瓷的市场形势

纵观世界发达国家的经济发展，广泛使用陶瓷制品已有几十年的历史。这种产品目前的市场潜力很大，很少有其他产品可以取代。世界上已有部分国家使用高档的陶瓷制品。

我国使用建筑陶瓷是从 20 世纪 80 年代初才兴起的，至今已有十多年历史，每年的用量都在增加。与 1990 年相比，陶瓷产量和销量增了 1000 倍，而且每年的用量都增长 20% 以上。我国地大物博，人口众多，居者有其屋的工程正在实施，特别是在欠发达的西南和西北地区，销量每年增一倍以上，民用的建筑陶瓷用量一年比一年增大，而且产品的档次要求越来越高。我最近考察过北京和华东市场，销售势头较好，特别是产品档次高、营销策略好的企业销量更是剧增，就算是质量一般的销量也不菲。由此可见，建陶市场前景广阔，问题是我们怎样占有市场。

二、逆水行舟，不进则退

罗南集团从 1988 年建厂以来，至今已有 12 年历史，企业由小到大，从弱到强。建厂初期，我们只有两条生产线，年产量只有几十万平方米，到今年超过 1000 万平方米，共有生产线 60 条。企业自有资产从零开始，到 1999 年已拥有十多亿元，特别是在大家的努力下，罗南建陶生产同业的水平，罗南的无形资产价值不可估量。我们要把握好这些优势，戒骄戒躁，继续拼搏，再上一层楼。我集团 12 年来领导班子团结，职工队伍稳定，有一定的技术力量，管理严格，质量达标，经济实力强，较好的企业回报率在 65% 以上。这些成绩的取得是和上级党委的正确领导和全体干部员工的共同努力分不开的。

面对建陶市场的广阔前景，又面临着市场竞争的越演越烈，企业今后如何发展？党支部和村委会对企业实行什么政策？干部职工如何稳定？都是关键问题。为此，我认为罗南在大好形势面前要居安思危，俗语说：不进则退。我们要有一个长远规划，要以滚雪球的方式再发展，每年用部分折旧费进行技术改造，使企业每年增 15% 以上，投资回报率达到 30%—40%，投入产出比达到 1∶2，用这种速度发展到 2005 年，我们的销售值就增加一倍。

技术改造，投资意向。我们投资意向有几个方面，一是进行深层次的技术改造，提高单机产量；二是依靠高科技，聘请有经验的陶瓷工艺工程师，开发陶瓷新产品，开发高新陶瓷，提高产品附加值；三是增加先进生产设备。

三、关于市场的开拓

千难万难，产品开拓市场是最难。现在是市场引导生产而不是生产指导市场。目前，我们有些产品是养在深闺人未知。我们各级管理人员要有强烈的市场意识，要深知“笼鸡有食汤锅近，野鹤无粮天地宽。”

对于建陶企业的营销，我提出“怀抱炸弹强经营”。可以想象，要想炸弹不炸，需要分析市场，预测变化，才有正确的营销决策。企业产品很少能与市场同步，难免有超前或滞后，平行产销是很少的。所谓引导消费和延长老产品的生命周期，讲明了都要在“质量”和“服务”上下功夫。一句话，我们企业要有跳跃式发展才有市场。

经验证明，在各地设立总经销是个好办法。我们要争取在全国每个省（包括属下地级市）、每个品牌，都建立经销点。这样，每个省就有了我们几十个经销点了，这就等于多了 100 多个供销员。开设经销点，大家要选好对象，对经销点要建立长期友好关系，要做到唇齿相依，血肉相连。对经销点的营销原则是让利不让市场，互相联系，互惠互利。

前几年在福建、汕头市场，我们的销量占首位，一年销近两亿元，后来由于我们的产品档次不高，失去了不少客户，现在年销量只有3000多万元，确实是孔明失街亭，用人不当。这一市场已给其他企业占领了。

江苏、浙江市场，几年前是我集团重点销售地，早在1993年已建立了经销点，市场占有率相当大，“恒发”牌、“罗南”牌在当时已有相当高的知名度，特别是浙江市场。然而，后来由于我们的供销人员信息不灵，加上产品档次偏低，浙江市场的销量每年都下降，只有江苏市场的销量增加。

北京市场我们前几年销量是1.5亿元以上，近年逐步减少，其实北京市场是相当广阔的。

深圳特区市场，我们在1992年开始进入，到1997年销量逐渐上升，到1998年后，销量有所下降。这与我们的供销员素质低下及销售策略和产品的定位有关。

广东市场，1994年前占全集团销量的40%左右，到现在只有15%左右。

海南市场三年都未见成效，目前只有鸣金收兵。

西南市场和西北市场，近几年由于大量开拓，目前，销量都大幅度增长，而且前景广阔。

广西市场、湖南市场、江西市场，几年前销量不到5%，到1999年销量占全集团的25%以上。因此，我们要积极抢占该市场，更进一步扩大市场占有率。

商场如战场，打好销售这一仗，是企业发展的关键。企业是成是败，决定于能否不断开拓市场。怎样开拓市场？人的因素第一。要请有营销本领的人员来管销售和开拓市场，靠我们现时的营销策略是不行的。目前，我们的业务员不是业务员而是坐销员，业务员不去开拓市场算什么业务员。我们大家应该明白：只有末日的企业，没有末日的陶瓷产品，我们不去主动占领，就会被别人占领，企业产品在市场的占有率，就会越来越少，企业的“末日”就要来临。这点希望大家不要掉以轻心，应引起高度重视。今后的业务员应该具有以下三种素质：有嘴头，有派头，有水头，还要有信息档案和信息反馈。

总结12年来在销售上的成功经验与失败教训，今后的营销战略是要打阵地战，不打游击战，步步为营，看准一个地区就要集中力量攻打，扩大战果。具体采用九个措施：

1．质量取胜，以质量求生存。

2．开展广泛宣传，树立优质产品和优秀企业形象，提高知名度。

3．领导分管，第一把手要集中精力抓营销，要走市场，扩大影响；找设计院，争取支持。

4．设立经销点，互惠互利，发挥当地人的积极性。

5．交货及时，争取有工程砖回头客。

6．推出优惠政策，坚持让利不让市场。

7．设专人抓好销售档案的记录和销售网点的统计。

8．有条件的成立销售公司。

9．加大产品出口力度，力争2000年出口超亿元。

四、知己知彼，百战百胜

目前，全国的建陶企业迅猛发展，四川及山东的陶瓷厂正在大幅度上马，生产质量每年增40%以上，而且现在新建的起点较高，而旧的建陶企业有部分资不抵债，举步艰难，但是就南海而言，就占全国销量的20%以上。

目前，我们周边陶瓷厂最好效益的有鹰牌、东鹏、新中源、樵东、上元等，而且产量较大。

市场竞争万分激烈，这场陶瓷大战要打胜，不是一朝一夕的事，要经过多年的努力竞争。罗南集团成立至今只是万里长征走完第一步，今后的路程更长，工作量更大，更艰巨，前途是光明的，道路是曲折的，在市场经济大战中，目标尚未达到，同志仍须努力。

五、企业发展的新思路

千条万条，领导班子政治思想稳定是第一条。今后组建领导班子，要加强党的建设。特别是领导要讲正气，干部职工要有士气；避免领导干部搞歪风邪气，干部职工垂头丧气，老实人上气不接下气。要按革命化、专业化、年轻化的原则，以江泽民同志《领导干部一定要讲政治》一文中强调的“要按政治方向、政治立场、政治纪律、政治鉴别力、政治敏锐性的要求培养干部，考察干部”。其精神也适用于我们企业班子建设。

集团的决策人员必须稳定，中层人员必须流动。党总支部不稳定，企业末日就会来临了。目前，我们的中层干部大多数还是20世纪80年代的管理水平，如果不思进取，即将被淘汰。我们在实践中识别人才，在流动中培养人才。勇于弃旧立新，才能不断接受新鲜事物，不断进行工艺、产品的改进和创新。如果中层人员不流动，只能进不能出，久而久之，必成一潭死水，企业缺乏活力。领导者必须知贤善任，任人唯贤，实行能者上、平者让、庸者下的原则。特别是部分业务人员要大刀阔斧地进行调整，实行“引进与淘汰相结合”。

有了先进设备，还必须有高素质的人才去管理。要做到一方水土用一方人。招贤纳士、务实创业是罗南集团的发展路线。社会主义市场经济在发展，日益激烈的市场竞争实际上是人才的竞争。决策是前提，人才是关键。科技的掌握与人才的合理使用是企业生存发展强盛的保证。总结集团过去取得的经验和教训，我们深深地体会到科技的重要性和人才的宝贵性。实践证明：企业是水，人才是鱼；水越清，鱼越欢；水养活了鱼，鱼也搞活了水。我们的领导班子对科技人员要有爱才之心，护才之胆，用才之量，守才之能。

企业发展当然离不开党的领导和支持，离不开党的路线、方针和政策，也离不开专家的指点和能人的相助。

企业的领导，要能人，不要老好人；要大公有私，先公后私，公私分明的好干部。今后各厂的正副厂长有“三要”：要讲得、要做得、要写得。领导班子要有权威性，要团结合作，艰苦创业，开阔前门，关紧后门，宽以待人，严于律己。班子成员要以五个“不忘”为表率：

不忘以经济建设为中心；

不忘公与私的关系；

不忘社会责任；

不忘民主集中制；

不忘依法治厂。

身为管理人员，在工作上要有本事，在思想上要有本心，要尊重人、理解人、培育人。

企业要有一支科技队伍，力求做到“三多”：一是掌握现代化信息技术的人才多；二是能独当一面，有开拓精神的人才多；三是一专多能，善于应变的人才多。高素质的人才带来经营的高水平，管理的高档次，产品的高质量，经济的高效益。

要建立起警钟长鸣的信息体系。我们既不要把国家实行宏观调控、经济环境暂时不景气作为自己做不好工作的借口，也不要陶醉在一度的辉煌中，只要有其他企业在我们前头，就说明我们的工作落后了。对干部职工要开展企业末日教育，使他们思想上充满危机感，若有骄傲自大的思想，企业就要失败了。

强化企业管理，才能出效益

办企业容易，管好企业难，管理容易坚持难。办企业中，我们要以“四得”为标准，即质量要过得（达标）、产品要销得、货款要收得、效益要看得。不管什么企业，决策是前提，人才是关键，管理出效益。企业一把手要重视质量（包括员工的工作质量和产品质量），管生产的领导要重视成本核算，管技术的领导要重视创新产品，管业务的领导要重视市场开拓和市场信息。

质量问题：成本要服从质量，不能质量服从成本。以质量求生存，质量取胜，企业才有知名度，才有前途，有效益，有发展。

我们罗南发展至今，仅靠提高产量、质量达标、盘活资金和品牌效应等策略来占领市场，还未有自己的专利产品。根据对市场的推断，企业如果没有自己的独特的产品，就没有支撑的基础。届时，名牌产品将危机四起，一些名牌厂家也难逃厄运。在我们身边已有许多这样的例子，如南庄机械厂、嫦娥保温瓶厂、东村陶瓷厂等，风光一时的名牌产品也会倒闭。这是为什么呢？这是因为企业的生产规模在于量，而盈利却不一定在于量，而在于“个性化”。企业的盈利在于不断创新，具有开发新品种的能力。一个企业如果没有自己的新结构、新产品，这样企业的风险是很大的。如今在市场不景气的情况下，企业若长期拼资本，拼老产品，总会有垮台的一天。因此，企业要生存，要效益，就只有长期不断地创新产品，拼知识。

最近上海召开的“世界财富论坛”中，得出的结论是常规的生产要素（土地、人才、资金）已不再是取胜的法宝，企业拥有的资本无论多么雄厚，总是有限的，因此，产生的效益也必然是有限的，而企业拥有知识结构，则其潜力是无限的，因此，产生的效益也是无限的。知识的不断增值，将成为企业生存的基础和发展的源泉。

几年前，我曾经讲过，只有失败的企业，没有失败的行业。企业要想立于不败之地，必须招揽人才，重视人才，改革新工艺，开发新产品，注重知识产权。所以归根到底，有水得有鱼，有鱼一定要有水，这样企业才能长盛不衰，否则，每年不断扩大生产规模、拼资本、拼单价的做法，过得了一年，难过得两年。

根据以上的观点，我提议在下世纪要做好几件工作：

1. 调整好各厂的领导班子，企业过大的分成两个，选配好正副厂长，如自己力量不足，对外聘请。

2. 成立科研所，想方设法去招聘搞工艺的工程师，专门研制产品和推介市场。

在条件成熟的时候，新建一个销售公司，这样才能形成垄断经营，企业才会有更高的效益。

我们的目标是为国家创造财富，为员工谋求利益，让全国了解罗南产品，为罗南产品走向世界而努力。

关于企业管理的八条原则及对当前经济形势的八点看法

（2000 年 3 月）

罗南集团在上级党委和政府的正确领导下，通过全体干部、党员的不懈努力，经过了十二年的努力拼搏，取得了辉煌的成绩。当前，面对新世纪新的挑战，我们集团必须加强管理工作。管理干部怎样才能管理好企业？虽然我们举办过 MBA 研修班，学习了管理理论，但是在实践中又如何去应用，使管理工作上一个档次，逐步向国际企业的管理模式靠拢，这是我们今后在实践中要探讨的问题。

管理是一门科学，人才是管理中的关键因素。随着经济社会的发展，办企业容易，管理企业难，在激烈的市场竞争中，管好企业更难。面对高深复杂的管理理论，作为一个董事长，我既没有更多的时间，也没有充沛的精力去好好地消化它们，现在就要靠我们各级管理人员一道去学习消化，并在实践中运用。关于管理，我有八点看法供各级管理干部学习参考，并希望把它运用到工作实践中去。

一、管理要有模有样

管理不是请客吃饭，不能随心所欲。管理就是讲制度、讲规范、讲效益。例如，企业通过第三方进行 ISO9002 认证的活动过程，它本身就是训练人人遵守规范的行为过程。事实上，十之八九的管理工作都属于无趣的例行工作，一个管理者要有远见、有创新，才有可能忍受管理的枯燥，才能将管理工作搞得有模有样。

二、管理要有远有近

管理必须根据企业的发展而制订长期的、中期的、短期的目标及计划。由于管理工作的连续性，通常我们要同时执行多个目标及计划。在执行过程中，有些目标及计划（如长、中、短期计划）可能互相冲突。因此，管理者就必须拟定目标的优先次序，长短结合，过去与未来结合，避免短期行为。

目标是通过一些具体指标来实现的，但请切记指标不等于目标！为了指标而忘了目标，就是我上面讲到的短期行为。良好的目标再加上理想与价值观，就是远景。

三、管理要有因有果

管理手段是因，管理目标是果。因为管理手段行之有效，才能实现管理目标，取得预期成果。管理工作要不断地追求最高的因果益比。懂管理的人，不但要问耕耘，更要问收获，还要会利用很多现代化的管理手段及方法，如成本核算、财务分析、工艺控制、思想工作、信息管理系统。其目的无非是追求更高的因果益比。管理者最起码要知道因果关系，才能更聪明地工作，达到事半功倍的效果。

四、管理要有得有失

天下没有免费的午餐，所有事情都有得有失。因此，管理者要知道计算机会成本。这里有一个二八原则，即抓住 80% 的机会进行顾客权衡，进行全面而系统的工作，而失去 20% 无关紧要的机会。所以，管理者不能患得患失，这就要求管理者要有见识，有学识，有胆识。只有胆识，没有知识，这就是蛮干；只有见识、知识，没有胆识，前怕狼后怕虎，优柔寡断也会一事无成。凡事要敢于承担责任，善于割舍和辨别机会，才能集中力量，达到交给你的目标。

五、管理要有虚有实

作为管理者，不可能样样行、样样懂、样样通。管理水平的高低，还体现在管理者能否发挥自己的长处。例如，与人的交往及联合，策略联盟或网络组织都是一些有虚有实的组织方式，可以得到长短的效果。虚掌握得好，可以以少搏大，以无通有。要做好这一点，管理者必须要乐于与人分享，同时得到对自己的相对利益。

六、管理要有软有硬

在管理工作中，有软有硬。如管理所使用的“工具”——手段和制度，即是硬的，而管理的思想方法及系统知识是软的。又如计划的执行过程中，对计划远景的承诺是硬的，而计划有时又有弹性，这又是软的。管理者要处理好原则与弹性和变通的关系，也就是处理好软和硬的关系。我们要软硬兼顾，不可偏废。

七、管理要有破有立

破是指管理者要具有批评及思考的能力，也就是对不适应经济增长的传统管理模式要敢于抛弃。立就是指管理者要具有创造与想象的能力，也就是要敢于创新。

人的知识可以通过学习与实践而获得。因此，在未来的管理领域中，有知识的企业，才能有竞争的优势。而知识是创新的原动力。创造力是取胜的关键因素。一个管理者要懂得分辨知识的价值，要善于把握知识，发挥自己的想象力，不受旧条条框框的约束，创造发展的新优势。

八、管理者要有血有泪和有我有他

当我们一再学习管理技能的时候，不要忘记了管理是以人为核心的工作。有人管人，有人被管，这时就有个人的感情因素，如悲欢离合、爱恨情怨等。一个管理者要面对自己及他人的思想与性格，要有血有泪、有光有热，以设身处地的态度表现对人的关怀。企业是服务人类的工具，追求效益是企业生存的手段。作为企业中的管理者，应该努力地把公正、诚信、尊严、欢乐融入同事的工作领域中。

我是谁？我为什么要做管理者？透过我可以了解他，透过他才能了解我。这里所列出来的八点管理原则，我们未必能面面俱到。我们要了解自己的优点与性格，通过与他人的合作，取人之长，补己之短，才能发挥自己的优势，弥补自己的不足。唯有善于总结经验，才能成为一名合格的管理者，不断地吸取教训才能“工业千秋勤为志，跃马扬鞭创事勋”。

“竹外桃花三两枝，春江水暖鸭先知。”龙年，北江水依然奔腾不息，据权威预测，新年的广东将迎来阳光灿烂的日子。在这好日子来临之际，为了让全体管理干部能够清醒地认识到“在新世纪依靠科技进步是企业无法回避的必然选择”和“注重产品及产业的科技含量，不断进行技术创新是企业发展的关键”，人才是企业的摇钱树，加入WTO不仅是市场的竞争、产品的竞争，更是人才的竞争。在这里，我用春天总是带给人以希望为题材的8点看法，供全体管理干部学习并应用到实践中去。

1. 国内外经济发展环境进一步趋好。国际上，深陷金融危机泥淖的亚洲国家相继走出困境，全球经济呈现复苏之势。预计今年世界经济增长率将达到3.6%，比去年回升0.5个百分点，大大高于人们原先的估计。在国内，今年国家将实施积极的财政和货币政策。我国将在年内加入WTO组织，这对于地处对外开放前沿、外向型经济比较大的广东来说，无疑又是一次新的重大发展机遇。

2. 市场消费者信心逐步恢复。原因是自下半年开始，居民收入有所增加，教育、住房、信息、旅游等新的消费热点逐步形成，一度偏冷的消费市场有所回升。

3. 1999年8月24日，江泽民同志在全国技术创新大会上发表重要讲话，指出要比以往更注重加速科技进步，将全面实施科教兴国战略，大力推动科技进步，加强科技创新。同时指出，21世纪是知识不断创新，科技突飞猛进，世界深刻变化的世纪。我们需要比任何时候，都更加注重加速科技进步，加强科技创新。

4. 现在企业靠投机、靠特权、靠简单的冒险勇气已很难取得根本性的成功。企业的经营者不仅需要良好的品德、意志和勇气，还需要现代市场经济的渊博知识、强大的实践能力、灵活的应变能力和准确的决策能力，才能把握市场的变化。现在是市场选择企业的时代。只有把握住市场的变化，并根据市场进行系列的创新战略，组织管理营销，产品开发，运用一系列的专业知识，如金融、财务、人力配置、管理等，才能够确保自己有强大的竞争力，获得发展空间。

5. 新世纪企业的领导者将面临新的挑战。未来的经济是全球化、知识密集型而又变化多端的经济，它要求企业有高素质的企业管理者。新世纪的挑战如下：

（1）在迅速的变化中保持平衡。

（2）建立一个学习的组织和群体。人们越来越认识到培养能力和扩大知识是厂长经理的重要课程，这两者将通过技术革新、新产品和新产品的开发影响公司或厂的未来。衡量成功的尺度是创新能力，而创新来源于不断地学习。

（3）调整全球化的、长远的质量标准。质量是企业的生命。

（4）重视环保。

6. 人才是知识之本。在知识经济时代，企业的成败实际上取决于人的管理。如何求才、知才、用才、育才是每个成功企业管理者的必备素质。重视人就要关心人、信任人。关心人需要真心实意把职工当作人去关怀；信任人就是相信职工都有所创造，都是有事业心的人。重视职工的培训及福利待遇，并提倡职工创新。

7. 企业如何走向新世纪？专家认为提高素质，依靠科技是关键。新世纪的企业家要自觉地提高自身的素质，引进人才，引进管理知识和经验，充分利用高技术形成竞争优势，打开国内和国外两个市场，才能适应新形势的挑战。

8. 一个企业无新也是过。一个企业，如果不能进行经营管理上的革新，不能实施产品开发上的创新，不破除旧有的营销框框，就毫无前途可言。未雨绸缪地求新，峰回路转的创新才是企业长盛不衰的秘诀。

因本人管理理论水平有限，希望全体管理干部在学习过程中提出宝贵意见。

各级管理人员要加强十种角色的修养

（供厂长经理高层管理人员学习提纲）

（2000年7月）

我们罗南集团这两年，由于对经济运行的规律缺乏分析研究，因而已经落伍了两三年。我们要痛定思痛，重新振作精神，跟上形势的发展。罗南集团要繁荣富强，就必须有一批懂科技、懂管理的高层管理人员，要彻底打破人缘、地缘、亲缘的用人制度。要培养出一批优秀的管理人员，使之成为积极推动社会主义市场经济健康发展的具有中国特色的优秀企业家。因此，我希望我们的管理人员，在困难时和在工作中碰到实际问题时多学习以下十种角色，并努力担当好这十种角色。

一、细心的观察者

面对日新月异、错综复杂的市场和千变万化的产品设计，厂长和各级管理人员要想百战百胜，必先知己知彼，能眼观六路，耳听八方，明察秋毫，审时度势，善于了解员工的思想欲望，善于把握竞争对手的策略动向，这就要求厂长和各级管理人员通过各种途径，采取各种方式，广泛地搜集来自竞争对手和别的厂家的经验，以及新产品的信息，并对我们企业本身的情况经常作出研究分析，做到了如指掌。总之，厂长和各级管理人员首先应该是细心的观察者。

二、非凡的战略家

厂长和各级管理人员一个重要的职能，就是以负责的态度为企业兴旺发达选择最佳的方案。要做到这样，不仅取决于管理人员对信息与经济状况的把握，还取决于管理人员的眼光。我们不能坐井观天，鼠目寸光，而要有远见卓识，要足智多谋，有立足全局、放眼未来的战略眼光。对于原则性的问题，由于事关重大，影响深远，所以更要认真分析利弊，权衡得失，务必达到决策正确、方案最佳的要求，避免一着不慎，全盘皆输。总之，厂长和各级管理人员应当是有先见之明，能料事如神的非凡战略家。

三、勇敢的冒险家

几乎所有成功的管理者，都具有勇于探索、敢于冒风险的可贵精神。面对变化无常的市场和捉摸不定的环境，要懂得机不可失，时不再来的道理，决不优柔寡断，举棋不定，以防坐失良机，遗憾懊悔。我们要胆识超人，果敢决断，不在风险面前退缩，不在困难面前却步，善于背水一战，逆水行舟，并且能随机应变，见机行事，趋利避害，出奇制胜，在黑暗中找到光明，在风险中赢得成功。作为一个决策者的管理人员，应当意识到超前思想是冒险，保守思想是危险，懂得成功与失败的辩证关系，明了成功寓于风险之中的深刻哲学道理。我们要在实践中磨炼自己，在风浪里接受考验，树立战胜风险、征服困难的坚定信念，掌握化险为夷、屡败屡战、转败为胜的过硬本领，使自己成为勇敢的冒险家。

四、杰出的鼓动者

在决策方案选定之后，企业目标能否实现，决定于人心的向背。为了把企业的奋斗目标变成广大员工共同的强烈愿望和一致的自觉行动，厂长和管理人员必须具有演说家的艺术和才能，能善于使用雄辩的口才、精练的语言、严密的逻辑和深刻的哲理来感召员工、呼唤员工、发动员工，掀起万马奔腾、热火朝天、生气勃勃的工作氛围，并能够引导大家心往一处想，劲往一处使，汗往一处流。鼓励全体员工同心同德，群策群力，步调一致地实现企业的战略目标。

五、成功的组织者

为了实现企业的战略目标，厂长和各级管理人员要竭尽全力。首先是建立和健全有效的组织架构，明确所有岗位的职责，建立正常的工作秩序，完善必要的规章制度，让整个企业像一台灵活的机器一样有效地运作。在此基础上，厂长和各级管理人员还要学会分身授权，奖功罚过。所谓分身，就是将一部分工作交给下属去做，分身最主要的一点就是对下属不要横加干涉，更不要越俎代庖。要特别注意，凡是可授权下属做好的，自己不要去做。当你发现自己忙不过来的时候，你就要检查自己是否做了下属可做的事。所谓授权，就是给下属一定的行为自主权。授权必须注意权责相称，是否逐级授权。所谓奖功罚过，就是要奖励立功者、惩罚失职者，绝不能使先进者吃亏，落后者反而得益，从而形成一种先进更先进、后进赶先进的良好局面。这样，管理人员才能指挥有力，得心应手，调控自如。因此，管理人员还必须是个成功的组织者。

六、积极的思想家

厂长和各级管理人员的思想不能是僵化的，封闭的，而应是活跃的，开放的，积极的。我们必须思路开阔，思维敏捷，思想清晰。要勤于思考，善于分析，能举一反三，触类旁通。我们要开放思维，逆向思维，立体思维，综合思维，辩证思维，不断提出新观点，思考新路子，拿出新主张，订出新方案。吸收新科技，推出新产品，使企业不断产生新的经济增长点，开创企业新局面。总之，我们应当掌握唯物辩证法，灵活运用信息，努力成为积极的思想家。

七、高明的“政治家”

赢得助手的配合，争取下属的支持，是管理人员工作顺利进行的必要条件。我们必须将起用能人作为自己的主要职责和基本政治手段，而要使用能人，必先选得能人。在选人过程中，要坚持贯彻“六戒六倡”的正确原则，即：一戒嫉能妒贤，提倡唯才是举；二戒任人唯亲，提倡任人唯贤；三戒论资排辈，提倡后来居上；四戒求全责备，提倡用其所长；五戒滥竽充数，提倡精明能干；六戒有才缺德，提倡德才兼备。对选用的能人，要“量其才，授其权，扬其长，避其短，奖其功，惩其过，赋其值，予其荣”，让能人“在其位，谋其政，尽其能，负其责，组其阁，行其令，率其卒，求其效”。要对他们思想上关心，政治上激励，工作上放手，生活上照顾。总之，厂长和各级管理人员要有爱才之心，求才之诚，识才之眼，举才之德，聚才之法，用人之胆，容才之腹，护才之魄，育才之方，引才之力。这样，管理人员才能和下属配合默契，同舟共济，让下属为我们分忧解愁。可见，优秀的厂长和各级管理人员必须是高明的“政治家”。

八、模范的实干家

管理人员是要讲实干的。不要打官腔，说空话，而应干实事，求实效。工作中遇到问题，切忌袖手旁观，绕道回避，恰恰相反，必须一马当先，以身作则，勇挑重担，不计得失，公而忘私，废寝忘食，做员工的领头雁，当员工的引道人。一句话，厂长和各级管理人员应当是模范的实干家。

九、出色的“外交家”

董事长、正副总经理和厂长，对内处于企业的中心位置。董事长对外则是企业的法人代表。与外界打交道，是董事长和正副总经理一项十分重要的工作内容。打好交道，搞好公关，才能使企业效益不断提高，实力不断增强，创造有利的外部条件。这就要求正副总经理神通广大，好客善变，会做生意，主动发展，积极扩大与外界的友好往来。特别重要的是要精通谈判的艺术，熟识公关的策略，掌握经营的方法，抓好购销的良机，开拓市场的销路。可见，董事长、正副总经理还必须是出色的“外交家”。

十、大胆的改革家

改革是转换企业经营机制的关键，是增强企业内在活力的有效途径。为了使企业的经营机制不断完善，内在活力不断增强，厂长和各级管理人员不能墨守成规，因循守旧，而要破除旧观念，树立新思想，大刀阔斧地改革，勇敢大胆地探索开拓。为此，我们不仅要深刻理解改革，坚决支持改革，而且要自觉投身改革，主动领导改革，当改革的带头人。一句话，厂长和各级管理人员应当是大胆改革的改革家。

在罗南集团总结大会上的讲话

（2001 年）

随着知识经济的到来，全球经济一体化，市场竞争更趋激烈。我们要想跟上时代的发展，唯有不懈地学习，创新奋进。在这次的发言中，我总结了我近两年的有关讲话，并摘录了进来。

这次讲话主要是针对我集团属下企业在经营管理中存在的问题有感而发，其目的主要有三方面：一是为各公司制订政策提供一个理论或学术根据；二是作为各厂企业文化的一份资料，或者说是个人探索罗南文化的一份心得，写出来与全体管理干部和员工一道学习和探讨；三是希望有关各厂领导看到后，增强对集团的了解，增强信任与合作。

但限于本人学识浅陋，又苦于集团琐务缠身，不可避免有失偏差之处，诚请全体管理干部不吝赐教。

“革命尚未成功，同志仍须努力”。孙中山先生这句名言对我们企业来说是很适用的。我们的企业刚刚治好了创伤，千万别治好疮疤忘了痛。尽管我们已经克服了重重困难，但胜利仅仅是开始。如果说我们走过的道路是坎坷曲折的，那么前面迎接我们的仍然是披荆斩棘的征途，但是我们的目标是宏伟的，方向是正确的，前途是光明的。这就足以令人鼓舞。罗南集团能发展到今天这个形势可真不容易。它是历经了千辛万苦，淌了多少汗水，倾注了我们多少心血，才换来的啊！我们要好好珍惜它。今天，我们集团迎来了企业厂委会的承包责任制，我们要抓住这个难得的机遇，发扬不断革命的精神，要有壮志未酬、战斗不已的革命气节。我们要向全集团同仁大声疾呼，我们是务实的企业家，我们正从事着探索如何创造一个最完美、最理想的企业这个重大命题的科学实验。我们肩负着振兴建陶事业的重任，肩负着振兴罗南集团、造福全公司员工的前途事业、家庭幸福的使命，任重道远啊！我们一定要保持清醒的头脑和革命的意志，大难不馁，大功不骄，永远保持谦虚谨慎、艰苦朴素、诚实正直的作风，克己奉公，与全体员工一道同心协力，艰苦奋斗。

一、经营之道

我认为，一个成功的企业主要靠两样东西，一是优秀的人才；二是良好的文化和制度。一个企业的核心价值观是这个企业发展的灵魂。欲做事，先做人。一个人的修养和境界，事业和成就往往从“诚信”二字看得很清楚。诚信是做人的根本，立业的根基。即使到了今天，我们还是反复强调信誉第一，客户至上，卖货要像嫁女儿，感谢挑剔的业主，先卖信誉，再卖产品。

（一）提倡勤俭办企业

这是老生常谈的问题了。但这个问题还是要年年讲，月月讲，天天讲。创业之初，条件艰苦，往往还能注意艰苦奋斗。条件有了好转，生意做大了，有些人就要派头，变为不思进取的享乐主义者，管理也不严格了，决策也不慎重了。千里之堤，溃于蚁穴。创业难，守业更难。办企业，我一向注意勤俭二字，认为这不仅是经济问题，同时也是思想意识问题。我认为一个企业既要“广开源”，更要“善节流”。在节流方面抓好以下五个方面的工作：一是精兵简政，切莫机构臃肿，人浮于事；二是严格管理，堵塞贪污漏洞；三是合理开支，制止铺张浪费；四是精打细算，科学用料；五是正确决策，避免错误风险。为落实以上几条，希望在制定2001年发展计划时，特别强调增收要注意节支，专门成立节流工作小组。我希望这个小组能抓出成效，使企业更加稳健运作，更加蓬勃发展。

（二）逆境和挫折正是发展新时机

不怕没有市场，怕的是自己没有市场竞争力。就算是市场缩小了一半，还剩下一半呢。这几年，国内通货紧缩，建陶市场不景气，僧多粥少，竞争异常激烈，迫使我们励精图治，锐意改革，谋求发展。一方面，努力提高产品质量，精益求精，出精品，发挥优势。另一方面，提高效率，精打细算，降低成本，努力做到以优质廉价服务取胜。

（三）做一个合格的推销员

推销产品，首先是推销自己，推销本公司。

首先，推销员要熟悉业务，要懂得产品的品质、价格性能、辅助技术、施工工艺以及服务等。要了解市场，了解其他牌子的同类产品，了解客户，了解竞争对手，一定要知己知彼。这就是基本功。要重视自己的仪表，注意你的服饰，穿着打扮，这属外在美。外在美，赢得顾客的好感和愉悦，有利于建立良好的主顾关系。当然，光有外在美是不够的，外在美必须与内在美有机地结合起来，才能给人产生真正的美感，内在美是人修养、文化素质和道德品质的体现。因此，你必须提高自己的文化素质。热诚、谦和、认真、勤劳地去做好你的工作，要让你厂卓著的业绩、优良的经营作风、优质的产品自然而不是生硬地表现给客户。让客户了解你和你的工厂，从而产生一种亲善感和信任感。还有，成功的推销员必须具备的最基本的条件是要真诚地敬重别人。当一个人真心地敬重别人时，他也一定会受到别人的尊敬。

当然，不可能每个客户都给你一次出击就征服了。事实上，很多生意都要经过漫长时日的艰苦谈判才能成功的。何况今日市场竞争如此错综复杂，如此激烈，这就必须要有涵养和耐性，要有信心和恒心。推销员首先要以自己对本公司的自豪感、忠诚与信念，以及对自己产品的信心去影响顾客。因此，一定要建立一种必胜的信心，然后是锲而不舍地勤奋工作。自信是成功的必要保证。

其次，我们在推销自己的产品中，要注意不正之风。不务实作风在酒席上也时有表现。不少推销员喜欢斗酒，一席酒自始至终没句正经话，除了酒还是酒，斗得醉生梦死，不亦乐乎，似乎不为知己而醉，朋友就交不了，买卖就做不成了。我却不以为然，这未免太俗了。

有个千古流传的著名故事，那就是“曹操煮酒论英雄”，其实，醉翁之意不在酒。曹公请刘备共饮有他的目的。我们请客饮酒也有我们的目的。

“酒逢知己千杯少”，我们的祖先创造了“酒文化”，它确实是可以交流感情的，但是我们在“酒过三巡”之后，应该是还有很多事情可以做的，比如：借助酒兴，巧妙地宣传自己的企业文化，宣传自己的名牌战略，宣传自己的营销政策。我们要无时无刻不忘推销自己，要让客人知道，罗南集团形象是美好的，信誉是好的，人才素质是高的。酒也要饮，但要饮得惬意、随和雅观斯文，恰到好处。要有一种高尚气质，摒弃粗野俗气。总之，我们的干部和推销员一举一动都要严格要求自己，尊重自己。做生意是凭我们的真本事——信誉和实力。

二、企业文化

（一）管理哲学

我们的管理哲学，可归纳为“势、法、术”三个字。

自古兵家讲究“造势”。孙子曰：古之善战者，求之于势，不责于人，故能择人任势。任势者，其战人也。兵战如此，商战亦如此。商战与兵战属两个不同领域，但本质上都是通过计划、组织、控制、指挥、协调等手段，达到优胜劣汰的目的。企业如何造势，我认为，一是要树立一个明确的企业战略目标，二是通过计划、组织、控制、指挥等手段，有效地将人力、物力和资金等因素组合起来，发挥出最大的效率。要达到此目的，一是要择人而任势，二是要提高企业实力。这主要包括企业文化、员工队伍素质、技术装备素质和经营管理素质等方面，就是要以自己绝对的优势去压倒对方，以实力取胜。

法，即法规制度。要重纪律，严赏罚。要科学化、制度化，责、权、利明晰，无规矩不成方圆，做到凡事有人负责，凡事有章可循，凡事有人检查，凡事有人验收，各负其责，协调运转，有效制衡。只有严格的科学化管理，才有企业在商战中的高效率运作。

术，即卓越的领导艺术，工作技巧的方法。

总之，我们要集古今中外优秀管理思想之精髓于一炉，把“势、法、术”巧妙地融合在一起，使我们的企业如一个大家庭，大家亲如手足，互敬互爱，全体员工在罗南能人尽其才，培养出顽强的战斗意志和连续作战的作风。

（二）罗南精神，追求卓越

追求卓越已成为全体员工的精神动力，而要真正成为卓越的人才，创造出卓越的业绩，就必须具有：

勇于创新，不创新者不得食。“这是赢家通吃的时代”。一家著名的经济学杂志打出了这样一个标题。文中说就像体育比赛中冠军淹没了一切。一个行业中的巨头像一棵大树，在她巨大的绿荫覆盖下，哪有小草的露水。靠什么成为赢家？创新。

建陶产品是一种文化，一种艺术。在知识经济来临的今天，更加需要创新，才能获得独到的品质，才能拥有独一无二的竞争能力。“不战而屈人之兵”，墨守成规或一味模仿他人，到最后一定会失败。为了激励员工对事业勇于创新，我们提倡多做小错、小做多错、不做全错的观点。

苦战实战。在建陶市场竞争如此激烈，在强手林立、群雄逐鹿的今天，要使本企业在同行业中成为佼佼者，除了要有强壮的体魄之外，还应具有愈挫愈勇、屡败屡战、宁死不退的顽强斗志和毅力，只要决心成功，失败就永远不会把你击垮。

团队精神。罗南集团就是高标准，严要求。罗南不能输给人家，以集团之荣为荣，以集团之耻为耻。每项成就都是全员协作创造的成果，集体智慧的结晶。而个人的失责，局部的差错，都将影响集体，破坏全局。只有充分发扬团队合作，集体奋斗的精神，善用众智众力，才能创造出人间的奇迹。

贵在参与。决定企业兴衰是人，是文化，是知识，而不是资金和设备，但归根结底，关键还是人。

严谨踏实。就是实事求是、向下扎根的精神。善于调查研究，科学分析，脚踏实地，敢于认错，缜密计划，认真负责，这就是踏实的作风。夸夸其谈，华而不实，其结果都只能是成事不足，败事有余。

以信为本。言出必行，以诚信待人，才能得人又得心，以诚信待人，才能上下无间，开诚布公，互信互爱，就能拧成一股绳，即所谓“团结就是力量”。以信为本，令出必行，故可指挥如意，人人效力。

扬善抑恶。一个公司的风气很重要，要在公司里倡导一种优良的学风，优良的司风，教育员工辨别什么是真、善、美，什么是伪、恶、丑，提高对真善美的热爱，并以真为荣，以恶为耻，提倡对伪恶丑的憎恨，提倡人与人之间多一点与人为善，多一点关心，帮助别人，让员工感到企业充满正气和温暖。

（三）管理者最重要的任务

一个企业成败兴衰，全靠得人用人。一个企业的兴旺发达，关键在人。清代儒将曾国藩在这方面的论述颇多。他说，国家之强，以得人为强，战胜攻胜，乃在人不在器。他说的是强国兴邦之道。企业亦如此。日本索尼公司总裁盛田昭夫就指出：“最优秀的日本公司的成功，并不是靠神秘的配方和什么秘方，理论计划或政府政策都不能使一个企业成功，企业成功只有靠人来实现。”

既然现代企业在竞争中取胜，主要取决于人才。那么企业人才素质高低，也就决定了企业的命运。而选择什么样的人才，如何发现使用、培养和凝聚优秀人才，可以说是管理者最重要的任务。

（四）用人哲学

目前，我们企业正值用人之际。我们求才的标准是德、才、能、拼，即有操守，有才华，有能力，有冲劲，精兵简政，宁缺毋滥，消除不求有功、但求无过的陈腐观念。

知人善任。用人要知人善任，用人之长，容人之短，顾全大局，宽宏大度，充分开发人的潜能，把人才放到最能发挥才干的岗位上。

善善能用，恶恶能去。公司对员工实行强兵政策，高标准，严要求，对应聘员工，量才录用，各得其所，并在大浪淘沙中不断考验，优胜劣汰，“善善能用，恶恶能去”，创造一种自我激励、自我约束和促进优秀人才脱颖而出的机制。

严明赏罚。要有严明的赏罚和正常的晋升制度，对表现好、业绩佳的员工，应该给予认可、赞美和奖赏，对特别优秀的敢于大胆提拔，使工作努力的部属觉得有成长和发展的机会，从而增强士气，激励上进。

信任大多数人。金无足赤，人无完人。优点突出的人往往缺点也很明显。对部属要严格要求，充分授权，放手使用，这样才能培养出独当一面的干部，不断造就出新人才。

关心部属。应该知悉员工的生活、工作和欲望，要知道，领导对员工的尊重与关怀，比任何报酬都更能激发员工的劳动热情。

用人是一门学问和艺术。人才的竞争不仅仅是吸引和留住最优秀的人才，更重要的是对创造力进行管理和对潜能进行开发。

（五）广招天下英才

“为政之要，莫先于用人。”一个成功的领导人，首先成功在他的用人之道上。你看刘邦本为沛县一个小小的亭长，却最终一举打败“力拔山兮”的项羽，何也？他自己说道，“夫运筹帷幄之中，决胜千里之外，吾不如子房（张良）；镇国家，抚百姓，吾不如萧何；选百万之军，战必胜，攻必取，吾不如韩信。此三者皆人杰也！吾能用之，此吾所以取天下也”。

三国的刘备亦是如此。他三顾茅庐，请到了隆中的诸葛孔明，诸葛亮受任于败军之际，奉命于危难之间，“鞠躬尽瘁，死而后已”，遂使刘备三分天下有其一。

还有那宋江，梁山泊108魁将，个个了得，有王孙显贵，有朝廷命官，还有不少“鸡鸣狗盗”之徒，这些人各有通天本领，又个性独特，很难管理，很难领导啊！可却都服服帖帖听从宋江这个小小县城一文书的号令，这就是领导者成功的用人之道。

领导人不一定是全才，在现代科技高度发展的今天，领导人更不可能行行都精通，但领导者必须能拢人，会用人，敢于用能人。我认为，关键在于一个“诚”字，以诚感人，以诚待人。兵战必争要塞，商战必得人心，说的就是这个道理。

一个事业能否取得成功，我认为最重要的取决于三点。第一，是否顺民意，合潮流，得人心；第二，是否营造了一种有利于人才成长和发展、有利于创造发明的环境；第三，是否形成了一个强有力的领导班子，有没有一个核心和领袖人物。

（六）麦粒的命运

最近我读了一本很好的书，是美国人奥格·曼狄诺写的《世界上最伟大的推销员》。书中有这样一段话，很值得我们深思。我们的命运如同一颗麦粒，有着三种不同的结局。一是可能被装进麻袋里，堆在货架上，等着去喂猪；二是可能被磨成面粉，做成面包，供人食用；三是可能被撒在土壤里，在黑暗的泥土中挣扎奋斗，生根发芽，开花结果，最后金黄色的麦穗上结出成千上万颗麦粒。

读到这段话，我感慨良多，麦粒是不能选择自己的命运的，而我们每个人却有选择自己命运的权利和自由，正如一位哲人所说的，“按自己的意志塑造自己”。对我们公司的年轻人来讲，赶上了改革开放的年代而且又处于珠江三角洲腹地，各方面环境都相当优跃，选择的天地就更加宽阔，成为一个什么样的人，选择一条什么样的人生道路，就完全在你自己了。当然，我们这些年龄大的人，也有帮助指导的责任，但内因是主要因素，命运之舟要自己驾驶啊！

三、领导艺术

（一）管理权威

“军令如山”乃是军队威慑力的比喻，三军服威，士卒用命，则战无强敌，攻无坚阵。不可想象，倘若指挥官的号令不具有权威性，部下对其上司的话充耳不闻，视若无睹，这支队伍能打胜仗吗？

企业亦然。成功的领导者有赖于充分发挥其管理权威，在事情没有做出决定之前，所有程序力求民主，让大家畅所欲言，而一旦决策作出之后，领导者就要成为一名坚定的指挥官，施展他的“决断魄力”，并且足以令其部属“闻风而动”“雷厉风行”“众志成城”，造成“令出如山倒之势”。

（二）树立领导权威

领导权威是管理的需要。领导树立权威，才能有效进行协调指挥控制。没有权威就不可能有一致的行动。如何建立领导权威呢？建立领导权威既要重视外部条件的影响和推动，也要重视领导者内在因素——自身素质的锤炼和提高。

要树立全心全意为企业的根本宗旨而奋斗的信念。我们的领导应该立业为公，心系群众，关心企业发展大计。唯有如此，才能得到员工的拥护，才能建立起领导的权威。如果一事当前先考虑自己，斤斤计较个人得失而忽视了企业利益，就势必得不到群众的爱戴和拥护。

苦练内功，精通业务。现代市场的竞争是综合实力的较量，是多层次的尖锐而复杂的竞争，企业领导必须是管理方面的行家，相关方面的专家，非如此不能胜任。因此，领导干部必须苦练基本功。博学多才，见多识广，才能站得高，望得远，才能在关键时刻熟练地处理企业千头万绪的业务，才能正确果断地做出重大决策。

苦干实干，务实作风。管企业是科学的东西，它需要的是求真务实、不尚空谈、共谋大业的干部，需要干练严厉、苦干高效的干部。群众最瞧不起的是那种办事不认真，不得力，糊里糊涂，拖拖拉拉的低能领导者，这种领导者给它的权力越大，就越会误事，贻害企业。

健康的人格和高尚的情操。孔子说：“其身正，不令而行；其身不正，虽令不从。”朱镕基总理在一次讲话中曾引用明代山东巡抚年富的一段话：“吏，不畏吾严而畏吾廉；民，不服吾能而服吾公；公则民不敢慢，廉则吏不敢欺。”“公生明，廉生威。”作为一个领导者，为人师表，必须严于自律，公正廉洁，勤奋工作，这样才能在群众中建立应有的威望，才能进行有效的指挥与管理。

（三）将能而君不御者胜

古人云：下君尽己之能，中君尽人之力，上君尽人之志。不聪明的领导者，只尽自己的能力埋头苦干；稍为聪明一点的领导者，会懂得驱使别人尽力气干活，却不善于发掘他们的潜能；只有聪明的领导者，才善于充分发挥别人的智慧。大众创造力的源泉才是不竭的啊！

《孙子·谋攻篇》提出："将能而君不御者胜。"如果领导者手下的大将有才能，领导者就不要干预他的行动，这样大将就能放开手脚，按情况灵活机动地行事，从而建立功绩。要尊重他们，相信他们，大胆放手让他们干，充分利用他们的聪明才智，鼓励他们自主发挥。敢于用 80 分的人才派 90 分的任务，让他们用自己的实践去证明自己的能力，让他们的潜能发挥得淋漓尽致。

毛泽东的著名论点："大权独揽小权分散，党委决定分头去办，办也有决，不离原则。"说的也是权力的集中与分散问题。实践证明，只有那些懂得集中权力与分散权力相结合的领导人，才是聪明的领导者。

高层领导者"无为"，他的副手及下属才有所作为。这是一种将权力与责任分散的领导艺术，但充分授权不等于放任自流，要有所为而有所不为。对于领导者来说，哪些权力该下放，哪些权力该控制在自己的掌握中，这是一门非常重要的学问和艺术。

（四）协调十法

你不要老怨大家怎么、怎么不配合你，最好你换个口气，我怎样才能更好地配合别人。首先要使自己成为可以信赖的人，不要一味要求对方信赖自己。因此，第一，与人为善，对人多点温暖和关心。第二，喜欢和敬重别人，善于发现和欣赏别人的优点。第三，你要设身处地多为对方着想，站在别人的角度看问题。第四，要言行有信，言行一致，取信于人，比什么都重要。第五，要与对方多沟通，多点理解和谅解。第六，诚恳宽容，只有忍耐和宽容他人，才能得到他人的忍耐和宽容。第七，严格自律，严于责己，宽厚待人，就能赢得人家的尊重。第八，对方失误时，要热情予以帮助，自己有失误，要敢于承担责任。第九，胸怀磊落，少一些猜疑和误解，少一些是非。第十，多点全局观念，少点私心杂念。

（五）成功之路

传播媒介经常报导社会名人名家名牌。这些社会名流的成功，确实令人羡慕钦佩，他们是怎样成名的？是怎么发起来的？他们成功的经验又是什么？论成功之道，因人而异，实在众说纷纭，莫衷一是。但我认为，最最基本的东西应属共性，那就是诚实、勤奋和聪明。

首先说诚实。为人处世，唯诚为本，这是人格，是做人的规范。你是否值得别人信赖，受人尊重？可否共事合作？标准首先是诚信务实。你出来谋生，创造事业，离不开与人打交道，难免与人合作，这就需要以诚为本的人际关系，而正是这种良好的人际关系，帮助你的事业不断走向成功。

谈到勤劳，这几乎是世上所有成功者的奥秘。怪不得记者、作家在写富豪发迹史时，总要写这些富豪们前半生的沧桑，早年是如何贫穷潦倒，如何历尽人世间辛酸苦辣，如何勤奋拼搏，一步一个脚印从荆棘丛生的人生荒野，艰难地踏出一条成功之路来。世上任何成功人士都离不开“勤奋”二字。

我们现在有些年轻人在甜水里泡大，没经过艰苦磨炼，缺乏大志，不知什么叫苦，什么是甜，不知天高地厚，干什么事都不专心，都不认真，对自己缺乏严格要求，糊里糊涂混日子，我真替他们担心。这些人怎么能干出大事业呢，后大半辈子将如何过？我要送句老话给他们：少壮不努力，老大徒伤悲！

至于聪明，这有几个涵义。大凡说聪明，指的是脑筋灵敏，有智慧。我也承认这种先天因素，但只要不是到朽木不可雕的地步，应该还可以“勤能补拙”。我很支持后者。人是可以通过后天的努力来弥补自己的短缺，增长自己的智慧的。

我粗略划分一下，我们集团下属大概有这么三种人：一种是相信公司，先不问公司给我什么报酬，首先是把工作干好再说，觉得这是一种职业道德，因此，他们能全心全意埋头苦干，工作干得很出色，进步也很快，很得领导赏识。一种是小算盘打得很“精”，要看企业给我多少报酬，我才给企业多少贡献，付一份“钱”交一分货，一边干活，一边讨价还价，老是怕领导不知他的才干和功劳，老是怕吃亏。第三种人可谓不平等交易了，缺斤短两，拿了企业的工资，却不好好干活，或者吊儿郎当，不务正业。吃里扒外，或者弄虚作假。总之，想方设法挖企业的墙脚，钻空子，贪小便宜。我说，第一种人是聪明的，这种人有志气，有眼光，胸怀宽广，勇担重担，日后必成大器。企业需要的正是这种人。第二种人恰好相反，说得好听一点，是太现实了，说句不客气的话是鼠目寸光，急功近利。这种人持的是十足的雇佣观点。他自以为很精明，其实一点也不聪明。我们姑且称之为小商贩作风。你想，你对企业三心二意，企业怎能信任你，重用你呢？当然，现在是用人之际，我们也采用赎买政策，你给公司多少劳动就付你多少报酬。至于最后一种人，则应坚决予以辞退，决不能让其滥竽充数，劣马败群啊！

种瓜得瓜，种豆得豆。诚实、勤劳、聪明，这几乎是成功人士必具的共同美德，是成功之道。

（六）人和、纳谏、法治

治理企业同治理国家一样，得人心者得天下。如何得人心呢？积我数十年坎坷求索之愚见，将基本心得概括为六个字：人和、纳谏、法治。

首先说人和。人和乃立业之首要，正所谓“天时不如地利，地利不如人和”。人和即人心所向，众望纷归，团结一致。刘玄德，文韬不如诸葛亮，武略不如关羽、张飞，然则在汉中称帝，皆因人和。一个企业能得到一帮干练，并能和谐共事的优秀人才，这个企业就能兴旺发达大有希望。

其次说纳谏。唐太宗在位时，丞相魏徵刚直不阿，敢犯龙颜而直谏，使唐太宗较少出现错误决策，出现了历史上有名的贞观之治。太宗曾问魏徵，何谓明君？何为昏君？魏徵答：君之所以明者，兼听也；其所以昏者，偏信也。企业内部也要有一种宽松的民主气氛，让大家畅所欲言，敢于坦率地吐露真情，陈述己见，敢于批评领导的过失，敢于揭露企业内部的弊端，力戒相惜颜面、上下雷同，这样，才能使领导少犯错误，企业避免走弯路，也培养群众当家做主的精神，增强企业的活力和凝聚力。

再说法治。《孙子·行军篇》说：故令之以文，齐之以武，是谓必胜。意思是说，要用说理宣传的方式来教育，用严明的纪律制度和法令去约束士兵，这样的军队打仗才能取胜。一个企业则必须以各种制度规章为准绳，去管理企业，一个人也必须接受伦理和法纪的约束，去完善自己和追求自由。

（七）危机感、紧迫感和安全感

目前，我们集团从我到普通员工都有一种危机感和紧迫感。

别看我们的工厂门庭若市，生意兴隆，但我内心深处却时时隐藏着一种压力，时时刻刻战战兢兢，如履薄冰，经常处于“忧患慎重”之中。事业耕耘也如逆水行舟，不进则退。管理有方、企业兴隆，便有大批优秀人才聚拢，生意就越做越红火，形成良性循环；经营无术，生意惨淡，人才便会分道扬镳，企业就要走下坡路，形成恶性循环，水能载舟亦能覆舟。

企业成败根源千头万绪，要寻求治理企业的灵丹妙药，企业的决策层，尤其是最高领导者就得时刻开动脑筋，甚至呕心沥血。

宋朝改革家王安石说："能自治然后可以治人，能治人然后为之用。"因此，我无时无刻不鞭策自己，丝毫不敢懈怠，夜以继日工作，连节假日都忙着公务，老总这样干，其他领导干部也都紧紧相随。我们心中有个数，尽管目前我们的企业相当大，但资产大不一定是产出大，目前的建陶行业竞争大，要么成为领先者，要么被淘汰，没有第三条路可走。正是这种忧患意识和市场压力，才使集团内部机制永远处于激活状态，迫使我们各厂的领头人，要像汽车冲上山坡一样，一个个都是开足马力，加大油门拼命干。

对于员工的危机感，主要是要拔能降庸，优胜劣汰，大浪淘沙的用人制度，做到善善能用，恶恶能去，绝对没有铁饭碗可端。

下面四种人，各厂是要坚决炒掉的：一是贪，即那种徇私舞弊，吃里扒外，弄虚作假，挖企业墙角的人。二是散，即自由散漫、无组织、无纪律，工作吊儿郎当的人。三是懒，即工作不认真，不踏实，拖拖拉拉的。四是庸，即无才能，无绩效，且又不能以勤补拙的人。就是说，这四种人经过一个时期的考察和教育不思悔改或不能悔改的，就要坚决炒掉。经验告诉我们：企业人员吐故纳新，每年保持10%左右的流动是正常的，甚至是必需的，有利于企业健康快速发展。

时刻都有一股危机感，处处体现紧迫感，一个人、一个企业达到了这种境界，那么人们追求的安全感才会降临，这也许是一种规律。

（八）重视企业发展战略和战术研究

企业要健康、良性发展，必须重视企业发展战略之研究，而要使企业发展战略得到充分发挥，又必须重视管理每一环节、战术之综合运作。

技术创新战略主要是重视和广泛采用先进的科学管理知识、技术方法和手段来强化管理，使我们的管理达到一流管理水平和理想的社会、经济效益。

市场营销战略是我们将通过一保证、二品牌、三注重的目标管理来提高企业的知名度，增强市场竞争力，不断扩大市场份额。

第一，保证。就是要全面贯彻落实 ISO9000 目标质量保证体系，对于我们的企业管理，贯彻标本兼治、治本为主、治标为辅的原则，认真抓好五个控制（人员素质、质量、资金、产量和安全的控制），保证管理运作完全处于受控状态之中。

第二，品牌意识。就是要坚持质量第一。采用先进标准，搞好全员全过程的质量管理，全面提高产品质量，并且一定要用科学管理的方法手段把它做成精品，实施名牌战略。

第三，注重。是指注重企业形象和企业文化的培育。

要达到上述三个目标，我们必须突出抓好质量管理、财务管理和成本管理。除此之外，还要做好以下几件工作：

第一，责、权、利要明晰。

第二，认真贯彻“管理”三程序（质量管理、成本管理和资金控制程序）和“三环节”（即事前策划、过程控制和事后总结）。

第三，认真抓好“三个机制”（即制约机制、激励机制和企业内部竞争机制）。

（九）企业管理的四大原则

什么叫管理？管理就是计划、组织、指挥、协调和控制。

管理是一门科学，科学是实实在在的东西，其中有很多规律性的东西，要研究，要探索。管理也是一门艺术，艺术就要讲独创性，要有创新，讲究方法和谋略。

我们经过多年的潜心学习和摸索，结合我们罗南近年来的实践经验，我认为搞好企业的管理，必须注重下述四大原则：

第一，责权利明晰、组织架构合理。企业管理的第一要素是人。企业以人为本和领导善于用人，主要体现在用人能否落实到责权利三个方面，并要注重人才搭配合理，因才施用，适才适所，但也要注意量力而行，不胜负荷就会出现管理紊乱；要责权兼有，才能有效发挥其管理魄力；要绩效和利益挂钩，才能充分调动员工的潜能。

第二，抓好策划、控制、总结三环节。要认真抓好成本管理、财务管理和质量管理，它主要通过事前策划、过程控制和事后总结三大管理来实施。

第三，充分发挥制约和激励两个机制的作用。控制和协调是管理上的两个主要功能，它们是一个对立的统一体。首先，只有做好协调才能进行有效的控制，只有严谨而制度化的控制，才能有和谐的协调。其次，协调还须借助于激励机制的配合，其中一个重要方面是责权利中的利益分配问题，而过程控制则是制约机制的具体操作。激励与制约又是相辅相成的，管理学常见的“恩威兼施”“宽严并济”，讲的都是这个道理。我们再三强调，制约机制是企业管理的需要，绝不能以个人感情、个人关系等来代替科学的理性的企业法规管理。

第四，充分引入企业内部竞争机制。人才竞争不仅仅是吸引人才和留住最优秀的人才，更重要的是对其创造力进行管理和对潜能进行开发。我们引进内部竞争机制，旨在达到择优、制衡、淘劣，追求卓越，创品牌效应的目的。

我们强调治本的重要性。“本”一是指人，二是指制度，即管理文化、管理模式和管理法规。我们将以德、能、勤、绩来检验和评估干部，在大干中选拔干部，尤其是要考察其以往的业绩，通过认真考核、对比，挑选最优秀队伍，从组织用人上建立企业内部竞争机制。

责权利、三个环节、激励与制约，以及企业内部竞争机制这四大原则的综合运用，是我们管理的基本特色。

（十）认真抓好策划、控制、总结三大环节

事前策划、过程控制、事后总结是科学管理三要则，它贯穿于整个管理工作的始末，是企业营运过程中不可或缺的三大环节。

事前策划。人们常说，要打有准备之仗，这里的“准备”指的就是事前策划。凡事要充分了解掌握最准确的信息，然后做出精确的判断，运用谋略刻意造势，以智取胜。因此，在我们的一切管理中，不论是宏观，还是微观，不论是总体还是局部，都要做到事前策划，胸有成竹，以期达到多胜算的预定目标。而决策则一定要充分发扬民主，认真讨论，集思广益，坚决反对一言堂，力戒个人独断专行。

过程控制。过程控制是管理工作的第二阶段，也就是执行阶段。在这里，我要特别强调公司各厂都要把ISO9000国际质量保证体系标准实施到自己的工作去，使整个公司的营运活动都处于受控状态之中，整个营运过程是动态的，多变的。要达到营运纳入我们制定的轨道运行，就必须抓好下面三点：

1. 保证健康的主体素质

好的员工素质，以及健全的规章制度和良好的设备，是最重要的。

2. 充分运用制约机制

管理工作光靠员工自觉远远不够，还必须强化监督手段。西方有句谚语："没有监督，天使也会变成魔鬼。"所以，各项工作都要贯彻落实好制约机制。这是忠实执行上级政策、指令、法规的一种约束力，失去监控就失去约束力。

3. 应变措施

由于管理工作多数必须在一个较长时间内才能完成，因此，它受制于不断变化着的、错综复杂的诸多主客观因素干扰。因此，我们在控制过程中必须善于调查研究，善于发现问题，恰当地调整我们的政策和工作方法，及时采取补救措施。

（十一）事后总结

任何事情的结果，不是成功便是失败。两者必居其一。成功者有成功的经验，失败者有失败的教训。事后反思，总结成功经验，表扬好人好事，论功行赏，以便日后继续发扬光大，或研究失败根源，吸取教训，都是很有必要。

要大力加强和改善企业管理。企业经营管理的各个环节、各个方面都应该建立和完善规章制度。有了制度，照章办事，严明赏罚，管理才能严得起来，效率才能真正提高，才能全面提高产品质量。

（十二）抓好质量管理，成本管理和财务管理

知识经济时代的来临，买方市场的形成，决定我国建陶市场面临着两大挑战。

企业将进入一个微利时代。随着市场竞争加剧，利润将进一步降低，暴利已成为历史，企业必将进入一个微利时代，这是市场价值规律作用的必然结果。

由于市场竞争的需要，企业将根据自身境况，争创品牌。由于技术进步和消费观念的转变，市场竞争加剧，客户向我们提出了更高的要求。我们必

须适应形势的变化和客户的要求，才能满足客户，抓住客户。同时，我们也只有提高自己的品牌形象，才能占领和扩大市场份额。

一个产品最终能否获得成功，取得较好的经济效益，必须具备三个条件：

第一，设计创新。要具有融进现代气息的文化内涵，独具一格的创新艺术，不落他人俗套。

第二，精湛的工艺。要达到一流的品质，必须要有较高素质的管理人员和熟练的技术工人，严格的科学管理和一个先进的标准。

第三，优质的材料。材料一定要上乘，绝不使用劣质的原材料，还要充分利用现代高科技成果和新技术，以及价廉物美的新材料。

作为企业，应该有三个营运阶段。开始是产品营运，继之是资本营运，最后过渡到品牌营运。我们经过十二载的苦心经营，现在正向品牌营运阶段迈进。作为企业，应该高瞻远瞩，有更卓越的战略目标，应该有一个质的提高。

历史的发展，时代的挑战，都要求我们必须变革管理，跟上时代，不断创新。为适应市场新的挑战，我们要充分发挥三大管理的作用，努力降低成本，提高效率，提高质量，以迎接来自全球化市场竞争的挑战。

设计新目标，选出新思想，启用新能人，整合新职能，改变旧习惯

——对管理干部的讲话

（2001 年 8 月）

不同的经营环境决定了企业不同的管理模式。如果说，以往的企业实际上是一种不成熟的生产经营组织，存在着不同程度的不规范、不完善的管理尚能生存和发展的话，那么在经济全球化的今天，企业就必须不断实行规范化管理，实现管理创新，否则必将垮下来。管理创新包括了人力资源管理、营销管理、组织管理等方面的创新。通过这些方面的创新，提高管理透明度，健全民主管理渠道，创造一个充分发挥干部职工潜能，调动每个人的积极性和创造性的工作环境。同时，应当根据市场变化适时地调整企业管理方式、经营手段，有效地抵制市场风险，增强企业竞争力。

企业如何在经济形势不利的情况下渡过难关，并进一步健康发展？我想谈谈管理模式的改变问题。中心是讲思维创新、机制创新、方法创新，在营销上做到品牌经营和出口拉动。

建立现代企业制度，提高管理水平。要改变我集团企业管理水平不高的问题，必须改革旧的管理模式，学习和引进先进的管理模式，才能保证企业在规模壮大以后，仍然像一部精密的机器一样，顺畅高效地运转。要建立现代管理模式，就必须引进高素质的管理人才，提高管理队伍的素质，推行 ISO9000 等国际质量认证体系管理，使企业管理与国际接轨。引进先进的管理技术和手段，规范决策程序，大胆创新激励机制，最大限度激发人的积极性，实现企业与员工双赢，并能通过岗位责任制、成本核算制、质量否决制、行为约束制等管好人、财、物。我们的厂长、经理要转变这样一种管理观念，即“自己事必躬亲”，企业的大小事都要自己管。大量事实已经证明了这种企业管理是落后的，这样的企业是难以发展的。下面我提出一些新的管理理念供同志们参考。

管理与感悟

一、多角度来认识管理

1. 形容：是一门微妙的艺术。

2. 定义：管理是让人做事，并取得成果。

3. 特征：让人高效做事，愉快做事，正确做事。

4. 核心：如何让人高效愉快地做正确的事。

四大问题要想得清清楚楚

1. 到底想做什么?

2. 到底想做多少?

3. 到底想怎么做?

4. 到底想和谁在一起做?

战略错，什么都错!

二、化繁为简是一种难得的智慧

管理的奥妙，越简单越好。

化繁为简是管理实践中的最高境界。

把握化繁为简的要点：

很多的事，专一做；

复杂的事，简单做；

简单的事，认真做；

麻烦的事，不分是非做。

如果说四两拨千斤是做事工夫的最高境界，那么化繁为简是管理实践中的最高境界。

三、以魂而治

传统意义上看，权力结构呈塔状，强调塔尖端部是最高权力。

塔尖：压迫、封闭、无奈。

现代管理的新理念：严格、授权、个性张扬。

管理少就是管得好。

管理运行过程中不见领导者的手，才是管理的理想境界。

面向战略，领导者始终站在第一位。

面对日常，领导者隐入其中，宛如灵魂。

执行中，淡化最高权力。

运行中，强化灵魂影响力。

文化中，建立共同价值观。

卓有成效的管理在于使整个工作系统在自主状态下高速运行。

四、管头、管脚

管理的意义在于通过他人来实现你的目标。用人之道在于使他人在宽松的环境下自主地、能动地、创造性地达到预定目标，并且超越你的想象。

用人之妙在于管头管脚，但不从头管到脚。

过程是别人的

管头——做什么，谁来做。

管脚——配置资源，当好教练，重于结果。意思就是说：手要指得远，钱要抓得紧，心要放得开。用程序管钱，用文化管人。

五、循序而进

管理是被他人自觉认同、理解、接受并被结果的过程。头痛医头，脚痛医脚，七拼八凑，随心所欲，急于求成都难以奏效。

成功需要耐心、契机、火候，最后可能水到渠成。

管理之效在于过程的接受性、一致性、承适性。

六、核心责任

人人负责，就是没人负责。

在认同价值目标的前提下，扁平的权力结构和分布的核心责任相关和并存，以避免把权力集中在多余层面上的个别人或放权后的无人负责。

当网撒开后，打好结至关重要。

永远砍掉多余层。

管理不能面面俱到，抓住责任核心就好。

上面谈的第六个问题的重点，就是要关注结果，唯求成就。

1. 锁住目标；2. 限定时间；3. 集中精力；4. 善用长处；5. 正确决策。

七、重粗轻细

婆婆妈妈一忌，粗心大意又一忌。

粗与细的辩证运用。

如何理解领导者管粗不管细和管理就是做细节？永远抓住20%。

重心在粗，鼓励他人做细，敏感于细节的反馈。

意思是说，自己做粗，别人做细的辩证管理，每年做成一两件事，每天做好自己该做的一件事，敢于说不，鼓励他人做细，不要为一棵树而放弃森林。终日工作的人，没时间赚钱，想得多做得少。

当我们运筹帷幄时也不要掉以轻心于细节。

八、按部就班

管理的日常性就是按部就班的程序管理。国际著名公司成功要素之一，即程序化管理。

头在哪里，尾在哪里，段在哪里，点在哪里。

管理无捷径可行，把千万次重复的那一件事做好。

九、文化要做

文化是做出来的。

做是一个用心的过程，一个渐进的过程。

从领袖做起，从战略做起，从理念做起，从小事做起。

企业文化是一个全面的概念：

1. 未来——愿景；
2. 领袖——灵魂；
3. 人性——源泉；
4. 创新——生命；
5. 品牌——荣誉。

十、合而不同

不同才有生命。不同音符合奏出奇妙乐章。不同颜色协调绘出多彩画卷。结论：不同人员组成强力团队。

人在于组合，人才组合在运行中发挥特长。

不同才有活力。

老实与聪明；动嘴与动手；强与弱；粗与细。

人才就在你身边，关键在于你的发现和组合。明星在一起永远不会出奇迹。

十一、说好说好

领导的全部艺术在于说。

说——有奇妙的管理功效。

说——是管理者的专利。

说得妙就是管理的微妙艺术之一。意思是说：社会管理者不是用手和脚，而是用脑袋和嘴来做，企业管理结构要扁平，要记住面面俱到等于没到。

人人负责就是无人负责，有人负责就做到了人人负责。

领导说好五要素：让人先说、听了再说、说到情处、善用抽象、说到做到。意思是讲，说的技巧，不要废话，层次分明，切题要快，点到就好，学习说思想语言，产生说的魅力和思考力量，在说的过程中，建立你的人格魅力。

十二、距离即美

管理要有距离。

管理有距离，才有亲和力，才有长效性。意思是说：在残酷的商场上，不能讲感情，不然迟早有危险，哥们义气是定时炸弹。

管理是建立在信任、公平的基础上，80%的事已经做完。

关键要建立强有力的独立作战的中层领导。

十三、永远打破平衡

奥运的魅力在于打破纪录!

管理活力来自于不平衡。

永远打破平衡，在不平衡中求得新发展。

制新目标，迭出新思想，启用新能人，整合新职能，改变旧习惯。意思是说：打破平衡，出新人、出新目标、新价值观，使职工有三爱一感恩，即爱公司、爱产品、爱自已和感恩公司，使管理高手在不平衡中获得威信。一个人喜欢平衡，另一个人不喜欢平衡，结果不平衡的人获得新生。

以智慧来用好平衡这一杠杆，勇敢、机智、果断地打破现有平衡，并努力建立新的平衡局面。

十四、心态修炼

幼稚是每个人的必修课，成熟与成功是我们毕生追求的目标。这个过程是管理者自身心态变化的过程，是一种自我修炼的循序渐进的过程。

成熟又在每天追求：

第一阶段：怒——怒则误事，伤害别人；

第二阶段：忍——忍则抑气，伤害自己；

第三阶段：静——静则养心，是一种过渡；

第四阶段：空——空则通灵，超脱。

十五、修炼心态六大要素

1. 勤于思考；2. 积极交流；3. 喜欢读书；

4. 勇于变化；5. 善待他人；6. 宁静生活。

管理活动是人类活动中最为丰富，最为费力，并且毫无疑问是最为复杂，最为微妙的活动。管理是人生一大乐趣，用心去感悟吧！

十六、完善营销策略，提高营销水平

企业有内部，生产和管理是后防，营销策略则是前锋的临门一脚。因此，营销策略是终端市场决胜的最后关键。要提高我们企业的营销水平，就要进一步更新营销观念，改革落后的营销模式，学习和引进先进的营销手段，完善营销网络，提高销售人员的素质，加强销售服务，提高产品展示水平。同时，进一步加大创品牌的力度，中国富有的民营企业家刘永好说过，产品经营是一分一分地赚钱，品牌经营是一毛一毛地赚钱，资本经营是一块一块地赚钱，道出了三种层次经营效益的巨大差距。目前，在这个品牌时代里，没有品牌，已难在市场里立足。只有品牌才是销售的保证。但必须注意的是，品牌是先有“品”后有“牌”，无“品”就难有“牌”，“品”指的是质量、花式、品种、产品文化、产品服务等，“牌”指的是知名度和美誉度。因此，“品”是“牌”的基础和保证。今后，我们要把创品牌工作作为一个长期的系统工程来抓，既要不断提高产品的素质，又要做好品牌的宣传，创造一些有市场占有率的品牌。

关于企业改革与企业发展的讲话

（2002年10月25日）

今天，我参加了华夏陶瓷博览城产品的展示后感触良多，下面谈谈我的感受。

第一大感受：1. 南庄的陶瓷产品今非昔比；2. 展示效果可与发达国家媲美；3. 国内没有一个展场及商场有这样的规模和这样的高规格。陶瓷城的建立，对南庄的企业来说，无论在做大或做强方面都将会是一个飞跃，而且创造的商机甚多；4. 参展商多，来的客商也十分多。不少企业都签订了很多新的订单，在目前企业销售困难时期，确实带来了商机。我们集团参展的企业，在外商订货、新兴客户订货以及交易方面都尝到了甜头。

第二个感受是，通过陶博城的参展，使我们感觉到我们的产品确实是落伍了。我们来访的客户也不是很多，就是说我们的营销网络确实是落后了。

第三个感受是，没有品牌的企业，今后是很难生存的。这体现了品牌的重要性。

第四个感受是，我们相当一部分企业还不敢参展。这充分说明了我们的企业家思想境界落后，没有充分认识到会展营销理念的重要性和紧迫性。

通过这次陶博会的启发，为了我们集团属下企业能够在短时间内扭转局面，我想在这次集团中高层领导会议上，针对目前我们管理层的模糊思想，从企业改革与发展、企业发展的前沿问题和企业创品牌的认识方面作一个报告。

一、加入WTO后的企业改革与发展

第一，中国加入WTO后的利与弊。大体有两种观点。一种观点认为，从中长期来说对中国是利大于弊的，但从短期说来，是弊大于利。因为从各个行业分析，几乎每个行业都遇到严重的挑战。另一种观点是，无论中长期还是短期都是利大于弊的。这两种观点中，我赞同第二种观点。

第二，企业的产权改革。要把加入WTO作为一场拼死的竞争，不要丧失信心。我们怎样迎接挑战？那就必须进行产权改革。产权改革首先必须产权清晰。产权清晰意味着投资主体是明确的，要走现代企业制度的道路。现代企业制度的第一条是要界定产权，明确投资主体。

第三，企业的产权升级。现代的改革必须要通过产业升级，产业升级要靠技术。技术含量高、技术新就能推出产品占领市场。另外，要推行新技术，经济学上讲，从来没有夕阳产业而只有夕阳技术。同样道理，没有夕阳企业，只有采用了夕阳技术的企业，才是夕阳企业。前面讲过的产权改革与产业升级两者是结合起来的。产权改革是制度创新，产业升级是技术创新。制度创新是前提，如果没有制度创新，技术创新的速度是慢的，而且效果是不巩固的。在制度创新的前提下，再有技术创新，那么企业就能站在更牢固的位置上展开竞争。

第四，企业的营销策略。这是在产权改革、产业升级以后的第三个问题。我们每个企业都应当看到自己最适合在哪个方面发展，这叫营销定位。每个企业都有自己的生存和发展空间。小的企业要树立一种观念，甘当配角。有能力的企业可独当一面，建立自己的营销网络，这也是营销定位。在营销定位的同时，注重名牌经营，品牌意识是非常重要的。名牌来自诚信，没有诚信就没有名牌。所以，诚信问题必须作为企业，也是任何一个企业生存的重点。

对现代企业家来讲，必须树立一个概念，这就是现代物流。它包括五个内容：第一，物品配送；第二，连锁经营；第三，仓储运输；第四，产前产后服务；第五，电子商务。流通领域正向两端延伸，一端直接伸入生产领域，一端直接伸入消费领域。

第五，企业需要新型的企业家。根据经济学理论，企业家不是一种职务，而是一种素质。经济学传统的观念是企业家必须有三个条件：第一有眼光，第二有胆量，敢于冒风险，敢于投资；第三有组织能力，能把各种生产要素组合起来，产生高效率。

那么，现在新型的企业家又应具备哪些条件呢？

1. 必须具备新观念。新观念首先包括对新经济的看法。什么叫新经济？它是建立在技术创新和资本市场上的经济，包含两个内容：一个是技术创新，一个是资本市场。没有资本市场，企业不可能大发展；没有技术创新，企业同样是不可能大发展。

2. 必须懂得融资的意义。产权封闭妨碍企业的发展。搞封闭型的产权结构，理由是肥水不流外人田，但是它不能融资，发展是慢的。你必须正确认识资本市场的作用，资本市场在哪？不仅能帮你融资，而且能优化资源配置。一个不善于融资的企业，它的发展前景是有限的。

3. 必须懂得吸引人才的必要。现在的竞争以及将来的竞争，归根到底是人才的竞争。对于一个企业来说，善于融资，善于吸引人才，企业才能发展下去。每一位新型企业家都必须懂得这个道理。懂得要吸引人才还不够，还要学会和解，学会宽容，人总是有缺点，退一步海阔天空。懂得用人，不要用人唯亲，用人唯亲一定会害了你企业。我想应特别强调，在招用人才的时候，尤其要招有着四种价值的人：第一是固有价值，第二是使用价值，第三是市场价值，第四是净余价值。

同时，我们的企业家还要学懂八个字："挣钱、生钱、赚钱、来钱"。第一个阶段"挣钱"，用自己的双手拼搏市场竞争开始创业。进到第二阶段"生钱"，"生"字怎么写呢？下面是"一"建立一个平台，改为股份制，须牛市而上，上面站一头"牛"，不搞现代企业制度是不行的。第三个阶段"赚钱"，"赚"是一个"贝"一个"兼"就是钱。要善于融资，然后去兼并其他企业。每个企业，单靠自己创业时间太长，你没有那么多精力，办法是以优势企业兼并弱势企业。但你的钱是有限的，通过融资来实现兼并，企业也就做大了。第四阶段"来钱"，一个十字搭成了吸引人才，一个人两个人三个人为众，众多的人才吸引过来，你企业才能立于不败之地。每一个企业家都要把这八字牢牢记住，你们每个人都要走这条道路，"挣钱、生钱、赚钱、来钱"。

第六，企业的文化建设。企业要搞好，一定要重视文化建设。企业文化建设最重要的任务是什么？创企业精神重要，创企业品牌重要，但都不是最重要的。最重要的是培育员工的认同感。员工有了认同感之后，一切都会在和谐的氛围中进行。企业的竞争力，不仅来自技术创新，而且也来自企业的凝聚力。一个没有凝聚力的企业是没有竞争力的，要留人就要留心。要把一个人留下来就得让他对企业有认同感，让他感到，这里就是我的家。能做到这样，你的企业也就办好了。

第七，乡镇企业的前景。我认为乡镇企业的前景是美好的。乡镇企业之所以有不断发展的前景，是因为它随着中国经济的发展而不断发展起来的，也必将随着我国经济的发展而发展。

最后我说，社会的理想模式、分配模式应该是鸡蛋型的，两头小中间大。金字塔形的分配模式是不理想的，穷的多，富的少。倒金字塔形也是不现实的，全是富的，穷的只有几个。应该认识到财大气粗是少数人的事，对多数人来说，是财多气顺的。不用老盯着别人怎样赚钱，要看他是如何花钱，一部分投资发展生产力了，一部分自己消费了，一部分转移致富了，捐给社会，等等。有些赚钱后还会赚更多的钱，明知自己花不完，但也有成就感，可以为社会做更多的贡献。民富的确是我们的希望所在，希望我们的企业家将来在整个共同富裕过程中发挥更大的作用。

二、企业发展的前沿问题

我们的企业要继续发展，就必须考虑自己企业制度的安排问题。企业制度的内容有六个方面：

第一是产权制度。企业产权制度既包括产权清晰问题，也包括产权结构问题，以及产权的组织方式等。

第二是企业治理结构。企业治理结构有时也称法人治理结构。它回答的是企业内部最主要的利益主体如何界定，即一个企业内部最主要的利益主体是什么？他们之间的相互关系怎样界定？界定企业内部最主要的利益主体关系的这种制度叫企业治理结构。

第三是企业管理制度。也就是企业在管理过程中，选择什么样的管理方法和什么样的管理手段的问题。

第四是企业组织结构。它回答的是企业内部到底要设立怎样的机构？设立哪些机构？这些机构之间的组合程序是什么的问题。

第五是企业契约制度。因为企业本身是一个契约的集合体，是出资人之间的一种合约，是就业人与企业之间的一种合约，所以企业是契约制度的集合体。因此，企业契约制度成为企业制度的重要构成部分。

第六是企业人格化制度。如果抛开一切物的因素，企业实际上是一群人，这群人之间的相互关系如何界定？人与企业的相互关系如何界定？都属于企业人格化制度要研究的问题。

当然，在这种企业制度安排中，现在非常强调一种新的生产要素，就是国际上的动向，就是现在讲的人力资本，但并不是指人力资源。人力资本与人力资源不是同一个概念。人力资源可以指企业中的所有人，任何人都可以称之为人力资源，但人力资本仅仅是指企业中的两种人：一种是技术创新者即进行技术创新的人，另一种是职业经理人。

在企业制度安排上，国外先进企业都非常重视这种新的要素，即人力资本。把它当做一种资本，在企业制度安排中来思考它。强调要给人力资本建立两种机制：

一种是人力资本的激励机制。这种激励机制如何安排，一般包括两个内容：

第一个内容是对人力资本进行经济利益激励，就是人力资本的经济利益激励，但它不是改革和完善工资制度，因为工资是劳动的报酬，劳动这种回报方式是工资问题。人力资本是一种资本，所以不能用劳动的方式来解决对它的激励问题，现在国际上大部分采取的方式就是薪酬制度。一般来讲，薪酬制度包括五个组成部分：一是岗位工资。岗位工资不同于工资，它们不是一回事。工资是指某个人值多少钱，而岗位工资是指企业中的某一个岗位值多少钱。二是年终奖。它是指每年年初在某个岗位设置责任、权利的时候，责权利是对称的。但是在现实的操作中，有人超额完成了责任，这样责权利就不对称了，而经济学要求责权利必须对称，那怎么办？就搞利益补偿，通过利益的补偿，实现一种新的责权利的对称，年终奖就应运而生了。三是期权股权。上市公司给你一定的期权，非上市公司给你一定的股权，叫期权股权，有的叫人力资本持股。我参阅过国内外一些大企业的资料发现，人力资本持股的股额竟然达到了企业的38%，也就是说，这个企业的产权中有差不多38%股权不掌握在出资人手里，而掌握在人力资本手中，这是一个很大的比例。这种现象打破了经济学的一个原理，即谁出资谁拥有产权。有人没有出资，已经拥有产权了。他们是谁？就是人力资本。四是职务消费。什么是职务消费？就是指这种消费行为不是他个人想消费，而是他的职务所要求的。目前，我国把职务消费放在会计制度中，就是实报实销。比如，请客户吃饭，拿发票报销；送礼了拿礼单报销；坐车拿车票报销，等等。但是最后发现，监督成本过高，所以，国际上，已把职务消费由会计制度转向了薪酬制度。也就是给每一个职务设置消费数量，一旦确定下来，年初就把钱打进了企业账号，你自己签单就行。任何人不管，到年终如果花不完怎么办？考虑企业怎么分；如果不够花你自己掏钱。五是福利补贴。这种福利制度全世界都是大锅饭，体现不了差别。而人力资本是有差别的，所以往往人力资本多上几个保险就等于多给了人力资本一份钱，这部分钱非常规范地进入了薪酬制度中，成为薪酬的组成部分。

人力资本激励机制第一个方向就是经济利益激励，就是上述这些内容，探讨对薪酬制度的安排问题。

人力资本激励机制的第二个内容是权力和地位的激励，让人力资本拥有更多的权力，更高的地位。在企业中出现了两种新的现象：第一种新的现象是企业中出现了新的负责人，这个负责人的缩写叫“CEO”，我们国家翻译过来叫首席执行官。CEO 这个岗位是为人力资本设置的。第二种新的现象是企业内部机构发生了变化，尤其反映在董事会里面，国内外先进企业的董事会只有三个机构，一个叫提名委员会，一个叫薪酬委员会，一个叫审计委员会。提名委员会专门提人力资本的名；薪酬委员会专门给人力资本设立薪酬；审计委员会审计你是否完成了自己应有的责任，所以它就是管人而且管人力资本。

机制的第二个内容是约束机制。人力资本的激励问题不仅仅是激励，还有一个约束的问题。第二方面就是约束机制。约束包括了内部约束、社会机制约束。内部约束包括五个方面：第一是公司章程约束；第二是合同约束；第三是偏好的约束；第四是激励中体现的因素，第五是机构的约束。企业中有一个很重要的机构叫人力资本部。它有两个任务：一是工作时间加强管理，一是非工作时间加强关心，其实非工作时间对你的关心在一定程度上是对你的督责，了解你最新的思想动向。

社会机制的约束包括四个约束：一是法律约束；二是道德约束；三是市场约束，人力资本在市场中流动，市场有准入规则、流通规则、退出规则等；四是民间团体约束。

四条外部约束加上五条内部约束，对人力资本形成了良好的约束机制，它既保证人力资本有激励机制作用，也确保有约束机制作用，从而使这个企业既充满活力也可持续发展。

企业在提升自己的过程中，需讨论研究的第二个问题，就是企业文化的塑造问题。企业文化是关系企业的存在和发展的重要问题之一，必须非常重视企业的文化塑造。这里讲的企业文化并不似有人讲的搞文化活动，也不是指企业形象设计，而是指人的价值理念，属于思想范畴。企业首先是靠企业制度来约束，但最完美的企业制度都有失效的时候，那靠什么约束？靠企业文化。所以，它是一种价值理念。国外很重视企业文化。美国比尔·盖茨为了向员工灌输一个“危机”理念，用这个题目到每个公司进行演讲，宣称我们快完了，干什么？让员工有危机理念——反危机。所以，企业文化很重要。

国际上，就人力资本登上历史舞台。在企业中有一条，这一条是很明显，是为人力资本登上历史舞台服务的，这一条叫等级差别理念。什么是等级差别呢？就是告诉大家，在这个企业内部，不是大家都一样，是有等级差别的。所以，所有人都应当用等级差别理念来看待企业中的所有安排，心理要平衡，不能说别人拿得多。为什么？因为这个企业不是每人都一样的，是有等级差别的。所以，你得用等级差别的眼光来看待企业中的一切活动。强调等级差别，有这种等级的差别理念，才明白有人是人力资本，让员工明白等级差别理念的方法是非常有益的。怎么论证？第一，强调了人的能力差别导致了分工的差别。分工不一样，最后收入方式也不一样。有人是资本的收入，拿的是薪酬制度，比如是人力资本。有人是劳动的收入，拿的是工资制度，比如一般员工。第二，强调收入方式的差别导致了收入水平的差别。有差别是正常的，无差别才是不正常。我认为所有的企业都要建立自己的企业文化，否则，人们没有从理念上调整过来，很多事情都很难办，这是我们企业要考虑的第二个问题，即企业文化塑造。

企业要思考的第三个问题，就是企业战略选择问题。即使企业制度合理了，也有企业文化，但是战略选择失误了就会全盘皆输。企业是个经营主体，经营的战略必须要科学，一个企业战略制定总要分几步走。第一步要定的是搞一个产业还是几个产业，如果确定搞一个产业，要考虑选择哪一环节，哪一个层面。因此，产业战略很重要。

企业战略的第二个内容叫市场战略。市场战略就是用市场的十大要素来争夺市场。市场中有十大战略，比如对价格、品牌、资源、效用、服务等各种要素进行操作，结果可以使你争得市场，这就是市场战略。我看我们相当多的企业根本没有市场战略。

企业战略的第三个内容叫要素战略。现在人们谈要素主要强调三大要素：人、技术、资金。所以，要素战略也往往包括三种战略，一个叫人力战略，一个叫技术发展战略，一个叫资本融通战略。企业应当有自己整个的决策和规则的问题。

企业战略的第四个内容，叫资本经营战略。企业不仅要搞生产经营，还要搞资本经营。应该有资本经营战略。什么叫资本经营？即买卖企业，买卖资产。什么叫生产经营？通过买卖产品赚钱。我们强调既搞生产经营，又搞资本经营。因为仅仅搞生产经营，企业发展速度较慢，无法把你生产经营的无形资产放大。所以，国外的跨国公司根本不是自己通过生产产品扩大的，大都是靠吃别人吃大的。

企业战略的第五个内容是国际化战略。入世后，所有企业都面临国际化的问题，包括产品的国际化、资本的国际化等。如何走向国际化，现在有两种模式。一种模式是到国外办企业，一种模式是与外国公司实行一种新的国际分工，也就是说，我当你的制造中心，生产你的品牌，利用你的国际生产网络进入国际市场，你给我提供技术上的保障。我们在制造上比老外有优势，老外也看中了这一点，想同我们搞新的合作。在国际战略上，我们要重新调整自我，用封闭的眼光看问题最终是很难解决的，这也是我们要认真思考的问题。

战略问题就是这几个方面，只有把这五个方面弄清楚，企业才能提升，否则提升不了。

我想，入世后，企业提升的压力会很大，本来就是在一种不太公平的环境下成长起来的，过去短缺时代有它存在的基础，但中国进入过剩后，真正的竞争开始就存在很大的压力，但只要选择好自己的比较优势，就一定会存在下去。企业的前沿问题，就企业本身来讲，就是这三个方面的问题。

企业管理创新的进展及趋势

——对罗南企业集团管理干部的讲话

（2002 年 4 月 25 日）

为使我们能适应当前经济的发展，结合我集团企业出现的种种问题，我提出自己的一些思路，供大家研究。

当今时代，知识、信息作为一种新的经济因子，正以前所未有的广度和深度改变着全球的工业结构、经济结构和社会结构。以知识和创新为基础的数字革命极大地改变了社会的经济环境、市场的消费需求和生产的技术工艺，并导致了社会资源的配置方式、人类的生活方式、思维方式、行为方式、工作方式，及至工作内容的巨大变化，进而改变了经济、政治和社会的各个方面。社会的迅速发展给企业带来了更大的挑战。如何去实施变革以适应当前经济环境的变化，并在未来的竞争中处于优势？这是摆在各个企业面前很现实的问题。同时，社会的快速发展又给企业提供了新的机遇，谁先获得知识信息，谁先完成适合未来发展的变革，谁就在竞争中处于领先地位。随着生产力水平的提高，生产组织形式、财产组织形式的发展，企业逐步从简单到复杂，从低级到高级变化发展。我们又如何找到适合企业发展的组织模式，来推动企业组织的成功转型。这些，都是具有重大的理论价值和现实意义的课题。

组织转型是一种根本性的质的剧烈的跳跃式的变革。我认为它包括了管理理念、思维方式和价值观等方面的彻底变革，并伴随着组织战略结构行为方式、运行机制等方面的全方位变革。下面根据当前经济的创新，特别是入世后我们的企业领导所处的新舞台、担当的新角色，谈谈我个人的一些想法。

我有两个优势。其一是出身贫穷，其次就是文化水平低。穷则思变，变则通。贫穷使人奋发图强，不畏艰辛。至于文化水平低，令我感到知识的重要，使我更加尊重知识，尊重人才。

我从创业阶段开始，面对困难自然充满危机感，如今家大业大了，我仍然心存危机，危机感在我心中每时每刻都存在。现在企业转制了，但后果会如何，我还是感到如履薄冰。企业大了，赚钱多了，环境好了，人们往往失去了危机感，这就是企业走向衰亡的开始，危机真的就要来了。所以说，“打江山难，守江山更难”。放眼古今中外，莫不如是。古时农民起义之所以失败，就是成功之后安于享受，失去了危机感，最终得而复失。再看看全世界的大企业家、大商人，其第二代、第三代的失败率是很高的。成功不忘危机，企业永远都在创业，才能立于不败之地。我们的企业领导必须有先见之明，能预测可能出现的危机，并未雨绸缪。企业经营者的基本功之一，就是使企业“化险为夷”“转化危机”。有的人说，危机不以人的意志为转移，这是无可奈何的事情。事实并非如此。例如，任何企业都存在火灾的可能，但一个尽职尽责的企业管理者就会加强防范措施，防患于未然，火灾的危机自然就消失于无形。企业的方方面面也是一样，财务管理、市场营销、产品质量等，都隐藏着危机，就看企业经营者化险为夷的功夫了。我们的经营者不仅自己随时随地每时每刻都要有危机感，而且还要让整个管理层及至全体员工都有危机感。危机教育是必不可少的一课，危机管理是必不可少的手段。

随着科学技术的发展，人的创造性、个性、才能在企业生产经营活动中起着越来越重要的作用。管理重心由管物转移到管物与管人相结合，并以对人的管理为中心，开始把人视为企业的重要资源，而不再只是成本。目前，我们的管理开始向职工自主管理、柔性管理发展，强调尊重人的价值。对员工的招聘、选拔、培训、激励机制等方面进行创新，企业对管理人员一律实行竞聘、量化考核，所有员工实行双向选择，择优聘用，“末位淘汰”。管理人员每年按8%左右淘汰，职工按5%左右淘汰。被淘汰的员工未必是失职或有过错，而是跟其他人相比排在最差的位置而已。此举目的是增强员工的危机感，促进全体员工自觉提高自身素质，保持企业的整体活力。古语道：人无远虑，必有近忧。一个企业经营者、一个部门主管及至员工，都应时刻保持着危机感，并设法克服危机爆发的各种因素，否则危机就真的来了。

一、抓好人才的引进和管理

中国入世后，企业面临最大的挑战和危机莫过于人才的流失。人才流失的危机已经发生，并且日趋严重。当今，我们应特别注重人才的引进和留住人才，收入分配要向关键岗位和科技人才倾斜。

企业之本在于人才。得人才者得天下。入世后，国门敞开，外企长驱直入，其首要的目的就是以高薪挖我们企业的各类人才。这一情况，比他们抢占我国内更多的市场份额更为严重。所以，我们的企业要善待人才，而人才也要自珍自爱。我们的企业人才危机迫在眉睫，企业的经营者必须苦思良策。

对于人才的重要性，我想用历史事例加以说明。

秦穆公任用商鞅，大胆变法，秦国自此强大，称霸诸侯，为统一中国打下了坚实的基础。刘备礼贤下士，三顾茅庐得卧龙，而终与东吴、曹魏成鼎足之势。唐太宗信用魏徵，谦虚纳谏，重用贤良，终有繁荣昌盛的“贞观之治”。相反，错用小人，误信奸臣，压制贤良之士，便会危及社稷，百姓遭殃，生灵涂炭，百业俱废。唐玄宗在任前期，任用贤相姚崇，励精图治，国力强盛，开元盛世，无限风光，但到了后期，宠爱杨贵妃，错用安禄山，百姓流离失所，盛极一时的唐王朝从此由盛而衰，一蹶不振。南宋的高宗皇帝宠信卖国求荣的秦桧，陷害忠良，丢掉半壁江山。如此者不胜枚举。所以说，“尚贤者，政之本也”。古代社会是这样，今日世界也是如此。我们新中国成立至今大半个世纪以来的风风雨雨也证明，凡是尊重知识、尊重人才，国家就发展得好；反之，国家就遭殃。“文化大革命”就是一个很好的反面教训。

如何“尚贤”，怎样才能真正拥有贤良之士呢？对于领导者来说这是一门学问。

首先，领导者要有求贤若渴的心理需要，在主观上有一种拥有贤能之士为已有、助已成功的强烈愿望。曹魏集团在东汉末年众多诸侯中崛起，与曹操的唯才是举政策直接相关。他广罗人才，笼络人心，终成霸业。而一些开国皇帝，由于自己打江山不易，深知民心向背，前朝覆灭的教训就在耳畔，所以他们往往乐于从社会底层的民众中选拔人才，汉高祖刘邦选才就是一个好例子。他取得天下后，即颁布《求贤诏》，遍求天下贤良，并以周文王、齐桓公为例，表明自己要善待、善用贤良的决心。事实上，经过暴秦的淫掠和经年战争，汉初时期，整个社会得到了较好的发展。唐王李世民，对用人治国的利害关系有着更为深切的体会，他在位统治期间，把官员善恶之迹书于屏风各人名下，时时关注考察他们的政绩，以备将来提升和废除。所以说，“贞观之治”的出现绝不是偶然的。“求贤若渴”是“尚贤”之前提，无此前提，“尚贤”无从谈起。当然，古时之“求贤若渴”更多的是封建统治者以巩固自己的统治地位为出发点的，这是其局限性。这一局限性往往导致“狡兔死，走狗烹；飞鸟绝，良弓藏”之后果。汉初三杰韩信、张良、萧何为刘邦所用，又被其所害就是最好的见证。我们应冲破这一局限性，避免这种后果的重演。当今的“求贤若渴”，应当建立在更高的层次上，即应当以党和国家人民利益为出发点，才能使人才如长江之水源源不断，才能让人无所顾忌地尽显其能。

其次，领导者要有选贤任能之标准。选贤任能的标准起码有两条：一是选拔人才应以“贵公”而去私为原则；二是被选拔的人才应是德才兼备者。领导用人必须“贵公”而去私，从个人短期私利出发“任人唯亲”是用人的大忌。西晋王室分封同姓王，终致“八王之乱”。印尼前总统苏哈托除了他高度专制强权的统治令国人无法忍受之外，给自己儿女委以国家重任，形成实际上的家庭统治，也是他在统治几十年后黯然下台的重要原因。因此，善于治理企业的领导人都深知，要使企业持续发展，在用人方面必须坚持“去私”的原则。春秋晋国的祁黄羊“外举不避仇，内举不避子”，受到孔夫子由衷的称赞：“祁黄羊可谓公矣。”用人者须明确天下非一人之天下也，天下之天下也。认识到“得之以公，失之以偏”的道理。但是，光确定选拔人才的原则仍是不够的，对人才还需有标准。一言概括之：德才兼备者是人才，有德无才是庸人，有才无德是畸人，只有两者兼而有之，才是真正的栋梁之才。所谓德才兼备，实际上就是一个综合素质，它包括一个人的思想品德素质、政治素质、业务素质、身体素质等多个方面。尤其是要有正确的人生观、世界观、价值观，并掌握了科学的方法论和科学知识。

再次，我们的企业还要制定出选贤任能之制度，做到能者上、庸者下，让人才脱颖而出。领导者应具有慧眼识英才的本领，能够选拔出一些人才。但仅凭这点是远远不够的。仅凭领导者的观察，难以避免领导者个人的局限性，会给用人带来“后遗症”，也容易埋没人才。因此，人才的选拔任用必须有制度保障。当然，制度本身必须是科学的，符合实际的，切实可行的。

唐朝开始的科举制度，为统治者选拔了不少治国之才。这一制度虽有其进步的一面，但是其弊端也是显而易见的。在当今社会主义市场经济条件下，竞争日益激烈，但说到底还是人才的竞争。人才是一个单位最大的财富。人才之重要日益显现。我们现在对人才的重视程度，当然比过去有了很大进步，但是人才制度还存在许多问题，人才制度建设还有待加强，并使之完善。在当前情况下，我们的人才制度应包括以下几方面的内容：一是摒弃选贤任能方面的“人治”现象，引进“法治”，用人法制化；二是建立能者上、庸者下制度；三是制定人才的标准；四是建立人才竞争机制；五是建立人才保护激励机制等。

总之，用人用得得当，用得好，能尽显其能，企业就兴旺发达；反之，企业就遭殃。这是为古今中外所屡屡证明的。

二、谈谈决策理性和理念

由于我国市场经济历程尚浅，不少企业领导人显得稚嫩和非理性化，缺乏起码的经济学常识，市场开拓往往靠个人的主观意念在做事，以主观逻辑为依据，而不是以企业发展和市场竞争本身的内在逻辑为依据进行决策，违背了市场规律，决策的失败和企业家受重创也就在所难免。从营销的角度看，支配许多企业的经营哲学，基本上没有摆脱以卖方市场为导向的生产观念，始终没有升华到社会市场营销观念这一层次。当一个企业没有理顺好消费者、投资者、中间商、竞争对手以及企业内部的关系，对错综复杂的利益冲突没有得到很好的判断和解决，就会出现有的决策目标不能有效贯彻，甚至有的决策偏离正确的航道。战术运用失败会导致局部受损，而战略决策失败则会导致满盘皆输。飞龙总裁在反思失败时，也沉痛地指出自己决策的浪漫化、模糊化、急躁化。像吴炳新、王逐舟、禹作敏等企业家，都曾在商海中叱咤风云，但遗憾的是他们先后败下阵来，其原因引人深思。

个别企业，其主要领导人集拥有者、决策者和执行者为一身，董事会形同虚设，企业的监督约束机制发挥不了作用。是机制不完整吗？不是。《公司法》《厂长工作条例》等法律法规中，对企业管理者的任职条件、职权职责、监督等均有规定，只是某些企业在实施过程中，往往流于形式，无形中成了一人天下，哪有监督机制可言？看来我们的企业要真正进步，应该是把企业交给职业经理人管理，要用职业经理人的个人失败来避免公司的失败。

名牌不能速成。综观国际知名品牌，哪一个不是经过市场竞争的磨砺而发展到现在的呢？品牌是由历史和理性造就的，它是质量管理效益的标志。诚然，没有效益不能成为名牌企业，但是名牌企业品牌也不是万能的。长期粗放型经营模式使企业缺乏危机意识，缺乏不断进取、不断发展的精神，结果有多少的品牌一度辉煌，但都是昙花一现，销声匿迹，令人惋惜。

从目前我们的状况看，有些企业用工决策上仍用“皇亲国戚”，这是最危险的。有些企业领导认为，自家人总比别人可信，把钱权交给他们放心。现时仍有相当一部分企业采取以家庭成员、亲朋好友、血缘关系维系的保守劳动用工制度。这些三亲六戚凭着和企业领导的特殊关系成了特殊职工，久而久之，就会出现排除异己，拉帮结派，是非不清现象，从而给全局工作带来严重后果。我们的企业领导者在用人时应理性处理。一方面，安排适当的人担任适当的职务，要因才施用，比如让喜欢钻研技术的担任技术职务，他就能如鱼得水，干好工作；反之，让不精于此行的人去干，工作质量可就很难保证。另一方面，要打破陈规。美国管理大师彼得斯提出：不创新就灭亡。企业领导要起用敢于创新的人，小心谨慎循规蹈矩的人不易犯错误；喜欢创新的人难免出错，但也往往能开拓一片新天地。

企业的盛极而衰，追根溯源，大都可以从企业领导者决策的误区中找到它的最终原因。讲究决策的理性和理念，首先要善于培养和组织企业的各种能力优势，当然，这是一个长期积累的过程，非一朝一夕之功，来不得半点投机。其次，决策不能过于保守，也不能过于冒进，否则超过一定的度，会使竞争主动权发生“质”的变化。再次，在决策中，必须调整消费者、投资者、中间商、竞争对手及企业内部的关系，理顺各方面的关系，决策目标才能实现。

三、关于加入世贸后的应对措施

加入世贸组织是我国改革开放进程中具有历史意义的一件大事，是我国加入全球化行列，适应经济全球化趋势所作出的战略决策。经济全球化是当今世界经济发展的总趋势，它最基本的特征是商品、技术、信息，特别是资本在全球范围内自由流动和配置，推动全球经济结构调整，使得各国经济相互依存、相互影响日益加深。尽管经济全球化趋势目前由发达国家所主导，但融入到经济全球化进程之中，也有利于我国的经济发展。通过公平竞争与合作，我国企业可以实现规模扩张、技术升级和提高管理水平，从而增强国际竞争能力。入世意味着企业将面对一个国内市场与国际市场联系更加紧密的竞争环境，资源配置的范围将进一步扩大，竞争规则将与世贸组织规则相一致。面对国际化的新舞台，企业的经营活动范围变大了，经营规则更宽更严，竞争对手更加强大。这种竞争将是长期的，非常激烈的较量，要在竞争中掌握主动，我们的企业领导就要勇于担当新的角色。首先，必须转变观念，采取切实有效的应对措施，确立企业新的发展战略，把自己的企业办好。增强竞争能力，就必须不断增强企业的开拓市场能力、技术创新能力、管理创新能力和抵御各种风险能力。我们的企业需要深入了解我国加入世贸组织所享有的权利和承担的义务，吃透用活世贸组织法规。

WTO 的管理范围已涉及货物贸易、服务贸易、与贸易有关的知识产权，以及与贸易有关的四大领域，其本质就是关于贸易或交易的公平原则、公开原则、协商原则、惯例原则、非政治原则等。加入 WTO，迫使我们学会遵守市场规则，按照经济规律办事。

我们的企业领导要注重发挥企业比较优势，不断提高国际竞争能力。我们最大的优势是什么呢？就拿陶瓷企业来看，就是低成本的劳动密集型产品。从中外企业劳动密集型产品的工资投入水平差距来看，我们可以在相当长的时间内保持比较优势。当然，我们必须加快技术进步，不断提高产品质量和调整产品结构。增加产品的技术含量是从根本上决定生产力先进水平的关键。这方面如果没有很大的进展，就很难增强竞争能力。市场经济最重要的是生产和服务的成本比较，产品质量和安全性能的比较。企业经营者必须有一个新的飞跃提高，企业的竞争力才能随着各项工作的改善而得到增强。

四、企业的领导要以诚信为本，塑造企业良好形象

企业守信是企业经营的最基本要求。作为市场竞争的主体，企业必须遵守和营造公平有序的市场经济秩序。当前，社会上信用缺失行为盛行，制造伪劣商品、赖账、逃避债务等屡见不鲜，诚信缺失已成为企业发展的巨大障碍。诚实守信是企业立业之道、兴业之本。国际著名的跨国公司安达信公司因为安然公司造假账面临破产的边缘。南京冠生园因生产劣质月饼而导致申请破产。朱镕基总理在今年政府工作报告中郑重提出：要切实加强社会信用建设，逐步在全社会形成诚信为本、操守为重的良好风尚。说得非常正确。

五、企业管理创新的进展及趋势

随着改革的不断深入以及经济的快速增长，企业正面临着新的发展机遇，不少企业已开始探索并初步形成了一系列全新的经营理念，用以指导企业竞争力的提高，保证企业的持续发展。例如，全国优秀企业中，有的创造了“市场斜坡”理念，动静“有序理念”，以人为本诚信经营，以德为魂理念。像海尔集团的“市场斜坡”理念，即企业在市场中犹如一个球体在斜坡上，不上即下，必须产生制动力阻止下限，才能不断前进。这一理念很值得我们借鉴。

营销管理观念是随着市场化改革逐步深入人心的。许多企业所理解的营销还只是把产品推销出去，尚没有形成以顾客需求为导向这一现代市场营销观念。我三月份在日本考察时，一位从事市场研究的同行告诉我：出售一个商品，实现销售的往往是一个个消费者；而创导一种新的生活方式或新的消费方式，则能影响和激发一大批消费者和消费需求。此话是很有道理的。

联想到我们一些企业，经营行为往往是市场有需求、有人要，我们就日复一日埋头做，使劲干，而很少会主动研究消费需求的新样式和导致新消费需求的生活新方式。因此，老是习惯于搞市场消费的“点射”“点击”，而不善于搞引导潮流，结果市场总是拓不开，产品卖不动，致使产品落伍，供过于求。实践证明，我们的产品要做到深入人心，就要注重客户关系，实行网络营销。

营销管理的创新。面对国内外竞争的新形势，这方面的创新还要继续向纵深处发展。主要是企业的营销组合模式要继续由“顾客导向”“顾客满意”向“顾客忠诚”发展。为此，一是企业要重新审视自己的使命，要通过为顾客带来“价值最大化”来实现自己的“价值最大化”，做好客户关系管理，提高消费者对企业的忠诚度。二是创建品牌，确保产品质量。名牌是一个企业经济实力的体现，是企业产品质量、性能是否能一贯得到保证，也是企业产品能够进入国内外市场的一张名片。名牌一般有地区名牌、国家名牌。企业要做好名牌管理，力求使自己的品牌不断升级。包括：如何使全体职工树立名牌意识，争创名牌，如何利用各种有效手段保护名牌，如何通过资本运营扩散品牌。这些都是在国内外市场竞争中求得生存发展而需要继续创新的内容。

加强人力资源开发，开展知识管理。

知识经济的发展使企业的产品由“资源集成”转向“知识集成”，企业发展的动力由“资源驱动”变为“知识驱动”，这就要求企业必须有知识化员工，才能生产出好产品。当代企业之间的竞争，实质上是人才的竞争。因此，有关劳动、人事、用工、分配制度方面的创新非常迫切。我们要求：（1）企业如何从战略的高度，通过求才、用才、育才、留才，为自己获得高技术的智能工人、精通技术的科学研究开发人才、善于经营管理的高级管理人才和专家型复合型的知识人才。（2）通过企业的发展、收入报酬、感情纽带等去吸引人才和留住人才，使企业拥有丰富的人才资源。（3）加强职工教育和培训，向学习型组织发展。因为创新是企业发展的灵魂，而学习才是企业持续创新的动力源泉。

管理创新的作用日益显著。

企业要实现持续发展，就必须注重培养自身的创新能力。一个企业，其创新能力是与市场竞争力密切相关的。从管理创新的内容分析可看出，管理创新一直是伴随着企业发展而进行的。一切成功的企业都在不断进行管理创新。通过管理创新，能够充分发挥企业各项专业管理职能的作用，不断提高企业的组织效率，提高企业的整体竞争力和应变能力。在企业快速发展时需要创新，在企业经营出现危机时更需要进行比较彻底的管理创新，以帮助企业起死回生。管理创新的动力既来自外部环境的压力，又来自企业内部力量的作用，而企业界管理者是管理创新的主要推动者。企业管理者对管理创新的重视，能够减少企业变革的阻力，调动员工对创新管理的积极性，使企业向创新型组织发展。

财务成本管理。

过去，企业把成本管理只看成是事后算账，在企业以效益为中心的管理时期，才把财务成本作为重要工作来抓。在当代的管理中，由于管理技术的日益发展，企业已经以市场为中心，财务成本管理向国际化接轨。成本控制、降本增效是财务管理的重要内容。随着企业竞争主体地位的确立，成本管理的意识得到了加强。目前，我们应以“模拟市场成本否决”为核心的集约经营，以适应市场的逆向成本控制理念和显著的成效。在节能降耗的基础上，应把重点放在以产品改造与开发设计工艺和设备制造更新为主要内容的科技领域，从深度和广度上拓展成本管理的空间和时间。由节约性的降低成本，转向开发性的降低成本，达到总体性、长远性地降低成本，达到取得竞争优势的目的。

提高企业整体管理水平的关键，一是要有全局的、长远的战略观念，充分利用国内国际两种资源，占领国内国际市场，提高战略管理水平，谋求企业健康的发展，而不能局限于眼前的利益。二是采取先进的科学技术方法，确定企业战略目标和战略方针，不断提高企业的核心竞争力。三是战略管理要注重整体规划，分步实施，突出重点全面推进。

六、加速管理体制的改革，促进经营机制的根本转变

企业有各种不同的管理体制形式，如何根据自己企业的实情，建立科学有效的管理体制，是当前急需研究解决的重大课题。尤其是股份公司法人的治理结构的科学化和规范化问题。要总结如何充分发挥股东会、董事会、监事会和经理层的作用，对经营领导者实施有效的激励和约束机制，以及对经营领导层实行年薪制和期权的办法，以建立起各司其职、各负其责、协调运转、有效制衡的公司法人治理机构。

提高企业文化建设水平，塑造良好企业形象。企业文化被誉为新世纪管理的“第四次革命”，是企业的“灵魂立法”。为了适应新形势的需要，我们的企业文化建设应从学习、借鉴、普遍推广国外的做法阶段向建立有自己特色的企业文化阶段发展。

为此，一是在企业文化创新的内容上，应特别注重塑造适应知识经济要求的知识文化，以企业价值为核心的个性文化，以适应社会经济和企业可持续发展的绿色文化，坚持诚信经营的高誉文化。二是在企业文化建设的运作上，应避免贴标签、喊口号、走过场的形式主义，力求通过有效的文化灌输、文化传播并与强有力的思想政治工作相结合，使广大职工对优良的企业文化从认识、服从到内化为自己的自觉意识与行为，并与企业形象建设相互促进，从而使企业的物质文化、精神文化和制度文化能迈上一个新的台阶，充分发挥文化力对技术力、经济力的促进效应。

运用现代信息技术，加快企业管理信息化、网络化建设。企业管理信息化的核心是运用现代信息技术，把先进的管理理念和方法引接到管理流程中。企业资源计划、供应链计划、客户关系管理等综合性管理信息化系统，涉及企业生产经营的全过程，这些综合系统的实施将全面提高企业管理的效率和水平。我们各企业应充分认识到管理信息化的重要性，大力推进管理信息化建设。

企业实现电子商务，就是以电子网络为依托，与有购销关系的贸易伙伴联结起来，通过快速反馈系统，以及信息流、物流和资金流相结合的供应链体系，实现信息资源的统一管理和共享。建立健全管理信息系统和实物商品配送服务体系是基础，电子商务的交易方式有多种多样，其中企业与企业、企业与消费者的电子商务是现阶段企业电子商务创新的重要方向。

谈谈企业管理问题

（2003 年 8 月 1 日）

一、关于企业诊断

企业经营管理无疑是一项繁重而繁杂的高难度工作，需要付出百倍精力，拿出全副身心，才能做到游刃有余。不过我们也发现，即使有的人非常努力但也难以取得一分耕耘、一分收获，付出与所得成正比的理想效果。事实上，在很多时候，经理人常常都会陷入出力不讨好，付出与所得相差甚远，赔本赚吆喝的尴尬境地。为什么会出现这种情况呢？

究其原因，并不是因为这些人的经营管理欠佳，素质不够，本领不高，能力不强，而是因为他们所关注的重点仅仅是如何做好正确的事情，却忽视了如何避免做错误的事情，使得自己在忙忙碌碌一番后，却前功尽弃，徒劳无功。正所谓一着不慎，满盘皆输。任何哪怕只是一个微小的差错，都会使经理人落入难以意料的陷阱，踏进无法预知的雷区。一旦如此，就只能面对竹篮打水一场空的无奈和痛苦了。

有钱难买早知道。一些经理人注定最多只能是事后诸葛亮，而更多的人则连事后诸葛亮也做不到。做错了事情却不知道错在哪里，为什么错，怎样弥补过错，并引以为戒，确保以后不再犯同样的错误。

还应看到，迈进二十一世纪，中国加入世贸，我们所面对的形势更为严峻。随着全球经济一体化的步伐不断加速，市场竞争的程度日趋激烈，企业所面对的不确定性进一步增加，经营管理的风险也在逐步增多、变大，这就告诉我们，我们的企业经营管理者必将遇到更多的陷阱和雷区，必须予以警惕和预防。

那么，有没有什么好办法可以为企业经营者解难和避开种种陷阱和雷区呢？答案当然是肯定的，那就是企业诊断。

其实，企业经营管理中的许多失误，包括绝大部分突发事件和看似出人意料的事情，都是可以预知并防患于未然的。作为企业经营者，只有具备这方面的能力，才足以建立起一个本质上强大的企业组织。就像一辆汽车，它是在路上行驶的。当路面状况正常的时候，车子质量关系不大，但当出现突发事件，必需急转弯、突然刹车时，车的问题就暴露出来了。如果车子不能应对这类突发的需求，就会迅速瘫痪。企业同样如此。为了企业的长期运营和发展，必须设计一个有效的预警系统和程序，这就需要借助、使用企业诊断这一工具。

毋庸讳言，尽管企业诊断在发达国家和地区已不是什么新鲜事物，但对我们许多企业经营者来说，还是一个相当陌生的话题。根据目前我们企业的状况，我认为，非常需要学习企业诊断这门课。如果我们能够做到对本企业进行经常性的自我诊断，就可以摆脱当局者迷的困扰，进入旁观者清的良好状态，使企业获得持续健康快速发展。我感到有必要提醒各位企业经营者，尽管经营和管理是所有企业谋求生存和发展的两大支柱，但却不能把它们简单地混为一谈，否则，就会导致企业出现种种本不应该发生的错误。这一点，正是我们把企业诊断区分为经营诊断与管理诊断两个部分的根本原因。

由于不懂企业诊断，很多企业经得起繁荣，经不起萧条，一遇萧条便一蹶不振。

由于不懂企业诊断，很多企业在经历短期的高速成长后又过早衰败，成为流星式、昙花式企业。

由于不懂企业诊断，很多企业发展到一定规模时，不知道如何改变不适应的原有管理方式，在确定新的经营方向上也迷雾重重！

由于不懂企业诊断，很多企业弊病丛生，沉疴累累，痼疾多多，积重难返，步履维艰。

上述种种现象，并非我编造出来的，而是我们的企业早已有之的事实。说实话，我也不希望看到这类现象，但不幸的是，这类现象的存在相当普遍。

当怀揣着“朝为田舍郎，暮登天子堂”的创富梦想，兴冲冲地开始了自己的事业之旅并小有成就后，一个个大老板、中老板便在鲜花和掌声中渐渐忘乎所以，认为自己已经大功告成，从此可以高枕无忧了，却忽视了企业经营管理中隐藏的各种危险与陷阱。

更有甚者，在遇到困境和挫折时仍死不认错，大念“挺经”，认为自己只要挨过这一关，未来仍是一片大好。在“大厦将倾”之际，还大唱高调的老板可谓比比皆是，屡见不鲜。被各种烦心难题搞得焦头烂额、疲于应付却仍在那里强颜欢笑，绝大多数的企业经营者在初尝甜头后便跌入了“朝登天子堂，暮为田舍郎”的凄凉窘境，有的甚至从此一蹶不振。

毋庸置疑，创业是艰难的，但别忘了打天下难，坐天下更难。创业之路从来都不会一帆风顺，而发展之途当然也不会平坦无阻。随着企业越做越大，经营者所遇到的各种陷阱也会逐渐增加，其危险程度也会加大，稍有不慎，就会酿成“一失足成千古恨”的悲剧，追悔莫及。

一个普遍而简单的事实是，当企业发展到一定规模时，员工增多，管理层次增加，客户关系变得更加复杂，经营决策也更加缓慢、迟滞。这都将给企业带来巨大威胁，甚至沉重的打击，而让人莫名其妙的是，好多企业此时像吃了迷幻药一般不受自己控制，对外界的变化也毫无反应。不仅如此，即使企业一开始就有一定的规模，但随着生存环境的变化，其原有的经营管理文化也会在竞争加剧和技术发展的新情况下变得困难重重。因此，在激烈竞争的时代和条件下，企业若没有主动检查、审视自己的准备和能力，掌握开展企业诊断的方法和技巧，那将是十分危险的。

世上没有卖后悔药的，在大错铸成后想不认账，说话不算数，也无异于掩耳盗铃，自欺欺人。因此，为了避免企业陷进“病入膏肓”的绝境，患上无法医治的绝症，必须在企业被各种弊病困扰前，甚至在这些弊病刚刚产生时就及时发现“病情”，找出“病因”，除去“病根”，战胜“病魔”，使企业进入正常、健康发展的良性循环，具有日益壮大的源源动力。

战场上没有常胜将军，商场上也没有不败的赢家。所谓“智者千虑，必有一失”，再精明再能干的人也难免有发生失误的时候。因此，任何企业都需要开展诊断。诊断的目的是有病早治，无病预防，也就是为了防止和弥补失误的出现。

如果我们不愿意承认问题的存在或者有意回避问题，不见棺材不落泪，没到企业“蹬腿”“咽气”的那一刻就不承认自己失败，甚至直到那时还在辩解自己，像“煮熟的鸭子”一样“嘴硬”，结果只会害了自己，也害了企业。

很多企业经营者失败的另一个重要原因，就是作茧自缚，被自己的主观经验和固有意识所困扰，深陷其中而无法自拔，而对新思想、新观念和新方法则盲目抵制、拒绝，结果白白浪费丧失了许多十分有利的大好机会。

最后，我还要再次提醒大家，在企业生存发展的过程中，时时都会碰到各种各样的无情杀手，而要有效地对付杀手就必须举起企业诊断这把神剑。

二、时间就是金——富翁贫民论

目前，随着改革的深入，市场经济的不断完善，市场竞争越来越激烈，我们的观念、思路如果跟不上形势的发展，就会落伍；如果我们不努力拼搏，到后来将变成了贫民。所以，我想在全罗南开展一个“富翁贫民论”的教育。要让大家都懂得：今天的生活二十年前是富翁，今天的生活二十年后是贫民。所以，我们提出时间就是金的富翁贫民论：今天的生活与20年前比，我们过的是富翁生活，今天的生活与20年后比，我们将是贫民。当今社会的竞争不是大鱼吃小鱼，是快鱼吃慢鱼，失去的不会再来了。“富翁贫民论”充满辩证思想的26个字，是我们罗南人共同的座右铭。富翁贫民论，随着时间的推移而形成的巨大反差，科学而辩证地说明了运动与变化的永恒法则，揭示了长江后浪推前浪的时代前进节拍，更重要的是这句话永远给罗南人一种深刻冷峻的回味、思索和启示，从而居安思危，产生紧迫感和强烈的忧患意识，鞭策罗南人富而思进，永不满足，不断自我超越，去开创事业新天地。市场如战场，对所有竞争来说，落后就意味着失败。自古兵家有云先发制人。搞经营也是如此。一个企业要保持竞争优势，就必须走在对手之前，而企业要永远保持领先地位的办法只有一个，那就是快。发展比别人快，调整比别人快，新产品的推出要快，旧产品的淘汰也要快，对竞争对手的了解要快，对市场信息高度敏感并作出正确的决策反应要快。一句话，认准的事行动起来就是要快。快，才能抓住发展的机遇；快，才能摆脱对手的追赶；快，才能永远享受领跑者的乐趣。兵贵神速，要想在竞争中取胜，不仅要处处比对手先行一步，而且每一步都朝着正确的方向迈进。这也是能够取得巨大成功的根本原因所在。对企业决策者来说，超前而准确的预测能力是取胜的关键。别人看不到的事情你能够预先看到，并率先付之行动，这就是成功的开始。我们不难看到，很多企业家成功背后都有一部勤俭创业、艰苦奋斗的创业史，尤为可贵的是他们在创业有成、家财万贯后仍能保持克勤克俭的创业精神。

当手中的权力与肩上的责任、付出与收益得到最明白和直接的挂钩时，才可以将人的最大潜能挖掘出来，从而创造出精神变物质、制度成财富的奇迹。

我们要学会管理。既要学会用体制去管理，也要学会用责任心去管理，还要学会管理一大群人。与此同时，也要学会自己管理自己，管理的范围有大有小，但管理的终极只有一个，即是否有利于推进企业的发展。

以血统论亲疏，以地域论远近，以资历论地位是构筑不了现代化企业的。

一个没有人才的企业是可怜的，一个有了人才而不会使用人才的企业则是可悲的。

三、效率竞争——管理工具论

当今社会的竞争，就是快与慢的竞争。从事制造业的人都明白，工业化大生产的作用，就在于提高效率，减少浪费。在推动工业社会进步的技术革命中，流水线的发明是最伟大的创举之一，它将复杂性的技术细致而科学地分解为一个个简单的工序，使生产效率得到几何倍数的提高。其实写文章、定制度也可以比喻为是在做“产品”，文章的写作者和制度的制定者实际上就是产品的制造者，文章的阅读者和制度的执行者就是用户。写文章、定制度的最高标准又是什么呢？概括地说，就是简单、实用、超前。制度越少越好，但必要的制度不可少，文字要直接明了，精炼实用，要有很强的操作性。也就是说，写文章、定制度也要像流水线制造产品一样，尽可能减少资料，为阅读者和操作者提供方便，以最优的质量、最低的管理成本，达到最佳的管理效果。产品造出来以后既要新颖美观，更要实用可靠，体现其真正的价值。文章制度也是如此。文采固然要讲究，但更重要的是要把握好主题、章节和框架，让人一看就懂，谁都能理解，谁都会用，无需强制性的灌输推动，员工便能轻松运用，这才叫好文章、好制度。在管理工作中，诸如政策、制度、通知等，都被同视为平时管理流程中制造的产品。从目前人们的认识程度而言，这正是一个新概念。但我相信，随着市场经济的进一步活跃和深化，企业间竞争的升级，舆论的传播，引导管理类型的产品必将不断地为更多的人所认识和理解，必将逐渐地体现其越来越大的价值，谁能率先地认识和获取其价值，谁就能成为管理中的先知先觉者，赢得竞争的主动权。

管理是企业的永恒主题，效率是管理的第一要务。管理专家和效率专家是企业最宝贵的人力资源。从宏观把握到微观调控，从富翁贫民论到管理工具的运用，从时间压缩到空间放大，效率管理就是在这种对立统一中不断磨砺，最终找到真正的平衡点，并从满足实际需要的原则出发不断调整突破，不断寻求新的平衡，从而使管理升华为一门充满挑战性和创造性的艺术，使每一位管理者有机会展示才华，实现自我价值。要使企业变成一个最锻炼人的地方，一个充满成功机遇的竞争舞台，因为在高效、快捷、优胜、劣汰的管理节拍中最容易挖掘一个人的智慧潜能，权力下放、责任承包更是给那些有能力、有才华、有责任心的各级员工越来越宽广的施展空间，也正是在这种高强度的磨砺之下，一大批讲究效率的高手脱颖而出，从而使企业员工始终保持一种蓬勃向上的活力和奔放的激情，推动企业高速发展。

的确，在当今社会，市场竞争不是大鱼吃小鱼，而是快鱼吃慢鱼，速度制胜已成为企业奉行的竞争法宝。因此，我们要不断加压，自我超越，使高效务实性管理的内涵得到不断深化，通过员工们透彻的领悟和炉火纯青的运用，最终升华到以提高效率为中心的企业风格这样一种企业文化理念上来，营造企业能够更大发展的崭新环境。

以人为本，以诚立身，低调务实，企业才能够一步一个脚印地走到今天。做企业最难的是如何掘第一桶金。从白手起家到 100 万，从 100 万到一个亿，其中困难的变数很多，很多人干了几十年还在原地踏步，而手里抓着几千万和 1 亿的资金，再把蛋糕做大，相对就容易得多了。

以利润最大化为企业目标是古典经济学的基本理论，也为现实绝大多数企业所遵循，利润最大化的目标体现的是一种传统的经营理念，我认为已经不适合当前的竞争环境了。我认为，争取价值最大化应是为客户创造最大价值，由此实现我们企业自身价值的最大化，从而带来更多的利润。这已成为许多新生代企业新的价值观。

四、谈谈沟通与合作

大家都很努力，为什么实际运行效果还是不理想？这是摆在我们面前的一个新课题。最近一段时间，我天天在思考这个问题。我认为只有把这个问题解决了，我们才具备了可持续高速发展的基础。

听起来很简单，说起来很轻松，可是做起来却非常的难！因为大家都不知道怎么做。

我说大家都不知道怎么做，一定会有许多人反对。老员工反对，新员工也反对；技术人员反对，管理干部反对，普通员工也反对。为什么？原因很简单，因为大家都认为自己已经很努力了，做得很不错了。

既然大家都很努力，做得也很不错，那又为什么企业的实际运行效果还是不够理想呢？比如：新产品的有序开发，老产品的持续改进，产品成本的不断下降，新开发项目的成功实施，品牌形象的良好塑造，员工素质的全面提升，销售渠道的广泛拓展，售后服务能力的不断加强，供应商体系的进一步健全，对外采购水平的快速提升，等等，这些工作为什么总是不尽如人意呢？

问题是客观地存在着。什么问题？有人说是管理不善，有人说是员工素质不高。我认为这些都讲得对，但根子是沟通与合作出了问题，也就是说大家不够重视或者说还不懂如何沟通与合作。

当然，有一个大前提不能忘记，那就是个人本身地位独立的技术、业务水平必须达到相应指标。在这个大前提下，我们再来探讨沟通与合作问题。如果要解决个体独立的技术业务问题，例如，其自身不努力，不提高技术、业务水平，公司只要换人就可以，非常简单。但是作为一个团体，仅有个人的技术、业务水平是不够的，相互尊重、相互帮助、相互影响是团队工作与生活中至关重要的，尤其是陶瓷产业，共60多个工序，涉及十几个部门和很多外协企业，他们相互之间的沟通与合作显得特别重要。当然，个人的能力、素质也是一个团队整体水平高低的重要因素。

现在，我们要研究的不是个人素质的高低问题，而是企业整体运行的高效问题，有效沟通与合作问题。我们要研究的是整个大系统，是无形的部分，是很难具体考核的那部分内容。也就是，我们假设全体员工的基本技能、业务水平都是很过硬的情况下，企业的整体运行高效问题。

大家可能认为听起来有点虚。我承认有点虚，可事实上，这个“虚”已经严重影响了我们的事业，如果不处理好这个“虚”，我们的“实”就会失去发展的桥梁、纽带和关节，个人的力量都会由此而失去战斗力，自然无法组成有效的团队，形成充分的合力。因此，我们还是要好好研究这个“虚”。所谓“虚”，那就是无形的，是不可估量的。“虚”存在于人的意识之中，不同的人有不同的意识，从而对同一个问题、同一件事物会做出完全不同的判断。不同的学历，不同的地域习惯，不同的性别年龄，不同的成长过程，尤其是不同的思维形式，注定了各自不同的认识。而不同认识的人在同一间公司工作，一定会出现决策上的冲撞和思路上的对立。这种冲撞与对立，如果处理不好，就会影响或扰乱企业的正常运行，就会阻止或妨碍沟通与合作，我们的企业要凝聚成一股力量的愿望就难以实现。

而实际上，企业的员工都有一颗火热的心，都有一颗创大业的心，都有一种真切的情，都有一份奉献、拼搏、创新团结的愿望，但还得做好相互沟通工作，否则也难以做到很好合作，当然更谈不上企业的良好运行了。这就是我要讲的什么叫“虚”，实际上，这个无形的东西比有形的东西更重要。

有许多人已经认识到，企业的成败在于该企业的文化是否先进。任何企业的成败都是有其主观、客观原因的。当所有企业都面对同样的外部环境时，企业成败的关键就在于企业坚持什么样的文化。个体户有个体户的优越性，乡镇企业有乡镇企业的优越性，还有股份公司、中外合资企业等，企业的形态多种多样，生存的方式各式各样，为什么有些成功，有些失败？其中一定有规律可以研究。

或许有人要说，企业管理要靠制度，这话没错。企业管理不但要靠制度，而且也必须要有一整套科学可行的、适应于企业发展需要的企业管理制度，其内容包括但不限于：产品品质，产品成本，产品营销，产品售后服务，品牌形象，新产品开发计划，财务管理，会计核算，人事培训、劳动、生产、安全、工资薪酬，公共关系，外协采购，供应商开发，市场动态研究，宏观政治、经济动态研究，奖励与处罚等。这些制度是很容易制订的，但制度制定后，如何执行，执行得怎么样，那就不是制度本身的问题，而是这些制度所覆盖的所有人是如何尊重这些制度？如何认识、理解这些制度？如何完善深化这些制度？如何使用这些制度？这就不是制度本身的问题，而是这些制度所覆盖的全体人员的问题。

不同的人会有不同的主张，不同的人会有不同的理解。因此，从根本上讲，还是人的问题。

或许有人要说，企业在于管理，管理就是管人，当然是人的问题。那就对了，当然是人的问题。我们如何发挥人的积极性，把每个人的活力全部都激发出来，把每一个人的能量全都发挥出来，把每一个人的优点全部都挖掘出来，把每一个人的缺点全部纠正过来，这可不容易啊！

这就是我们今天要研究的核心问题。

在这里，我也不谈制度，因为制度是必需的，没有规矩不成方圆，没有制度企业无法运转，每一个企业都有一套制度，这些常识性的问题谁都知道，可是当不同的人面对同样的制度时，所做出的反应是不一样的。因此，现在我暂且不谈制度，还是要谈人。我要谈人不是谈人的个体能力与业务，而是谈人的协同与凝聚精神，团队效应，合作与协调水平，也就是说，同样水平能力的人群，经过不同的组合后，效应是完全不一样的。这不是个人身体力行的问题，而是团体组合的方式，团体协调的水平，纵横交叉网状沟通后所产生的综合效果问题。

作为一个企业或者说作为一个企业家，最终追求的就是企业综合运行效果。作为一个部门或者说作为一位员工，最终追求的是为企业做出了多少业绩，做出了多大的贡献。

在这个问题上，企业与员工之间是没有矛盾的，是完全统一的。因为员工的经济效益、社会地位、发展机会与企业的综合运行效果是成正比关系的，企业运行的整个制度设计一定会考虑员工利益与企业综合运行效果的科学比例关系。因此，从理论上讲，只要制度合理、科学，企业的综合运行效果一定是非常理想的，而事实上却不是这样。假如，真是这样的话，那就很简单了，只要建立一套制度就可以了。

谈到这里，我们该明白一些道理了吧。协调与协同、合作与凝聚、群体与团队，从表面上看都是一种团结精神的体现，而本质上是有区别的。协调是被动的，协同是自觉的；合作是被动的，凝聚是自觉的；群体是松散的，团队是有机的。实际上整个企业的运行，只有两种力量起着重要的作用。一种是制度的力量，另一种是企业文化的力量。制度的力量在此暂不作研究，但是我要讲明一个观点，制度的约束是被动的，却是需要的。企业文化的力量是自觉的，发自内心的，也是需要的。

所谓企业文化，就是企业在长期的生产、经营、科研、管理等过程中自然生成的传统的理念、精神，或者说企业员工都已习惯的工作方式，也可以说长期形成的企业风气。

所谓企业文化，也是企业在长期的生产、经营、科研、管理等过程中自然沉淀而成的被员工广泛接受的思维方式、行为习惯。这种思维方式、行为习惯往往是有别于其他企业的，带有鲜明特点的，而且有良好的继承性。

企业文化是自然铸就的。我们很多企业办了10多年，慢慢地已经形成了自己的企业文化。他们的企业文化有很多优点，但也有不少的缺点，如何继承与发扬优点、克服缺点，是摆在我们企业面前的一道难题。

随着中国改革开放的大潮，从无到有，从小到大，从农村到城市，一点一点发展起来，其文化特点是非常明显的。眼前，我们的企业同样面临着全球经济一体化、投资贸易自由化浪潮的考验，面临着我国已加入世贸，世界陶瓷同行纷纷瓜分中国陶瓷市场的无情挑战，面临着旧的企业组织结构、旧的企业管理制度不适应新的市场竞争的问题，面临着企业原有资源不足，需要凝聚一股新鲜力量的现实。也就是说，当前，我们正面临着一场革命，面临着一个对我们企业进一步优化的巨大变革。

我们既面临着一场冲破旧组织、旧制度的困难，又面临着一场建立新的组织结构、新的企业管理制度的挑战，在这一场变革过程中，一定会有大量的新人才涌入企业，一定会带来新的思想。

新旧人才之间的融合，新旧思想之间的碰撞，新旧体制、新旧制度之间的变迁，对每一位企业管理者都提出了很高要求，要求大家必须具备广博、坦诚与大智，要求大家必须理解特殊时期所出现的特殊现象，要求大家必须沟通与合作，对特殊期间出现的特殊困难、问题要进行及时解决。

在这场变革的过程中，也许有人会受气、受委屈，也许有人对这场变革很不适应，因为变革是痛苦的，但这种痛苦是暂时的，是为了更长远的发展。

我热爱所有的罗南人，我对罗南全体员工的真诚奉献、顽强敬业精神看在眼里，记在心中。对罗南如果因为变革给大家带来痛苦，那么这种痛苦也是你对罗南的奉献。

我相信，我们的企业在各企业领导的努力下，再经过3年左右时间的变革，新的企业文化一定会更先进。它既继承了我们过去艰苦创业、顽强拼搏、敬业创造的优良传统，又吸收了全中国更多优秀人才、更先进的技术和理念，形成一个非常科学、有序并具有强大凝聚力、战斗力的团队。

多年来，我一直期望，我们的全体员工能够坦诚相处、沟通合作，工作既是一项任务，也是一种享受；工作既是对企业的奉献，对社会的贡献，也是自己人生价值的一种体现。但是，极少数员工还没有认识到这一点，总是在沟通与合作问题上出毛病，导致整个企业形不成合力，降低了运行质量。

开展正确的沟通与合作，首先必须正确认识自己，而且要找到自己正确的定位，然后再正确扮演着自己的角色。人想要正确认识自己是很难的，因为谁都认为自己是最聪明的，谁都认为自己是最吃亏的，谁都认为自己可以当总统，但事实上，这种认识是不全面的，或者说是不对的。

有一句话叫做“人各有志”，还有一句话叫做“人无完人”，也就是说：人的追求都是不一样的，当官的有当官的风光，要饭的也有要饭的乐趣。但无论什么样的人，不可能是完好无缺的，不可能是样样精通。

还有一件重要的事，就是把专业的事情交给专业的人来做。作为员工自己也应该要找准自己的位置，找准自己的坐标点，实事求是地反映和对待给我们分配的任务，这样才能更好地发挥自己的优势，才能更好地同其他方面合作，工作效果才会更好，大家的心情才有可能更加愉快。

如何正确寻找自己的位置是有方法的。首先要摆正心态，以事实说话，用成果说话，千万不能光用嘴说话。一个总是用张嘴说话而看不到其成果的人往往是很难得到别人信任的。事实说明一切，实践是检验真理的唯一标准。因此，当我们在寻找自己的位置时，必须要做到胸有成竹，不要认为位置高，“官大”就是好事情，而实际上，权责利是相辅相成的。权大，工作难度大，责任也重；利大，责任更大，担子也重，要求更高。看别人挑担很轻松，自己上去可能就寸步难行了。另外，还要有调整自己位置的决心。无论调高或是调低，只要合适就是最好的，这个合适指的就是发挥自己的特长。在寻找自己的位置时，必须放下架子，只要有热血有热心，总是有地方有机会让你作奉献的。位置找准了，沟通就方便了，大家的心情也就变得快乐了。

五、后非典时期，如何做好市场营销?

突如其来的非典考验了中国政府，也体现了中国人民面对危机表现出来的临危不惧的大无畏精神。目前，SARS已被我们战胜，被SARS打乱的生活秩序重新回到了昔日的轨道上来，甚至SARS时期被压抑的欲望重新反弹起来，消费市场十分活跃。

很多时候，企业一个最简单的道理就是活下去，只有活下去才能谈得上发展，才能谈得上实现企业的宏观目的，实现企业的远大理想。SARS让陶瓷企业在本是淡季的时候到来，造成企业雪上加霜，很多陶瓷企业老板和经销商忧心忡忡。那么，饱受SARS影响的陶瓷企业该怎样变危机为商机，在后非典时期如何做好营销工作呢？时势造英雄的道理同样适合营销。

二十一世纪不再是大鱼吃小鱼的时代，而是快鱼吃慢鱼的时代。谁抢先一步，谁就在同等条件下抢先占领了诱人的市场份额。面对巨大的重新活跃起来的消费市场，陶瓷经销商是否准备好了？是否针对我们的竞争品牌，制定好了具备差异性的营销策略？有专家认为，一个品牌在经销商的展厅内顾客寥寥无几的时候，那是因为经销商没有就竞争对手做出行之有效的竞争策略。竞争策略是否有效，是否能让消费者记住，是否能够给消费者心理满足的附加值，给消费者一份意外的惊喜，这是吸引消费者的拳头策略。

市场永远有空隙。有了好的产品，就没有不好的市场，只有不好的终端经销商。顾客不买你的产品，不是因为他们不需要产品，而是他们认为该产品综合竞争力方面不如竞争对手，是因为你的竞争策略不如竞争对手。“整合资源”是一句被大家说滥了不再时尚的话题，可是实际的经营当中，有多少人能够想到做到呢？

总之，我认为营销是一个立体的过程，只有全心全意地时刻关注市场，做到因地制宜，才能把市场这块蛋糕做得越来越大。在此，我抛砖引玉，粗浅地谈谈自己的看法，希望关于市场营销的高见越来越多。

为了写好这篇文章，我对我们的企业销售老总提出了问题。我说，你当营销总经理的责任是什么？你猜他怎样回答我，他说：就是看市场。真是天大的笑话。我想我们很多企业的销售老总可能都是这样的。我感到问题的严重性，他们连自己的权责利是什么都不知道，何来企业文化？如何把产品销出去？后来，我再考一位责任心较强的营销经理，我说你当营销总经理的责任是什么？他很爽朗地回答：我当营销总经理的责任两件：第一，开发新产品；第二，销售网络的建设。我说：答得好。为了证实他说的话是否落实，我通过调查，发现了这个销售老总说的话是真的。1．他为自己的企业树立假想敌；2．深入车间检查，试制效果与生产流程出现的情况，及时向主管领导提出，并与主管领导一起研究新产品开发中出现的问题，提出整改意见。就是说，我们销售老总的责任是什么呢？一是产品的开发，二是网络的建设，三是队伍的培训。三项缺一不可。如果不是这样，我们的企业产品的开发和销售就是死路一条。所以，我希望你们的营销总经理要向有经验的同行学习，要阅读有关营销策略的书，要经常研究市场动态，此外，要为自己企业树立假想敌，才能不断提高自己。

对当前民营企业发展的几点看法

（2004 年 7 月）

近二十年来，南庄领改革之先，秉承天时，凸显地利，摸石头渡暗河，把住舵绕险滩，协众力闯难关，成绩辉煌。

“南庄”这片土地之所以神奇，是因为这片土地活跃着比别的区域更多的创业者、企业家、经理人，他们敢为天下先，联通四海资源，广招天下人才，无米也能巧为炊。

如今，新世纪已进入第四个年头，南庄体制改革先行一步的优势已不复存在，机遇不再重现。加入世贸规则承诺面临新的考验，海内后发地区的崛起，海外更多投资者的进入，竞争将会空前激烈，新的时势要求创业者、企业家、经理人，要从敢打敢冲更多地转向理性的科学决策，要从驾轻就熟的经验化管理转向制度化的规范管理，要从善寻机遇、会钻体制空子转向按规则、凭能力竞争制胜。这一切都向创业者、企业家、经理人提出了更高的学习要求。在未来的世界中，唯一持久的竞争优势是具备比你的竞争对手学习得更快的能力。

一、中小企业要修炼八种境界

（一）民营企业老板要有自我控制欲

企业老板要学会小看自己。现在的社会是一个分工的社会，每一个企业的专业构成分工的社会。我们每个企业都面临着两种战略选择：第一种选择是多产业、小规模、低市场占有率；第二种选择是小产业、大规模、高市场占有率。我赞成后一种战略选择。我有一个观点：一个成功的企业家需要有一定的修养，要有自我控制欲。

（二）企业家要有外包意识

做电器，是不是从电器插头到内外包装都要自己做呢？有两种企业，一种企业是包打天下，舍不得给别人做；另一种是尽可能外包。内配是垄断性配套，外配是竞争性配套。张艺谋导演的电影《大红灯笼高高挂》作了很生动的形容，里面的老爷子有好多姨太太，姨太太多起来就建立了一种激励机制，怎么激励？老爷子每天晚上要挂灯笼，哪个姨太太好，就挂谁的灯笼，老爷就和谁在一起。那么我们的老板不能挂，不能挂因为你只有一个太太，表现不好还要挑她，因为她是垄断配套。做电器，连电器插头都自己做，投资一二百万元搞一个车间，结果发现自己做的不如插头产区的企业好，而且成本也高。

（三）产业集中是最重要的组织环境

我们很多地方政府招商引资，大讲特讲，我的硬环境怎么好，我的软环境怎么好。这些东西当然重要，但是产业集中、产业集群才是最好的组织环境。如果你们做领带，我建议你们不要在这里做，在这里做，你们会亏本，你可以去浙江省嵊洲县，这里是比喻。

未来，我们企业的竞争将是一个城市一个县的竞争，而不是一个企业的单打独斗，是团队赛，是产业团体、产业群体和产业技术的竞争。因此，下一步我们要发展就要考虑哪一方能够形成一个产业优势。

（四）企业要善于运用互联网

几个月前，我在中山大学看了一本书叫《网络时代重构中国经济》，该书论述了互联网对企业发展的大好处。我们要用经济学的思维来思考如何运用互联网。有了互联网，我们的中小企业和大企业竞争，就站在了同一个平台。没有互联网，你没法建成五百个甚至1000个连锁店，你东西再好也卖不动；有了互联网，我们的东西上网了，只要你东西好，地球人都知道。再者，我们要利用互联网获取信息，争取更广泛的获利。

（五）不要把企业办成孤儿园

家族企业模式在当前的中国社会是一个较有优势的模式，这个优势应当要摆在一定的社会背景下来比较。

我们平常说的家族企业其实包括两个层面的意思，一个是家族所有，另一个是家族管理。许多企业在初创时期常常都是家族所有和家族管理相结合。一个家族的兄弟姐妹之间的凝聚力、信任感也成为许多企业成功起步的基石。但当企业发展到了一定的阶段以后，家族管理的方式就可能不再适用了。一个很重要的问题是，家族的关键成员在管理理念上很可能出现分歧。

举个例子，浙江宁波的吉利汽车集团的前身，1997年前后，吉利集团董事长李书福和他的弟弟在发展摩托车的问题上出现了重大的分歧，最后把他们父亲找来协调也协调不了，这个问题一直困扰了四五年时间，最后李董事长请来了浙江省地税总经济师徐刚来当总经理，所有事情让徐总管理，这样才平息下来。近两年，我分析了几种企业制度，包括国有企业的管理制度和集体企业制度，我发现了几种制度有着共同的问题，就是把企业办成了孤儿园。什么叫孤儿园？就是把小孩给阿姨养，父母跑到外面去了，阿姨把小孩搞坏了，也没有人心疼。

目前，企业的竞争表面上看是市场的竞争，但最根本的现实是制度的竞争。我们广东和浙江叫做老板省，很多人都是老板。湖北湖南江西是打工省，家家户户都在打工。什么原因？为什么湖北的经济搞不上去？为什么上海国有企业打不过温州的家族企业？浙江的经济成功很大程度上是家族制的成功。企业制度是一个很重要的因素，是定变量。自变量就是我们这个社会的法律体制、信用水平以及职业经理人的素质等。我之所以说家族模式是当前社会的优势模式，就是因为我们合格的职业经理人太少了。

判断一个企业是不是家族企业，关键要看其管理模式和家族成员获取权力的途径。家族成员如果完全靠血缘关系获取权力，那对企业的职业经理人有很大的损伤。我们要有一个原则，职业经理人的标准也是衡量家庭成员在企业任职的重要标尺。靠自己的能力和品质来获得权力，这样能减少管理成本和信用成本，对公司是合算的。

家族企业最大的优点就是自己的小孩自己养，但是有的产业和企业不得不突破家族企业。那么，一个企业在什么情况下要突破家族企业？有五看：一看企业规模。大规模的企业是不可能不突破家族企业的。当企业达到一定规模，这个时候你要舍得放弃，要敢于引进职业经理人，不引进，企业就大不了。二看产业配套。产业集中还是产业分散，比如产业集中，夫妻两个做泡沫塑料做了二十年，从市场到管理到生产本身就是混专家，都很到位，那就未必要请职业经理人。如果这个企业原来是搞塑料的，现在要搞陶瓷，夫妻两个都不懂，就得请职业经理人。三是看管理的负担。四看产业链和配套环境。如果我们在外面办陶瓷厂，我们就不得不打破家族制，因为要把很多人留下来，包括采购、销售老总。如果在南庄做陶瓷就没有必要打破家族制。因为配套都很齐全，所有的环节都很简单。五看你家族是否需要管理人才。家族管理人才很强，企业不大，那就不一定请职业经理人，但是如果家里人都不行，而且企业规模也不小，那老板就得考虑让给有长期交往、互相信任的职业经理。

（六）中小企业家搞资本经营，最好养儿子不养猪

做企业既要产业经营，又要资本经营，单单做产业经营，企业发展起来就很慢。举个例子，格兰仕的定位是要做世界的工厂，做世界知名品牌的生产车间，这需要大量的资金，因为要设备要盖厂房。格兰仕采用拿来主义，他和法国人谈判，你生产的产品成本是 30 美元，你把你的车间搬到广东，我给你做，做好后，我一个只要 10 美元，产品品牌还是你自己的；但我们有相应的要求，任务完成后，把这个设备借给我们用。法国人一个星期工作 4 天，一天工作六个小时，一个星期顶多 24 小时，格兰仕一天就把法国人一个星期的工作做完了，其他 6 天自己做。这种拿来主义，其实质是一种资本主义。格兰仕不需要拿钱买设备，直接把设备拿过来，这就是一种资本经营。

对于资本经营，我给大家几点提示：第一，做资本经营最好围绕自己产业优势来进行扩张，三九集团在 70 年代兼并药厂成功率将近 90%，兼并药厂以外的产业成功率不到 50%。为什么？因为兼并药厂，它能够向兼并的企业五给，给资金，给品牌，给销售网络，给技术，给管理；药厂以外的产业什么都给不了。第二，并购有三种做法，一个叫养儿子，一个叫养猪，一个当人贩。养儿子就是，兼并了以后就养起来，把它作为一个产业做，就像养儿子一样，永远不会卖掉；养猪就是把企业兼并后养它，一两年养肥了就把它卖掉；当人贩子就是把企业买过来以后，养都不养，包装包装就把它卖掉。我建议中小企业家最好是养儿子，不要养猪，更不当人贩子。

（七）企业家是经营专家的专家

我观察，一个企业家的成长，往往要经历两个阶段。第一个阶段就是专家阶段，一个六级技工做一个五金厂，一个电脑专家做一个 IT 公司，一个电器工程师做一个电器厂，就是专家办公司。专家办公司往往是什么都会做，什么都自己做，不放心别人做，始终把自己放在专家的位置。我接触过很多这样的老板，他们问我，我的产品做得这么好，为什么做不大，因为他

没有及时地从专家上升到企业家。什么是企业家？企业家就是经营专家的专家。作为企业家，不仅仅是自己会做，关键是你能否团结更多的专家，让更多的专家来为你卖命。当一个企业发展到更大，成为一个大公司，企业家就要及时地把自己上升为政治家。所谓政治家，就是尽可能把各种力量团结在自己的周围，形成一个势力。政治家就是经营企业家的专家。

（八）一个企业家既要当产权领袖，更要当精神领袖

什么是产权领袖？就是说，这个企业是我的，我是老板，股权100%；你们都是给我打工，都要听我的，你们之所以听我的，因为产权是我的。我想在座的多数老板都是产权领袖。什么是精神领袖？就是没有产权，别人也会听你的，因为你有人格魅力。比如，日本松下幸之助，一开始是企业的产权领袖，在他死之前，松下的股权只剩下2%，但他仍然具有巨大的号召力，这个企业是企业家的一部作品。

我发现一种现象，中国富有的地方都是没有资源的地方，中国资源丰富的地方都是贫穷的地方，这说明一个地方发展经济主要不是靠土地资源，而是人力资源，关键还是企业家资源。中国落后的地方有一个共性，最稀有的资源是企业家。

二、互信是企业家与经理人的黏合剂

由于中国市场的特殊性，在过去十几年发展起来的民营企业很多都是家族企业，这在经营环境复杂、透明度不高、诚信不足、职业经理人阶层尚未形成之前，是最有效的一种企业形式和规避风险的措施，它使大多数民营企业不会因为环境、诚信和职业经理人的问题尚未解决而影响其高速发展。但是，随着民营企业的不断发展壮大和整个市场环境的逐步规范，很多问题开始显露出来，既有人力方面的问题，也有企业发展战略的问题。因此，越来越多的民营企业在完成了资本的原始积累、初具规模之后，或少数企业在出现发展的“平顶”之后，开始把企业关注点转移到企业的长远发展大计，开始考虑企业的发展战略上来。希望能够超越自己，实现企业管理质的突破，从“艺术”走向“科学”，成为现代化的企业，突破家族式企业的瓶颈。要实现这个目标，如何用人是关键因素。因为任何伟大的理想，都需要通过一批志同道合的人去实现。所以，职业经理人的问题，已经被很多企业提到议事日程上来。

对民营企业来说，如果企业家（企业主）自己本身是一名优秀的职业经理人，它可能会通过自己培养的方式来选拔职业经理人。这是最稳妥的一种方式，也是最有效的一种方式，因为自己培养的职业经理人在价值观念、工作方式和工作质量等方面和自己都比较一致或接近，很容易形成合力，对上司也有足够的尊重和忠诚，从而容易实现较高的组织智商。但是，这种方式最大的问题是周期长。自己培养人，是一个漫长的过程，少则3－5年，多则7－8年。对于高速成长的民营企业来说，自己培养职业经理人可能满足不了需求，况且在中国市场上，民营企业家自己是优秀的职业经理人这种情况不多。如果企业家不是一个出色的经理人，或者不愿意做一个亲力亲为的经理人，就可能选择两条腿走路，即一方面培养人才，另一方面也从外面招聘职业经理人。从过去几年的实践来看，很多民营企业对从外面聘请职业经理人有过怀疑和困惑，公说公有理，婆说婆有理，双方各有各的道理。其实，只要明确岗位责任制，把握好我们下面要谈的一些关键点，应当不会出现大的问题。我认为，管理团队走职业经理人道路是必然的，是大势所趋，甚至是不可抗拒的，这是民营企业家今后几年不得不面对的主要挑战。如何适应环境的变化？如何实现自身的角色变换？如何让经理人发挥主观能动性，为企业的发展贡献聪明才智？是今后民营企业成败的关键。我们不妨从几个反映比较普遍的问题入手，来探讨民营企业家与经理人如何建立互信的问题。

现象之一：企业家十分敬业，每天工作很长时间，但总是感到缺少有能力的部下为自己分忧，如果部下做不好，干脆自己做，因此很难授权。

如果企业家自己是“摸爬滚打”出来的，一般来说，是那种“马上”将军，对市场对产品对企业的发展有“直感”和独到见解，但是如果停留在“直感”阶段的话，很多东西只可意会，不可言传，他们会感到自己非常明白，但其他人与自己差距太大，理解不了自己，因为沟通少，形成负循环，双方的距离越拉越大，从而很难听进部下的意见，久而久之，企业家的想法、思路只有他一人心里明白。很多企业发展的思路、企业战略只有他一人明白，而投资项目也都是企业家亲自出面去谈，结果是企业的寿命与企业家的寿命挂钩，无法实现可持续发展。可以说，这样的企业还正处在“本色”的角色阶段，还没有超载自己，特别是在管理领域。因为管理的最基本概念就是通过部下把事情做好。管理者应当是“教练”，而不是运动员，是教会部下做事情，而不是自己一着急，就替部下去比赛。对部下前几次做得不好要有宽容的心态，允许他们犯错误，作为教练，关键是起到“教导”或者“辅导”的作用。当然，作为上级管理者，也要避免另外一个问题，那就是不管部下请教什么问题，都会给部下一个答案，尽管这样做自己感觉很好，似乎没有问题可以难倒我，有一种成就感或者优越感，可是却不能这样做，因为衡量一个教练员的水平，不是看自己多么能干，多么聪明，而是看他带的团队是否能干。即使教会人比自己去做更花时间，或者教了之后仍达不到自己的要求，也必须这样做。这是一个人从自己管理自己到管理别人的重大转折。作为上司，是评估你的建议，给出我的建议，最后的决策还是由你来做，部下一旦了解上司的风格，做事的质量标准提高，就会发挥自己的主观能动性，交出漂亮的答卷来，这样，上司就可以轻轻松松过日子了。

现象之二：很多民营企业家都经常有这样的抱怨（或者未说出来的困惑），即下属只会服从，不会创新，所以什么事情都要自己去做。

如果一名民营企业家在某些方面很强，就难免“独裁霸道”，由于企业是他的，没有任何制约，这种情况在今天的市场环境中很普遍。典型的表现是：当众批评部下，甚至在部下汇报工作或大会发言时被强行中止讲话，令部下没有丝毫的面子。从此以后，部下见到老板就胆战心惊，走路都不想碰到老板，尽量避免与老板打交道。有的企业家，对部下提出的建议，如果是自己已经想到过的，就说我早就想过了；而对于自己从未想到的建议，更多的是嗤之以鼻，令部下兴趣索然，以后就不再愿意提出建议。还有的企业家，在部下做事情时，总是不断地告诉他们应当这样做，那样做，不给部下留出自己发挥的空间，没法让他们按照自己的想法做事情，最后导致老板“越强”，部下“越懒”，失去了创新的激情。其实，创新需要宽松的环境，需要对部下尊重，需要经常鼓励部下，对部下的一些好主意，即使自己已经想到了，也不能表露出来，而是发自内心地欣赏部下，毕竟他达到了与自己一样的境界，是非常难得的表现。这样，部下才有成就感，下次才会积极地创新。而对部下提出的建议，即使与自己想法有出入、有分别也没有关系，不妨提出一些意见，使部下把问题想清楚，想透彻，把自己关心的问题包括进去。可以说，最好的管理者是让部下总感到老板欣赏自己的创新、采纳自己的意见，老板讲的就是自己的主意，这样岂不是两全其美！通常“打压”与创新是背道而驰的，你打压一次，今后就很少人创新；打压两三次，以后就没有人再创新了。所以，如果部下没有创新能力，作为上司，我们首先就要想一想，是不是自身的问题。

现象之三：企业家刚刚聘请到职业经理人，如同黄金搭档，如同发现了无价之宝，信任得不得了，可是过不了两三年，双方就反目成仇，互相骂得一塌糊涂，走到另外一个极端。

招聘人时千万不要只看对方的优点，而要看自己能否接受或容忍对方的缺点。在招聘问题上不能凭直觉凭感情做事情。常常看到这样的情况，开始时，双方是基于一种美好的愿望，都往好处想，就把分歧搁置起来了，等过了一段时间，问题暴露出来了，结果就不欢而散。中国有句老话：丑话说在前头。招聘人时如果就谈好走的问题，到时候就不会有意外和冲突。

另外，对方为何而来？他来这里图什么？他图的东西在这里是否能得到？期望他来的目的是什么？岗位责任书是否已经写好？如果这些准备工作做好了，产生偏差的几率就小。当然，招聘职业经理人时，最好做参考调查，如到对方曾经工作过的地方了解其优缺点，从他过去的同事、部下、上级那里了解情况。准备工作做得越充足，失误的可能性就越小。另一方面，对于新招聘的职业经理人来说，价值观的塑造非常重要，如果经理人进入企业时就接受公司的价值观念，其他事情就好办。当然，一个民营企业，是否已经形成了其核心价值观，这是前提。

现象之四：企业家不尊重部下的个人意愿，叫你干啥就干啥，调换工作也不事先打招呼，让你打起背包就出发，有点半军事化管理，有些人不喜欢就离开了，有时候给钱，不知道为什么，有时候不给钱，也不知道为什么。

企业不是军队，不能以命令的方式对待部下，尤其是对白领员工、高层管理人员更是如此。企业家或高层领导要尊重部下的个人意愿。据我所知，有些企业在管理人员的任命和调遣上，缺乏透明度和事先的沟通。尽管新工作对被调遣的人来说，可能是好事，是机会，是升迁，但是不事先征求意见，还是令人感到不舒服，因为受过良好教育的白领阶层，一方面以事业为重，另一方面还需要得到尊重，当然，还要有相应的报酬。上下级只有互相尊重才能长期合作，尽管在工作上有上下级之分，但是从做人的角度来看，大家都是平等的，沟通需要平等。如果公司的发展计划，每个月每个季度的业绩和面临的困难都让员工知道，大家就会感到被尊重，被信任；如果因为担心员工泄露公司机密而向员工封锁消息，你如何指望员工能对公司有感情，能表现出承诺，更不用说忠诚了。对于高层经理人来说，这种知情权更重要。

总而言之，企业家与经理人之间建立互信并没有什么特别大的障碍或鸿沟，关键是心态的调整和科学方法的采用。

三、民营企业家历经三代蜕变

在南庄4000多名私营企业主当中，大多是中小企业老板。像兴发铝材的罗苏、新明珠的叶德林、能强的梁其、金舵的罗有成、溶洲建陶二厂的罗四珠、富士宝的陆社本这样有很大实力的人物寥寥可数，而绝大部分的南庄老板都只能称作企业主，而非企业家。对于那些脱颖而出者，我们不能不予以额外的关注。

倘若从年龄上划分，我们的民营企业家大致分为三代。

50岁到60岁为“第一代”。第一代民营企业家都是农民出身，但具有天生的商人气质，懂得浅显的经济知识，事业心重，刻苦学习，勤奋工作，从事传统行业为主。例如，兴发的老总罗苏，从事铝材业起家。

35岁到50岁为“第二代”。这一代民营企业家大都是工人或农民出身。例如，以前做建筑的叶德林、梁其，从爱好建筑业发展成为建陶大亨，他们首先是在集体企业当领导，后待企业转制之后，企业越做越大，拿下了国家名牌企业和国家免检产品的品牌。

“第一代”与“第二代”发家的动力多属于穷则思变。当时，我们南庄还是很穷，只有一些镇办企业，很多人开始为镇办企业打工。有了一点积蓄后就开“夫妻店”，比如罗南的一对有名的企业夫妻，一开始是搞打纸筋的小作坊，后来开了小泡沫厂，而后来变成一家大泡沫厂，再后来发展陶瓷业，最后又进军纺织行业。还有一批人是在邓小平南方谈话后顺应潮流大胆发展，以及在当时南海提倡的三驾马车齐发展的政策鼓舞下，和镇政府提出力求每个管理区最少办一家陶瓷厂的指引下，村村点火，户户冒烟，南庄的民营和集体企业如雨后春笋般地成长起来了，但也留下了一些隐患，比如资金比较混乱。经历了这段混乱而生机勃勃的时期之后，原来有钱的更有钱，原来没钱的现在也赚到钱了。

从“第一代”到“第二代”，企业家的素质明显发生了变化。不仅学历水平、管理能力提高了，其涉足的产业也有了较大的跨度变化，从传统的五金塑料及其相关的产业升级到一些大型企业，如电气、铝材、陶瓷、广告等。

“第三代”是二十来岁到三十岁出头的一群。属于这一代民营企业家的人少数，从外地来的人是明显增加了，但从罗南地区来说是比“第二代”明显减少，这就说明了我们罗南人存在着一种小富则安的思想，值得我们去深思。这一代企业家许多都是大学生，有着敏感的商业本能，从事的行业以第二、三产业为主，如新兴制造工业、中介机构。值得一提的是，“第三代”中不少人是凭借其知识优势，在新科技大发展的浪潮中利用当地消费者的蒙昧赚到了第一桶金。

“第三代”靠知识、脑力吃饭的特点非常明显。相比起来，前两代更多是靠体力致富，靠钻空子致富。目前，在外地苦读 MBA 之类学位的大多数是“第二代”。他们以前打理一个百十号人的公司还能得心应手，如今企业做大了，需要一个全面的社会化管理，就不能不感到管理知识的匮乏。而“第三代”自己已有较高的学历，较全面的知识结构，大部分是大学毕业，甚至研究生毕业。可以说“第一代”“第二代”显得相对比较保守，而“第三代”则表现出更为宽阔的视野和思维。

与广东的地域文化相当，南庄的企业家往往讷于言，说不出什么高深的话语，但他们都很务实。这三代企业家们的共同点是天生商业，嗅觉灵敏，不同点在于“第一代”更为朴实一些，思想的开放度不够，“第二代”背负的压力责任是最大的，他们四十来岁正是精力旺盛的时候，自己面临着企业做大了但不好做、知识结构跟不上等问题，同时又面临着平衡家庭和生活的压力，负担异常沉重。“第二代”往往是那种什么苦都吃过的人，在目前来看，这一代人也是最有成就的。第三代中则充斥着许多投机主义者，他们平时可以睡觉，但一嗅到什么就马上醒。我相信，在年轻的企业里会出谋士，甚至会出投机商人，但绝不会出“先烈”，他叮准了就会谋求最高利益，但他们对风险依然非常警惕。

南庄企业家经历三代蜕变，已经越来越成熟和有作为，但守着小气候不轻易往外走的特性似乎并不那么容易摆脱。

“务实”和“知足”既是他们的优点，也可能成为他们前进的束缚。

四、面对当前经济形势，民营企业如何生存和发展

先做专，再做大，做多元化，只做相关多元化。专业化与多元化是企业界长期争论较大的一个话题，无论是国外还是国内，既有专业成功的案例，也有多元化成功的案例。但经验告诉我们，在成功者中，专业化企业更多，在失败者中，多元化案例更多。

俗话说：业精于专。商界有两种人才：一种是全才，一种是专才。如果商标扩展和多样化经营是有效的市场营销战略的话，那应当看到全才们占上风，但实际并非如此，他们中大多数都遇到了麻烦，全才是软弱的。

任何一个企业都面临一系列的有限：资金有限，人才有限，管理能力有限，所获得的信息有限，关系资源有限。如果把这一系列的有限资源集中在一点上，比如像格兰仕那样集中在微波炉的生产上，有可能把这一点做精做透，做到全国乃至全球最好。如果将有限的资源分散到较多的产业，其结果是哪一样都不精，哪一样都不优。比如，我们的盛发电器，其战略应是把一个产品做精，做深，做透，做大，做强之后，再做第二个。经济学中有一个规模经济的概念，即某种产品的生产，只有达到一定的规模时，才能取得较好的效益。

我们虽然没有能力使人们富裕起来，但会竭尽全力使广大消费者辛勤的劳动果实更富有价值。其实，让人们口袋里的钱更有价值，自然也就让人们富起来了。

加入WTO，既是企业之间的竞争，也是国家之间的竞争。企业的竞争力也包含了所有国家的竞争力，正如企业有核心竞争力，作为一个国家也才有核心竞争力。加入WTO后，中国的核心竞争力是什么？与发达国家相比，中国的主要优势是劳动力便宜，与某些发展中国家相比，中国的一个重要优势是政治稳定，有较好的工业基础。中国这一优势，必然会转化为众多企业的优势，特别是劳动密集型产业，这一优势更为明显。

在南庄除了劳动成本低这一中国普遍拥有的优势外，还具有产业群体优势，即行业配套优势。我们南庄不仅建造了华夏陶瓷博览城，还打造了几个国家级的中国陶瓷名牌，以及家电、铝材行业的知名品牌，获得了建陶第一镇的称号。五金塑料等企业群体，星罗棋布的零配件供应商，方便快捷的物流体系，形成了较为完善的各种企业供应链，使南庄成为全国陶瓷品种最全、规模较大的配套生产基地。正如许多企业家所说，在南庄，大多数企业可以在两小时内得到基本的各种产品配件和原材料，买材料如在超市一样方便、简单。

以上这些，在全国都是绝无仅有的，而且正是这样的产业环境，使我们南庄的企业极大地提高了在全球范围的竞争力。

其实谁都愿意自创品牌，在国外卖产品，打自己的品牌，不要说可以获得品牌收益，至少也是比较光彩。然而，一个知名品牌并不是一夜之间形成的，它是经过几十年积累起来的。它不仅要以产品质量的不断完善为基础，而且还要进行大量的品牌投入。创品牌是一个漫长的过程，而且具有较大的风险。自创品牌就是由自己进行品牌投入，于是，企业既要进行生产投入，又要进行品牌投入，即双重投入；既要进行生产管理，又要进行品牌管理，即双重管理，其结果是分散资源，分散精力。

贴牌生产，指企业只进行生产投入，而不进行品牌投入，因而只获得生产投入的回报，而不会获得品牌投入的回报，其所得自然比较微薄。虽然微薄，但与自己投入的资金相比，其回报率并不低，甚至比某些品牌投入的回报率还要高。这时，放弃品牌投入就是明智之举。因此，是自创品牌还是贴牌生产，不是哪个更有志气、哪个更没志气的问题，而是根据效益最大化原则所进行的投资选择。中国企业为国外名牌企业贴牌生产，也就是为名牌打工，落后者为先进者打工，这也是历史的必然。在中国国内，有一批打工省，有一批老板省。打工省正是通过打工积累资金，积累知识，由打工变成老板。中国与发达国家之间也有这个过程，这是不以人们的意志为转移的客观规律。

温州皮鞋产业的发展过程足以证实上述论述。80 年代，温州的企业给上海皮鞋厂贴牌生产，在贴牌生产过程中，温州的皮鞋质量不断提高，到 90 年代末，时机成熟了，温州的企业逐渐丢掉上海品牌，转用自己的品牌。至今，“奥康”“康奈”等一大批温州皮鞋的品牌，其知名度和美誉度已经超过了上海皮鞋。

其实，像顺德的格兰仕在做贴牌生产的过程中，自己的品牌不是被削弱，而是不断得到加强。由于有 OEM 工作的强力推进，在贴牌过程中，其产品在国内外市场上的优势表现，使越来越多的外国经销商和消费者认识和了解了格兰仕，了解了格兰仕的实力。格兰仕在做好贴牌生产的同时，对格兰仕品牌宣传和推广也没有停止过。1997－1999 年在产品的出口量中，格兰仕自有品牌与 OEM 之比，从1∶9 上升到3∶7，再上升到4∶6。可见，自有品牌的比重是逐渐上升的。

在整个产业价值链中，有品牌，有营销，有设计，有制造，等等，作为一个企业特别是中小企业，不应该从头做到尾，包打天下，而应该做其中的一两个环节。

定位在哪个环节上?

这里就有两种大战略模式可供选择：一种是“哑铃模式”，即定位在设计营销和品牌上，一头是设计，一头是营销和品牌，把中间的生产环节外包出去。另一种战略模式是“橄榄模式”，即专做制造，前面的设计、后面的营销和品牌由别人做。我们的企业特别是民营企业，办企业的历史都不过十几年，十多年的历史不可能在全球组织起一个国际化的营销网络，不可能在全球建立一个国际性的知名品牌，我们这些企业最大的优势在于低成本的制造能力。这个现状在短期内是很难改变的。作为一个企业，其战略选择只能面对现实。正因为如此，如案例中的格兰仕明智地选择橄榄型模式，通过自己的橄榄型模式与跨国公司的哑铃型模式对接是适宜的。

从长远看，做橄榄还是做哑铃，今后将是一种企业分工，既不存在谁为谁打工，又不存在谁控制谁，就像我们企业与职工的关系由单方控制转向双向选择一样。

在这里，我要告诫我们的企业老板们，企业的价格战是十分危险的，其结果是：低价格＋低质量＋更低的价格导致更低的质量，最终整个企业都垮掉。

办一个企业的基本要素是什么?

一个人最重要的品质是善良。善良就有责任心，有责任心的人就能把事情做好。做企业要超脱政治因素，尊重市场规则，把企业当企业来做，而不要把它当做沽名钓誉或骗取银行资金的桥梁。在中国，企业最基本的是要解决就业，保证税收，在保障员工生活的同时造福社会，就这么简单。此外，还要牢记下面几点启示：

1. 一个清醒的企业家应当经常认识自己，并做自我剖析。

2. 民营企业是与市场结合得最紧密的经济实体，一切决策都是围绕市场需求而制定的。

3. 追求利润最大化是企业管理的目的，而不是企业生存的目的。

4. 管理的基石是信用，信用的基石是品格，品格的基石是信念，信念的基石是教育。

各位老板，如果没有党的富民政策，没有稳定祥和的社会环境，不仅个人无所作为，即使有财富也买不到幸福和平安。所以，一个民营企业家应当有起码的社会责任感，多做有利于社会发展进步的事。我自己不是企业家，说不出高深的理论，只是自己通过学习和钻研提出一些观点，供在座企业家参考。

企业管理杂谈

（2005 年 1 月）

一个企业，想要百年不衰，必须制定一个有弹式的核心理念。核心理念是公司永远的灵魂。没精神支柱，公司就只剩下一个死气沉沉的外壳，没有任何生命和存在的价值了。但是请记住，核心理念是以内在要素而存在的，基本上不受外在环境影响。

一个企业如果没有目标，不知为何而奋斗，过着一天算一天的日子，像一只无头苍蝇到处瞎忙，像一只断了线的风筝，在半空中随风漫无目的地漂荡，那就只会走向灭亡。即使偶尔间幸运生存下来，那也是极短暂的。尽管他们在创业时期因遇上好的时机而在短期内小有成就，也难逃最后破产的命运。因此，企业想要成为一个有前途的公司，就必须设定一个目标。一个企业自成立之初起，就拥有它本身的制度，根据不同的历史原因、社会环境以及公司的发展成长状况，公司应当不断地进行自我调节，改革完善自己的制度，使之适应不断演变着的实际环境。社会日新月异，今天你的公司是最优秀的，你的产品是领先同行的高科技产品；但明天，可能已经变得落后与过时了。公司如何适应不断地演变？根据是，从具体情况出发设立一个核心目标。

做人也是这样。一个人如果没有一个目标，不知为何而奋斗，在事业上是很难成功的。在当前这个瞬息万变的社会里，我们一定要好好学习，努力学好文化，多看报，多读书，课内的书要读，课外的好书也要读。我认为，读书的方法可以这样：有时间就深读；时间不够可用 3 种方法来读，即高山俯瞰、海边拾贝、揽镜自照。要记住，一个地区或一个单位经济的持续发展与这个地区、单位的文化底蕴是分不开的。

我认为人生的成功公式 = 人格 + 形象 + 礼节 + 三识 + 三性 + 五心 + 五力。

一个人如果有奋斗目标，成功是容易的，不成功反而是困难的。因为，成功的人只要奋斗五、七年就成功了，最多是十年，而不成功要用掉人生一辈子的时间。不成功，一辈子的时间让人不欢迎，甚至贫穷。我认为，成功不能完全用金钱来衡量，一个人能够做好一般人不能做好的事就可以算是成功了。

1. 人格人品占据成功要素里的比重约为50%，而人格人品的培养是一项最省的投资，收获却是最大的事。我认为，有德有才是正品，有德无才是次品，无德有才是毒品，无德无才是废品。人的本质决定意识，意识决定思想，思想决定结果，结果决定地位。做小事靠能力，做大事就要靠人格。

2. 给人一个好印象，事半功倍；给人一个坏印象，事倍功半。一个人的形象是非常重要的，你表达的效果有60%是通过语言来表达的，但要有好的肢体语言需要锻炼，正所谓台上一分钟，台下十年功。百练才成形，百磨才成光，百胜才成才。

3. 有礼有节、谦虚谨慎能够反映一个人的整体素质。

4. "三识"就是学识、见识和胆识。学识是最难解决的，而没有胆识是难成大事的，只有拥有这"三识"才能建立起一个良好的能力结构。功高艺多，艺高人胆大。我们学校的老师和学生要特别注重实践，不能让理论与现实脱离，胆识要建立在文化上，有胆有识。

5. "三性"即是韧性、悟性、理性。一个人出来工作，有时难免会受些委屈。决心卧薪尝胆、委曲求全，不干出名堂誓不罢休，那就是韧性的表现。悟性就是灵感，悟性需要经常的思考与总结。当你想把一件事情做得好上加好的时候，你就会变得聪明。人生最大的敌人就是自己，缺乏理性的人一定会失败。理性是做人的长青石。

6. "五心"是专心、恒心、信心、诚心、虚心。专心放在第一位，就是说做什么事情都要专心做好，人最怕的是没有目标或目标不明确。人必须知道自己的爱好在哪？长处在哪？决定人生的道路该如何走？接着朝着目标，持之以恒，坚持不懈。要有信心，不要说事情还没有做自己就已经怕了。有了信心，就有了精神，就有了力量，有了力量就可以无往而不前。要虚心，骄傲对自己一点好处都没有，骄傲是不成熟的表现，真正的成功是不用骄傲就已经很骄傲了。诚心，化解社会的许多矛盾和赢得人的尊重都离不开诚心。

“五力”包括人格力、学习力、亲和力、调整力和控制力。总的来讲，成功没有必然性，成功需要你的学习奋斗和人品。同时，成功还需要胆略，胆略是建立在有文化的基础上。有勇有谋是战夫，有勇无谋是蛮夫，有谋无勇是懦夫，无勇无谋是匹夫。中国现在仍处在社会主义初级阶段，改革开放才二十几年，因此不少不合理现象的存在是无可避免的，问题的解决需要一个过程。高楼能够得以建成的原因一是基础好，二是正直。因此，我们做事正直诚信很重要，不诚信必将付出更大的代价。要从家族教育抓起，没有良好的家庭教育，就没有良好的后代。不能治家怎能治企业！不善于经营家庭就不会善于经营企业。

企业要想做强，靠管理；企业要想做长久，靠文化，没有文化的企业是短命的。

办企业三年成功不算成功，五年成功是幼稚的，十年成功是入门，十五年的成功可算成熟，二十年的成功不倒才能根深蒂固。一个成功的公司要具备：三力+三本+三平+三化+三略。“三力”即产品力、销售力和形象力；“三本”即能本、成本和资本；“三平”即管理水平、技术水平和员工素质水平；“三化”即全球化、虚拟化和规范化；“三略”即集中化策略、差异化策略和成本领先策略。

企业经营的竞争策略是：扬长避短，趋利避害，随机应变，善于创造，逆境不馁，处变不惊，协调关系，争取顾客，快速反应，占领市场，组成合力，优化群体，包装诱购，薄利多销，迎合心理，拾遗补缺。有些外国人说中国经济了不起，但中国的企业家没有什么了不起，因为中国企业的平均寿命是5.2年。我认为中国不缺老板，但缺企业家。人最大的敌人是自己，最难战胜的也是自己，控制人的物质欲望有利于磨炼自己的意志。当企业家，如果光会享乐，早上围着车子转，中午围着盘子转，晚上围着裙子转，他就不是企业家，是败家。

从我接触的商人和报刊披露的资料来看，浙江省是一个具有炽热企业家精神的地方，它非常有利于发挥华人的才能，浙商完全可以媲美全球成功的华商，与其他沿海省份相比，浙江人能吃苦；与内地人相比，浙江人很灵活，勤劳务实。浙商普遍不搞表达，创造概念和新名词不是他们的专长。浙商重操作，理性化的东西比较少，只埋头做企业。他们有一条原则：只做不讲，或者多做少讲。要概括浙商的经营管理规律，并不是一件很轻松的事。

一、经营守法平实，不重形式技巧

娃哈哈老总宗庆后曾这样描述自己的性格：我个人一向主张稳妥，娃哈哈这十几年发展很快，但一直很稳。因为我有这样一个原则，自己能力做不到的事情我不做，但是我认准了要做的事，碰死也不回头，不管什么困难，我始终信心很足，勇往直前，办不了转个弯再走，一定要达到目的。

我分析过娃哈哈的经销商策略，专业化定位到组织结构、人事等变动甚小。该公司 1980 年上儿童营养液，1991 年上果奶，1996 年进军纯净水，1998 年推出非常可乐，2001 年推出茶饮料，每一个产品，娃哈哈都不是第一个吃螃蟹的。最早做营养液的时候，调研人员的结论是市场饱和，退出竞争。后来做水做茶，也在“旭日升”“康师傅”之后，“非常可乐”更是在“可口可乐”“百事可乐”最威风的时候推出。但娃哈哈做一个赚一个，现在除了碳酸饮料仍屈居两乐、茶饮料之后，还在追赶“统一”“康师傅”外，其他产品都将保持行业第一的市场占有率。通过这个案例可以说明，只有在较长的时间内坚持一种战略而不轻易发生游离的企业，才能赢得胜利。

二、政治上积极稳健

浙商们的政治立场稳健可靠，态度谨慎，不过激，也不过火，宁可委曲求全，也不争一时之长短。浙商在领会贯彻政策时，重实效而不赶时尚。与地方政府保持有距离的融洽关系。同时，浙江地方政府也比较开明，理性务实。因此，很少见到浙商因为政治上、政策上出问题。

三、亏损小，失败率低

在全国有影响的浙商破产案几乎没有，在谨慎保守的中小企业中，破产比例也不高。在义乌这个工商业集中的城镇问起这个问题，他们的回答是有歇业停产的，好像没听说谁破产倒闭了。

四、长寿企业多

浙江各地有一大批操守企业二三十年的常青树，经营非常稳健，像鲁冠球等人经营企业几十年竟能做到年年不亏。

五、草根变大树

浙商中还有一些给人印象深刻的共同特质，就是肯吃苦、谨慎的冒险、节俭、重视学习，而学习的方式更多是观察别人的言行而不是在课堂上。如万向集团的鲁冠球在工作繁忙中，挤出时间用来学习，每天晚上7时看书看报看电视新闻，就是外出开会也基本做到。因此，只读过初中的鲁冠球已有60多篇论文在《求是》《人民日报》《光明日报》《经济日报》等报刊上发表，成为一个出口成章并著书立论、能写会说的农民理论家。

浙商的厉害不在他们的高大全，而是他们的低小散，最重要的是浙商最具可学性，也最容易模仿，因为浙商是真正的“平民”全民。他们最大众化，一则他们十之八九是普通老百姓，发达前往往是农民；二则他们无资金，无技术，无市场，白手起家；从草根开始生长，浙商中的大佬也是如此。他们有的知识和资本，你也完全可能拥有，赤手空拳打天下，规模可大可小，不要担心自己缺什么，进入门槛很低，他们的经验主义，他们的组合才能，他们的三流人力做出一流效益的本事，小业主可以从中得到借鉴，大老板也可以从浙商的低调内敛的经营中悟到许多正面的启示。自下而上，由内而外的动力机制，是浙商称雄的法宝，只有自下而上，才能不断向上，即使草根也能长成参天大树，因为他有根。

从浙商的成功中，我们可以得出一些结论。为什么我们不能成功，我认为，企业的发展是思路决定出路，一切都是人为，时间检验行为。多看则清，多听则明，多思则准，多干则成。人尽其才，物尽其用，钱尽其值，各尽所能，一天做一件实事，一月造一件新事，一年做一件大事，一生做一件有意义的事。为顾客创造价值，为股东创造利益，为员工创造前途，为社会创造繁荣。

企业家应读万卷书行万里路，交万人友，只有这样，企业才能做强做大做长。此外，我希望我们的企业掌舵人，要多读书多看报，从中吸取一些学识。在当今的社会里，任何知识都不会是多余的。而吸取知识的重要途径便是读书，读那些有价值的好书，读那些能给人知识、给人启迪的书。读书使人了解世界的浩瀚辽阔和人心的博大精深，也能使人热爱生命，热爱生活，激起追求真理、实现理想的欲望和激情。读书的过程是欣赏和接受的过程，也是思考和感悟的过程。如果能经常用自己的语言记录读书的感想，那将是一件极有意义的事情。当然，读书的过程，也可能是排斥的过程，因为不是所有的书都是有价值的，也不是所有的书都是有趣的。古人说“尽信书则不如无书”很有道理。一个真正的读书人应该通过自己的思考判断一本书是否值得读。

人生最大的实惠和快乐就是读书。书可以开阔眼界，陶冶性情，丰富知识，升华自我。人的经验越多，书更容易读懂。读书还可以提高人的能力，书给人添力量。

《孙子兵法》与现代企业管理

——读孙子兵法之感悟

（2006年4月）

天下第一兵书，经商的圣书——《孙子兵法》时下已成为畅销书，若有人说没读过此书或了解不了，此人肯定是“道行不深”。于是，很多人都会跟风读起来，附和吆喝着，甚至有人不时找出一两句来高谈阔论，以显示自己的学识才华。然而，究竟有多少人能将《孙子兵法》深耕细作，融会贯通，真正在实际中运用，并取得良好的效果，那就不得而知了。

我是无法将此书读下去的人，古文难于理解且自己缺乏耐心，因《孙子兵法》博大精深，完全读懂不易，恰当运用更难。其中重要的一点是读书人要有悟性，能巧妙运用更需要悟性，正如岳飞所言“运用之妙，存乎一心”。中山大学MBA企业家商会给予了我压力，迫使我写读书报告，我才有比较深刻的理解，才思考对自己有何启示。谨此浅谈以“兵道对商道”的现实意义，只有了解它，才能应用它，因为知识的全部意义不在于拥有，而在于应用。

一、企业家的素养是“道”的基础

“道”指君主和民众目标相同，意志统一，可以同生死，不惧怕危险。有了“道”，就能建立一个卓越的团队和一个强大的组织。这种组织来源于企业家必须承担起一项足以让人生畏的任务，就是锤炼人们共同的意志，营造出一个可以将自己的潜力发挥极致的环境，引领大家朝着一个共同的组织目标迈进。

企业家必须有广阔的视野，正确的价值观，团队建设的能力，人际交往以及沟通的能力；要有对市场的敏感性，有创新意识，有决策艺术，有吸引人才的魅力，有诚信的品格，有推进工作的刚毅。在追求企业长远发展的过程中，企业家经受挑战之严峻，遭遇困难之巨大，要承受的心理和人格压力之沉重，和所要求的动力之持久和强大，都是常人难以想象的。

在企业家的素养中，人的个性也是一个重要的因素，要有自我管理和控制情绪的能力。理性高，能战胜自我，超越自我，还要学会制怒。制怒在兵书上说的甚多，《孙子・火攻篇》就写有这样词句，主不可“怒而兴师”，将不可“愠而致战”。历史上对“主不可怒而兴师”这句话的真理性被证实的事例太多了。三国时期的蜀国，刘备为报义弟关羽被杀之仇，怒而兴师，起倾国之兵讨伐孙权，结果吃了陆逊火烧连营大亏，最终落得托孤白帝城的可悲下场。张飞为其义兄关羽雪恨愠而致战，强令部下范疆等二人在三天内做出孝服几十万套，不然格杀，结果逼得范疆等二人乱刀砍死张飞，提张飞首级投了东吴。这些例子告诉我们，应该懂得合于利而动，不合于利而让，不能逞英雄，好大喜功，要沉着谦让，不骄不躁，要经得住寂寞，经得住诱惑。可谓性格决定命运，企业家之道决定企业发展之道。企业家的素养特质是“道”的根。

二、系统也是企业成功的关键

书中“五事”“七计”“十四木”，“将者，智、信、仁、勇、严也”。“将”指将领，将领要足智多谋，赏罚有信，对部下真心关爱，勇敢果断，军纪严明。法，指挥组织结构，要责权划分，人员编制，管理制度，资源保障，物资调配。对这五个方面，将领都不能不做深刻了解，了解才能胜利。《孙子兵法》中对逻辑之严谨、系统之周密、制度之完善、阐述得淋漓尽致，与当今的企业管理确实具有异曲同工之妙。著名的经济学家郎咸平说：企业未来的格局是系统工程的竞争，战略规划，市场营销，人力资源，绩效考核，薪酬设计，预算管理，产品开发，质量控制，降低成本，客户服务等。效益决定于哪一块板最短，必须是齐头并进，资源合理配置，进行科学管理，拍脑袋的时代已经过去了。管理没有表单就不是管理，管理没有流程就不叫管理，管理没有知识、没有工具就不是管理。流程的整合就是系统工程，系统工程是现代企业成功的关键。

三、企业需要悟性与谋划

不闻道不足以明理，不悟道不足以成器，不行道不足以立业，不明道不足以善终身。闻道、悟道、行道、明道为师之才和全身之道的根源。因此，悟性是发挥优势的核心，它须广泛收集信息，深入调查研究，以事实为依据，克服官僚主义，认真细致的进行分析，明辨虚实，分清真假，看清事情的本质，这是“悟道”的前提。“悟”，思考也，必须有丰富知识和充满智慧，还要有坚定的信念。思考是一个问和答的过程。人生的全部尊严在于思考的力量。人生进步要“悟”，企业发展要“悟”，不下功夫思考，不作科学的思考，就会成为胡思乱想，从而误入歧途。同时，悟与道之间有一个高超的艺术，度的把握决定于领导的力量。

人的一生掌握在自己手里。这是无数仁人志士无数次证明了的。一个有智慧的人生必定是一个美好的人生。那么一个实体，一个企业呢？随着改革的深入和社会主义市场经济体制的不断完善，企业正在日益成为自主经营的经济实体，企业的前途命运也同样越来越掌握在企业家自己手中，它取决于企业自身，这就说明企业家需要智慧。《孙子兵法》正是这样一部智慧之书。在研究《孙子兵法》的同时，加之灵活妙用，就能转变为你的智慧了。《孙子兵法》这部巨著博大精深，难怪已被翻译成 21 种文字流行于世界，成为人们取之不尽的经营战略资源。正如日本经营之神松下幸之助所说，必须认真背诵，灵活运用，公司才能兴旺发达。伴随着全球经济的转型，在这个世界上最令人尊重的那些以价值为驱动的公司，正在从他们的无形资产——人、品牌、供应商、战略伙伴以及知识产权所产生的合力中获得越来越多的价值。这些都是需要企业家来驾驭的。无论是繁荣昌盛时期，还是平淡无奇的年代，无论企业规模大小，再好的思想目标及希望，如果不能由某一个人把它们传播出去，那也只会停滞不前。富有创造性和影响力的领导者都是伟大企业的基石。

四、从对“将”素质的要求获得的启发

孙子强调将帅是国家安危之主。首先将帅使命之重大使得他们必须具有“智、信、仁、勇、严”五项素质。一个称职的将士，在指挥作战时必须智谋策略，对君主忠诚，仁爱体恤下属，纪律严明，勇敢正直。其次，他主张“将能而君不御”，也就是说，一旦选准了良将，君主就要放手让他发挥其聪明才智，在作战中果断行事，不要去束缚，尤其不要随意去干预，因为君主不一定了解战场中的具体细节。这些论述，我认为对办好企业同样很有启发。企业决策者的素质影响甚至决定着企业的发展与进步。例如，中原物业顾问公司的创始人施先生，从一张办公台和一部电话开始创办这个企业，而如今他已稳坐代理行业的头把交椅，是什么动力使他在仅仅十多年的时间里就获得今天这样的成就呢？第一，他把公司的利益与个人的利益当成一个枢纽，制定了一套“适者生存，不适者淘汰”的体制，并且把它落实到整个企业的管理全过程中，达到令民与上同的战略思想目标。第二，中原公司在深港两地每年代理楼盘的业务有几十个，施先生从来就不干预管理者所制订的销售策划方案和销售管理方案，这一点不正是“将能而君不御者胜”吗？最后，他提出“上下同欲者胜”，即上下一条心才可取胜。为此，他强调爱护士卒。他生动地说：“视卒如婴，故可与赴深蹊，视卒如爱子，故可与俱生死”。这也就是说，对士卒要像对待自己亲生子女那样体贴入微，士卒才会心甘情愿地与将帅同患难共生死，故“三军之卒，莫亲于间”。古代也有吴起将军为士兵用嘴吸毒疮的故事。领导者要带头奉行“诚实、责任、向上、低调、奉献”，对员工负责，关心尊重他们，爱护他们以至他们的家人，将公司的理念、目标、任务、各个时期的计划、责任细则明白清楚地告知各岗位的人员，使他们容易团结一心，向着自己应到达的目标奋进。

孙子的至理名言对于企业管理的指导意义是不言自明的。从孙子的话里，我们至少得到了以下两点启示：

1. 注重人才引进和培养“将”的素质。企业是人的集合体，企业和企业之间的差距，在于人的差距。作为企业家，应该始终将识人、用人、关心人作为他的方略之根本。

2. 企业要增强凝聚力。做企业不是短跑，而是马拉松，要发展要壮大，做到上下同欲十分重要。

在现代企业管理中，人才是竞争焦点之一。第一把手固然重要，但是荷花虽好，还须绿叶扶持。“一个篱笆三根桩，一条好汉三个帮。”得力助手也是非常重要的，特别是优秀的辅助人才。因此，如何制定一系列和一整套教育和管理的制度和方法，用于培养、训练、储备、选拔、考核各种人才，并使其充分发挥作用，是现代企业管理中人力资源开发和管理的重要课题。

企业的领导者不是“空军司令”，总需要有得力助手。得力的表现是，对主要领导者的密切配合，有效支持，分忧提醒，做好必要准备工作，清理前进的道路，完成指派的任务，忠心耿耿，任劳任怨等。只要我们同心协力做好工作，企业必能正常发展。

孙子在《势篇》中说："故善战者，求之于势，不责于人，故能择人而任势。"意思是说：善于指挥打仗的将帅，他的指导思想应放在依靠、运用、把握和创造有利于自己取胜的形势上，而不是去苛求手下的将士。因此，他就能从全局态势的发展和变化出发，去选择适合于担当重任的人才，从而使自己获得取胜的主动权。这是孙子对领导艺术所做的一个高度精辟的概论和论述。

此外，在对形势的利用和把握中，"任势（择人而任）"又是决定事业成败的关键因素。因为一个统帅虽然有"识势"的战略远见，身边也有能够担当重任的人才，但他却不能"任势"，最后还会落入"失势"的惨败境地。诸葛亮对街亭战略地位的卓识和在抢占天时地利方面都胜过司马懿，只因为最关键处错用了马谡为将，造成了全军溃败就是一个典型案例。

一个人往往在某一方面具有的突出才干，最适合于某项特定工作，扬其所长，用其所能，可成人才；抑其所长，用其所短，则成庸才。有些领导者，他们在实际用人上之所以未能做到量才使用、择人任势，除了其品德素质因素之外，常常是因为在人才的效益思维上存在盲点。实际情况往往是，人的才能愈高，特长愈突出，其显露的缺点也越多，越明显。领导者如果对他们那些缺点看多了听多了甚至将其缺点与优点的个数相加减，结果就会得出人才价值的负值。殊不知，一个人的最大长处在数量上可能只有一个，但其产生的价值效益却可大得无可估量。美国南北战争时期，林肯曾选用过三、四位将领，标准是无重大过错，结果被南方将领击败。他接受了这一教训后，决定起用嗜酒贪杯却能运筹帷幄的格兰特担任总司令。当时有人极力劝阻，林肯却坚持任命。后来的事实证明，正是由于对格兰特的任命，使南北战争发生了根本性的转折。管理学家杜拉克有一句名言："人的长处，才是一种真正的机会"。大凡高明的领导者不无深明其意，要以人的长处运用机会——善于观察人的长处，择人任势，就能不失时机地赢得事业的成功。这正是今天企业领导者需要学习吸取的用人之道。

企业决策过程中，起决定性关键作用的是企业领导人，决策者特别是领导者的水平如何，直接关系着企业在竞争中的成败。《孙子兵法》关于军队实力判断的"七计"中就包括有"将孰有能"，特别强调将帅的地位和作用。一个企业的成功在于能够把握全局，使之形成态势，决策团队的有效组合尤其起决定性作用。汉高祖刘邦一统天下之后对朝臣们讲述了他成功的原因："夫运筹于帷幄之中，决胜于千里之外，吾不如子房；镇国家、抚百姓，给馈饱不绝粮道，吾不如萧何；统百万之军，战必胜，攻必取，吾不如韩信；此三者皆人杰也，此吾所以取天下也"。一个睿智的领导者并非他本身具十项全能，而在于他能否整合众人的智能以为己用。"故善战者求之于势，不责于人，故能择人而任势。"

五、讲"五德"具备企业可兴矣

《孙子》曰："夫将者，国之辅也。辅周者国强，辅隙者则国弱"。对于一个国家来说，将帅是国家强盛、安全与否的保证。同样，对于一个企业来说，管理者是企业兴衰成败的关键。企业在市场竞争中，好的管理者是攻城拔寨的利器，而一个不称职的管理者往往会导致一个成功的企业最终走向噩梦。难怪古人在经历无数失败教训之后总结说：千军易得，一将难求。《孙子兵法》中说"将通于九变之利者，知用兵矣"。那么什么样的将才通九变呢？我认为，这就是"兵道"中讲的综合素质。读了兵法以后，我觉得军队的将或企业的管理者如果具备"五德"的基本素质，才能通"九变"。《孙子兵法》云："将者，智、信、仁、勇、严也。"这就是为将的"五德"。作为一名优秀的将帅，必须具备这五个方面的才能和素质。用现代的语言解释，为"智"指有智谋能决断，能根据情况灵活变通谋略；"信"指言而有信，奖罚分明；"仁"指关爱下属，以仁爱之心待人，能容人；"勇"指勇敢坚定，敢于承担责任，面对危险和困难不退缩、不逃避；"严"指纪律严明，严格执法，决不姑息养奸。为将五德对我们企业的管理者很有借鉴意义。从现代企业管理的观点来看，五德之首——"智"是属于个人能力，如本身的智力、才干、能力和专长等，能否担任这一管理者的职务，必须以这个为基础。当然，智不是一朝一夕能够形成的，需要不断学习，不断修炼，才能提高。"信和仁"属于人际关系范畴。作为管理者，在工作中，对下属要有一颗仁爱的心，也就是现在提倡的"人性化管理"。关心、尊重自己的员工，鼓励支持爱护他们。同时，要做到言而有信，奖罚分明。这样，下属才会从内心认同你，为你效劳；"勇"是对事业的态度。要勇于承担责任，在市场竞争和危难面前，不会犹豫和退缩，敢为人先，以身作则，给下属一个好榜样；"严"是合理制度的制定和规范管理。要制定合理的制度和纪律严格执行，对敢于以身试法者严惩不贷，以威严严肃人心。真正做到了这五点的管理者，就能“运筹帷幄之中，决胜千里之外”，成为市场竞争的优胜者。

我们的企业应当从上述五个方面去要求和培育企业管理者，打造一批智勇双全、言而有信、公正严明、熟悉现代企业制度的经营管理和市场竞争的职业管理团队，这样我们的企业就能胜利。

六、执行力的高低决定着企业的成败

比尔·盖茨说过，在未来的商战里，我们所面临的挑战是“执行力”。所谓执行力就是抓落实的能力。没有坚强的执行力就无法沿着正确的方向挺进，好的理念就无法得到有效实施，企业的战略也就可能成为纸上谈兵。执行力是行为的总体表现。对一个企业来说，执行力的强弱体现在责任体系的落实问题上。就个人而言，主要是执行理念和能力问题。提高执行力又以拥有忠诚的品格为前提。如果对自己的企业不忠诚，对领导安排的工作应付了事，唯唯诺诺，机械地上传下达，不懂根据实情判断是非，不会开拓创新，就不算是忠诚。忠诚意味着一心一意，无怨无悔地为自己的上司、企业着想，为企业的利益着想，尽心尽力地去履行职责。管理者的执行力还表现在沟通协调、优化执行、连续形成合力等方面。沟通、协调是执行力的重要内容。我们所遇到的执行困难，往往是因为沟通不够，缺乏协调，统酬不力。工作营运环节因分工不同，需要不同岗位，不同部门互相协调，不可互相推卸责任，做事丢三落四，有头无尾。管理者把各个环节的工作做到有序流畅、高效地连接，才能提高企业的执行力。

七、训练有素的人

《孙子兵法》用“七计”判断军事实力的强弱，其中谈到“兵众孰强？士卒孰练?”。意思是在作战双方中，某一方的军队人数更多，士兵训练更有素，更有战斗力，这是决定其胜利的重要依据。一个企业是否有竞争力，同样决定于训练有素的人。优秀的公司都会花大力气严格地进行人员挑选，然后进行入职教育培训。孙子说：“士不先教，不用也。”这种“教戒为先”的思想，在今天的企业经营管理中也具有重要的战略意义。因为企业制度是需要人来执行的，如果人的问题不解决好，再好的企业制度和安排也都无法保证企业的高效稳定发展。著名的管理学家安德鲁·卡内基曾说过，“带走我的员工，把我的工厂留下，不久后工厂会长满杂草；拿走我的工厂，把我的员工留下，不久后我们还会有更好的工厂”。也正如中国古语说的，“夫欲得天下者，必先得人”。如何去训练人？孙子在《行军篇》中指出：“故合之以文，文之以武，是谓心取。今素行以教其民，则民服，今素不行，以教其民，则民不服。今素行者，与众相得也。”意思是讲，要用文的仁怀道义教育士卒，使他们思想统一，用武的军纪军法使他们行为一致，这样的军队打起仗来就必定胜利。平素严格贯彻命令管教士卒，士卒就能养成服从的习惯，平素从来不严格贯彻命令管教士卒，士卒就会养成不服从的习惯。平时命令能贯彻执行，是由于将帅与士卒相互取得信任的缘故。“令之以文，齐之以武”，体现了孙子文武兼施、德威并重的治军思想和治军原则。这一思想和原则也同样适用于管理企业。企业管理是一个过程，是管理者向被管理者施加影响的过程。管理又是一种艺术，决定这一过程和艺术的本质核心也是人。对人的管理和协调，既可以借制度约束、纪律监督直至惩处，以强制手段进行刚性管理，也可以依靠感召、启发、诱导和激励、奖惩等方法进行柔性管理。我们在运用科学管理的精确性和规范性的同时，也要发挥艺术管理的人性化、人格化，使整个组织有统一思想、共同的价值观和健康向上的企业文化。

在日常工作中，企业领导人必须养成能容忍部属比自己差的耐心。如果员工还只做到一半，领导者就对其失去信心而亲力亲为，那员工就永远不能独当一面，授权管理也成为空谈。此外，领导者还要能接纳部属与自己不同的做事方法。虽然员工做事方法有所不同，但结果的好坏却往往是见仁见智的，领导者不仅应该试着接受，更要学会欣赏。《孙子兵法》在《九地篇》中就有“帅与之期，如登高而去其梯”的做事方式，意思是将帅向军队赋予任务，要像登高后抽去梯子一样激发部属的智慧和内在的潜能，部属才会得到锻炼，能力自然得到有效的提高，这样，你所领导的就是一支训练有素的团队。

现代经营管理应遵循以人为本、因道结合以及依理应变的管理法则。在符合国家政策法令法规的前提条件下创造一套人性化的管理方针、发展计划，以及相应的可操作性程序。作为企业管理者，必须做到与时俱进，把核心理念和独特追求进步的精神融入组织结构的所有层面，化为目标战略程序、文化习性、管理行为制度及一切作为中。把这个强烈的信号灌输到每个员工心中，使他们的思想与行为与公司的理念、目标达成一致，从而充分调动他们的积极性和创造潜能，促进企业生产力的发展。

企业要重视人。企业的生产经营是在人的行为作用下完成的。企业要重视“和”“政通人和”。“和”造企业之兴。要警惕：企业领导层不和，事难以成；干部和职工不和，事难以成；职工与职工之间不和，事难以成；企业内部各部门不和，事难以成。因此，企业要重视教育员工，大力倡导德、智、信、仁、勇、严，以及“和为贵”的理念，企业才能不断发展。

要制定一套适合企业生存发展和员工可接受的规章制度。现在民营企业为何生命那么脆弱？主要是没有一套针对性的制度，或是将人家的管理办法死搬硬套，而我们的员工在思想上、能力上很多都未能达到如此高的境界，因此在执行过程中非常艰苦，员工也不开心，这样哪能做好工作呢！有的是只讲亲情，忘却公平、公正，没有很好的奖罚条文和鼓动措施。管好企业，第一要以诚实责任为主线，显示出我们的“道”，即做人要有责任感，对工作要有责任感，对同事要有责任感，对社会要有责任感；第二要让员工有公平、公正的晋升机会及学习培训机会；自己努力做好工作，并大胆提合理化建议；第三要包容，包容也体现了“道”，对员工的奖罚条例，应奖多罚少；对犯错误的，也应以教育为主。

八、兵亦战商亦战

管理企业与管理军队一样，除了要有完善的管理制度和有责任制外，领导者的策略、计谋、信息、用人也很重要。

策略：商战必有计谋，每一个好的计策都体现了智慧，都是成功的手段。一个出色的管理者，必须具备两件锐利的武器——智慧和计策。如果管理者没有智慧和计策，那每战必败；反之，就会每战皆赢。古代秦昭王作战时不知敌情，毫无主见，被他人所左右，还排斥贤能之人。因此，堂堂一个强国竟败于一个芝麻般大小的赵国。在企业经营管理中，管理者要有一双慧眼去观察市场的风云变化和采取一个快刀斩乱麻的商战手段，化被动为主动。因此，管理者要善用妙计，在无形的商战中保持头脑清醒，坚持自己的理念不被他人所左右。

计谋：“知己知彼，百战百胜。”商场变幻莫测，当你的经济实力有限时，借他人之手，成就自己的事业；在自身条件充沛，但竞争结果会导致两败俱伤的结局时，要沉得住气，按兵不动。香港李嘉诚在收购怡和时用的就是这一计谋。商机稍纵即逝。企业管理者要有敏锐的市场洞察力，在无形的商战中把握时机，根据自己的实际情况调整战略，把一个个赚钱的机会牢牢地抓在自己掌心之中，为做强自己的事业奠定坚实的物质基础。

信息：商场中，谁能最先收集到第一手有用的信息，谁就能在竞争中占有主动权。世界上许多成功的企业之所以能立于不败之地，在竞争中略胜一筹，就是因为事先搜集到可靠信息，能预测市场的动态、社会需求和竞争对手的能力策略。三国的司马懿大败公孙渊，就是因为司马懿在战前大量收集资料，对公孙渊的才能、性格、爱好等都一清二楚，预测到公孙渊在应战中将要采取何种策略，从而作出应变措施。李嘉诚用了两次“亲间”搜集信息。一是推销铁桶，因此改变了他的人生；二是以工人的身份取得塑胶花的制作技术，成为塑胶大王，为以后的事业奠定了物质基础。取得有形信息的渠道是千变万化的，必须有超乎常人的计谋。

用人：人才是企业生存的主要因素，也是企业的命脉，因为所有的策略、计谋、信息都是由人来主导、指挥和控制的。明智的管理者在人才的配备、利用方面高人一等。在他们心目中，每一个下属的优点、缺点、思想、性格、技术水平、应变能力都了如指掌，并能将他们安排在适当的工作岗位上，用其所长，补其所短。企业领导人在用人方面一定要坚持长江不择细流、有容乃大的理念。要知道大象食量以斗计，蚂蚁一小勺便足够。各尽所能，各得所需，以量才而用为原则，用人要新老结合、内外结合，不断地为公司的发展注入新血液。与此同时，还要制定一系列用人措施，对不同岗位的员工进行再培训。增加理论知识，巩固自己公司的企业文化，加强理论与实践的结合。

九、“因粮于敌”降低生产成本

孙子在《作战篇》提出“因粮于敌”的策略，即部队在外线作战，其粮食的供应可以从敌方那里取得。企业经营者可以采取“借力发力”的方法，利用竞争对手的资源壮大自己的实业，这就是孙子说的“因粮于敌”策略的应用。同时，在企业成本的控制上，要求人人有责。从办公纸张的节省到产品设计上的成本控制，从办公成本到每个人的时间成本等。开展各车间、各部门节约成本的评比活动，奖励成本控制得好的优秀车间和部门，惩罚成本浪费严重的车间和部门。从上到下，提高成本意识，让大家知道，每浪费一分钱都是浪费我们的销售利润，都是浪费我们员工和行政管理人员的辛勤汗水。

十、商机如战机，抢先一步跨出门槛，就可能取得成功

对于战机的重要，《孙子兵法》不惜赘言反复阐述。商机和人生机遇，其实和战机有许多共通之处。

作家柳青说：人生的道路虽然漫长，但紧要处常常仅有几步，特别是人生年轻的时候。笔者认为机会就是门槛，跨出去就有可能成功。大家不妨回顾一下自己走过的人生历程，是不是曾经面对着许多的选择，尽管历史容不得假设，但我们不妨假设一下，当初如果是换成另外一种选择，情况会怎样？

关于机会问题，其实企业和人是相似的。企业虽有大小强弱之分，但不同阶段都要面对各种选择。决定正确并抓住了机会，企业就会越做越大；决策错误或失去机会，企业就会在竞争中败下阵来。正因为机遇在很多情况下的不可再生性，因此有机不可失、时不再来之说。三国演义中有个草船借箭的故事，诸葛亮能够借箭，正是利用曹操生性多疑的特点，抓住了当时难得一见的大雾天这一机遇而达到目的的。

欧洲有的古典文学宣扬贵族的身体上流动着蓝色的血液，果真如此吗？当然不是，否则他（或她）就不是生活在地球上的人类。此话意思其实是说，贵族们有自己的特质，这与成长、教育和环境是分不开的。放眼当今商界成功的企业家，尽管通向成功的途径不同，但其实都有许多相同的特质。如：勤奋好学，比任何人都能吃苦，勤于思考，精于谋划，凡事多想一层或几层，坚强勇敢，敢想敢干，看准了的事情就不轻易放弃，诚信守法，海纳百川，善于利用社会资源办大事，严爱相济，在攻城拔寨中讲究战略战术，等等。

现代社会专业分工愈来愈细，市场竞争的激烈程度丝毫不逊于诸侯列国时的鏖战，时代正对领导者的素质提出了更高的要求，不仅是身体上、专业上，经济上还是心理上，强调能位要匹配。一个人只能挑重一百斤，却要其挑二百斤，势必力不从心。一个人能挑重一百斤，却挑五十斤，分明是一种人力资源的浪费。因此，无论在金字塔式的组织还是扁平式的组织中，领导者还必须具有识才的能力素质，有伯乐相马的眼光，懂得用人之长并合理授权，否则凡事亲力亲为，体力和精力一定会超支，到头来用明天的健康买单。作为老板，能在茫茫人海中选中领导人物，你的企业就能发展。同样，企业人员也要精干，清退体弱多病、文化素养低、工作无积极性、能力较差的人，而选用智商高能力强者，只有这样，才能使企业兴旺。

《孙子兵法》应用于企业管理，可能还有多种谋略。如孙子《九地篇》说“君命有所不受”，这句话对于企业的管理人员和营销人员也十分有用。如果你非常熟悉情况的变化，你的办法确实能使企业发展和繁荣，取得巨大的利润，那么上级或老板的不切实际的命令，也可以不受。又如兵法《九地篇》说“兵之情主速”，《虚实篇》“避实而击虚”，这对企业也非常适用。企业看到市场需要什么产品，就应当迅速生产，赶在对手还没有反应过来之前迅速投入市场，企业选择产品应当避开市场饱和之“实”而突击市场短缺之“虚”，这样就能获得良好的经济效益。

目前，创新也是企业的最大修炼之一，它将伴随企业的终生。国内企业已经融入全球竞争，要走出一条自主创新与吸收引进相结合的经营发展之路，进而增强品牌竞争优势，就必须先清楚地认识并针对企业的薄弱环节，把握创新规律，矢志不渝地加强自主创新能力。

古往今来，《孙子兵法》这部国粹在诸多领域里一直被人们视作经典中之精华来拜读，特别是在企业经营管理领域，深受商贾豪客们的钟爱。那么，如何领悟《孙子兵法》中的战略思想来感悟企业管理谋略和灵魂？我认为，在学习《孙子兵法》的系统理论过程中，必须要用哲学的思维与企业发展的视角，才能够真正领悟到《孙子兵法》的战略思想之真谛，以及在管理谋略中应用之灵魂，才能更好地将兵道与商道、商场与战场、战机与商机等要素有机结合起来，从中获得更大的收获，进而形成自我思维定式来考虑企业存在的问题，然后再用科学的态度和兵法的思想对企业进行综合评价，找出差距，制订策略，这样，企业才能更好地健康发展。

学习《孙子兵法》的这些兵法谋略，我本人受益匪浅，把这些战略思想和理念结合自己学习的体会，写成学习报告，供同志们参考。

给企业管理者的一封信

（2006 年 9 月 7 日）

企业管理是企业不断发展和强大的理性的制度管理方式。企业是由企业法人或股东组建，资金与人才管理型、盈利性企业，有组织、有纪律、有目标地获得最大的经营利润。企业要发展，核心人员（中高层管理者）即所谓将才帅才的引进特别重要。要引进那些对企业有了解，对产品熟悉，有销售技巧和个人能力，并且在企业经营中能独当一面的管理级人才。选用将才或帅才应特别慎重，因为这决定了一个企业发展的快或慢、成功或失败。

市场竞争是残酷的。市场的不断变化，要求企业要不断地去完善自己。一不努力就会落后，不提升就会失败，不发展就会被淘汰。经营理念和管理模式是决定企业发展寿命与盈利的关键。资源共享运营与资金回笼决定着企业发展的速度。这些，都决定于企业的中高层人员有没有长远的目光、前瞻的视觉和敏锐的市场洞察力，以及能否带领好一支具有良好素质和业务能力的团队。

产品分有形和无形，价值就多种类型了。一个产品要实现它最大的价值就需要有人发现和认可，营销在商品实现价值的过程就发挥到了极点。什么商品会增值，什么商品会贬值？用推销方法还是用营销模式？实现商品及企业的有形无形的价值，主要通过营销手段达到企业发展的经营目的。营销在某种意义上是一种转变过程，是带动经济发展的重要途径。营销人员需要不断的提升自我，不断地总结，不断地创新。营销队伍的建设首先在于提高领导者自身的素质、专业知识和社会经验的累积。有了这样的领导者，才有可能组织起一支优秀的团队。营销人员必须有创业精神、敬业心态、工作激情、团队合作能力，营销管理者要学会复制人才，培养人才，并以良好的姿态带领团队实现企业的目标。

企业化的进程是什么？是制度化的管理，股权结构的完善，经理人队伍职业化管理。企业必须回归它的根本——效益。企业管理最基本的是具体问题的解决，变事后总结为事前监督。

对企业来说，市场是命脉。市场的地位是仅次于战略而高于技术和产品，这一点至关重要。同时，市场更是技术、产品创新的方向和归宿。缺乏市场支撑的技术和产品，无论其多么先进和完善，多么尽善尽美，也不过是游泳池中的鱼饵，永远钩不上一尾鱼来。

我们考核管理人员，主要是看其实践能力。包括解决问题的能力，分析判断的能力，协调组织的能力，以及创造性、灵活性、上进心和事业心。为了我们企业的发展，我提出以下几点要求，希望各企业参考和组织学习。

一、确立一个目标

无论是公司文化、管理、经济效益、产品质量都要有一个大的增长点，各部门每月、每日都应设立一个目标。没有完成的目标就必须及时找出原因。不可明日复明日，明日何时休。应拒绝任何借口。要将目标分解到各班组里去，落实到位。

二、弘扬一种精神，不断注入新内涵（责任、荣誉、公司）

（一）继续推行企业文化，提升企业文化。只有通过不断地变革和不断地创新，我们才能在变化中准确地抓住机会，确保竞争优势。企业文化是一种共有的价值观、一种表现、一种感觉，融入了我们的思想与行为，“紧张感、认真做事、注重细节、将失败系数加大、没有任何借口”这五大要素，要加大力度推行。通过宣传，分阶段、分管理层次转变原有观念，逐步成为我们做事的行为准则。

（二）每一位管理干部都是第一责任人，都有责任去为公司付出，而且应该视为一种荣誉。要强调一个公司的行为准则就是一个总经理的行为准则，一个部门经理的行为准则就是一个部门的行为准则。要把这样的观念逐步注入员工身上，使员工一心一意、居安思危，不断适应多变的形势，做到全员参与，全员改善，并且把这一种企业精神转化为推动企业永续经营、加快发展的动力。

三、在“改善、规范、巩固、和谐、提高”的工作思路下，我们要注入新的内涵，确立全新的工作主题，即“创新、创造、突破、加速、加力”

创新是指在思维、能力、体制上的创新，注重创新的针对性和实效性，不断创造新的竞争优势；创造就是在创新的基础上有为、有效，进而出现各方面的突破。整个平台搭建后，在平坦的道路上我们仍要多想办法，如何去引导员工踩方向盘，如何加力。在工作中，我们的思维方式、领导方式、工作方式都应寻求全方位突破。完全可以预见，未来几年，社会竞争和区域竞争将会日趋激烈，机会稍瞬即逝，不进则退。所以，我们必须沿着科学的发展方向，增强公司发展的推动力、凝聚力和诚信力。要继续埋头苦干，向更深更广的领域加速挺进。

四、形成一套注重实绩的体系

（一）构建各级管理平台。规划好各部门的管理，促进干部员工上下和谐互动，提高管理能力，特别是解决问题的能力。首先从管理层做起，在领导能力和领导艺术上都要有新突破。

（二）提升现有发展水平，必须狠抓生产、技术创新，建立和完善管理、营销创新体系，加强企业间创新管理的交流、相互补足及互动合作，努力提高产品质量。产品质量的好坏等于人品的好坏。目前，我们产品的质量仍存在很多问题，总的来说是不稳定。从根本上说是由我们对产品质量的要求尚未做到一丝不苟，侥幸心理比较强，细节问题没有抓好而造成的。产品质量出了问题，既影响销售和客户的信心，也动摇了客户对总经理做人的看法。所以，质量就是生命，产品就是人品。

1. 产品没有质量，一切都是负数：生产等于负数，营销等于负数，广告等于负数，收入和声誉等于负数。在生产过程中，一道工序控制不到位，该车间出的砖都是问题砖，原材料浪费了，燃油浪费了，电力浪费了，设备浪费了，人力浪费了，此时生产都是负数了。如果有问题的砖流入市场，客户投诉了，营销、广告、收入、声誉全是负数。

2. 营销的98%是在厂里完成。产品质量好、稳定，销售基本上就没问题了。反之，产品的质量有问题，无论做多少推销工作也是枉费。所以，无论是新产品投放还是现在的品种的生产，在厂里就要把好质量关，做到一丝不苟。产品的命运首先由产品自身决定。销售技巧可以提高产品一时的销量，却不能改变产品本身的命运。

3. 做好生产过程控制，严格执行产品的标准作业流程。生产过程中出现的质量问题，大部分都是由于没有严格按照制度的标准流程去做。例如：压机车间规定，一定时间内必须检查砖坯的各个环节的运行情况，如果不按照这一规定去做，就会出问题。有的漏底几小时了仍未发现。这就是执行问题了。我们要花大精力，从原材料入仓起至产品出仓的每一个工序，都制定标准的作业流程，并且要认认真真、一丝不苟地去执行。如果我们每个员工都能养成这种习惯，生产力就出来了。

4. 对质量问题不可有任何借口。陶瓷生产过程比较复杂，出现问题原因比较多，各工序都有少许的责任，但如果我们都抱着反正大家都存在问题，责任也不全在我这样的心态去对待存在的问题的话，问题就永远没有解决的一天。今后，我们更没有任何借口说设备老化了。产品在生产过程中出现了问题，无论该工序责任有多大，都要不断想办法去解决，不应有任何借口。

5. 没有最好，只有更好。现在，市场不断发展，竞争也越益激烈，客户对产品的选择余地一天比一天多，要求也一天比一天严格。我们的产品也必须不断进步，才能跟上客户的需求。为此，我们一定要集中精力、专心专意地不断提高产品的质量。

（三）提高各企业资源的整合力度、互动力度。要大胆创新，注重有效统一，有效沟通，有效合作，为建设节约型、节能型企业而努力。

1. 生产过程中的节能。陶瓷生产过程中的很多环节都可以节能，如烧成制度的改变、产量的提升、转产时间的缩短、球磨时间减少、砖损减少等方式都可以实现节能。

2. 勿以善小而不为。对物件的使用应做到物尽其用。节约用水、人离关灯、节约用电、节约用纸等小事都可以做到节约。这些看似是小事，能不能坚持做到却是关键所在。

3. 让节能、节约工作成为习惯。建立节能型和节约型公司是我们的目标，但如果干部员工脑子里没有节约的意识，目标就不能达到。我们要将这种观念向全体员工灌输，使节能、节约工作成为习惯。

（四）加大优化公司的环境管理及环保工作力度，总体规划应分步实现。通过分步治理，分步实施，继续注入新的内涵。

（五）通过第一责任人的培养，进而提高基层干部、员工的管理水平，实现全员的提升。管理问题具有多样性、复杂性和多变性，如果我们千篇一律，因循守旧，我们的管理道路会越走越窄。所以，要继续完善管理机制，促进员工管理水平的稳定提升。应多采取走出去的方法，向先进学习，见贤思齐。变“要他做”为“我要做”，激发奋发精神。各级领导班子要敢于作为、善于有为，打破固有的思维框架，针对各个问题的特殊性，采取“一把钥匙开一把锁”，创造更多新的管理方法。通过培训促进干部员工的良性互动，抛弃僵化的思维，既要注重眼前又要远近兼顾，建立文明管理的现代型公司。员工普遍进步了，企业的人才就不会断层，企业才能生生不息。培训是使一个人不断发展的有效道路，我们在今后要进一步加大培训的力度和丰富培训的方式。

1. 扩大培训的范围。以前，我们的培训主要面向中层干部，以后要将培训工作的重点放在基层员工。因为在现场操作的都是他们，他们的能力上来了，生产力自然会增强。技能培训、现场培训、安全生产培训将是工作的重点，运用 VCD 教程和管理人员亲自培训的方式。

2. 实践是最大的培训。干部员工获得培训后，如果没有机会让他们去实践，培训中学到的东西就不会转化为成果。即使在生产实践过程中犯错，他们也能用学到的知识去总结经验，将理论转变为自己的技能，进一步提升技能水平。

（六）建设“四有”领导班子体系，即有为、有效、有信、有限。有为，就是要求领导班子做好该做的事情，面对困难不退缩，不逃避，运用董事会赋予的权力敢于作为、善于作为；有效，就是要求企业干部讲效率、讲效益，注重实效。领导班子的管理能力直接影响企业的生产和综合成本，也直接影响公司的竞争力。成本高一点，竞争力就会少一点；有信，就是讲求诚信；有限，就是各部门职能、行为是有限的，要积极发动、带领各部门适应市场经济和新形势的需求，掌握好有所为与有所不为的力度。

（七）深化管理制度的改革。要建设“四有”领导班子，制度是基础，是通道，是保证。我们应赋予车间更高的自主管理权，让其更能放开手脚，灵活应对和处理各自的具体问题。加强承接能力建设，高度重视公司的财务运作，坚持生财有道、聚财有方、用财有规的原则，进一步完善财务管理体系、采购体系、营销体系、培训体系，增大广大员工的发展空间。

（八）搭建管理团队的发展平台。每个管理团队都是企业的形象代表，不单是螺丝钉，也是发动机；不单是战斗员，也是指挥员。要培养一支整体素质比较好的队伍，必须根据队伍中每个人的特点。要建立高素质的管理团队，使之更具活力，更能发挥个人才能与创造力。同时，加大培训力度，并且要特别加强培训的内容。给管理团队更大的发展机会，提升管理团队的生产率和贡献率，发挥团队精神，加强人员合作、部门协作和上下联合，形成强大的管理合力和执行力。

（九）构建和谐有序的企业。企业是我们的大家庭，要将我们的关心、厚爱注入每一位员工心中，构建和谐企业。

我们的企业要取得有效的发展，需要大家鲜活的思维、澎湃的动力，用理解、包容的心情去工作，在各自的岗位上加速加力。只要我们能同舟共济，一心为企业的发展而努力，我们的企业定能开创出新的局面。

谈“领导力就是影响力”

领导力就是影响力。成功领袖的具有三个显著特点：

首先，成功领袖都有明确的始终如一的目标。这种“目的性”和“方向感”是领袖行为的基础，它决定了具体行动和政策的成败。

其次，领袖要不断进步，终身学习。麦克斯威尔博士指出，成功的领导者从内心深处感到学习的重要性。他们永不满足，永不懈怠，终身学习，不断进取。在世界形势飞速变化的今天，只有不断学习才能适应环境的变化。

第三，领袖要为他人“增加价值”。事实上，一个好的领导者，一定会主动帮助下属，提升下属，全方位地影响下属。他有一种让下属迅速成长进步的热情和渴望，并具备这样的能力和魄力。

成功的领袖影响他人的三大原则：首先领袖的影响力来源于他对别人的尊重。而妄自尊大、故步自封、唯我独尊、武断专横的领导却总是低估人、忽略人，视人为机器来操控和支配，这样的领导不会有什么影响力。其次，领导者要善于倾听，要有换位思考的同理心。好的领导者总是好的倾听者，只有先听，充分理解对象的情况，才能正确决策，合理地使用激励手段，达到影响追随者的目的。再次，领导者要不断提升自己，不断提高自己的领导才能，不断学习，持续增加自己的“附加值”。否则，他们就没有能力领导新形势下的员工和下属。

一、成功领袖的秘诀

（一）具备良好的人际关系

领导者必须有能力建立良好的人际关系，这是领导者成功的重要条件，懂得合理运用人际关系所带来的价值也是成功领袖的必备要素。领导者的影响力不是来源于职级、头衔和地位，而是出于无私服务和奉献精神。在领导职位上的人不一定能做好领导者，有效的领导者需要的不只是职务上的不断晋升，而且要建立起与他人合作和交流的纽带。如何去了解他人，如何善于倾听不同的声音，以及如何在领导下属的同时服务于下属，对于领导者来说都非常重要。

（二）挖掘人的潜能

一个合格的领导者，必须重视对下属的培训、教育和开发，不断提高下属的素质、品质和能力，培育一支战斗力很强的团队，共同实现组织所希望达到的目标。只有伟大的团队才能造就伟大的事业。只有具备宽阔胸怀的领袖才能在自己周围建立一个人人是精兵强将的领导班子。建立团队对企业来讲可以达到“双赢”的目标。一个企业“要实现组织目标，单靠一个人的力量实在是太单薄了”，成功的领军人物必须在自己的周围建立一个高效的团队，才能显示出企业独特的核心竞争力，在实现企业长远目标的过程中更上一层楼。

（三）困难面前，持积极的、正面的态度

面对困难、挑战和压力，什么是决定成功的要素？态度决定一切。你感觉你能够战胜困难，你就可能战胜它；你认为应该成为怎么样的人，你就可能成为怎么样的人。态度实际上是一种思维方式，一种信念，一种内在价值观。内心怀有坚定信念的人往往遇事不慌、态度积极，在奋斗的道路上勇往直前，毫不退缩，最后战胜自我，实现超越。积极的、向上的态度是领袖成功的必要保障；而消极的态度，诸如缺乏宽容、对人忌妒、自我膨胀、悲观情绪，则是领导失败的重要因素。有效的领导力永远基于积极的态度，而积极态度的实质是本人“愿意改变自己现有的态度”。态度决定生活方式，态度决定人际关系的好坏，态度使坏事变为好事，使挑战变为机遇。

（四）打造个人领导能力

如果一个领导者仅仅是凭借权力和职位去“领导”，那么其影响力不可能有效，更不可能持久。如果下属不是因为你的个人魅力、知识、品格而服从你、接受你，仅仅是因为你的职位不得不听命于你，这种服从将随着你的离职而迅速消失。

领袖的影响力与他们的头衔没有直接的关系。要想挖掘一个人的领导力，最好让他去领导一群志愿者。谁能把志愿者领导好了，谁就是好的领导者。职务对领导力的提升不会给予附加值。真正的领导力不可能通过奖赏、指定和指派而获取。领导力只能来源于影响力，不可能由外人授予。领导力的核心是你能够影响多少人，而不是你的权力有多大。

领导力的核心是影响力，而扩大影响力的基础，是提高领导者本人的素质、品行和修养。

二、不同于管理者的领导者

真诚待人：真诚是领导者区别于管理者的一个最为重要的特征。对一个领导者来讲，真诚是一种美德，是一种原则，更是获得追随者的一种能力。本田宗一郎具有一种突出的诚实品质。他曾说："有人鼓吹为国家、为企业而死，莫忘公司之恩等，该让说这些话的家伙去死！我绝不要求员工'为公司干活'，我要他们'为自己的幸福打拼'。"从业人员不必要为企业而牺牲自己，而是为自己的幸福努力，工作起来才会有效率。本田的真挚、坦诚和魅力，吸引了一大批追随者去实现他们的终生梦想。

远见卓识：领导者区别于经理人的第二个重要品质就是前瞻性。一个管理者的重要职责是组织、秩序、履行和落实；而一个优秀的领导者需要视野和眼光，一种对未来趋向的把握，一种辨别企业方向的特殊技能，一种看到事物本质的能力，一种可以在变化无穷的环境中作出战略选择的决策力。远见卓识并不是先知先觉，而是在公司面临危机之时镇定地、扎实地指明公司的发展方向，确定公司的未来战略目标。

胜任其职：在现代管理中，领导者要有专业技能、人际沟通和事物分析三方面的综合能力，这种能力随着领导者的职位不同而不断发生变化，与一般管理者的能力表现出差异。在日趋复杂的组织中，领导者的人际交流能力、激发他人热情的能力、组织团队共同学习进步的能力，都是卓越的领导者所不能缺乏的。

鼓舞人心：与冷静理性的管理者不同，卓越的领导者通常表现出火一般的热情和激情。他们往往充满活力，对未来充满梦想和信念。伟大的领导者在组织遇到困难时能够看到希望，看到前途，充满信心地扭转乾坤。面临挑战，他们不会因为惧怕而踌躇不前。他们的热情和乐观上进的情绪，能够深深感染着周围的每一个人。

任何一家有一定规模的企业的核心高层，大都需要各种不同类型的人才，即管理型人才和领导型人才。任何一位成功的企业高管，也大都会认为自己管理和领导才能兼而有之。但事实上，千军易得，一将难求，帅才更是少之又少，这也是卓越企业之所以凤毛麟角的原因所在。一位优秀管理者不等于是一位卓越的领导者。企业有其生命周期，在企业初创期，领导力是成功的关键。

对当前企业管理的思考

（2007 年 4 月）

一、居安思危，警钟长鸣，用科学发展观统揽企业发展

办企业容易，管理企业难，持久发展难上加难。南庄有很多企业是一代厂长创业，二代厂长守业，三代厂长歇业。2004 年，我在《对民营企业发展的思路》一文中说过：再过几年，我们的企业主如果不创新就会失败，就会辛辛苦苦几十年，一夜回到解放前。现时，很多企业已出现资不抵债，这是一个深刻的教训。

南庄不少企业由盛极走向衰落，主要原因是企业顺利时、成功时，没有考虑到可能发生的风险与困难，没有及时处理好企业发展中出现的各种问题。但也有一些企业是成功的，如兴发、新明珠、能强等，是因为他们养成了居安思危的习惯，能够从做强到做大。可见，企业如果不居安思危，不警钟长鸣，有备无患，就会被社会淘汰。

为什么我们的企业越大越脆弱呢？为什么高薪请不到杰出的人才呢？为什么忠诚员工成为一个遥远的童话呢？为什么管理和技术已不断进步，但管理难题依然层出不穷呢？这是我们许多企业主都面临的困扰难题。

我走访了如南庄的兴发、新明珠、能强等企业，他们都是近十年涌现出来的黑马。这些大企业都拥有响亮的品牌，有中国名牌，有国家免检产品，有驰名商标。质量好，信誉也好。他们是不断创新的竞争型企业。他们的优势表现为九大优点：1. 老企业；2. 品牌好；3. 质量比较稳定；4. 社会信誉高；5. 产品不断创新；6. 拥有一支稳定团结的团队；7. 市场占有率高；8. 不断培养人才；9. 以人为本。

而我们很多发展不好的企业却是另一种情况：1. 产品质量没有明显提高；2. 品牌效应差；3. 没有一支稳定团结的团队；4. 观念落后，产品没有创新；5. 没有培养人才；6. 社会信誉不高；7. 市场占有率低；8. 服务

跟不上客户需要；9．材料购进质量差，价格偏高；10．原始积累不够雄厚；11．设备技术改造投入少；12．利润偏低。

落后的企业如何突破，获得更快发展呢？我认为：

首先要做到“三高两低”，即人员素质高，产品质量高，客户服务质量高，低成本、低能耗。这样的企业才有特色，用户才满意，企业也才能持续发展。我希望我们的企业能在质量服务、新产品开发等方面上新的档次，要高于其他企业。这样，我们的企业才有生命力，否则就没有竞争力。

其次是产品要创新，年年要更新换代。有新产品，企业才能持续发展。新产品开发要走自主创新的路子，不要老走拿来主义的道路。拿来主义可以做，但要以自主创新为主，拿来主义和自主创新相结合。

单纯拼单价，拼产量，这是属于一种“红海战役”。如果单纯说品牌，但质量不好，就没有回头客户。我们必须达到上述的要求才能跳出“红海战役”，开创“蓝海战略”，翻开企业发展新的篇章。

为此，我们要进一步解放思想，更新观念。

我们企业的发展是从小到大，一步一步摸索出来的，缺乏一个总体规划。例如，车间的布局就存在一些不合理，与生产流程有冲突，对质量、效率、成本都存在不良影响。随着形势的发展，这些不良的影响会逐渐扩大。我们企业的设备改造如果能根据最优的生产流程来布置，使各车间的分布符合科学的要求，那就将大大减少由于车间布局不合理对生产造成的影响，将更有利于提升产品质量，提高生产效率，降低生产成本。现时，我们许多企业的不少设备仍是办厂初期购置的，已经开始不适应生产的需要了。在设备技改方面，要把不适应生产的设备更新换代，换成具有先进水平的生产设备，才能达到产业升级的效果。设备技术改造后会使企业更加强大，更具有实力和活力，因而更有竞争力。

硬件的提升需要有软件的配合才能焕发光彩。因此，今后企业要实行阳光经营，规范管理流程运作，用制度管人，用流程管事。不能够用人情代替制度。我们不能走守旧之路，要走创新之路。如何进行科学管理，如何提高经济效益？管理者要有远见、有创新、有能力，要善于以科学改革观为指引看问题。

指标不等于目标，不要为了指标而忘了目标。管理者不要怕打破框架，要发挥自己的想象力，才能创造发展的新优势。你要立今天之功，也要造明天之福。我们办企业不能像吃饭饮酒一样——什么都说行。事业上不可能都一帆风顺，在快速成长后要能够逐渐做到处变不惊，这才是管理人员的一种成熟之态。

不要像毛泽东《沁园春·雪》里面所说的“数风流人物，还看今朝”之豪迈，也不要韬光养晦，而要坚持一种平和的心态。古语说：“私视使目盲，私听使耳聋，私虑使心狂。”有的企业管理者，当企业发展到一定程度之后，在激扬之时，认为自己当了很多年管理者，了不起了，仿佛自己可以指点江山了。我们不能骄傲、自满、自大，我们很多企业的个别管理人员已经做了十多年了，企业年年一个样，是因为他能够抱有“花香自有蜜蜂来”的自满情绪。

不要坐井观天，不能像醉酒时的样子，应该留一份清醒给自己。管理者工作上不能有一杯清茶一支烟、一张报纸看半天的官僚作风。在用人方面切忌不能出现让猴子去游泳、让鸭子去爬山的笑话。用人要做到扬其长，避其短。做事，主与次要分开。不能违规，不能违法。

管理者要做到“贞观之治，坚守正道，励精图治，鞠躬尽瘁”。具体要求：1. 提高自身素质；2. 要有科学管理能力；3. 要有推动改革创新能力；4. 要有促进企业和谐能力；5. 能正确处理公与私的关系；6. 在你职能范围内完成工作的能力。

管理者思想的不断解放，管理工作才能不断有新突破、新创造。具体要求是：1. 管理者要树立又快又好、好中求快、优中求进的观念，全面落实科学发展观和科学改革观，不能以产量论英雄，更不能以数字论好汉，而是要在又好又快上下功夫。2. 加倍努力乘势而上，破除等要靠思想。“少埋怨，多理解；少牢骚，多沟通；少浮夸，多实干；少表面，多务实”，扎扎实实地把公司各项工作推上一个新台阶。3. 作为管理者，不能有对自己有利益的就主动负责、没有利益的就推给别人的思想，要有奋发向上的干劲和高度的社会责任感。在工作中要有激情，面对机遇敢于争先，面对艰险敢于探索，面对落后敢于奋起，面对竞争敢于创新。4. 管理者应有知难而进、一往无前的激情，不能有一停二看三回避的旧思想。对工作要充满信心，如果一遇困难就泄气，发牢骚，讲怪话，这只会一事无成。

今后，企业提拔管理人员要明确目标，为事业选人才，为发展配班子，大力提拔有激情，想干事、干实事、干成事，勇于开拓，敢于负责，善于管理，有卓越的领导能力，有统率和驾驭大局的能力，有社会协调能力的人。

人才是最重要的，但企业没有、也不可能要求所有的人都是高级管理人才。通过工序流程把人才的能力分解为工序流程化。这个流程一定要搞好，搞好了，强强联合的团队就形成了团队的智慧，必然会推进企业的发展。

二、不砸掉懒惰，就会把企业的未来毁掉

自然界中有一个发人深省的现象：为什么缺腿的狼、缺尾巴的狼、缺耳朵的狼是最凶狠的呢？答案是因为它们痛苦过，它们知道，如果它们不进攻，就会很快灭亡。这个现象可以揭示出企业经营的一个基本道理：企业最优秀的员工一定是那些比其他任何一个员工都用功的人。最优秀的团队领导，一定是那些经历过痛苦，受到过打击，承受过常人想象不到的艰辛和辛劳的人。

我们企业要突破，必须唤起总经理的狼性。总经理有了狼性，企业才能拥有群体性的狼性。总经理必须要让员工、让企业从痛苦中崛起，企业才能获得社会给予的高额报酬，才能获得高额回报。当我们提到世界上优秀的公司沃尔玛、CE 的时候，脑子里呈现的是一匹烈马，一头迅速奔跑的豹。他们呈现给我们的是一种力量！我们可以发现，沃尔玛、CE 等这些优秀公司的总经理在对待员工的时候，对待他们的文化的时候，实施的同样是一种狼性的逻辑。

一个企业，其强大的原因是什么？厂已经不是如自然界那样，通过个体之间的相互争斗，最后来个适者生存。今天，企业里面必须有一个人敢于淘汰懦弱的员工，迫使员工进化，这个人就是企业的狼性总经理。按照狼性原则来思考，张瑞敏通过砸冰箱把一大笔利益毁掉。因为，如果不把这种暂时的利益、暂时的辉煌毁掉，就会把自己的未来毁掉。这个毁掉背后的逻辑就是狼性的逻辑。

十几年前，张瑞敏砸的是冰箱。今天，我就非常希望我们的企业家去砸掉我们员工头脑里面的懒惰。因为不砸掉它，企业就不可能获得进步，这就是狼性逻辑。这种逻辑的本质要求就是突破。自然界以及人类社会亿万年来始终演化的一条基本规律就是适者生存，不适者遭淘汰。只有适者，只有在困难环境里有能力再度站起来的生物，他们才有资格生存下来。只有狼性总经理把企业组织里的那些懦弱的员工、懦弱的思想和把那些落后的文化要素统统地打掉，公司的持续发展才成为可能。

三、提升管理能力，企业真正的积累是“道”

（一）量化与“悟”

企业要提高效率，必须要量化。所谓量化，不是说用数据表示就是量化了，阿拉伯数字并不代表量化。量化应该是让每一个员工，无论在何时何地都能把他需要的信息区分出来。从企业管理角度上看，过去更多地表现为一个“悟”字，领导与员工之间、员工与员工之间更多地以“悟”来传递信息。究竟是量化地准确地表达好，还是靠“悟”好呢？现代社会生活节奏加快，需要以最短的时间让对方明白你要传递的信息，“悟”就落后了。所以，我们要调整我们的观念习惯，尽可能以准确精确量化的方式来传递信息，消除信息的不准确性和干扰。

（二）计划与聪明

计划不是随意想象而来的，它应该是对历史数据和行为的归纳、分析、总结后做出的前瞻性安排。但是，我们如果养成对历史不记录、不分析，对未来不预测、不计划的生活工作习惯，仅仅凭借聪明来对付有备而来的对手，走向失败就成了必然。

我们常常说“船到桥头自然直”，即依靠聪明作随机应变，并据此创造出“计划没有变化快”，没有详细记录历史数据的习惯，更没有认真做规划。凭借脑子中仅有的一点信息，就去安排自己或单位明天、下个月、明年的计划。久而久之，就没有人相信计划了。比如，问一个业务员有什么计划？他说下个月要开拓 50 个客户，拜访 50 个用户。问他为什么做出这样的计划？他会讲“我想应该做这么多的”。再问他，“上个月做了多少”？他一定说“太忙了，没有记录”。结果，我们领导据此汇总后得出的是“墙上计划”，也就是为了计划而做出计划，这对明天、下个月、明年工作并无指导意义。

（三）钱与“道”

一个企业真正的积累是钱吗？当然不是钱，而是“道”。《道德经》说：“道可道，非常道。”企业真正要积累的是企业自己可以掌握的方式方法，这才是企业家真正需要的东西。精确管理讲的积累，是指企业需要积累“道”，而且要能够做到让所有的员工随时随地都可以讲出他优秀的方式方法，这些好的方法都能变成企业的“道”，这个“道”要做到随时随地和全部的员工享用，这才是真正的积累。

在日新月异的当代，人们每天要处理的事情非常多，也非常复杂，我们的大脑再聪明也无法记住所有的事情，这就要求我们改变过去不记录当期工作的旧习惯，精确记录每天的工作情况，并进行必要的总结与提炼，为日后利用做准备。

（四）有限与无限

一个人也好，一个单位、一个社会也好，资源总是有限的。工作的意义就是在这样有限的资源之上创造出最大的价值。有限论清楚地告诫每一个人或者团体，不要试图将自己定义到无限中去。刚开始创办公司时，老板们很清楚自己是有限的，当公司越办越大，他们对自己的有限就开始模糊了，感觉到自己能力无限，而且不光自己是这样的感觉，身边有些人也这样认为，这种认识是很片面的。

把自己能力视为无限的症状，表现在这样三方面：1. 什么事都敢做，也都认为能做，无论多大的事，在不咨询相关领导和专业人才的情况下都敢拍板；2. 对社会也表现得螃蟹走路——横行霸道了；3. 投资决策无限。改革开放前是企业办社会，一个企业是什么都有；现在很多企业则表现为个头不大，但什么都敢去投资，都敢去做。企业家的精力有限、经验有限、财力有限、知识有限，这样无限地去使用你有限的资源，结果可想而知。

四、卓越的领导者需要第四代领导模式来运作

卓越企业的背后必须有卓越的领导者。换句话说，卓越领导者身上集中了卓越企业的全部基因密码，破译了这些密码，也就揭开了卓越企业的全部奥秘。

企业发展的四个阶段对应四代领导模式

企业从出生、成长到优秀直至走向卓越要经过四个不同的阶段，领导模式也呈现不同的特点。

第一阶段——企业的出生阶段。对应的领导模式，称之为第一代领导模式，概括为“带动式”领导。领导者身份是成员，即队员，他的职能是业务承担者，基本的领导方式是身体力行，典型的口号叫做领导就是“榜样”。

第二阶段——企业的成长阶段。对应的领导模式可以归纳为“管控式”

领导。领导者身份是经理或者是主任，他的职能变成了组织管理者，基本领导方式为全面管理，典型口号叫做“从人治走向法治”。

第三阶段——企业的优秀阶段。领导模式发展到第三代，即“教练式”领导。领导者身份变成了教练，他的职能作为一个团队训练者，主要是培养素能，典型口号包括“领导是教练，不善教导就不能领导”。

第四阶段——企业的卓越阶段。目前，领导模式已经升级到了第四代，即“顾问式”领导。领导者身份转换为顾问，他的职能由一个团队训练者转变为团队领导者，主要是提供咨询，典型口号是“领导式顾问”。

卓越企业的背后，必有卓越的领导者。与前几代领导方式相比较，第四代领导模式会有一个非常大的不同。过去的管理往往是以管理者为中心，而第四代领导模式的顾问式管理，它是以管理对象为中心，更为注重的是“预防”和“前瞻”，避免了最高领导者陷入事务缠身的困境。

如何升级至第四代顾问式管理领导模式？我认为，只能从领导模式创新和组织设计变革上来实现超越。

信息优势。如果企业领导者能够以一个管理顾问的身份超越自身视角的限制而“置身局外”，就会比当局者更容易看清问题的本质。

动能优势。当领导者站到了更高的位置，势能可以转化为动能，就使当局者具有咨询的意愿。

策略优势。管理顾问为企业做咨询，至少有两种以上的备选方案。

成效优势。来自企业内部的咨询，有利于将咨询方案变成项目行动。

打一个通俗的比方，就像打桥牌，第一代领导方式是自己在打牌；第二代领导方式是与别人合伙打牌；第三代领导方式是教别人打牌；而第四代领导人已经是别人做替身替自己打牌，然后自己从座位上走出来四处转转，四处看看，甚至到对家那里看好了牌，然后再为自己的替身支支招，这样比起自己努力打牌，胜算当然不言而喻了。“蓝海”是思想，也是工具。蓝海战略是一个思维的转变——是在既定的结构下选择，还是改变市场结构、自己制定规则？由于蓝海的开创是基于价值的创新而不是技术突破，是基于对现有市场现实的重新筛选和构建而不是对未来市场的臆测，因此企业就可以用系统的、可复制的方法去寻求它。

第四篇

建设文化罗南

[导读] 罗南村的建设有一个非常重要的特点和优点，就是把“文化罗南”作为建设社会主义新农村的目标之一和不可或缺的战略任务”。

关润尧深刻认识：“建设社会主义新农村决不能没有文化的支撑和发展；社会主义文化具有无可替代的教育功能和社会凝聚功能”；“文化也是经济发展的强大推动力”；“只有不断提高村民的思想道德文化素质，才能建成社会主义新农村”。

在企业建设和发展方面，他强调：“企业要想做强，靠管理；企业要想做长久，靠文化。”“没有文化的企业是短命的企业。”“企业成败在于该企业的文化是否先进。”他向村企业集团的各企业经理指出：“企业文化不是指唱唱歌、跳跳舞等文化娱乐活动，而是指建立什么样的企业管理制度，如何运行，如何实施，它关乎企业的未来。”“人的凝聚精神与协同离不开企业文化。”他特别强调“企业文化必须创新，而创新的内容包括建设适应知识经济要求的知识文化，以企业价值为核心的个性文化，适应社会经济和企业持续发展的绿色文化和坚持诚信经营的名誉文化”。

在村务工作上，他认为，“农村基层如果没有文化，尽管富裕一阵，始终不能真正富裕起来”。他指出建设“文化罗南是罗南发展的战略目标之一”，“要以文化建设促进经济建设”。他提倡罗南要建设学习型社会，“以提高村民素质和城市化文明度为目标，以文化罗南建设来提升村民向城市人的过渡”，“弘扬罗南人文精神，塑造罗南新形象，深化以诚信为重点的公民道德建设，扎实抓好文明村、文明单位等群众性精神文明的创建活动”。二十多年来，关润尧这些理念正不断地付诸实施，包括在村内开展“三心”

（孝心、公德心、事业心）教育、“富翁贫民论教育”、尊老爱幼教育和加强村民之间亲和力教育，投入大批资金兴建壮观实用的村文化中心、改建校舍、增建体育场、免费给每户村民订报纸、设立学生助学金和与外地专家合作举办多种学习班、进修班、讲座等文化活动。

关润尧特别一再动员企业干部和村民要多读书，并以身作则带头读书。他经常说：“人生最大的快乐是读书，书可以开阔眼界，陶冶性情，丰富知识，升华自我。”“读书可以提高人的能力，增添力量。”关润尧确实是位读书模范，他从一位只有中学文化程度的青年农民，能够成长为一位具有较高的领导能力、专业水平的优秀村领导者，与他几十年来的勤劳学习是分不开的。他不仅先后到佛山大学、中山大学等高校接受本科和研究生教育，还通过不倦的学习不断提高自己的知识水平和领导能力。

关润尧对建设“文化罗南”非常执着，十分热心。他曾经这样表白自己的心愿：“在我离开工作岗位的时候，就算没能留给罗南人民其他什么东西，能为罗南人民留下文化就已经足够了。”

在“隆庆书院”重建竣工仪式上的讲话

早在去年，罗南隆庆古官道和陈氏宗祠已入选佛山市文物保护单位。今天，由罗南村民集资百万重建的清代书院——“隆庆书院”又已竣工落成。至此，隆庆古景点与南庄新八景之一的“罗南榕岸”相得益彰。村落中，现代文明与古代文化有机融合在一起，既有现代文明的繁华，又有传统文化的古朴。

清代道光年间，在隆庆书院的原址上有一书舍，名叫“洲隐书舍”。由于岁月久远，已变得残破不堪，现在只剩下一块刻写着书院名称的石碑。为保存古文化，村民集资决定重建书院，并改名为“隆庆书院”。

“隆庆书院”虽然是新建，但完全参照清朝书院的样式和清代岭南建筑风格重建。大家可以见到，两进的院落结构青砖墙身、琉璃瓦顶，灰塑、彩画、石雕等岭南建筑特色。书院内还建有两个三层楼高的“文笔塔”，作为保存档案典籍用。大厅内供奉有孔圣人像，摆设《三字经》、四书五经等儒学经典以及有关村史的典籍，实际上是隆庆村文化博物馆。

时代在进步，文化在演变，象征现代社会的洋房、汽车、互联网、各种通讯工具早已融入我们的生活，但保护古文物也是我们现代人的责任和义务。这些文物是老祖宗的骄傲，也是教育子孙的一种文化。

隆庆古官道是古代隆庆村通往村外渡口的一条主要通道，全长 252 米，以花岗岩石条铺砌而成，此渡口是广西梧州至广州、顺德勒流、中山等地的水上必经之路，是当时官员百姓出行的水陆交通连接之枢纽。

隆庆陈氏宗祠，又名“聚德堂”，始建于清朝嘉庆二十二年（1817 年），距今已有近二百年的历史，为三进四合院式平面布局，保存较好。

今天，我们重建古建筑，保存和弘扬古文化，是宣扬中华五千年文明古国文化的一部分，是作为华夏子孙的一种荣耀和责任。自 20 世纪 80 年代，得益于经济的发展，罗南村旧貌变新颜，绝大多数村民过上了富裕的生活，村中教育、医疗、老人福利、治安、卫生、文化生活等都走在全国前列，国内不少单位、群众都先后来罗南村参观，这既是对我们成绩的肯定，也是对我们后续工作的鞭策。

在南庄镇共青团员会议上的讲话

（2005 年 5 月 21 日）

根据镇党委安排，今天晚上与我镇的优秀团员、团干部一起探讨在经济转型期，我们如何面对和适应当前社会的发展。我们应该清醒地认识到，随着改革开放和社会主义市场经济的深入发展，我国经济社会发生了深刻的变化，社会经济成分、组织形式、就业方式、分配方式日益多样化，社会利益关系更为复杂。因此，我们的年轻人一定要适应时代的发展要求，一边工作，一边学习，努力提高自身素质。文化的提升对我们素质的提升有很大的功能，而文化具有弘扬正气、凝聚人心、净化心灵、提高素质、陶冶性情、增长知识、纾缓压力、娱乐身心、沟通感情、增进融汇等多种功能。因此，文化在人际社会的和谐共进中有着重要的地位和作用。

我是一个农民，普普通通的农民，改革后的农村是我施展才华的沃土。没有党的富民政策和上级党委的正确领导以及群众的支持，至今我可能还是一事无成。我一生的成功要归功于党的多年教育，没有党的教育，我不可能取得今天的成功。在今天晚上的共同学习中，我想和全体团员一起共同探讨如何正确对待人生，如何才能把自己塑造成为一个成功的人。

我认为，人是无权选择自己的父母，但是却有选择自己的单位和与什么样的人交往的权利。这些对个人成长影响颇大。长久地生活在低俗的圈子里，无论是道德上低俗，还是品位上的低俗，都不可避免地让人走下坡路。我们的共青团员应该努力地去接触那些道德高尚和学识不凡的人，只有通过与优秀的人交往，才可能擦去生命中粗糙的部分，才可以琢磨成器。向一个能激发你们生命潜能的人学习，其价值远胜于一次发财获利的机会，他能使你的力量增加百倍。

在目前的社会里，在很多地方，我们都能发现许多失业者，他们不是没事可做，主要是他们没心做事。在他们眼里，提倡敬业是老板剥削员工的手段，提倡忠诚是管理者愚弄下属的工具。他们在精神上与单位格格不入，使其无法真正从那里受益。我对他们的劝告是：有所施才有所获。如果每个人都懂得领会智慧和勤奋像金子一样珍贵的话，那么还有一种东西更为珍贵，便是忠诚。我希望我们南庄镇的共青团员及干部都能忠诚于南庄，那么南庄的发展就大有希望了。

每个人出生成长后，都要懂得尊重自己，尊重别人，还要感谢你母亲的恩惠，感谢国家的恩惠，感谢师长的恩惠，感谢上级的恩惠。没有你父母的养育，没有国家的保护，没有组织对你的教育，没有大众的助益，你们何能存于天地之间？所以，感恩不但是美德，感恩是一个人之所以为人的基本信条。所以，我们每一位团员都应当感谢团组织把你培养成一个共青团员，要忠诚于党、团的事业，报答党及团。

人要想获得成功，就要一点一滴地奠定基础，在人生的每个阶段，都要设定明确目标，不管如何艰难都要不断拼搏。实践证明，有所施必有所获，从小事做起，一点一滴地奠定基础，集腋成裘，这是古今成功者的独门暗器。

在这里，我想我自己和在座各位都要领会下面几点想法。

（一）不经一番寒霜苦，怎得梅花扑鼻香

试问谁不想成功？看到头上罩着光环，携着财富或饱含学识的成功者，人们投出了羡慕和嫉妒的目光。羡慕和嫉妒之余，我们是否应该问问自己，我为什么不如他？我努力了吗？有人怨自己命运不如人，机会没找上自己。他有没有想到，机会是一种想法，一个观念，一个点子，甚至存在于社会的一种现象。勤奋上进，忙得几乎无暇照料自己的人都总能率先发现和把握它，并付诸实践，经过不懈努力去取得成功。当然，勤奋者未必成功，因为成功有多种因素影响，但成功者必定勤奋，这是无可置疑的。天上不会掉馅饼，世上没有免费的午餐，不经一番寒霜苦，怎得梅花扑鼻香。凡是有名望的成功人，无不经历过艰难困苦的创业过程。所以，我们年轻人一定要树立“以勤励志，以俭养德”的精神。

记得我初出校门时，带着父母要勤力做事的纯朴叮咛，远离父母走进社会。对比同龄人，我是幸运的。我深深体会到人生要想成功，就要一点一滴地奠定基础，在人生的每个阶段都要设定明确目标，不管如何艰难，都要不断拼搏。实践也证明了有所施必有所获。虽然我离成功仍很遥远，但可告慰自己的是我努力了，我勤奋地锲而不舍地每天向成功迈进，我努力地向成功者学习，尽力做到群众满意。

（二）敬业，并竭尽全力使之达到尽善尽美的境界

成功者与失败者的分水岭在于，成功者敬业乐群，成功者无论做什么都力求达到最佳境地，丝毫不会放松，成功者无论从事什么职业都不会轻率疏忽，追求尽善尽美，抱着非做成不可的决心，懂得为自己的行为负责，超越平庸，创造完美。敬业是我们倡导的一种精神。

（三）忠诚于南庄，收获是意想不到的

对于一个单位来讲，忠诚能带来效益，增强凝聚力，提升竞争力。对于党员、团员个人来讲，忠诚能带来安全感，带来利益，如果你是忠诚的，你会迈向成功。

我用人时首先要看其忠诚度，其次才是考察能力，因为能力可以通过学习而提升，而忠诚却十分难得。有智慧有能力却不忠诚的人对单位的伤害更大，毕竟在人生事业中需要用智慧来做决策的大事很少，需要用行动来落实的小事甚多。所以，对集体是否忠诚成为择人用人的标准。有德有才者，大胆聘用；有德无才者，委以小用；无德有才者，坚决不用。

（四）自信是成功的阶梯

许多人往往自信不足，怀疑自己的能力，瞻前顾后，害怕做错事，因而往往更容易出错，越没自信越出错，恶性循环，不彻底改变则永不成功。

成功与其说是取决于人的能力，不如说是取决于人的坚定的自信心。一个人的成功与否掌握在自己的手中。要做成功一件事，首先要相信自己一定能做到，因为世间唯一能左右你成败的人就是你自己。确定一个长远的目标，着手培养自己的能力，改正自己的错误，充满自信，坚定忍耐，永不屈服，百折不回，你就离成功不远了。无论你贵为君主，还是身为平民，无论你是男还是女，都不要看不起自己或自己的工作，如果你认为自己的劳动是卑贱的，那你就犯了一个巨大的错误。所有正当合法的工作都是值得尊敬的，都值得你们去做好，只要你诚实地劳动，敢于创造、勇于拼搏，是没有人能够贬低你的价值的，关键是你如何看待自己的工作。那些只知道求高薪，却不知道自己应承担的责任的人，无论对自己或对他人、对上级都是没

有价值的。一个人是否能做好事情，只要看他对待工作的态度就可分晓。

每一个人都应将工作当作人生的乐趣，不管你从事哪种行业，你都把它当作快乐。那样，人生才有意义。人与人相处，同事与同事相处是一种缘分，与顾客朋友见面是一种乐趣。每个人都要通过工作来学习，不断充实自己的空缺，获取经验、知识和信心。你对做好工作决心越大，投入的热情越多，工作效率就会越高，工作就变成一种乐趣了。那时候，愿意聘请你的人就越来越多了。每个人都应养成一种勤奋工作的习惯。勤奋是通往荣誉圣殿的必经之路。古语说："贪图安逸将使人堕落，无所事事会使人退化。"只有勤奋工作才是最高尚的，才能给人带来真正的幸福和乐趣。失败的人总是在找借口，说"我没有机会"等，你们将失败的理由归结为机会没有垂青你，好职位总是让他人捷足先登。其实，机会来自苦干，也来自勤奋。

"超越平庸，选择完善"，这是每个人一生应追求的格言。只有不满足于"尚可"的工作表现，做到最好的，你才能成为不可或缺的人物。人类永远不可能做到完美无缺，但可以不断增强自己，不断提升自己。我认为一个人首先应从平凡的职业、低微的位置上做起，那里往往蕴藏着巨大的机会，只要把自己的工作做得比别人更完善、更迅速、更正确、更专注、更有效，调动自己全部的智力，就一定能引起别人的注意，使自己有发挥本领的机会。因此，不可轻视所谓"低微"的工作，应竭尽全力，尽你所能做好这份工作。同时，还要虚心听取别人对你的批评，修正自己、反思人生，争取达到尽善尽美。在当今社会，一个人只要适应社会要求，提升自己人生价值，在社会上就有立足之地。而身居高位之人，也要善于发现别人的长处，及时加以鼓励。在人与人的相处上，要讲团结，多些关怀，千万不要搬弄是非，否则就会影响公司的凝聚力。

我希望在座的青年应该多读书多看报，不断提升自己。因为机会主要是我们自己创出来的。我认为，有钱人并不一定是优秀的人，而人格、品行、学问、道德都胜一筹的人才是优秀的人。

下面谈谈执行力的问题。

做好工作的一个关键要素是执行力。再好的思想、方案、战略和策略，没有执行力的保证也是枉然，但是执行力的一个先决条件是态度。态度是执行力的发端。著名足球教练米卢曾经讲过：态度决定一切。他深刻揭示了态度的决定性作用。

执行力是单位和企业持续发展的关键力量。管理者必须重视执行力建设。执行力是一种忠于单位或企业信仰的纪律，是左右单位和企业成败的重要力量，是区别平庸和卓越的重要标记。许多单位和企业虽有好的策略，却因缺少执行力最终导致失败。

单位和企业解决执行力问题的四个关键是：勤奋、敬业和自信。

（一）勤奋地对待自己的工作

古语讲得好：只要功夫深，铁杵磨成针。面对新的工作环境、新的工作，只有勤奋工作，才能达到辉煌的顶峰。然而，不少人却不是这样，他们希望成功，却不愿越过那些艰难的梯级；他们希望赢得胜利，却不希望参加战斗；他们希望一切都一帆风顺，却不愿意遭遇任何阻力；当机会向这些人叩门时，他们却视而不见，充耳不闻，最终在埋怨中了此一生。

（二）敬业地对待自己所在的组织

敬业表面上来看，有益于上司或老板，但最终受益者却是自己。当我们将敬业作为一种习惯时，就能从中学到更多的知识，积累更多的经验，能在全身心投入工作的过程中找到快乐。忠诚地对待自己的单位或企业老板，记住忠诚守信是成就事业的前提。

（三）充满自信地对待自己

我们常说，自己是自己的敌人。如何看待自身是成功之路上一个重要问题？我认为相信自己是事业成功的一半。我们不应该成为自己心理上的奴隶，不要把自己限制在自己限定的条条框框中。相信自己，才能在困难面前不退缩，在看似暗淡的前程上勇往直前。

我们都知道，只要沿着河流走下去，就一定能走到大海；但如果不走就永远见不着大海。如果徘徊在山脚底下，埋怨山高，永远别想登上顶峰。可见，难易的区别就是在于是否付诸实践。很难说什么是办不到的事，只要真正去办，昨天的梦想，可以是今天的希望和明天的现实。有志者事竟成。竟成的前提必须是执行，执行再执行。

下面谈谈个人的一些体会。

一个人如果没有一个目标，不知为何而奋斗，过着一天算一天的日子，像一只无头苍蝇到处瞎忙，像一只断了线的风筝在半空中随风漫无边际地飘荡，在工作中、在事业上是很难成功的。我作为一名共产党员，要做到执政为民；作为支部书记，我就要以人为本，把群众利益放在首位，要保护好一方的环境，保障发展，确保社会稳定，善待农民，实实在在为群众办实事，这是我个人的理想和目标。十多年来，我也是朝着这个理想和目标去实践的。

我认为人生的成功公式 = 人格 + 形象 + 礼节 + 三识 + 三性 + 五心 + 五力。

一个人如果有奋斗目标，成功是容易的，不成功反而是困难的。因为成功的人只要奋斗五、七年就成功了，最多是十年，而不成功要用掉人世间一辈子的时间，一辈子让人不欢迎，甚至贫穷。我认为成功不能完全用金钱来衡量，只要能够做好一般人不能做好的事就可以算是成功了。

1. 人格。人格人品占据成功要素里的比重约为50%，而人格人品的培养是一项最省的投资，却收获最大的事。我们认为有德有才是正品，有德无才是次品，无德有才是毒品，无德无才是废品。人的本质决定意识，意识决定思想，思想决定结果，结果决定地位。做小事靠能力，做大事就要靠人格。

2. 形象。一个人的形象是非常重要的，你表达的效果有60%是通过肢体语言来表达的，但要有好的肢体语言需要锻炼，正所谓台上一分钟，台下十年功。百炼才成形，百磨才成光，百胜才成才。

3. 礼节。有礼有节，谦虚谨慎能够反映一个人的整体素质。

4. “三识”就是学识、见识和胆识。学识是最难解决的，而没有胆识是难成大事的，只有拥有这“三识”，自身才能建立一个良好的能力结构。功高艺多，艺高人胆大。所以，我们做事要注重实践，不能让理论与现实脱离，胆识要建立在文化上，做到有胆有识。在工作和实践中，做到“多看则清，多听则明，多思则准，多干则成”。

5. “三性”即是韧性、悟性、理性。一个人出来工作，有时难免会受委屈，能够委曲求全，那就是韧性的表现。悟性就是灵感，悟性需要经常的思考与总结。当你想把一件事情做得好上加好的时候，你就会变得聪明。人生最大的敌人就是自己，缺乏理性的人一定会失败，理性是做人的长青石。

6. “五心”是专心、恒心、信心、诚心、虚心。专心放在第一位，就是说做什么事情都要专心做好，人最怕的是没有目标或目标不明确。人必须知道自己的爱好在哪？长处在哪？决定人生的道路该如何走？接着，朝着目标，持之以恒，坚持不懈。信心，不要说事情还没有做自己就已经怕了。有了信心，就有了精神，就有了力量；有了力量，就可以无往而不前。虚心使人进步，骄傲对自己一点好处都没有，骄傲是不成熟的表现，真正的成功是不用骄傲就已经很骄傲了。诚心，能分解社会的许多矛盾和赢得人的尊重。

7. “五力”包括人格力、学习力、亲和力、调整力和控制力。总的来讲，成功没有必然性，成功需要你的学习、奋斗和人品。同时，成功还需要胆略，胆略是建立在有文化的基础上，有勇有谋是战夫，有勇无谋是蛮夫，有谋无勇是懦夫，无勇无谋是匹夫。中国还处于社会主义初级阶段，改革开放才二十几年，因此存在某些不合理现象是难免，解决它需要一个过程。高楼能够得以建成的原因一是基础好，二是正直。因此，我认为做事或是在商界中，正直诚信很重要，不诚信付出的代价更大。要搞好家庭教育，没有良好的家庭教育，就没有良好的后代。不会治家就不可能治理好一个单位或企业。

人最大的敌人是自己，最难战胜的也是自己。控制人的欲望有利于磨炼自己的意志。当领导或是企业家，如果光会享乐，早上围着车子转，中午围着盘子转，晚上围着裙子转，这样，党员就会败坏党风，企业家就成了企业败家。

努力学习，认真读好书和好好读报。在这个瞬息万变的社会里，我们一定要好好学习，努力学好文化，多看报，多读书，才能跟上时代的要求，才能努力改变自己，提高素质。我自己也是十年如一日地读书和学习。我的读书方法有三种，高山俯瞰，海边拾贝，揽镜自照。一个地区的经济持续发展与这个地区文化底蕴的支撑是分不开的。

在当今的社会里，任何知识都不会是多余的。而吸取知识的重要途径便是读书，读那些有价值的好书，读那些给人知识、给人启迪的书。读书使人了解世界的浩瀚辽阔、人心的博大精深，也能使人热爱生命、热爱生活，激起追求真理、实现理想的欲望和激情。读书的过程是欣赏和接受的过程，也是思考和感悟的过程，如果能经常用自己的语言记录读书的感想，那将是一件极有意义的事情。当然，读书的过程，也可能是排斥的过程，因为不是所有的书都是有价值的，也不是所有的书都是有趣的。古人说“尽信书则不如无书”很有道理。一个真正的读书人应该通过自己的思考判断一本书是否值得读。

人生最大的快乐就是读书。书可以开阔眼界，陶冶性情，丰富知识，升华自我精神。经验越多，读书更容易读。读书还可以提高人的能力，读书是力量。我自己一边工作，一边读书和看报，自己给自己制定一个奋斗目标，要做到人尽其才，物尽其用，钱尽其值，各尽所能。一天做一件实事，一月做一件新事，一年做一件大事，一生做一件有意义的事，为一个地区的群众创造好一个好的环境，为股东创造利益，为群众创造前途，为社会创造繁荣。

今天，借这个机会，我就和大家交流这么多，希望和广大共青团员一起共勉。谢谢！

罗南文化中心落成讲话稿

(2004 年 5 月 24 日)

过去的十多年，罗南在党的富民政策指引下和各级党委的正确领导下，三个文明建设取得了一定的成绩。罗南党总支先后被中央组织部评为“全国农村基层建设先进党支部”、被广东省委、佛山市委评为“先进基层党组织”；罗南村也获得“广东省先进集体”“广东省生态示范村”“广东省卫生村”“广东省十强村”“广东省文明村”等荣誉称号。早在十年前，党总支就提出奋战几年，把罗南建成“远望像林园，近望像花园，细看人民生活在幸福乐园”的奋斗目标。目前，全村已呈现出“春有花、夏有荫、秋有果、冬有绿”的社会主义新农村景象。城市有的，我们都要有；城市没有的，我们也有，如每天两次上门收垃圾，组织专门队伍除四害、灭白蚁，村民不准养三鸟，农村不能有出租屋。环卫队伍每天两次打扫卫生，洒水车每天两次喷洒路面，全村各大小路路灯化等，力求达到“出家门，进花园”的目标。目前，全村绿化面积达到 18 万平方米，几年来人均收入超万元，2003 年，全村辖区内企业提供税收超过 6000 万元，基本达到了十年前党总支提出的“少有教，老有靠，病有报，行有路，玩有场，煮饭不用柴，通讯不用跑”的生活。

早在几年前，党总支就针对当时村民素质低下，很难适应发展，提出“不能有了口袋，没了脑袋，这样就会误了下一代”。我们积极发展教育事业，三年前，我们的小学和幼儿园已是佛山市一级小学和佛山市一级幼儿园。助学金制度的建立为“今天出钱财、明天出人才”奠定了基础，每年对上高中和大学的学生助学补贴达 50 多万元。目前，罗南村在读大学生 100 多人。为了提高村民的素质，2002 年开始，村委会每年花 20 多万元为每户村民订阅党报《佛山日报》，成为佛山农村第一个党报村，让村民能及时了解党的各项政策、开阔视野，增长知识。

在“三个代表”学习中，我们党总支结合实际情况提出了“防止返贫，关键在于提高素质”的工作思路，在全村范围内开展“富翁贫民论”教育，即今天的生活二十年前是富翁，今天的生活二十年后是贫民、以此来激发罗南人要树立艰苦奋斗、开拓进取、与时俱进的精神。

有很多人或许会问我们，为什么投资1500万元兴建文化中心，是不是政绩工程？我们可以告诉大家，不是政绩工程，而是一个培养人和用文化提升罗南人的一个重要举措。当代人类社会的发展不仅仅是经济的发展，而且越来越重视文化的发展，文化发展已成为社会进步的重要指标，成为当代社会生产力的重要因素和经济增长的重要推动力量。地区与地区之间的竞争在某种程度上是文化的竞争。虽然几年来我们党总支抓人的素质提高这方面做了一定的工作，但是与市委提出的建设现代化大城市的要求，特别在提高罗南人的素质、生活方式、行为习惯、思维方式、文化素养、文化内涵等方面仍存在差距。罗南地处佛山建设现代化大城中心区的城市功能延伸区，消除上述差距，实现罗南人从农民到城市人的飞跃势在必行、时不我待。靠什么来改变人的观念呢？不是靠强迫改变，而是通过丰富群众文化生活，引导他们努力提高自身素质，更新旧的观念。这就是我关于兴建文化中心的初衷。通过文化中心的功能，发挥高雅文化的传播来达此目的。文化中心的作用：1. 丰富群众文化生活；2. 提高群众文化素质；3. 活跃群众思维；4. 实现罗南人从村民到市民的转化。概括起来是三句话：文化生活过得好，村民素质步步高，城市化上快车道。

为了进一步推动城市化的进程，我们村计划今年动工兴建高层高标准村民公寓，有计划地推进拆旧村建公寓的工作。

以文化建设促进经济建设，保持社会稳定

——在禅城区农村新一届党支部委员集中培训学习会上的发言

（2004 年 10 月 18 日）

同志们：

大家好！根据会议的安排，今天我代表南庄镇罗南村新一届党支部委员会在这里介绍发展集体经济的一些做法和体会。我的发言题目是“以文化建设促进经济建设，保持社会稳定”，希望我的发言能起到抛砖引玉的作用。

罗南村位于南庄镇的西部，面积 4.75 平方公里，户籍人口 3519 人，其中党员 110 人，下设三个支部，外来人口 10000 多人，下辖九个村民小组。过去的十多年，罗南在党的富民政策指引下在各级党委的正确领导下，党总支抓机遇求发展，三个文明建设取得了一定的成绩。罗南的文明建设不断攀升新台阶。过去几年，罗南共投入一亿多元进行精神文明建设，取得了可喜的成绩。罗南党总支先后被中央组织部授予“全国农村基础先进党组织”，被省委佛山市委授予“先进基层党组织”，被镇委连续十二年评为先进党支部，罗南村也获得“广东省先进集体”“广东省生态示范村”“广东省卫生村”“广东省十强村”“广东省文明村”等荣誉称号。回想十年前党总支提出的奋斗目标，奋战几年把罗南建成“远望像林园，近望像花园，细看人民生活在幸福乐园”，使罗南人的生活达到“小有教、老有靠、病有医、行有车”的目标，罗南的各项建设取得了可喜的发展。省委常委、市委书记黄龙云，副省长李容根分别对罗南村视察，肯定了我们三个文明建设的成绩，佛山市禅城区领导也多次来我们罗南视察，特别是全国东部 15 个省市创卫领导来罗南检查视察，这是上级领导对我们罗南的信任和支持，是我们罗南人民的光荣。

2003 年，全村辖区内企业上缴税收超过 6000 万元，预计今年全年达到 7000 万元，出口总值预计超过 4000 万美元。目前，我村已有三家企业产品

获得“国家免检产品”称号，一个企业产品获“中国名牌产品”称号，村办罗南集团今年被国家工商行政总局授予“全国守合同重信用”企业。与镇政府合办的利南市场收入可观，为股份集团增分奠定了比较牢固的基础。村民人均收入连续八年超万元，每人每年可累计报销医疗费8万元，全村共有水泥道路32公里，小汽车超过750辆，全村绿化面积18万平方米，做到了“出家门，进花园”，基本达到了党总支6年前提出的发展目标：奋战几年，把罗南建成“春有花、夏有荫、秋有果、冬有绿”的新农村。在罗南各村走一走，我们可以看到，过去室内现代化、室外脏乱差、有新屋没有新村的现象已不再存在，取而代之的是规划整齐、布局合理的幢幢小洋楼。村内村外花香四溢，绿树成荫，村村都有灯光球场、文化室、文明楼和村心公园，村委会拥有标准化的足球场和游泳池。目前，基本达到了城市有的，我们都要有；城市没有的，我们也要有。我们拥有37人的清洁队伍，每天两次上门收垃圾，两次清扫和喷洒路面，并设立专门除四害专业队和20多人的绿化队伍，农村不准养三鸟，村内房子不能出租等。

2002年初，我们在践行“三个代表”的思想中，又启动了“蓝天碧水环境现代化建设工程”，着力在村内打造新亮点。一是打造一河两岸怡人景色，开挖了一条30米宽、3.5公里长的环村大涌，新建桥梁7座，目前，两岸绿草萋萋、鲜花盛开，工程投入近一千万元。二是建造荷塘月色美景，投入100多万元在下沙村前建造荷花公园，投资近100万元在隆新重建河堤公园，搞亲水工程。三是重现古建筑风采，投资100万元重新修缮具有200多年历史的隆庆祠堂，不仅保护了文物，也为我村增添了浓厚的历史文化气息。

经济发展起来后，我们认为罗南的发展目光应该放得更远，所以党总支六年前就认为，经济搞上去了，思想境界也要提高，这才是真正的富裕。抓人的思想，抓精神文明建设，什么时候都不能放松。根据这个思路，党总支明确提出了“不能富了口袋，穷了脑袋，这样就会误了下一代”，支部的重要任务就是要把提高人的素质放在支部工作的重要议事日程上。我们党总支深深懂得“十年树木，百年树人”的道理。我们积极发展教育事业，教育的投入达到了“今天出钱财，明天出人才”。1992年前，我村只有两名大学生。我们清楚地认识到没有文化的农民，要建设现代化的企业是不可能的。

一直以来，我们十分重视教育，努力提高全员素质，努力建立学习型新农村。我们从娃娃抓起，从1992年开始，我们的小学已在学校供应午餐并每人有1张床中午休息。小孩两岁半至六岁半进入罗南幼儿园，每人每年补助1500元。三年前，罗南小学和罗南幼儿园分别被评为佛山市一级小学和一级幼儿园。我村设立了教育基金，对上高中、大学的学生实行奖励，每年分别奖励1000元和2000元，并对大学生保留农村股份分红。目前，我村每年有高中、大学生300多人，其中大学生超过100人，每年补贴近50万元。村委干部更是带头学习，带动村内的学习风气，1999年在村内为期一年的中大MBA研修班成为我省首个村级MBA研修班，2002年又举办了中山大学的远程教育，其目的只有一个，提高罗南的素质。

在“三个代表”的学习中，我们党总支认识到建设中国特色的社会主义新农村，必须使村民树立新观念，学习新本领，增长新知识。从2002年开始，村委会每年花20万元为全村每户免费派发党报，成为佛山农村第一个党报村，让村民能及时了解党的政策，开阔视野，增长知识。同时，党总支结合罗南实际提出了“防止返贫，关键在于提高素质”的工作思路，在全村范围内开展富翁贫民论教育，“即今天的生活二十年前是富翁，今天的生活二十年后是贫民”，以此来激发罗南人要树立艰苦奋斗、开拓进取、与时俱进的精神。

富而思治，努力营造安定环境。为给村民营造一方净土，确保经济发展和社会稳定，我们坚持依法治村，不断健全落实民主管理制度，并率先应用农村管理信息系统，使农村管理有了质的飞跃。

为做好安全文明小区的科学管理，我们加大群防群治的力度。全村实行动态管理，拥有60多人的治安队伍，24小时巡逻，确保村民安全。去年投资70多万元在全村12个路口安装了全套光纤摄像机监控器，成立110报警中心，24小时值班，形成完善的治安防范网络，“安全文明小区”的荣誉称号是对我们村治安工作的肯定。去年，各村民小组建起法制宣传栏、政务公开栏，法制宣传力度加大，形成了知法守法用法的社会氛围。

为加强村民的道德修养，我们党总支在全村范围内以上课的形式结合当地实际，在全村范围内提倡“三心”教育，即“孝心、公德心、事业心”，对父母要有孝心，对社会要有公德心，对事业要有事业心的素质教育，使村民的社会责任心有一个新的提高。

富而思乐，大力开展文体活动。为了满足村民日益增长的精神文化生活需求，引领村民文化生活健康发展，近年来，我们投入大量资金先后建成足球场、篮球场、游泳池、文化室等一批标准较高的文化设施，经常举办各种文体活动、文化活动，开展得丰富多彩，舞狮、粤剧表演、体运会、龙舟激情赛等以此来陶冶群众，使男女老少走进运动场，营造积极向上的社会氛围。通过大力实施文化工程，明显带动了罗南党员干部群众素质的提升，罗南人的观念意识得到了更新，使罗南保持住了发展的活力。

2003 年，省委、省政府和佛山市委、市政府发出建设文化大省及文化强市的号召，更大大地鼓舞了我们。我们决心响应号召，加大投入，积极探索新型社会主义农村文化建设的路子，按照高标准、高品位动工兴建罗南文化强村战略的核心工程——罗南文化中心，并于今年 5 月 24 日投入使用，省委常委、佛山市委书记黄龙云亲临现场进行剪彩。该中心投资 1500 多万元，占地 11800 平方米，功能涵盖文化、体育、休闲、娱乐和集会，内设老人活动中心、图书馆、乒乓球室、网球场、篮球场、展览馆，其中以“致富思源、富而思进”命名的展览馆，通过实物、文字、图片反映罗南的今昔，开展生动的社会主义教育，使罗南的子子孙孙都能见证祖辈的辛勤，学习先贤的睿智，同时激发干部群众投身社会主义现代化的热情。广场建设把休闲、生态等元素与文化和谐相融，是一个具有文化品味的休闲场所。

借着罗南文化中心的建成使用，学校和幼儿园在文化中心举行了两次汇报演出，受到了社会和家长的好评。暑假期间，由村委会、团总支以及罗南大学生分会组织，在文化中心举办了一次“英语角”活动，活动受到了来自美国外教的赞赏，也体现了罗南大中学生英语的提升。为了进一步把学生的教育和体育运动推向更高的层次，村委会、团支部举办了暑期罗南村首届体艺节。一方面，开办了各种体育竞技项目，另一方面开展读书征文活动，让我们的大中学生能够过上一个有意义的暑假，同时让家长看到自己的子女茁壮成长。除开展以上两方面工作外，还开展了大学生义教活动，参加学习的学生超过了 150 人。我们认为在村开办以大中学生为对象的各种活动有几方面的好处：一是提高了学生的集体观念；二是加强团结；三是体现了沟通的重要性；四是让家长进一步了解自己子女的成长过程；五是过一个比较有实质性意义的假期。

富而思进，全力打造文化强村。当下，罗南的文明建设进入了一个新的阶段，如何保持三个文明建设的领先地位，就需要这一代的罗南人及其子子孙孙的不断努力和创新。今后，罗南发展的地位是积极探索新型社会主义农村文化建设路子，将罗南建成一个文化强村，消除城市化进程中罗南人的素质、生活方式、行为习惯、思维方式、文化素养、文化内涵与现代化大城市要求的差距，实现罗南人从农民到城市人的飞跃，促进罗南村的城市化进程走上快车道。

我们罗南党总支领导深知若要兴村，先要律已，要带领群众致富，首先要在群众中站得住。十载创业路，一改旧时颜，十年创业皆艰辛，一朝成名不骄奢，使全村人尤其是党员干部在成绩和荣誉面前保持清醒的头脑。有两种创业者，一种是功成名就，急流勇退；一种是志存高远，奋力攀登。我们属于后者，没有沉醉在成功的喜悦中，而是以更大的胆略、气魄追求更高的目标。十年弹琴声自远，在激烈竞争的年代，机遇失不得，节奏慢不得，必须全方位出击，才能争得希望和成功。我们党总支和村委会的干部一班人，除具有文武韬略的素质，敢闯敢干、吃苦耐劳的精神外，更重要的一条是身先士卒、克己奉公的表率，我们一班人如同乐师弹钢琴，十个指头都能用上，村领导班子成员分工明确，各负其责，人人肩上有担子，个个身兼数职，党政分工不分家，由于安排合理，尽管工作千头万绪，但进行得有条不紊，各项工作齐头并进，呈现出一派生机勃勃的喜人局面。

下面谈谈取得成绩的几点体会。

加强党的建设。村级党支部是党在农村的最基层组织，农村工作的好与坏，关键是党支部。我们党总支认为，一个单位能否取得成功，最重要取决于三点：第一点是否顺民意，合潮流，得人心；第二是否营造了一种有利于人才成长和发展，有利于创造发明的环境；第三是否形成了一个强有力的领导班子，有没有核心和领导人物。我们除了贯彻党的各时期的中心工作任务，做到先党内后党外的原则，充分发挥党员在各系统和各行业的先锋模范作用外，党总支还加强对村委会的领导，使村委会的各种工作按照支部提出的各项任务努力完成。我们按照“三个代表”重要思想的要求，加强基层党组织建设，使农村基层党组织、党员干部始终成为先进生产力、先进文化、人民利益的忠实代表，把党组织建设成为坚强的战斗堡垒。推进非公有制企业党建工作，首先在盛发电器厂成立了党支部。党总支十分重视和注重培养发展年青党员，使党组织始终保持旺盛的战斗力。几年来，平均每年发展党员2—3名。实实在在为民办实事，支部始终把忠实代表人民群众的根本利益、全心全意为人民服务作为根本宗旨，成立了扶贫领导小组，对我村的老弱病残和因病致贫的群众给予了极大的照顾，每年上门慰问，给予慰问金。

加强民主法制建设。坚持向党员和村民代表通报情况的制度，自觉接受监督，认真听取村民代表的意见和建议。建立完善重大事项由支部大会和村民代表大会决议的制度，多方听取民营协会和群众的意见和要求，提高决策透明度和参与度，推进决策的民主化、科学化、制度化。健全村民自治，加强对村委会行政监督，规范行政行为。

加快农村城镇进程。依照目前总体规划的修编，按照总体规划，今后我村是宜商宜居的地方，十年后，常住人口是三万人，是禅城高新技术产业区重要配套生活区。罗南以居住用地及沿河生态保护区为主，并结合现状配套公共服务设施用地。我们要抓住有利形势，利用好土地，加快村民公寓建设和旧村改造。在城市化的进程中，村民居住集中是势在必行，也是生活质量提高的重要组成部分。

加强文化罗南建设，提高村民思想素质。企业发展前五年可以靠领导班子的个人魅力，后五年靠团队精神，以后就要靠企业文化。村委会的发展和村的社会稳定，以及经济的长期有效发展就一定要靠文化。所以，我们提出以文化建设促进经济建设，以提高村民素质和城市化文明度为目标，以文化罗南建设来提升村民到市民的行为习惯、思维方法、文化素养、文化内涵等，完成从村民到市民的过渡。进一步加大精神文明建设力度，弘扬罗南人文精神，塑造罗南新形象。深化以诚信为重点的公民道德建设，扎实抓好文明村文明单位等群众性精神文明创建活动。抓好拥军优属工作。建设好罗南图书馆，充分发挥好罗南文化中心作用，促进文化产业发展。在文化中心要发展文化产业，实施建设文化罗南的战略。挖掘整理提升历史文化资源，修缮具有岭南特色和浓郁文化底蕴的建筑，如隆庆祠堂、隆庆官道，作为佛山历史文物进行申报。此外，对超过百年历史的老榕树进行保护。广泛开展丰富多彩的文化生活，提升城市化进程中的罗南文化形象。9月底，我们又成功地举办了第二届龙舟邀请赛。

推进教育强村建设。罗南今后的发展要靠新一代年轻人的努力，因此，教育问题是一个十分重要的脑袋工程，一定要抓好落实。教育方面是两层意思：一是抓好成年人的素质教育；二是要抓好幼儿园小学的教育及素质的提高。以提高素质为重点，特别是要抓好幼儿园小学教师的教学水平，在原来的基础上更进一步。要积极鼓励适龄初中生考上高中，力求60%以上能够考上大学，确保罗南人才发展的后劲。深化办学体制改革，利用学生两个假期举办有益身心健康的各种文体活动，以提高大中学生的沟通能力。

抓好规划，推进城市化进程。认真抓好规划建设，武汉华中大学对罗南整体规划的方案，待佛山市规划局审批同意后，就可以分步实施。如果按照规划的安排，罗南村所属范围的土地升值机会是十分大的，而且保持了罗南土地的完整。我们的规划目标，是建设具有岭南水乡特色及良好生态环境的居住区，大力发展田园观光旅游、生态示范区，并建设成为现代化城镇建设示范基地。我们要按照规划分步到位，不可毕其功于一役。按照规划原则，坚持生态优先，尽现地域地理文化，走可持续发展战略。

抓好生态环境保护。加大罗南内涌水源的保护，对种好的各种树木要保护好，成为名副其实的生态示范村。加大力度搞好村内河涌与两边企业及仓库之间绿地隔离带和生态屏障建设，处置好闲置地，促进土地的合理高效和可持续利用。

加强廉政勤政建设。开展两个务必教育，落实五个力戒和干净干事要求，注重预防，狠抓从源头上预防和治理腐败的工作。构建科学严密的权力运行机制，进一步规范事权财权，加强对村委会和股份集团的资金监督制度，坚持村民代表选出的理财小组审单制度。

维护社会稳定。坚决打击各种刑事犯罪活动，深入推进“禁毒03工程”，扫除社会丑恶现象。加强社会治安综合治理，推进社会治安防控体系建设。提高治安队人员素质，积极开展人民内部矛盾纠纷排查调处工作，努力化解各种社会矛盾和纠纷，保持社会和谐稳定。

在村历届运动会和学生体艺节上的讲话

在首届学生体艺节开幕式上的讲话

正值暑假时期，为提高罗南学生身体素质，丰富暑期文化娱乐生活，罗南村委会和团支部举办罗南村首届学生体艺节。今晚，首届学生体艺节正式开幕。

俗话说，“食在广东”，广东人讲究吃，外省人都知道。但现在更流行的一种说法是：“请你食餐饭，不如请你流身汗”。可见，体育健身运动已成为一种时尚。

罗南地处佛山建设现代化大城市中心区的城市功能延伸区，近几年，党支部提出了建设文化罗南的目标。村委会斥巨资兴建了罗南文化中心，为村民素质的提高提供了一个教育平台。同时，这些年，我们也惊喜地发现，城市化进程中的罗南人在思维方式、生活方式、行为习惯、文化素养、文化内涵方面正发生着巨大的变化。

本届学生体艺节与以往体运会有所不同，参赛队员全是我们罗南籍的学生，比赛项目分篮球、乒乓球、羽毛球、游泳，还有读书心得征文比赛，现报名参赛队员共181人，读书心得征文比赛报名截至8月5日，广大学生队员还可踊跃报名参赛。

当代人类社会的发展不仅仅是经济的发展，而且越来越重视文化的发展，文化发展已成为社会进步的重要指标，成为当代社会生产力的重要因素和经济增长的重要推动力量，地区与地区之间的竞争在某种程度上是文化的竞争。

通过多年的努力，罗南村已获得“广东省生态示范村”“广东省卫生村”“广东省文明村”“广东省十强村”等荣誉称号。荣誉的取得是不易的，它靠我们罗南老中青几代人的努力。今天站在这里的，大多都是我们的学生辈，你们是罗南的明天，你们是罗南的未来。星期四，我们在这里举行了英语角活动，我很受鼓舞，我看到了大家的学习热情，我看到了罗南的希望。“一勤天下无难事，世上唯有苦读书。”暑期，村委、团支部在学生中还搞了大帮小、强帮弱的义教活动，目的在于促进学员的共同进步，同时过有意义的暑假。我觉得这都是很好的活动，希望我们学生珍惜机会，踊跃参加。

提高村民素质，建设文化强村，我们每一位村民、学生都应该从自我做起，积极创造、争取机会，提高自我。

最后，预祝首届学生体艺节取得圆满成功！

在罗南村第二届学生体艺节的两次讲话

一、开幕式的讲话

为增强罗南学生身体素质，丰富暑期文化娱乐生活，陶冶学生性情，加强学生之间的交流和罗南村的亲和力，我们举办罗南村学生体艺节。举办体艺节也是我们建设文化罗南的一项重要工作。

本届体艺节的活动分两大类：体育活动类和文化艺术类。参赛对象从小学生到大学生，每名学生可以根据自己的特长和喜好，选择自己的竞技项目。

罗南文化中心自落成以来，文化活动频繁，受到了村民和学生的普遍欢迎。我深深感受到罗南人正在发生着可喜的变化，正在走向文明，走向成熟。

人类社会的发展不仅仅是经济的发展，还有文化的发展。文化发展已成为社会进步的重要标志，成为当代社会生产力的要素和经济增长的重要推动力量。

实现社会和谐，建设美好社会是千百年来人类孜孜以求的梦想。社会和谐包含有多方面的内容，如人与人之间的和谐，人与社会的和谐，人与自然的和谐。构建和谐社会需要高度的物质文明和精神文明作支撑，而精神文明源于强大的文化建设和积累，而文化具有“弘扬正气”“凝聚人心”“净化心灵”“陶冶性情”“增长知识”“提高素质”“纾缓压力”“娱乐身心”“沟通感情”“增进融汇”等多种功能。因此，文化在人际社会的和谐共进中有着重要的地位和作用。

通过多年的努力，罗南村已获得“广东省生态示范村”“广东省卫生村”“广东省文明村”“广东省十强村”等荣誉称号。荣誉的取得是不易的，它靠我们罗南老中青几代人的努力。今天站在这里的，大多都是我们的学生辈，你们是罗南的明天，你们是罗南的未来。在罗南小学的读书节活动上，我讲到了读书的重要性，并介绍了读书的方法。在活动中，我看到了大家的学习热情，看到了罗南的希望，很受鼓舞。“一勤天下无难事，世上唯有苦读书”。暑期，村委、团支部在学生中还搞了大帮小、强帮弱的义教活动，目的在于促进学员的共同进步，同时过有意义的暑假。我觉得这都是很好的活动，希望学生们珍惜机会，踊跃参加，这对于提高自我很有好处。

二、闭幕式上的讲话

由罗南村委会、罗南团支部、罗南学生会、南庄镇在校大学生协会罗南支队共同精心组织的罗南第二届学生暑期体艺节经过两个多星期的激烈角逐，于今晚胜利落下了帷幕。在此，我代表党总支、村委会向组委会、运动员及关心支持体艺节的人士说一声：你们辛苦了！你们用汗水换来了成绩。

本届暑期体艺节，一方面，开展了各种体育竞技项目，内容包括篮球、羽毛球、乒乓球、游泳等项目；另一方面，还组织了绘画、读书征文活动。举办体艺节的目的是让本村的大中小学生能够过上一个有意义的暑假。本届体艺节参加人员有近 300 人，比上一届增加了 20%，单是征文比赛就收到了 90 多份参赛作品，而且内容丰富了很多，写作水平也比往年有很大的提高。同时，我们还开展了大学生义教活动，参加学习的学生超过了 150 人，反响极好。

本届暑期体艺节是成功的。除了表现在运动员的素质和水平均比上一届有较大的提高外，更突出地表现了在城市化进程中，罗南人的思维方式、生活方式、文化素养、文化内涵所发生的可喜变化。今后，我们将把这项活动继续开展下去。

我们认为，举办以大中小学生为对象的暑期体艺节有很多好处：一是提高学生的集体观念；二是加强学生间的团结；三是增强村内的亲和力；四是让家长了解自己子女的成长过程；五是过一个比较有意义的假期。培养教育好下一代是我们长辈的神圣职责，因为他们是罗南明天的希望。

在罗南村第三届全民健身趣味运动会上的讲话

（2005 年 12 月 2 日）

我村全民健身趣味运动会的开展，不仅使学生感受到了运动的乐趣，提高了学生体育锻炼的主动性，养成了锻炼身体的习惯，而且有力地推动了学校以至罗南社区逐步形成人人积极参与体育锻炼的热潮，为学校、社会、家庭一体化的健身锻炼活动打下了良好的基础。我们享受着运动的快乐，运动文化正成为我们生活中不可缺少的内容。这对于我们建设科学、文明、健康的生活方式，促进我们社区的团结凝聚，推动社会和谐发展都产生着非常积极的作用。

在罗南村第七届学生体艺节开幕式上的讲话

（2010 年 7 月 21 日）

一年一度的暑假又来到了，为提高罗南学生身体素质，丰富暑期娱乐生活，陶冶学生性情，加强学生之间的交流，建设活力罗南，由罗南村委会和团支部举办的第七届罗南村学生体艺节今晚正式开幕了。

一个国家、一个民族、一个社会的人们，在长期的生活和实践中，必然会形成一定的价值体系。这一价值体系涵盖了一定的思想理论、理想信念、道德准则、精神风尚等。在这个体系中居核心地位、起主导和统领作用的就是核心价值体系。我国社会主义核心价值体系是社会主义意识形态的本质体现，是全党全国各族人民团结奋斗的共同思想基础。坚持社会主义核心价值体系要求我们必须巩固马克思主义的指导地位，坚持不懈地用马克思主义中国化的最新理论成果武装全党、教育人民，用中国特色社会主义共同理想凝聚力量，用以爱国主义为核心的民族精神和以改革创新为核心的时代精神鼓舞斗志，用社会主义荣辱观引领风尚，巩固全党全国各族人民团结奋斗的共同思想基础。构建社会主义核心价值体系，强化理想信念教育，不仅仅针对学生、未成年人，对成年人尤其重要。

当代人类社会的发展不仅仅是经济的发展，而且越来越重视文化、体育的发展，文化、体育发展已成为社会进步的重要标志，成为当代社会生产力的重要因素和经济增长的重要推动力量。

罗南地处佛山建设现代化城市中心区的城市功能延伸区，按照新的规划，我村已被纳入南庄中心城区。按照新规划的要求，罗南应建设成为高品位的商业商务区、高品质的生活居住区，以及高端产业聚集区。这是我村的发展目标。我们要重点推进南庄大道1.7公里的商业黄金大道建设，以海盛东方城和两个房地产项目的建设为龙头，大力发展生产性服务业、科技服务业，引进信息咨询、商贸流通、高级写字楼、五星级酒店的建设，形成休闲购物娱乐集聚区，使我村成为周边高素质人群投资创业、安居置业、休闲消费的“首选之区”。

提高村民素质，建设文化体育强村，是我们建设“首选之区”的必要条件。我们每一位村民、学生都应该从自我做起，积极创造、争取机会，提高自我，为这一目标作出贡献。

在村教育工作会议上的讲话

（2002 年）

12 年来，我们罗南村有了巨大的发展。由我村创办的罗南集团，经过十多年的勤奋创业、艰苦拼搏，终于由一个小小的五金厂发展成为如今集墙地砖、卫生洁具、装饰板材等共 14 间生产厂、5 间配套厂的大型企业，集团产品不仅畅销全国各地，还远销新加坡、马来西亚、南非、巴拿马、智利、韩国等国家。除此之外，在精神文明建设、村政建设、文教卫生等方面也都取得了可喜的成绩。上级党委和政府充分肯定了我村的进步，多次把我村评为先进文明集体。我村还被南海市选为精神文明示范区。正如外界所评论：罗南人确实是富裕了。富裕起来的罗南人应该怎样看待我们的过去、现在和将来呢？我们的回答是：富而思源，富而思进，富而思德，富而思稳。

富而思源。源在何处？我们认为，源就是改革开放。党的十一届三中全会以后实行的富民政策，各级党委和政府的正确领导，以及各部门对我村工作的关心和支持，这就是源。当然，还有我们罗南全体党员干部、群众的努力奋斗。

罗南村党支部、村委会是我村群众信赖的好班子。它灵活贯彻实施党的富民政策，领导罗南村民走上了共同富裕的道路。正如不少村民所说的，没有罗南村党支部、村委会的正确领导，就没有罗南的今天。确实，从全镇来说，南庄镇有 20 多个管理区，生活水平能达到罗南今天这样的也不多。我们罗南的领导班子能坚持艰苦奋斗，做到廉洁自律，不忘本，饮水思源。

富而思进。我认为“富而思进”就是要不自满、不骄傲，继续勇于开拓进取。“小富则安、小富则满”不是一个现代企业家的眼光和做法，要做就要做最好的，最大的。

在新千年开端的关键时刻，按照“致富思源，富而思进”的要求，结合我村实际，重点应放在抓好干部群众的素质教育上。

多年来，我们比较重视科技和教育工作，科教兴村成效显著。

现在是信息时代，不是胆色时代，为了适应经济的发展，我们要大量引进有关科技人才。今年，我村新招聘的大专毕业生有 10 多名。在教育方面，我们采取外引内育的办法，与中山大学联办罗南上中层管理人员工商管理研修班。村一级开办工商管理研修班在省内是首例。通过学习，提高了我村中上层管理人员的企业管理意识和市场营销意识，为 2000 年制定各种企业管理制度打下了坚实的理论基础。有了这一基础，实现集团提出的 2000 年效益翻一翻就有了保证。目前，尊重知识、尊重人才的氛围在我村已经形成。

去年，我村教育事业又有了新的发展。罗南小学在规范学校建设外，狠抓教学质量，在教育现代化和信息化方面迈出了新的步伐。学校的整体水平上了一个新台阶，被评为佛山市一级小学。去年，我们罗南幼儿园在镇文艺汇演中，继九连冠后又获得十连冠。

富而思德。“德”指的就是品德、道德。人们的品德、道德是表现在一些具体行为中的。思德就是要形成一种社会风范，推进精神文明建设。

我们坚持经济建设、精神文明建设两手抓，我们认识到，没有相对雄厚的经济作基础，精神文明建设就难以起点高。今天，罗南已初步建成具有特色的，体现出工业主导、城乡融合、水乡特色、生态健全的现代化新农村模式。这一模式可以用十八个字来概括，即“素质高，村貌新，道路宽，环境美，设施全，生活好。”

素质高，指的是人的素质的提高。一直以来，我们十分重视教育，从娃娃抓起，努力提高全员素质。我们先后投资 600 万元建造了一所标准化小学，实现适龄儿童免费入学，供应午餐。又投资 600 多万元建造了两所现代化的幼儿园，幼儿可免费入园。该学校和幼儿园分别被评为佛山市一级学校和南海市一级幼儿园。我们从外地引进了一批大学毕业生和工程师，与此同时，大力支持本地青年努力提高自己，许多已婚青年也纷纷到成校进修。目前，我村从业人员的知识结构正在发生深刻变化，人员素质的提高，也使旧的思想观念为新的思想观念所替代。

村貌新。如果你在罗南的各村走一走，你会看到：过去室内现代化、室外脏乱差、有新屋没有新村的现象已不再存在，取而代之的是规划整齐，布局合理的幢幢小洋楼，村内村外花香四溢，绿树成荫。村村都有灯光球场、文化室、文明楼和村心公园。我们全村已实行动态管理，拥有 45 人的保安队伍，二十四小时巡逻，确保村民安全。全村还拥有 18 人的清洁队伍和绿化队伍，负责本村的清洁和绿化工作。

1999 年，镇举行文明村评选，我村就占了 5 个。在今年的“三八”节前夕，我村农户又获得插花和家居装饰第一名。今年，我们还打算建造农民公寓。

道路宽。过去，我村的路是泥路，小道七曲八弯，雨天步行艰难。近几年，我们投资 2500 多万元把狭窄的小道改造成主路八米、小路六米的大路，道路两旁都有 2－3 米的绿化带，全区大小街巷都铺上了水泥。几年来，先后建成了六米以上的路网近 20 公里。1999 年春节前，区投资 200 多万元更换了道路两边的路灯。

环境美。罗南在发展集体经济的基础上，加快了新村内公共设施建设，美化村容村貌，初步建成了“三化”（绿化、美化、净化）“三园”（远看像林园，近看像公园，细看农民生活在幸福的乐园）的社会主义新农村。

设施全。我们十分注重群众的文体活动。村村有篮球场。1998 年又投资 300 万元兴建了一个 50 米长、有 10 泳道的标准游泳池和有 400 米跑道的标准足球场。每年都举办 2－3 次运动会。文体活动的活跃，不仅丰富了群众的业余生活，更增强了群众之间的亲和力。

生活好。近几年，罗南人均分配都超万元，家家户户有存款。村民生活实现了小有教、老有靠、病有报。读高中、中专的学生每年补贴 1000 元，念大学的每年补贴 2000 元；女 55 岁、男 60 岁退休后每月可获得 150－190 元的退休金；村民看病有保险。

富而思稳。“稳”，指的是国家形势的稳定，人民生活的安稳，工业企业和农业及各项事业的稳步发展。罗南集团经过了 10 多年的发展，在内部结构和机制的转换上始终保持了一个“稳”字。我们成功地进行了企业内部股份制的改造，企业所有权和经营权的分离，保证了企业的平稳过渡。

1999 年，我们从产品的价格战中脱颖而出。

我们的设计人员与销售部门联合起来，正共同开发新产品，不断推向市场。罗南厂的“奥美斯”瓷片便是一个典范。为了跟上发展潮流，拓宽业务范围，我们在因特网上设置主页，方便海内外的客户订货。

“稳”是相对的，而“变”却是绝对的。在企业不断的变革中如何保持大局的稳定，是我们每一个管理者都要思考的问题。近两年，国内需求乏力，市场持续疲软，企业在高速发展中存在的一些深层次矛盾正集中暴露出来。面对这些情况，我的看法是，管理要有模有样，有远有近，有因有果，有得有失，有虚有实，有软有硬，有破有立，有血有泪和有我有他。

“竹外桃花三两枝，春江水暖鸭先知。”龙年，北江水依然奔腾不息。我希望全体管理干部能够清醒地认识到，在新世纪依靠科技进步是企业无法回避的必然选择；注重产品及产业的科技含量，不断进行技术创新是企业发展的关键；人才是企业的摇钱树，加入 WTO 不仅是市场的竞争、产品的竞争，更是人才的竞争。只有凝聚一流的人才，才能实现企业的腾飞。

全国九届人大三次会议提出了西部开发的一批项目，这对于从事陶瓷生产的我们来说，无疑是注入了一剂强心针。我们要以国家和民族的利益为出发点，全心全意并全力以赴支持国家西部大开发的计划，调动搞活西北、西南大市场，并以此为契机，带动企业的再发展。

第五篇

称职的人民代表

［导读］从1987年起，关润尧先后当选为镇、县、省和全国人大代表。在他就任各级人大代表十多年的生涯中，出色地完成了人民群众的政治重托，也受到了人大机构的充分肯定。他任九届广东省人大代表的五年中，被评为广东省九届人大积极分子。

关润尧在任人大代表工作中，有这样几方面鲜明的特点和优点：

一是他充分认识当人大代表不仅是人民对自己的信任，更是人民对自己的重托，必须全心全意做好这份工作。他从未缺席人大的各种大小会议，积极参加人大组织的每次视察和专题调研，实事求是地对调查中获得的资料、情况作出认真的研究和分析，务求完整地符合客观实际，并提出改进工作的建议，发挥了最高政治权力机构与人民群众之间的桥梁作用（详见他撰写上送的建议和提案）。

二是他充分认识到人大代表不仅要宣传法律，更要以身作则，模范地遵守法律。为此，他努力学习法律，不断提高自己的政策水平和分析问题的能力，从而圆满地完成了人民的嘱托。

三是他非常重视“把准社会脉搏”。他认为，“当人民代表，为民要动心，凡事要留心，尽责要诚心，办事要精心，完成任务要有信心”。而把准社会脉搏，知道人民群众要求什么？不满意什么？希望政府怎么做？始终是他最为关注的重心。对于从社会调查中听取到的意见，他不仅重视其真伪的查证分析，还提出自己对解决该问题的建议。

四是他成功地把人大代表工作与他在罗南担负的领导职责有机地统一起来，不仅做到两不误，而且通过从个别看一般、以一般去深化对个别的认识，把两方面工作都做好。比如，他从人大代表的视察中看到了罗南尚存在的不足，也从罗南的成功实践中获得解决当下存在问题的思路和办法。

在南海市的全国、省人大代表视察小结

（1999 年 12 月）

1999 年 8 月初、10 月中旬，南海市人大组织本市的全国和省人大代表一道开展了一次视察活动。具体内容是：一、检查我市贯彻《环境保护法》和《国务院关于环境保护若干问题的决定》，整治污染严重企业及关闭污染严重小企业的落实状况。二、检查市检察院执行《刑事诉讼法》的有关情况。

在视察过程中，市环保局局长许志文同志以《坚决执行国务院决定，促进我市可持续发展》为题汇报了南海市执行《决定》的情况。代表们通过一系列的视察认为，南海市环保局在市委市政府的大力支持下做了许多工作，采取了有效措施，取得了显著成绩，使市内污染情况得到了有效控制，环境质量有所改善。南海市政府多次发出通告，坚决取缔和关闭了不合环保规定的企业共 60 余家，取得了很好的效果。在本次活动中，我们重点视察了 4 家企业，有贯彻《决定》好的也有不够好的。其中，沥中电镀厂、狮南电镀厂置市政府决定于不顾，超过通告所规定的时间，仍然继续生产。市政府、市环保局会同有关部门对其采取了强有力的措施，关闭了这两家企业。金沙电镀中心虽然承受着较大的经济损失，但能以大局为重，妥善地处理了各方面的问题，也终止了经营。西樵民乐染整厂对环境保护高度重视，投入大量资金，解决全厂的污水处理问题，得到了各级环保部门及群众的好评。通过这次视察，我们看到我市真正实现了“增产减污”的良性循环，初步走上了可持续发展的轨道。

根据我们的视察和群众的反映，南海市至今仍有一部分污染厂经取缔或关停后，并未“消失”，它们转移到我市周边地区或我市上游的西江、北江沿岸地区易地建厂，重操“旧业”。根据初步掌握的情况，这些厂的去向如下：

金沙电镀中心的四家电镀厂及唐联五金电镀厂、沥中电镀厂、精艺电镀厂已迁往四会市南江工业区（该工业区在四会市马房桥北边的北江边，距北江仅700米，废水引管排入北江），有些厂已买地领牌；有些厂房正在兴建。银印电镀厂、洲村电镀厂去了三水市的范湖镇（其废水最终流入西南涌）。水头电镀厂、胜利电镀厂去了四会城区附近。兴业电镀厂去了四会市大沙工业区。海舟电镀厂、新田电镀厂分别去了高明市富湾的兴隆度假村附近和高明大桥附近。九江朝山电镀厂一个老板去了高要市蚬岗包了一家电镀厂，另一个老板去了高明建厂。联表电镀厂的老板正与三水贤寮村谈迁入条件（其废水也是排入西南涌）。最近，我们还发现在三水市的环山沟旁边，南海的一家着色厂正在建设。还有一些厂据反映也已外迁，但去向尚未确切掌握。这种“易地翻生”的情况应引起我们的高度重视，因为这些厂表面看来在南海是不存在了，但实际上是到了别的地方去，而且是在我市的上游或周边地区发展。由于其在外地，南海市政府对其生产规模和治理情况无法掌握，存在跨界污染威胁增大的可能性。有鉴于此，我们建议应迅速组织进一步调查，并通过各种途径向上级有关部门报告，请上级核实并采取有效措施，加以干预，防止跨境污染雨后春笋般出现。建议省人大对这种情况进行专门调查，责成有关地区政府切实予以制止。

在本次活动中，我们还听取了市人民检察院检察长周伟泉《关于执行新刑事诉讼法情况的报告》，并对检察院的基础设施进行了视察。周检察长在报告中详细地汇报了检察院在执行新刑事诉讼法过程中所采取的各项有效措施及所做的大量细致工作，使新刑事诉讼法得到顺利实施，同时，在实施过程中也发现了新刑法的一些问题和不足。代表们对检察院工作人员以勤于学习、勇于创新、更新观念、规范管理的精神，努力适应新刑事诉讼法并做好各项检查工作表示满意。

通过本次视察活动，代表们更多地了解了我市的环境治理保护工作所取得的成绩及存在问题，这有利于代表更好地为我市环境的可持续发展献计献策；也了解了市检察院在执行新刑事诉讼法过程中所采取的有力措施及存在的问题，以便我们向上级权力机关提出建议，使新刑事诉讼法更加完善，以保障我国经济及人民生活健康稳定持续发展。

不负人民重托　努力执行代表职责

（2006 年 9 月）

市人大常委会安排我在人大代表学习班上谈谈自己当人大代表的体会。

我是 1998 年初当选为省人大代表，2003 年初当选为全国人大代表的，现在我把这九年当人大代表的情况和体会向代表们作一个汇报。

人民代表大会制度是我国根本的政治制度（政体）。人民代表大会是我国的权力机关。人大代表是国家权力机关的组成人员，是人民通过法定程序选派到国家权力机关的使者，肩负着人民的重托。作为一种国家职务，人大代表承担着履行宪法和法律赋予的神圣职责，代表人民群众参与国家大政方针的讨论和制定，实现人民的当家做主。

九年来，我体会较深的一点是，人大代表必须注意把准脉搏。从 1987 年起，我先后当选为镇、县、省和全国人大代表，在任各级人大代表十多年的生涯中，我觉得当选人大代表不仅是一种光荣，更是一种责任。自觉当好政府和老百姓之间绿色桥梁的角色。怎么做？必须时刻把准社会的脉搏。人民代表，为民要用心，凡事要留心，尽责要诚心，办事要精心，完成任务要有信心。作为人民代表，要发挥作用，十分重要的是要多学习有关法律法规，不断提高自己依法履职的素质。

记得我 1998 年当选为省人大代表这一年，一次省人大组织代表视察南海的黄岐镇。镇的几个村支部书记知道省人大代表到黄岐，都主动集中到镇政府，反映广州市在黄岐对面搞环保垃圾发电厂，将影响黄岐的生态环境，说已向当时的南海市和佛山市反映了情况，佛山、南海也已转达给广州市，但广州方面长期不作答复并已开始征用土地和平整土地。这个问题如果解决不好，将会严重影响珠江水系和黄岐的环境。根据上述反映，我们几个省代表马上开船到现场视察，回来后分头查阅了有关环保文件，特别是珠江水系的环保文件。经过反复研究，提出了防止珠江流域水域二次污染的提案，并用直通车的方式，通过省人大约见省长。我们的建议发出四天便得到答复，紧急约见省长。接见我们的是主管环保的汤炳权副省长和省环保局的局长以及广州市的副秘书长，这在当时全国范围内，省一级人大代表约见省长还是首例。最后，省政府作出决定，广州环保垃圾发电厂另选址。事后到了2003年全国人大会议期间，我问汤省长，当时我们约见你，你有没有意见？他竖起大拇指说：你们做得很好。如果当时你们不提出意见另选址，到今天还是要搬走的；当时另选址只是花了近亿元，如果现在搬迁损失更大。从我们提出建议到改变计划总共只用了三个月左右的时间，就处理好了争议几年都未能解决的问题。通过这件事情，我们感觉到当人大代表不是像有人说的见面握握手，表决举举手，散会拍拍手 ，而是人大代表必须履行好代表人民行使权力的职责。

2000年一次调查中，有关部门向我反映，南海整顿环保企业，不准在南海建电镀企业，却把这些企业搬到了三水旁边的四会开发区，即四会马房对面兴建。我随即开车到该开发区，发现的确有十多家电镀企业在建厂房和安装设备。回来后，我阅读了有关文件，属跨区污染，只能通过省人大牵头才可以解决。我起草了一份“建议”，刚好全省人大代表小组长正集中开会学习，趁这个机会，我把“建议”送到人大领导的手里。过了两个月，人大常委会通过研究，组织我市省人大代表到四会实地视察，并作出了在建的厂要处理好环保问题、不能再批准建设电镀厂的决定。

在代表会议期间审议各项报告和议案，是人大代表参与决定国家事务的重要活动，是行使代表权利和职责。每次会议，我都本着对人民负责的态度，对报告和议案实事求是地肯定成绩，指出问题，提出修改意见。同时在会前，我会抓紧时间，深入群众调查研究，通过提案反映群众的心声。比如去年十届三次会议期间，我提了两项建议，一项是建议在全国中、小学教科书中加强纳税意识的宣传；另一项是有关当前的社会治安问题。为使这两项建议更加贴近实际，我用了几个月的时间作调查研究。我认为，人大代表的建议和批评必须是符合实际的，中肯的，这样才有利于政府改进工作。

此外，我还积极行使人大代表在人大闭会期间活动的职责和权利。人大代表在闭会期间的活动是大会期间活动的延伸，也为会议期间的参政工作打下基础和条件。按照有关法律规定，代表在闭会期间的活动是多方面的，其中主要是参加视察和专题调研，应邀参加执法检查。我在当省和全国人大代表期间，我都积极参加每次视察和专题调研，以及执法检查，对多方面的工作都积极提出批评和建议。去年七月，我在市人大常委会举办的全市人大代表学习会期间，向市委主要领导反映了社会保险存在的问题并提出了建议，得到市委主要领导的重视，后来这个问题得到了妥善的解决。

履行好人大代表的义务，模范地遵守宪法和法律。依法治国，建设社会主义法治国家的治国方针已被载入我国宪法。作为人大代表，责无旁贷地应当模范地遵守宪法和法律，带头宣传和执行法律，在生产工作和社会活动中协助、推进宪法和法律的实施。要做到这一点，人大代表必须密切联系群众，才能真正了解社情民意，为人民行使好权利。我在密切联系群众中，能够及时地将了解到的情况和应解决的问题用“直通车”寄去全国人大和省人大及各级法院，目前有几件已圆满解决。这样做，既得到群众的信任，自己也履行了作为代表的职责。由于做了几件实际工作，我在任九届省人大代表的五年中，被评为广东省九届人大积极分子。

正确处理好执行代表职权与个人职业的关系。人大代表是被人民推选到国家权力机关，代表人民讨论和决定国家大事、管理国家事务的使者，代表在职务活动过程中的一言一行都关系着人民的利益。人大代表又是国家权力机关的组成人员，代表执行职务是行使国家职权的行为，代表在代表大会上的发言和表决，提出的议案和建议、意见，直接影响着国家政策的制订。人大代表的人民性和政治地位，决定了代表对人民和国家必须树立高度的责任感，认真履行宪法和法律赋予的职责，不能无故不出席会议。我在当省和全国人大代表九年间，不管工作多忙，对召开的各种会议从未缺席。但是我国的人大代表绝大多数是兼职代表，我是其中一员，都有自己的本职工作，在工作安排上难免与执行代表职务产生矛盾，这就要求正确处理执行代表职务与从事本职工作的关系，在这方面我是处理好的。

我认为，人大代表要当好，应当注意个人形象，以自己的模范行为来带领群众。一方面，要认真读书看报，加强学习，提高自己的政策水平；另一方面，在各项工作上都要严格要求自己。从我当省人大代表到全国人大代表九年期间，由于做了一些实际工作，得到了各级领导和群众的信任，先后被评为“广东省劳动模范”“全国劳动模范”“全国五好文明家庭”，今年还被省委和佛山市委分别授予“优秀党组织书记”“模范共产党员”称号，2002年被选为中国共产党广东省九次党代会代表等。

身为人民代表，必须能代表人民的利益。我是罗南村党总支书记、村委会主任，具体任务就是带领村民致富。让村民普遍富裕起来，也是我作为人大代表实现罗南人利益的最好方式。为官一任要造福一方，我在1992年当上村党总支书记后，魂萦梦绕的就是如何建设社会主义新农村，让罗南人奔康致富，过上更加美好的生活。比如，我提出了奋战几年，把罗南建成“远望像林园，近看像花园，细看人民生活在幸福乐园”。通过十年的建设，我们的理想实现了，今天的罗南是“春有花，夏有荫，秋有果，冬有绿”的新农村，是广东省的先进集体，广东省生态示范村，“广东省卫生村”“广东省十强村”“广东省文明村”，去年还被省委授予“红旗基层党组织”，并荣获“全国创建精神文明建设先进单位”，“全国群众性体育先进集体”称号。今年，又被中共中央组织部授予“全国先进基层党组织”称号。

我经常在思索着这样一个问题，农民手里有了钱，如果没有文化，很有可能成为祸害，甚至走上犯罪之路，不仅害了自己，还害了下一代。因此，不能“富了口袋，穷了脑袋”。我曾在全国人代会广东团的讨论会上向时任国家主席江泽民汇报时说，“没有文化的农民是无法建设现代化的新农村的，我们不能让自己的后代有口袋，没有脑袋”。江泽民同志听后作了会心的微笑。

2003年初，我村集体企业转制后，很多群众不想到转制企业打工，留在村里搞卫生和绿化除草工作又怕苦怕累，缺乏积极进取思想。我针对这一状况，提出了一个新的观点即“富翁贫民论”：“今天的生活二十年前是富翁，今天的生活二十年后是贫民”。通过思想教育，我村有60多人的清洁、绿化队伍全部换为罗南人。我认为，脑袋工程不能丢，只有精神文明同步上去，罗南人才算是真正富裕起来。为了提高村民素质，我每年用三个晚上以上课的形式向村民进行爱国爱家的全局观念教育和对父母要有孝顺心、对社会要有公德心、对事业要有事业心的“三心”教育。还通过实施文化工程，帮助罗南党员、干部、群众提升素质。罗南人观念意识的更新，使罗南保持了发展的活力。

九年来我深深体会到，当好人大代表与做好本职工作是完全可以统一起来的，并且能够起到相互促进、各得益彰的好效果。

当人大代表的一些体会

（2007 年 8 月）

当人大代表不仅是一种光荣，更是一种责任。当代表的度要把握得很好，要自觉充当好政府和老百姓之间的绿色桥梁角色。做人大代表要把准社会的脉搏，为民要动心，凡事要留心，尽责要诚心，办事要精心，时刻要有信心。群众利益无小事，凡百姓关心的事，做代表的就应全力关注，且应尽可能让大家满意。为百姓多讲话，讲真话，领导想听的是基层的真实情况。

我认为当好一个代表，必须拥有“五个力”：1. 努力拥有确保议案质量的实力；2. 努力拥有把握人大职能的能力；3. 努力拥有扎实理论的内力；4. 努力拥有博采众长的魅力；5. 努力拥有强烈履职意识的动力。

人大代表在代表会议期间审议各项报告和议案，讨论发表意见，表明意愿和立场，是代表参与决定国家事务的重要职责，也是行使代表权利的重要方面。我在任全国人大代表的五年时间里，深入群众，调查研究，每次会议都积极发言，赢得了当时汤炳权副省长和江泽民总书记的赞许。

我认为，作为人大代表，也要积极行使人大代表在闭会期间活动的权利。代表在会议期的工作和闭会期间的活动都是执行代表职务。闭会期间的活动是大会会议期间活动的延伸，也是大会会议期间开展工作的基础和准备。法律规定人大代表在代表大会会议闭会期间的活动是多方面的，其中主要是参加视察和专题调研，应邀参加执法检查。我在当省和全国人大代表九年期间，每次视察和专题调研，以及执法检查都积极参加，对各方面的工作提出建议、批评和意见。

依法治国，建设社会主义法治国家的治国方针已被载入宪法。我认为自己是人大代表，就责无旁贷地应当模范地遵守宪法和法律，带头宣传和执行法律，在生产、工作和社会活动中协助宪法和法律的实施。

正确处理好执行代表职权与个人职业的关系。人大代表是人民推选到国家权力机关，代表人民讨论和决定国家大事、管理国家事务的使者，代表执行职务活动中的一言一行都关系着人民的利益，人大代表又是国家权力机关的组成人员，代表执行职务是行使国家职权的行为，代表在代表大会上的发言和表决，提出的议案和建议、意见，直接影响着国家政策的制订，人大代表的人民性和政治地位决定代表必须对人民和国家负责，认真履行宪法和法律赋予的职责，不能无故不出席会议。我在任省和全国人大代表九年间，不管工作多忙，都积极参加会议，没有缺席。我认为我国的人大代表绝大多数是兼职代表，虽然每个人都有自己的本职工作，但执行代表职务也是必需的，这就要求正确处理执行代表职务与开展本职工作的关系。

我认为，人大代表不单是要反映民意，向政府提出建议，监督一府两院的工作，还应该提升个人的形象，树立榜样，更应该成为带领群众往前走的领头羊，必须能代表人民的利益。

以上是我当人大代表的体会。

在十届全国人大五次会议上的发言

（2007 年 3 月 5 日）

这次会议的政府工作报告，对去年工作作了全面总结，对今年的工作作出了符合实际的安排。我完全赞同报告中关于发展现代农业和推进社会主义新农村建设要以加快发展现代农业为重点和扎实推进社会主义新农村建设的部署。

我是来自农村基层的代表。过去几年，党中央、国务院解决三农问题有很多重大举措，包括取消了农业税和农业特产税；全国财政安排农村教育经费 1840 亿元，全部免除了西部地区和部分中部地区农村义务教育学生的学杂费等。我们广东去年下半年已实行九年义务教育。去年，中央又提出推进社会主义新农村建设。我作为一名农村基层干部，深深体会到党中央、国务院十分关心三农问题，确实非常正确，因为农村稳才能天下安。

在党的领导下，我们罗南村在推进社会主义新农村建设中做了不少工作：

一是我们按照中央提出的生产发展、生活富裕、乡风文明、村容整洁、管理民主的要求，首先着力把经济搞上去。2006 年，我村工农业产值共 13.5 亿元；3500 人为国家提供税收 7000 万元，平均每人为国家提供税收两万元；由于集体经济持续发展，村民每年都有 10% 左右的增收，去年人均收入达到 13500 元以上。我们正以构建和谐社会为总目标、总任务，坚持以人为本，认真落实科学发展观，把农业增收、工业增效、村民增分、后劲增强作为我们的努力目标。

二是大力提高村民素质。从 1992 年起，我们抓教育从未放松。平均每年教育经费都在 270 万元以上。我村中、小学有了很大发展。在适龄人中，60% 以上考上大学。十多年已培养了几百名大学毕业生。在青少年中已初步形成这样的观念：没有钱财不是贫穷，没有学问才是真正的贫穷；没有地位不是卑下，没有学问才是真正的卑下。由于教育的提升，人的素质也逐步提高。

三是抓了农村文化生活和群众体育运动。在文化、体育硬件上，我们的口号是：城市有的，我们都要有；城市没有的，我们也要有。为什么这样说呢？城市人在体育和文化场馆中活动要收费，而我们是免费享受。2004 年，我们投资 1500 万元建成了一个 11800 平方米的文化活动中心，内有灯光篮球场、乒乓球场、羽毛球场和网球场、老人活动中心、妇女学校和藏书 4 万册的图书馆，还有能容 2000 人的演艺中心，村民可以免费享受文化大餐。去年，我村被国家体育总局授予全国群众体育先进集体单位称号。

四是切实做好社会保障工作，推进“四个一工程”。我们确保每一个罗南人都有一份社保或退休金，确保每一个有就业愿望的劳动力都有一份工作，确保每一个罗南人都有一份医疗保险，确保每一个罗南人福利分红每年增分 10%，让我村群众劳有工作、小有所学、壮有所为、老有所养、病有所医、弱有所助、贫有所济，努力实现无人不饱暖、无处不安康的社会环境，并把它作为民生之本、公平之器、和谐之基、稳定之策来抓，令每一名村民能感受到生活在罗南这个大家庭中的温暖。我们大力提倡尊重有贡献的富人、关爱穷人的社会氛围，营造热心公益扶贫、平等友爱的人际关系，特别是注重加强引导富裕阶层及成功人士不断增强社会责任感和转变价值观，使其自觉关心社会，自愿回馈社会，初步形成互相宽容、互相尊重、团结互助、和谐共处的社会环境。

我们坚持依法治村，健全落实民主管理制度。全面推行村务财务公开和财务第三方管理。完善治安防范网络，社会治安良好，形成了团结和谐、稳定有序的社会氛围。

建设社会主义新农村，我认为最重要的还是切实加强基层组织建设。现在大量社会矛盾集中聚焦在基层，搞好基层组织建设，才能及时有效地化解社会矛盾，为促进整个社会和谐打牢基础。村级干部处在维护稳定的第一线，肩负着重要职责，只有培养一支政治上靠得住，工作上有本事、顾大局、讲奉献，人民群众信得过，能够带领群众致富奔小康的高素质的党员队伍，大力提高村级组织适应市场领导发展的能力、维护稳定的能力、教育群众服务群众的能力和依法治村、民主管理的能力，才能凝聚村民建设社会主义新农村的力量。希望省委加大对农村基层党组织的建设，要定期培训农村党组织的书记。农村稳则天下安。

确保稳定是发展的前提。在建设社会主义新农村工作中，我们深深地感受到一定要把和谐建设放在重要位置上。我们提出在和谐方面要解决好“四不”和“四不成”的问题：即领导班子不和事难成；干部与群众不和事难成；村民与村民不和事难成；村委会与各部门及村民小组不和事难成。

由于我们做出了一些成绩，2006 年 7 月，我村党组织被中共中央组织部授予“全国先进基层党组织”称号。2006 年，全国人大和国家民政部来我村考察，对我村给予了好评。中共中央党校三次派人到罗南，于去年拍摄了题为“罗南——领跑社会主义新农村”的党校教育片。我们取得的成绩是与响应中央建设社会主义新农村的号召和与上级党委政府的正确领导分不开的。

下面提几点意见：

第一，在推进社会主义新农村建设过程中，重点还是抓好农村基层组织建设。

第二，抓好农村中小学建设和农村师资的选派，定期抽调城市素质好的青年教师到农村。搞好农村教育，抓好市级中专和大专职业学校的建设，以及中央对农村职业学校财政拨款，培养农村青年再就业。

全国人大十届三次会议代表建议

建议：改善公安执法环境，促进社会和谐发展

代表姓名：关润尧（广东省佛山市）

事由：

党的十六届四中全会提出了构建社会主义和谐社会的奋斗目标，为各项建设指明了前进的方向。在构建社会主义和谐社会的进程中，确保社会稳定至关重要，只有和谐稳定的社会治安环境，才能为经济建设和各项事业的发展提供有力的保障。随着我国经济的快速发展，人民生活水平的明显提高，老百姓对社会治安环境提出了更高的要求。但是，由于社会高速发展，各种社会矛盾互相交织，社会治安环境日趋复杂，违法犯罪活动来势凶猛，治安形势极为严峻，而法制的健全和完善需要一个循序渐进的过程，目前的社会治安环境与和谐社会的要求及广大人民群众的“期望值”尚有一定的距离。为此，我对公安机关的执法环境进行了调研分析，认为主要存在两个方面的客观问题直接影响着社会治安工作的迅速发展，应引起社会的关注。

一、与法律、政策变化相配套的措施滞后，造成治安行政管理和打击违法犯罪的力度削弱

目前，治安形势发展很快，进入厂企盗窃生产资料和产品，进入居民住宅偷盗财物，以及盗抢机动车和在街上路面实施飞车抢夺、抢劫等违法犯罪活动趋向猖獗，这几类案件占刑事案件总量的七成以上，严重影响社会公共秩序和人民群众的生命财产安全，社会治安问题已成为社会各界和广大群众普遍关注的问题。公安机关为维护社会治安大局稳定做了大量实实在在的工作，并付出了艰辛的努力和血的代价，据一些媒体报道，近年来全国每年平均有500余名公安民警因公牺牲。为什么政府和政法机关作了不懈努力，但是治安环境一定程度上还不尽如人意呢？除了社会进步、经济发展、违法犯罪活动增多是必然趋势外，我认为法制不健全、执法环境不够优化、警权保

障乏力，是造成影响打击和治安行政管理力度等问题滋生的又一重要的客观原因。

现在社会上流传着一种说法：警察是“弱势群体”！乍一听感到惊诧，仔细一想感到颇有道理。这正好说明了民警目前所处的执法环境状况。首先，民警赖以执法的法律法规尚需健全完善，执法配套措施需跟上治安发展步伐。近年来，我国适应形势发展需要，对法律法规进行了较大幅度的修改调整，增加了民众的权利和自由度，这是社会进步的表现，但也对治安工作造成了一定的负面影响。主要表现在：一方面是现有法律不健全的影响，如职务侵占尚未触犯《刑法》，作行政处罚却无法可依，存在法律衔接不连贯的问题；打击非法传销力度难以增强，与部门法规存在较大的薄弱环节、执法操作困难有很大的关系；对无固定住所、无正当职业、无正常经济来源的流浪、乞讨人员的管理由于缺乏法律后盾，致使这些人游离在依法行政管理之外，成为影响社会治安稳定的潜在危害。另一方面，我国的法制体系正进行着一场深刻的变革，部分法律、政策被废止，执法程序进一步规范、严格，但是适应现实执法需要的相关配套措施却没能及时出台，造成了社会管理成本增加。在治安资源投入无大幅增加的情况下，必然在短期内打破治安工作机制中的双方势力均衡，给社会治安工作增大了难度。如出租屋管理权限的改变，直接影响社会治安稳定的出租屋流动人口管理，管理依据主要是部门规章和地方法规，法律效力层次较低，尚未上升到法律层面的系统规定，以致出租屋和流动人口管理工作受到较大的冲击，治安管理明显削弱；又如在群防群治力量的地位和使用方面，治安队和保安队受到限制，原来由治安队员分担一部分警务工作，现在不行了，而警力却未有增加，压力加大。其次，公安侦察手段难以适应快速发展的治安形势需要。随着法制进步和人民群众法制意识的增强，惩处违法犯罪的“门槛”提高了，证据的质量要求更高了，但公安机关的侦察手段在法律上却没有作出相应地调整，也就是民警的调查权过窄。面对日益狡猾的违法犯罪分子，公安侦察面临窘境，影响了严打和治安行政管理的质效。第三，警权保障力度不够，影响民警执法积极性。警察依法执法权利如果在法律上没有强有力的保障的话，就会严重影响警察的执法活动。近年来，我国民警在执法过程中经常遭到不明真相的群众的辱骂、围攻和殴打，被误告、诽谤、诬陷投诉等“英雄流血又流泪”的事情常见于报端，在日常生活中更是屡见不鲜。暴力抗法、不实投诉，群众不理解和不支持，工作任务的繁重和工作环境的危险和恶劣，凡此种种，给民警的心理造成了很大的压力，直接影响了民警执法的积极性。

以上执法环境存在的问题，一定程度上削弱了治安行政管理和严打各类违法犯罪活动的力度。群众不怕警察是公安机关走群众路线，密切警民关系所结出的丰硕成果，是法制进步的表现，但是如果违法犯罪分子也不怕警察的话，突出的社会治安问题就会接踵而至，而且难以根治，影响和谐社会的发展。

二、警力不足严重制约着社会治安工作的进程

一直以来，从中央到地方各级党委、政府相当重视公安工作，关心公安机关的建设，为社会治安工作的发展创造了极其有利的条件。但是，在当前严峻的治安形势下，警力不足仍然是困扰公安工作的最大困难。民警超负荷工作已经成为“职业习惯”，容易积劳成疾。据有关资料显示，我国的警察总数仅占人口总数的万分之九，远远低于世界发达国家的水平。警察人均管理 1100 人以上，而且分布不均匀。一线民警平均每天工作 11 至 15 个小时，每年工作量超过 3016 小时，平均三周才能休息一天。就是在一些经济发达地区，虽然政府大力支持，但却由于受到警察编制所限，警队仍然无法扩充，警力不足的问题一直没有得到很好的解决，如我工作的广东省佛山市禅城区面积仅有 155 平方公里，但是常住人口就有 58 万，流动人口超过 45 万，而民警只有 2000 多名，占总人口的比例仅为 2‰强。民警长期处在超负荷的工作状态下，身体的健康状况令人担心，从民警的体检结果得知，我区民警患病占总人数的 50.7%，处于亚健康的民警占总人数的 75%。按照当前治安形势的发展趋势，案件受理量大，法律程序要求高，公安机关工作量将有增无减，工作任务将日益繁重，民警几乎没有选择强制休息的权利，只能加班加点，超负荷运转，长此以往，势必对公安队伍建设和社会治安工作带来一定的负面影响。

警力问题之所以产生，有着诸多方面的原因，但是我认为警力配置规划滞后是其中一个重要的原因。目前，国家对警察配置的标准还停留在计划经济时的标准，按常住人口来配置警察，造成经济越发达，外来务工人员越多，公安警力压力越大的问题。虽然经济发达地区可视当地政府的财政情况适当补充警力，但却没有统一的标准可依，以致各地警力分布失衡，警力的配置与人口增长和经济总量提高不成正比。如禅城区近年来的GDP都以10%的速度增长，人口也在大幅增加，但警队却连续5年没有增加编制了，不是区政府不给多招民警，而是公安机关没有编制可招，因为要省一级的人事部门才能确定编制。类似这样的问题或许全国许多地方都存在，如果不想法解决，容易影响公安队伍稳定，影响社会治安工作的正常开展。

建议：

一、全国人大要加强社会治安和公共安全方面的立法，以及加强社会事务管理方面的立法，健全和完善国家法律体系。同时，应适时加大对地方法规和部门规章制定的监督，尽可能解决好立法与执行之间的关系，全力营造和谐的法制环境，以及和谐的执法环境。

二、根据当前治安形势，在国家法律发展条件允许的情况下，适当增强执法人员的权利，以提高执法力度。如现在的违法犯罪活动越来越狡猾和隐蔽，一些违法犯罪案件仅靠常规侦察手段是很难达到严打目的的，对于严重危害社会公共秩序和公共安全的违法犯罪活动，是否在法律上赋予执法机关采用类似于“卧底”等秘密侦察措施，对某些特殊的侦察、调查权给予法律法规的保障，以增强执法力度，震慑违法犯罪活动。

三、人民警察战斗在打击违法犯罪活动、维护社会安宁的第一线，是和平年代最危险的职业，他们不应该等同于一般的国家工作人员，民警的执法行为应该受到法律的“特别”保护，这样才能更好地确保民警执法权的依法实施，并保障民警的合法权益，以及在依法执行警务过程中免受损害。因此，应对袭警行为单独立法予以惩处，即在行政处罚法中增加袭警行为处罚的条款，并在刑法中增设“袭警罪”。

四、根据地区差异，由国家根据各省的经济发展状况、治安发展形势和实有人口等情况，统一规划各级公安机关的警力配置标准，在保障基本警力配置的前提下，给予地方一定的警力配置“浮动指标”，努力解决公安机关警力不足的问题，积极创造条件，全面增强警察维护社会治安稳定，保障经济发展的能力。

关于建议将纳税观念和税法知识系统地编入学校教材中作为学生必修课的议案

（2005 年 3 月）

［**案据**］为了全面提高我国公民的税法意识，增进全社会对税收作用的认识和纳税遵从度，建议在我国现行大、中、小学教材中系统地编入有关纳税意识和税法知识的内容，作为学生的必修课。

从现实情况看，我国公民的依法诚信纳税意识仍未牢固树立起来，全社会对税收重要性的认识以及对税收法规、政策的了解掌握都还处于浅层次的水平。从 20 世纪 90 年代开始，我国有意识地开展了对全民的税收宣传工作，之后，每年 4 月定为税收宣传活动月，力度一年比一年增强，取得了很大的成效。但从周围的纳税人及普通百姓中了解到，我国的税宣工作仍存在以下一些问题：一是宣传内容上，税收观念宣传的内容比较多，而对税收法规、政策的宣传教育还不够；二是宣传方式上，税宣月的力度大，但日常税收宣传教育的工作不系统；三是宣传教育对象上，主要是各行各业的纳税人，而对全社会特别是青少年及在校学生的税法宣传教育比较薄弱。目前，我国经济发达地区的中学主要采取将税法与宪法、其他基本法律一起编成知识小册子或者课外读本，印发给学生进行普法教育，但税法内容释义却没有，专门授课就更少了。至于在大学，目前财经类和法律类大学里都安排了税法课程，但课程设置不统一，有的学校将税法课程作为必修课，有的则作为选修课或知识讲座，有的税法课程讲得很深入系统，有的则是蜻蜓点水式的简介。而在其他类型的大学，情况就更不统一了，大部分学校不把税法列入教育计划，或者是列入非考核课程。大学生是未来的就业者，从社会每年新增的就业者数量上说比例很大，而且今后若干年内会成为高收入群体的最大“后备军”，在这些人中牢牢地树立起纳税意识，对严格执行我国税法法规，优化整个社会的纳税环境有着极为重要的意义。

在西方国家，基础教育中就有税收教育的内容，税收宣传教育已经渗透到社会生活的方方面面。我们认为，税法教育的直接目标就是要唤起人们对税法的认同和响应，进而主动支持税收工作。从国际发展趋势来看，税法教育已经成为公民教育不可或缺的组成部分。依法诚信纳税程度已日益成为衡量一个国家、地区的综合国力，评价一个民族、个人素质的重要指标。随着我国改革开放的深入和社会主义市场经济的发展，增强全民纳税意识已是当务之急。学生是国家的未来，学生群体的纳税意识，无疑就是我们国家未来的纳税意识。因此，针对我国的社会经济、文化发展状况，借鉴国际先进做法，结合当前税法教育的现状，我们认为培养纳税意识应该从源头上抓起，从娃娃抓起，对于不同年龄层次的学生开设有针对性的课程，培养他们树立自觉履行纳税义务的意识。如果有一天，我们社会每一个公民将“诚信纳税”看作与去商店买东西要付钱一样自然、一样理所当然的话，我国的社会主义市场经济秩序才是真正规范、真正完善。

[**方案**] 建议有关部门对现行学校教学大纲进行研究，将有关纳税意识和税法知识系统地编入到现行教材中，作为学生的必修课，具体而言：

一、对于小学来说，应把依法纳税观念引入到小学思想品德课的内容中，在语文课本中也贯穿依法纳税光荣的思想，使他们从儿童期开始就养成守法纳税的观念，为将来成为合格的公民打下坚实的基础。

二、对于中学来说，建议将我国税制的框架性内容作为国情教育的组成部分写入政治课本中，介绍税收的历史、原则、税收与经济的关系，中国主要税种的法规知识等。中学时期是人的社会意识形成的重要阶段，加强税法框架性知识的灌输是从根本上改变传统赋税文化“恶税”心理的重要途径，使“社会主义税收取之于民、用之于民”的本质特征深入民心。

三、对于大学来说，建议：（一）对财经类、法律类大学，将税法列入必修课程，使税法教育成为这些大学教育必不可少的组成部分，统一规范财经类、法律类专业课程中的税法知识教学内容。（二）对其他大学，建议将税法列入公共课必选内容，但其教学内容可与财经法律专业有所侧重，主要是讲授中国税制和增值税、营业税、企业所得税、个人所得税等主要税种的学习内容，用考试等方法强化学习教育的效果。

实行基本门诊合作医疗
推动发展社区医疗卫生服务

[**案由**] 党的十七大报告明确指出，要加快建立覆盖城乡居民的社会保障体系，保障人民基本生活。把人人享有基本医疗卫生服务作为全面建设小

康社会的一项重要奋斗目标，各级政府均要把发展社区医疗卫生服务作为让广大人民群众共享改革开放的成果和促进社会和谐的一项重要内容。建立完善的医疗保障体系已是大势所趋。

我市医疗现状及存在的主要问题。2005 年 1 月 1 日，建立了农村居民基本医疗保险制度，2007 年 10 月 1 日起，城镇居民基本医疗保险制度在全市推行，使我市基本医疗保险制度已实现全面覆盖。目前，我市基本实现了“人人享有基本医疗保障”“保大病住院、防因病致贫”的基本目标。

但是，我们调研发现，人均住院费用 2006 年为 8354 元，2007 年为 7793 元，呈下降趋势；而人均门诊费用 2006 年 104 元，2007 年为 109 元，呈上升趋势。这说明，我市居民基本门诊医疗支出费用仍较高，对不少贫困家庭仍是一个很大的负担。目前实行的医保政策是重保大病、轻保门诊，而大部分的城乡居民是门诊看病多。据调研表明，参加社保人员的住院率仅为 7%—8%。我市门诊治疗费用占了全部医疗费用的 47%，大部分居民仍觉得门诊的负担沉重，因病致贫现象依然存在，看病贵、看病难问题依然突出。

目前，我市一、二、三级医院门诊人次比为 1∶1.1∶1.2，而一、二、三级医院门诊费用比为 1∶2∶3。社区医院收费低却门可罗雀，大医院收费高却人满为患。这表明我市社区医疗卫生服务水平和质量仍然没有被广大城乡居民所认可，也表明我市医疗资源配置仍存在不合理。我们认为，存在这一现象主要有以下三方面原因：

一、人们对社区医院的认识存在偏差。

二、社区医院职能没有充分发挥。

三、政府重视程度不够。

我市实行门诊合作医疗的必要性和可行性。基本门诊合作医疗制度是一项得民心、顺民意、谋民利的民生工程和民心工程。佛山市是我国改革开放的先发地区之一，在让全体人民共享经济发展的成果方面理应走在全国前列，实行基本门诊合作医疗制度这一民生、民心工程非常有必要，也有能力做好这项工程。

［**建议**］

一、将基本门诊合作医疗纳入规则。

二、制定符合市情的城乡居民基本门诊合作制度。通过政府引导和扶持，实行个人缴费、集体扶持和政府补助相结合的形式，将全市城乡医疗保障体系从单一的住院保险延伸至门诊，使之覆盖范围更广，有效地降低群众看病成本，使群众有病能得到及时治疗。为此，市卫生部门要认真进行有关调研，规范基本门诊医疗的范围、标准。社保部门要制定政策，将门诊以及住院的报酬比例向社区医院倾斜。

三、加快发展社区卫生服务体系。建立一个能使人人享有、体现社会公平、政府和个人能够负担、与社会经济发展水平相适应的初级卫生保健体系，使全体人民享有可及、适宜和可持续的卫生保健目标。通过实施初级卫生保健，有效保障国民健康，维持和促进人的创造力和生产力，这已越来越成为国际社会的广泛共识和明智选择。

四、社区医院要积极主动发挥自身职能。各级医院的职能定位为主要是为居民提供疾病预防等公共卫生服务和一般常见病、多发病、慢性病的基本医疗服务。大医院要承担急危重症和疑难病症的诊疗等，要逐步实现社区首诊、分级医疗和双向转诊。政府也应在对社区医生进行全科医学培训的同时，鼓励二级、三级医院和预防保健机构的优秀卫生技术人员到社区，给社区卫生服务机构进行技术上的援助，帮助社区医院实现“健康促进、预防保健、合理治疗和社区康复”的社区卫生服务功能。

［**结论**］推行基本门诊合作医疗，于国、于民、于社会都是一件大快人心的好事，它既可以惠及全市的老百姓，减轻市民医疗负担，又可以借此转变我市卫生系统的投入机制，推进医疗改革，推动社区卫生的健康快速发展，它还可以解决看病难看病贵的问题，对和谐社区、和谐社会的建设更有着深远的影响。我们应行动起来，推动这一惠及全体人民的制度的建立。

全国人大十届五次会议代表议案

（2007 年 2 月）

案由：加大对刑事犯罪打击力度，保障社会和谐发展

议案领衔代表姓名：关润尧（广东省佛山市）

议案内容：

党中央提出了构建社会主义和谐社会的奋斗目标，为各项建设指明了前进的方向。在构建社会主义和谐社会的进程中，确保社会稳定至关重要，只

有和谐稳定的社会治安环境，才能为经济建设和各项事业的发展提供有力的保障。当前，随着我国经济的快速发展，人民生活水平的明显提高，老百姓对社会治安环境提出了更高的要求；另一方面，在社会高速发展的过程中，无可避免出现了地区发展不平衡、贫富差距拉大，各种社会矛盾互相交织的情况，社会治安环境日趋复杂，违法犯罪活动呈现出总量大，危害性加剧的特点，治安形势极为严峻。以我所在的佛山市来说，前几年刑事发案率连年上升，虽然经公安机关等部门全力打击整治，在2006年实现刑事发案率较2005年有所下降，实现了可喜转折，群众的安全感有所增强，但经本人调查了解，当前刑事案件高发的总体态势没有根本改变，目前的社会治安环境与和谐社会的要求及广大人民群众的“期望值”尚有一定的距离。为此，我对当前刑事案件高发导致群众安全感下降问题进行了调研分析，综合了各方意见，个人认为，现阶段刑事案件高发除了社会发展特定时期规律性、群众防范意识差、警力不足等原因外，如下几个法律框架内的客观问题导致对违法犯罪活动的打击力度不足，并直接影响了群众的安全感，应引起社会的关注。

一是刑事立案标准与刑事责任追究标准不统一，造成政法部门打击违法犯罪的力度削弱和执法资源浪费。目前，治安形势发展很快，进入厂企盗窃生产资料和产品，进入居民住宅偷盗财物，以及盗抢机动车和在街面路面实施飞车抢夺、抢劫等违法犯罪活动趋向猖獗，这几类案件占刑事案件总量的七成以上，严重影响社会公共秩序和人民群众的生命财产安全，社会治安问题成为社会各界和广大群众普遍关注的问题。公安机关为维护社会治安大局稳定做了大量实实在在的工作，并付出了艰辛的努力和血的代价。但是另一方面，群众经常反映一些涉嫌刑事犯罪人员在被抓获归案后，不久后又出来作案了，群众十分不理解，意见很大。据我了解，政法机关是依法作出处理的，关键在于部分侵财型犯罪刑事立案与刑事责任追究标准不统一，比如在佛山市，盗窃类犯罪刑事立案的标准是500元人民币（或等值），盗窃类犯罪刑事责任追究标准是2000元人民币（或等值），这样就造成大量案值在500至1999元的盗窃案件，公安机关按照刑事案件立案侦办，但是又不能按刑事案件移送起诉和追究嫌疑人的刑事责任，只能再转立为治安案件，转治安处罚处理。不法分子掌握这一情况后，往往只供认当场被抓时的案件，以降低案值，逃避刑事打击。由于标准不一，造成政法部门之间不能形成合力，对不法分子的打击力度大打折扣，同时还造成本来就非常紧张的警力资源浪费，群众对此不满意，公安机关的一线民警的士气也受到消极影响。

二是相邻地区的刑事责任追究标准不统一，导致部分地区犯罪活动积聚。以我所在的佛山市与广州市为例。两市均处于广东珠三角地区，经济发展情况较好。但两地的刑事立案标准和刑事责任追究标准不统一，同样是盗窃型犯罪，广州市的盗窃刑事责任追究标准均是案值 1000 元，佛山市的刑事责任追究标准是案值 2000 元。以当前高发的盗窃案件为例，如同样盗窃 1500 元，在广州市作案被抓可能被追究刑事责任，在佛山市作案被抓则只能作治安处罚。现时大多数盗窃案件案值均不足 2000 元，在同样的“收获”前提下，风险程度不一，两相比较，容易造成不法分子向打击处罚力度较小的地方积聚。客观上加剧了部分地区刑事案件高发的情势，并导致当地政法部门难以应付，群众意见增多。

三是部分刑事措施时限不能满足办案侦查实际时间需要。例如，目前刑事传唤的时限为 12 小时；适用继续盘问条件的，一般为 12 小时，特殊情况下可延长至 24 小时；对符合身份不明等特别条件的，经审批才可延长到 48 小时，但符合该种条件的案件甚少。目前的情况是，在刑事案件办理过程中，不可预知的因素较多，普通的刑事案件按此时间办案问题不大，但对大多数惯犯、团伙型犯罪来说，其作案时间地点跨度大，成员复杂且作案流动性大，成员反侦查、反审讯能力也较强，在短时间获取有力证据转为刑事拘留等强制措施有一定困难。对于这样的疑难、复杂案件，要在 12 至 24 小时内打开突破口存在一定困难。部分惯犯据此有恃无恐：“扛过 24 小时就万事大吉了。”

四是现行刑法中对部分有潜在重大危害的违法犯罪行为定罪与处罚不够科学，没有体现刑罚与犯罪行为的危害性相适应的原则，对相关违法犯罪行为的阻吓性明显减弱。如据办案民警反映，在盗销机动车犯罪活动中，比起盗车所冒的风险来说，销赃人的风险最小，获利也大得多。而在刑法对于销赃罪的规定里，销赃最高刑罚也就是 3 年。当罪犯兜里揣着百万、甚至千万销赃得来的钱，判他 3 年有什么了不起。“事实是罪犯手段越来越凶残，心理上越来越无所顾忌，这说明相关法律丧失了应有的震慑威力。”又如现在城市存在的盗窃沙井盖问题，沙井盖价值只有几十元，但沙井盖被盗后极可能导致快速经过的行人、车辆掉入沙井中，造成重大人员伤亡，这一行为显然已严重危害公共安全，但按现行法律规定，只能以盗窃案处理，且往往因案值低只能作治安处罚，没有阻吓力。

建议：

一是统一政法部门刑事立案标准与刑事责任追究标准，加大打击违法犯罪的力度，避免执法资源浪费。要统一标准，使政法部门之间形成合力，加大对不法分子的打击力度，节省警力资源成本，提升政法民警的士气，让人民群众真正扬眉吐气。

二是统一相邻地区的刑事责任追究标准，防止部分地区犯罪活动积聚。要让不法分子感到，不存在违法犯罪“高回报，低风险”的地带，有效防止不法分子向打击处罚力度较小的地方积聚。

三是根据实际需要适当延长部分刑事时限。例如，对作案时间地点跨度大，成员复杂且作案流动性大，成员反侦查、反审讯能力也较强的惯犯、犯罪团伙等疑难、复杂案件，经县级公安机关批准，刑事传唤审查时间延长到72小时。

四是增大对部分有潜在重大危害的违法犯罪行为定罪与处罚力度。如对盗窃沙井盖这一严重危害公共安全的问题，就应该按危害公共安全罪论处，使法律处罚的力度与罪犯危害社会造成的严重后果相适应，提高阻吓力。

关于将盗窃罪数额认定标准起点统一降低的建议

（2007 年 2 月）

近年来，盗窃公共及私有财物的行为可以说是十分猖獗，特别是在经济发达的地区，路面行窃、入室行窃以及偷盗电线、电缆现象频频发生，社会治安形势不容乐观，对经济的持续快速健康发展与社会和谐稳定有很大的影响。下面仅举有关偷盗电线、电缆的情况为例：

1. 据《南方日报》报道，据广州市供电局统计，2006 年 1 ~ 6 月，广州发生盗窃破坏电力设施案件 10185 起，超 2005 年全年发案总数，平均每天发案达 56 起。造成直接经济损失约 3734.81 万元，平均每天损失 19 万多元。

2. 据佛山市供电局统计，2003 年以来，佛山市电力设施被盗的案发量大幅上升，因此而造成的突发停电事故直接影响了企业的正常生产和居民的正常生活，间接经济损失无法估量。2003 年，此类案件发案 628 宗，直接经济损失 243 万元；2004 年，发案 2072 宗，直接经济损失 973 万元；2005 年，发案 5728 宗，直接经济损失 1938 万元。2006 年前三季度全市发生盗窃破坏电力电信设施犯罪 10908 宗，直接经济损失 4512 万，预计全年直接经济损失将超六千万元。

3. 佛山“一环”公路快速干线，在 2006 年 11 月中旬开通前仅一个半月时间里，沿线村镇被挖被盗电线、电缆多起，损失价值近四百万元；政府在“一环”上投资数亿元建造的平胜大桥，开通不到两个月，即被盗窃分子团伙带齐监测器、风焊机，窜到大桥下锯掉价值不到千元的铜材、钢材，给大桥造成了潜在危险。

4. 佛山市南海区西樵镇河岗村最严重时，一个晚上就有四、五处电线被盗，甚至出现犯罪分子开车运送赃物。由于电线、电缆被盗，该村三天两头停电，工厂无法正常开工，鱼塘增氧泵无法启动，家里的冰箱、空调无法正常供电，摸黑做饭过日子，村民叫苦连天，公安人员忙个不停，供电部门忙于修复。乡、村、镇三级齐动员大联防，虽收到了一些效果，但防不胜防，顾此失彼，该村成为了被盗重灾区。

类似上述案例一天不杜绝，民生便一天得不到安宁，社会的和谐稳定难以保证，其间接造成的损失和后果更难以设想。

造成盗窃公、私财物，特别是盗窃电线、电缆猖獗的原因，既有少数人的素质差，依法谋生的能力弱，又有少数人不是通过勤劳致富，而是想靠非法途径发财，更有法律层面的问题。

1998 年 3 月 26 日，最高人民法院、最高人民检察院、公安部颁布并即日生效的《关于盗窃罪数额认定标准问题的规定》中规定：“个人盗窃公私财物‘数额较大’，以五百元至二千元为起点”才能认定为盗窃罪。随后，广东省高级人民法院等部门出台规定，按盗窃罪起刑标准将广东分为三类地区：一类为 2000 元起点、二类为 1500 元起点、三类为 1000 元起点，其中广州、佛山等市属于一类地区（目前，广东省高院已经原则同意广州市的盗窃量刑起点从2000元降到1000元），盗窃罪数额认定标准量刑起点太高。

许多盗窃者都知道，在佛山市等地一次盗窃价值不满2000元财物的不会被判刑，而大多数时候也难以偷窃到价值超满2000无的财物。比如，盗窃者一次性盗窃电线、电缆等物品，其直接价值往往只有几百元，最多也不过是上千元，但是造成的损失数额则巨大。盗窃者因盗窃的实物直接价值未达量刑而逃避了法律的追究，但被盗方所遭到的损失却无法得到补偿。对付那些盗窃者，公安部门只能抓了放，放了抓，最多也只是按治安管理条例第二十三条执行，即处十五日以下拘留，或者警告，或者罚款二百元的处理。于是，盗窃分子的盗窃行为更为嚣张，有时简直到了有恃无恐的地步。

为确保经济持续快速健康发展，社会更加稳定和谐，民生得到更好保障，特提出如下建议：

一是将刑事犯罪中盗窃罪量刑起点统一降至千元以内，防止盗窃分子钻法律空子，流向盗窃量刑起点高的经济发达地区作案，以减轻经济发达地区的治安压力。

二是加大打击力度，统一将盗窃电线、电缆规定为破坏电力设备罪或破坏广播电视设施、公用电信设备罪定刑，以减少犯罪现象的发生。

三是对盗窃物品价值的认定，不但要考虑其直接损失，还要明确包括其间接损失的价值认定，防止犯罪分子钻法律空子作案。

议　　案

（2007年2月）

关于立法取缔非正常上访和群体性事件的建议

理由：近年来，我国正处于经济社会转型期，工业化、城镇化正加快推进，经济基础和社会结构出现剧烈变动，利益关系和利益格局经历着深刻调整，不可避免地会影响社会稳定。现时，社会的不确定性因素明显增多，由人民内部矛盾引发的群体性事件面广量大，已经成为严重影响社会稳定的最突出问题。尤应引起我们注意的是，一些经济问题正出现政治化趋向，暴力对抗程度明显增大，处置中稍有不慎就有可能酿成流血事件，以至被境内外敌对势力、敌对分子所利用，制造动乱等危险。在处理群体性事件中，虽然思想疏导、法制教育是我国处置群体性事件的传统有效手段，但是在新形势下，思想、法制教育不是包治一切社会矛盾的灵丹妙药，它需要同其他社会管理手段结合起来灵活运用。在平时和矛盾尚未激化时，应着力于发挥思想、法制宣传的教育作用，使广大群众懂得应当遵守国家法律、怎样处理好国家、集体和个人的利益关系，尽量将事态消灭在萌芽状态；但在矛盾已经激化、群体性事件已经发生时，就必须通过多种手段，把“软”手段和“硬”手段结合运用。特别是对部分上访人采取阻拦党政主要领导车辆、围攻行政机关、在党政要害机关静坐、打横幅、呼口号、殴打谩骂执法人员、堵塞公路、砸毁公共财物等对社会造成恶劣影响、损害党和国家的形象的极端行为，必须以坚决的态度和合理合法的手段加以制止。

在处置群体事件的过程中，对大多数不明真相的群众应以思想法制教育为主；而对那些借机闹事，危害社会稳定的少数组织者、煽动者、挑头人及闹事人员，即便是当事人也应当高悬法律之剑，依法采取“硬手段”给予严厉打击。充分发挥司法机关的震慑力，坚决打掉其嚣张气焰，维护法律的尊严。只有这样，才能达到打击少数、教育多数的目的，从而达到防止矛盾进一步激化和暴力性群体性事件的愈演愈烈。故此，公安、司法机关在处理群体性事件的态度起到至关重要的作用。而在目前的大环境下，一些公安、司法部门往往不能直视群体性事件的冲突，某些地区和有的干部为了所谓的政绩，不勇于承担责任，在冲突发生时畏首畏尾，一味的坚持“慎用警力”，在此情况下，少数不法分子则不断挑逗法律的尊严，兴风作浪、推波助澜，使事件朝向极端方向发展，从而错失防止平和式群体性事件向违法暴力式群体性事件转变的有利时机。其次，虽然新的《信访条例》对信访行为进行了规范，实施了法律追究，但在目前，一些具体政策措施不够具体与连贯，执行起来存在一定困难。如对是否属犯罪行为定位不够明确，致使执法部门对过激行为无法依据明确的处罚条款进行打击等。再者，由于社会矛盾的日益凸现，非信访事项不断增加，非正常上访和群体性事件占了相当大的比例，聚众、缠访、静坐、示威等非正常上访都在困扰着信访部门，花费了党委、政府大量的精力、时间，信访部门也因此存在人力、财力严重不足的现象。

建议：

一、对非正常上访和群体性事件的性质进行区别对待。首先要分清

“罪”与“非罪”；其次，对该定罪的要按情节轻重分级定罪，制定出相应的、具体的处罚办法，为执法机关提供处置细则和法律依据，从而消除群众“大闹大解决，小闹小解决，不闹不解决”“法不责众”的不良心态，引导群众通过合法、合理途径争取诉求，维护正常的信访秩序和法律权威。

二、在群体性处置中充分发挥检察机关的监督作用。凡因工作失职引发严重的群体性事件，或者对群体性事件、突发性事件推诿拖延、贻误战机、处置失当，造成严重后果的，检察机关应对公安、司法等有关部门以渎职罪予以立案处置。

三、规范信访部门称谓，进一步完善信访工作机构，同时给予信访部门人、财、物等方面的更多支持。信访工作是一项群众性很强的政治工作，信访工作做得好不好，直接关系到党和政府在群众中的形象。目前，我国各级信访部门称谓不一，有的叫“局”，有的叫“办”，甚至有的叫“中心”等，体现不了信访部门的严肃性和亲民性。建议统一称谓，配齐配强信访力量，使之与维护社会稳定和构建和谐社会中的地位作用相适应，为构建和谐社会和维护稳定作出积极贡献。

第六篇

关润尧谈人生

［**导读**］关润尧从一个普通的农民成长为一位优秀的企业家、罗南社会主义农村建设的带头人，从一名只有中学文化程度的青年，通过不断的进修、自学成长为一位具有大学文化水平和专业技能的实干家，从一名普通党员成长为优秀党员和农村基层优秀的领导干部，充分说明，他是一位成功者。他的成功，固然离不开党长期以来的培养，也离不开他个人的辛勤努力。

他党性强，把全心全意为村民服务日夜铭记在心，落实到行动上；他生活目标非常明确，事业心特强；他非常好学，从不懈怠。

几十年来，他在努力实现自己的目标——让罗南村民过上富裕、幸福、和谐、安全、美好的生活，努力践行自己的人生哲学。

他是这样说的，也是这样做的：

“一个人如果没有一个目标，不知为何而奋斗，过着过一天算一天的日子，像一只无头苍蝇到处瞎碰，像一只断了线的风筝在半空中漫无边际地随风飘荡，那样，要在工作中、事业上有大的作为是很难的。”

“要把群众利益放在一切工作的首位。”他“常思为民之策，常怀爱民之心”。他说：要“加强社会保障，让群众暖心；解决好村内的热点问题，让群众舒心；推进民主法治，让群众聚心；构建平安和谐，让群众安心”。二十多年来，他辛勤努力，带领罗南村民实现着他的理念和目标。

“一个人没有钱财不算贫穷，没有学问才是真正的贫穷；没有地位不算卑下，不知羞耻才是真正的卑下。人生是应该有精神追求的，这是人与动物的本质区别。”

“每个人以不同的方式降生到人间，以不同的方式奉献于社会，创造着人生的价值。”

“职务对领导力的提升不会给予附加值。领导力的核心是影响力。扩大影响力的基础是提高领导者本人的素质、品行和修养。”

“人生最大的实惠和快乐就是读书。好的书可以提高人的能力，是力量的源泉。”

在南庄镇“致富思源、富而思进”动员教育学习班上的发言

（2000 年 3 月 28 日）

我是 1977 年末到罗南管理区工作的，负责经济工作。20 年来，我基本上能够做好工作，特别是 1992 年后当上了支部书记后，更是严格要求自己。我认为：一个地区搞得好不好，关键是第一把手。第一把手要经得起改革开放和执政的考验，前提是必须树立正确的权力观。其中包括：一是要正确认识权力的来源。当第一把手不是天上掉下来的，也不是命运安排的，而是在工作实践中得到上级党组织和党员、群众信任而当上的。就是讲，权力是党和人民赋予的，权力只能用于为党和人民谋利益，决不能用于谋取私利，搞权钱交易。有了正确的权力观，考虑问题才能从长远和全局利益出发，不计较个人得失，真正做到勤政为民，秉公办事。二是正确认识权力的地位和作用。第一把手要负责带好班子，带头执行好党的各项方针政策和制度。要求别人做好的事首先自己要带头做好，要求别人不能干的自己要带头抵制。特别是集体工作的热点问题要带头处理好，这样才能在党员群众中树立威信，有号召力，支部的各项工作才能组织好，协调顺，指挥灵，控制止，不断出现新局面。三是实行民主决策。在农村基层，支部决策至关重要。一个正确的决策可以使企业兴旺发达，一个错误的决策会把企业搞垮。第一把手决定问题时一定要有正确的决策思想，出发点是为集体，不能为自己打算。这样才可以排除各种干扰，作出符合整体利益的决策。决策还必须发挥班子的集体智慧，第一把手不能单凭个人主观想象就去拍板，因为个人水平有限，考虑问题往往不全面，要发挥大家的聪明才智，进行民主决策。我在管理区工作多年，就是按上面说的去做的。我个人的人生宗旨是：每个人以不同的方式降生到人间，以不同的方式奉献于社会，创造着人生的价值。在领导艺术上，要做到善于处事，更要善于处人，能礼贤下士，智而不傲，富而不骄，

待人以诚，处事以勤，对上多联系，对下多沟通，左右多协调。就是这种精神支持我在任支部书记后的各个不同时期发挥了自己的班长作用。

下面，我再谈谈个人的一些体会：

（一）抓好领导班子的团结和思想建设是党支部的首位工作。团结出凝聚力，出号召力，出战斗力；团结也出生产力。这是一条颠扑不破的真理。人和非常重要，这方面我是有深刻体会的。1994 年底搞土地股份制，这是一件十分新鲜而又艰巨的任务，当时反响很大；但由于我们领导班子团结战斗，做过细的群众工作，并且制定了合理的方案，得到了干部群众的支持，使农村股份集团年年增收增分配增积累，股份集团从成立到去年止，还有 2000 多万元的集体积累。土地股份制在统一规划和三区建设中发挥了积极的作用。去年村委会成立后，为了把以土地为中心的股份集团搞得更完善，提出了生不补、死不退、股权可以流动的决策，并召开村民代表大会讨论，获得了村民的一致同意。为了进一步搞好班子的团结，我在 1996 年提出对班子成员的工作我要做到六多：多支持、多指点、多帮助、多商量、多谅解、多承担。在工作中，我能做到分工合作，明确责权，该哪位成员负责的，就全权让其处理，让班子成员感到有权有责；对工作中出现的问题和困难，我则采取多支持多帮助，多为班子成员出点子的做法；对班子成员工作中的失误，我则主动承担责任。为了调动班子的积极性，在各个岗位上表现出色的，我则大会表扬，年终实行重奖，做得不够好的我则进行内部思想教育。在班子思想建设方面，我提出了对班子的要求是：思想优于群众，素质高于群众，形象好于群众，工作多于群众。在支部大会上又提出：领导班子成员要有执政为民的境界，做官为民的境界，授权于民，造福于民。几年来，我们党支部领导班子成员基本上能按照上述要求做好工作。1995 年被中共广东省委评为“先进基层党组织”，1998 年先后分别被佛山市委、广东省委评为“先进党支部”，同年 7 月又被中共中央授予“农村基层建设工作先进党支部”。

1998 年我们党支部换届后，为了更适应改革开放的深入发展，我在支部总结会上又提出了支部领导要具有以下几种能力：

1. 统观全局的战略能力；

2. 组织协调能力和社会活动能力；

3．权衡利弊的果断能力；

4．兼听多谋的研究探索能力；

5．自学能力。

（二）在邓小平理论的指导下，全国出现了高速发展的大热潮。罗南怎么办？是停滞不前，还是高速发展？争论较大。一些同志认为，我们已有几家企业，把它搞好就完全够集体所需的开支；搞再多就得多吃苦，工资也照样多，何必冒这么大的风险！当时我在总结会议上提出了我的想法。我说，我们都是普普通通的农民，是改革后的农村给了我们施展才华的沃土，没有党的政策和上级党委的支持和帮助，至今我们还可能一事无成。我们这一代是辛苦的一代，爬坡的一代，我们把希望寄托在下一代，但不能全寄托在下一代身上。因此，我们还是应按邓小平关于发展才是硬道理的思想去积极发展。通过争论，领导班子下了决心，从 1992 年下半年到 1994 年，连续办了 8 家企业。当建陶企业发展到一定规模后，我又提出了不要把所有的鸡蛋都放在一个篮子里的做法。意思是讲，我们不能搞单一企业。领导班子达成共识，决定实行工贸商一条龙的企业模式，除了发展陶瓷业外，相继办起了模具厂、纸箱车间、夹板厂、陶瓷原料车间、泡沫车间、洁具厂、燃料公司等企业，走综合经营的道路。这样一来，既增加了收入，又降低了企业的成本，扩大了企业阵容。到目前为止，我村集体企业已发展为 18 家。在发展的基础上，如何加强企业内部管理？特别是如何做好企业的监控工作？我提出，企业的管理要从传统管理走上现代化管理，就是说要改变管理机构体制。现代化管理要求，一是权利的统一。我的看法是，人对权力和利益的追求都是无止境的，基础就是责任制。你有什么样的责任，就有什么样的权利和义务。二是成本控制好。我曾建议，我们的企业要贯彻好责权利统一，并且把成本控制好。这样才能发展。人往往是贪得无厌的，特别是对权力和利益的追求是无限的，靠什么去约束，靠责任。你有什么责任，就有什么权力和利益，要运用好，没有这一条是不行的。特别是强调企业购物的监控，这样企业才能办下去。

（三）经济越发展，越要抓思想政治工作。多年来，我始终把思想政治工作尤其是人的素质教育放在首位，逢会必讲，特别是抓党员干部的思想教育，使全体党员、干部做到富不忘本。此外，还抓了用人先育人，具体地办了几件事：一是抓学校、幼儿园工作，现在罗南小学已是佛山市一级小学，幼儿园是南海市一级幼儿园。二是提出领导者要做到学而不厌，求贤若渴，一方水土用八方人，采取外引内育办法扩大人才队伍。目前，在我村企业工作的大学生已超过四十人。内育方面，去年上级安排我到中山大学岭南学院攻读 MBA 工商硕士研修班，期间，我接受了良好的教育，观念有了很大的更新。现在是知识时代，不是胆色时代，所以我向中大提出，请他们学校副教授以上的教师到我们村开办为期半年的工商管理硕士研修班，得到了该校领导的大力支持，这是我省村级和中山大学联办 MBA 工商管理硕士研修班的首例。该班从去年 9 月开办，今年 5 月已结业，每周学习三个半小时，参加人员是我集团的中上层管理人员共 120 人。通过学习，提高了我村管理干部在经济转型时期特别是信息时代如何办好企业的认识，在企业发展的思路、领导心理学、市场营销学、企业形象的推介和管理方案的制订等方面的收获，于今年企业投产后已充分表现出来。这个事例对我们教育十分大，我们今后仍要继续抓好素质教育。再是抓发展体育运动，丰富群众的文化生活。通过体运会增强了群众的集体观念和凝聚力，抵制了很多不良风气。

如何促进农村的稳定，把农村工作搞好？我认为提高政治敏锐性和政治鉴别能力非常重要。这方面我是有深刻的教训的。例如 1998 年，我们组织以土地为中心的股份集团时，有些股东代表和大部分村长因为年纪偏大，对新的思想一时接受不了，加上由于我在工业部门时间较长而在农村工作时间较短，有群众就说，电视能见到我，人就很难看到。意思是说我深入农村实际少，脱离群众。这件事对我触动很大。为了解决这个问题，我用了两个月的时间到各村开座谈会和群众大会，后来又召开管理区会议，调整股东代表，强调要增选一些年轻力壮和有经济头脑的群众包括妇女当股东代表，并大力宣传股份集团的好处。通过改选，我们 96 个股东代表中，民营企业老板占了 37%，9 个生产队的 13 个正副队长中有 11 个是私人老板。由于新当选的股东代表具有先进性、代表性而且责任心强，使企业面貌发生很大变化。他们受到群众的拥护，在去年新一届村委会选举中，这 96 位股东代表全部被选为村民代表。这使我深刻认识到，要抓好农村工作，一定要和群众多联系，多做调查研究，充分调动群众的积极性，工作才能落到实处。

在集体经济发展的同时，我们又转过来抓好民营经济。我们提出，不在乎“所有”而是在乎“所在”。民营经济是我区经济的一个特色，是今后经济新的增长点。为了抓好民营经济，我们于 1998 年成立了民营企业协会，提出对民营工作要做到政治上关心、经济上支持，遇到困难时帮助，促进我村民营企业的茁壮成长。

（四）坚持在抓好发展经济的同时，努力抓好村的文明建设。记得刚开始搞村文明建设时，很多人不理解，认为不如把那些钱多分给大家。随着我村文明建设进程的推进，家家户户屋前屋后都种上了花草，环境大为改观，人们的思想发生了巨变，认为创造优美环境有益村民身心健康，纷纷投入到村文明建设中来。前三年，我们初步实现了“远望像林园，近看像花园，细看农民生活在幸福的乐园”的目标。今后，我们的村文明建设要向更高标准看齐，已聘请南海市规划设计院为我们的村庄描绘了美丽的蓝图。

改革开放以来，罗南村可以称得上是小康小富了。如何使我们的村庄各项工作发展得更好，就应按照中央领导同志关于富而思进的要求来鞭策自己，克服小进则富、小富则安、不思进取、不求上进的狭隘思想，同时通过思想教育解决好富而思源、富而思学，更重要的是树立富而不骄的思想。

通过学习，我们党支部和村委会深刻理解创业容易守业难，小富容易，富而不骄、富而思进更难，提出了要着重抓好以下几件工作：

一是加强党风廉政建设。要加强理论学习，用科学理论武装党员干部，加强领导班子建设，提高人的素质，把党内廉政建设和反腐败斗争放在党的建设重要位置上，消除腐败于源头。

二是全面推进各项改革。深化企业改革，提高企业改革的质量和水平。已转制的企业要按企业现代化制度的要求，建立科学的经营机制和监督机制，严格搞好企业内部管理，促使企业不断适应市场经济的需要。对未转制的企业，要建立好各种制度，成立监事会管理好企业，确保企业资产增值升值。

三是提高村政规划建设管理水平。绿化美化环境，对建设性项目做好修建性和控制性，增强规划的可操作性和科学性，完善功能配套设施，实施可持续发展战略。改变落后观念，今年开始，着手于建设农民公寓。并用三年时间把鱼塘重新整治好，按标准化的规划把农业保护区建成观赏农业。

四是抓好精神文明建设。我们计划奋战三年，把罗南建成“春有花，夏有荫，秋有果，冬有绿”的社会主义新农村。并用一年时间把罗南的小涌全面改造，营造碧水绿地工程，提高文明村建设的水平。进一步开展社会公德、职业道德和家庭美德教育。大力开展高品质的文化活动，努力满足村民的文化需要。

五是抓好人才的培养和吸纳工作，确保各项工作可持续发展。

在佛山市驻村干部集中培训班上谈人生体会

一个人如果没有一个目标，不知为何而奋斗，过着一天算一天的日子，像一只无头苍蝇到处瞎忙，像一只断了线的风筝在半空中漫无边际地随风飘荡，那样，要在工作中、事业上有大的作为是很难的。作为一名共产党员，一个支部书记，必须以人为本，执政为民，把群众利益放在首位，要保护好一方的环境，保障发展，确保社会稳定，善待农民，实实在在为群众办实事，这是我个人的理想和目标。十多年来，我也是朝着这个理想和目标去实践的。

我认为人生的成功公式 = 人格 + 形象 + 礼节 + 三识 + 三性 + 五心 + 五力。

一个人如果有奋斗目标，成功是容易的，不成功反而是困难的。因为成功的人只要奋斗五六年就成功了，最多是十年，而不成功要用掉人世间一辈子的时间。一辈子的时间让人不欢迎，自己也陷于贫穷。我认为成功不能只是用金钱来衡量，一个人能够做好一般人不能做好的事就可以算成功了。

1. 人格。人格人品占成功要素中的比重约为50%。而人格人品的培养，是一项最省的投资，但收获却最大的事。我认为，有德有才是正品，有德无才是次品，无德有才是毒品，无德无才是废品。人的本质决定意识，意识决定思想，思想决定结果，结果决定地位。做小事可以靠能力，做大事就要靠人格。

2. 形象。人的形象是非常重要的。人的形象包括内在形象和外在形象。内在形象决定了外在形象。外在形象（包括肢体语言）固然要好，但更重要的是人的内在修养。人的形象需要靠锻炼，正所谓百练才成形，百磨才成光，百胜才成才。

3. 礼节。有礼有节，谦虚谨慎能够反映出一个人的整体素质。

4. “三识”即见识、学识和胆识。见识比较易于获得。学识要通过艰苦学习才能得到提高。胆识离不开实践和锻炼。没有胆识是难成大事的。只有拥有这“三识”，自身才能建立一个良好的能力结构。功高艺多，艺高人胆大。所以，我们做事要注重实践，不能让理论与现实脱离。胆识要建立在文化上，做到有胆有识。在工作和实践中，做到“多看则清，多听则明，多思则准，多干则成”。

5.“三性”是韧性、悟性、理性。一个人出来工作，有时难免会受委屈，能够卧薪尝胆、委曲求全，那就是韧性的表现。悟性就是灵感，悟性需要经常的思考与总结。当你想把一件事情做得好上加好的时候，你就会变得聪明。理性是做人的长青石。

6.“五心”是专心、恒心、信心、诚心、虚心。专心放在第一位，就是说做什么事情都要专心做好，人最怕的是没有目标或目标不明确。人必须知道自己的爱好在哪？长处在哪？自己的人生道路如何走？接着，朝着目标，持之以恒，坚持不懈。信心，不要事情还没有做就先畏惧了。有了信心，就有了精神，就有了力量。有了力量，就可以无往而不前。虚心，骄傲对自己一点好处都没有，骄傲是不成熟的表现，真正的成功是不用骄傲就已经很骄傲了。诚心，能化解社会的许多矛盾和赢得人们的尊重。

7.“五力”包括人格力、学习力、亲和力、调整力和控制力。总的来讲，成功没有必然性，成功需要你的学习、奋斗和人品。同时，成功还需要胆略。胆略是建立在有文化的基础上，有勇有谋是战夫，有勇无谋是蛮夫，有谋无勇是懦夫，无勇无谋是匹夫。要懂得高楼能够得以建成的原因一是基础好，二是正直。因此，我认为，无论从商或做任何事情，正直诚信很重要，不诚信最终付出的代价更大。没有良好的家庭教育，就没有良好的后代，不能治家就不能治理好一个单位或企业。

人最大的敌人是自己，最难战胜的也是自己。控制人的欲望有利于磨炼自己的意志。一个党组织的负责人或是企业家，如果光会享乐，早上围着车子转，中午围着盘子转，晚上围着裙子转，这样，党员就会败坏党风，企业家就不是企业家，是败家。

8.努力学习，认真读好书，养成读报习惯。在这个瞬息万变的现代社会里，我们一定要好好学习，努力学好文化，多看报，多读书，才能跟上时代的要求，才能努力改变自己，提高素质。我自己也是十年如一日地读书和学习。我的读书方法有三种：高山俯瞰，海边拾贝，揽镜自照。一个地区的经济能持续发展与这个地区文化底蕴深厚是分不开的。

在当今的社会里，任何知识都不会是多余的。而吸取知识的重要途径便是读书，读那些有价值的好书，读那些给人知识、给人启迪的书。读书使人了解世界的浩瀚辽阔、知识的博大精深，也能使人热爱生命、热爱生活，激起追求真理、实现理想的欲望和激情。读书的过程是欣赏和接受的过程，也是思考和感悟的过程，如果能经常用自己的语言记录读书的感想，那将是一件极有意义的事情。当然，读书的过程，也可能是排斥的过程，因为不是所有的书都是有价值的，也不是所有的书都是有趣的，古人说“尽信书则不如无书”很有道理。一个真正的读书人应该通过自己的思考判断一本书是否值得读。

人生最大的实惠和快乐就是读书。书可以开阔眼界，陶冶性情，丰富知识，升华自我精神。人生经验越多，书更容易读。好的书还可以提高人的能力，是力量的源泉。我自己一边工作，一边读书和看报，自己给自己制定一个奋斗目标，要做到人尽其才，物尽其用，钱尽其值，各尽所能。一天做一件实事，一月造一件新事，一年做一件大事，一生做一件有意义的事，为一个地区的群众创造一个好的环境，为股东创造利益，为村民创造前途，为社会繁荣贡献自己一分力量。

在重阳节活动的讲话

（2000 年 10 月 17 日）

各位老人家：

今天是重阳节，也是老人节。今天举行的罗南村老人节活动，承蒙了罗南民营企业家慷慨解囊筹足了资金。我代表罗南党总支和村委会对前来参加老人节活动的村民表示亲切的问候和衷心的祝愿，并向为今天的活动捐款的民营企业家表示感谢和敬意。

在座的老人家为罗南几十年的建设付出了辛勤努力，为下一代过上富裕的生活打下了良好的物质基础，而更重要的是，把老一辈的艰苦奋斗精神留给了下一代。今天的晚会是针对社会上尊老不足、爱少有余而举行的活动。为人谁没有父母，父母生儿育女，一辈子辛劳，孝敬父母，照顾老人是中华民族传统美德之一，也是社会文明的具体表现。这一点连外国人也是羡慕的。乌鸦反哺，羊羔跪乳，禽兽尚知孝亲，何况人乎？可是在我们被誉为文明的罗南却出现了一些不文明的现象，个别人对小孩百般抚爱，爱得过了头，却不孝敬老人。我们绝不允许这种现象存在。今晚，也是尊敬老人的专题教育。

为国尽忠，为父母尽孝，这是做人之根本。孝是奉养父母，针对父母的身体而言。养儿防老，即源于此。目前，在农村，依靠家庭养老仍是老年保障的重要形式。我国将步入“老年社会”，国家的社会保障体系还不甚发达，如何解决老人的生活问题？将是我们面临的重大社会难题。提倡孝老，谁家的老人谁家奉养，仍将是解决这一社会难题的有效途径。孔子不仅强调父母对子女们的慈，也强调子女对父母的孝，重视父母与子女的情感因素。孔子关于孝的观点，虽然和他提倡的子女必须服从父的思想联系在一起，以致后来被发展为所谓吃人的礼教；但在他关于孝的观念中，强调亲子情感，要求做到少有所教、老有所养，从而形成了中华民族特有的父慈子孝的道德风尚，这是应该充分肯定的。我们应提倡和弘扬文明的父慈子孝。在我们罗南，随着经济日益发展、生活日益富裕，更加强调年轻一代要孝敬好父母，老一辈的村民应关心和体谅年轻的一代，实现家庭和睦，是完全必要和适时的。

改革开放二十年来，我们在党的富民政策的指引下，罗南已实现了小有教、老有寄、病有报、行有路、通讯不用跑、吃水不用挑、煮饭不用草、冷热不用愁的幸福生活。在文明建设方面已达到了“远望像林园，近望像花园，细看人民生活在幸福乐园”的境界。全村 20 多公里的道路似绿色的飘带环绕着罗南，形成了一道绿色屏障，保护着农田。居民生活区内，草坪铺地，鲜花盛开，铺红叠翠，香梓浓荫，绿树簇拥，鸟语花香，空气清新，亭台楼阁，小桥流水，玲珑剔透，和谐明快，相映成趣，优美宜人。几年前，党支部制定的美化、净化、绿化的“三化”三园的规划目标已从仿佛一个美丽的梦幻变成了看得见、摸得着，真真切切的现实。讲到这里，我最近看了罗南的景色，不自觉地作诗两首。

一首是写龙庆村前的风光：

红艳丛中乔本茸，绿荫深处小桥横。
小舟荡漾笑溶水，千树摇动垂倒影。

另一首是赞扬罗南的大田纵目：

接天三菜绿无涯，参错滚金是鲜花。
三千田块成大统，三千双手造云霞。
风调雨顺收成好，暑往寒来景色哗。
楼顶登临堪纵目，罗南一览在君家。

各位老人家，几年前我们支部会议就提出过罗南人的幸福生活的土标准。什么叫幸福生活？即生活富裕、精神愉快、身体健康。什么叫生活富裕？住有楼房，三餐吃饱，衣着无忧。什么叫精神愉快？四条标准：家庭和睦，邻里相亲，干群团结，上下齐心。精神愉快主要是提高村民思想境界，处理好人际关系。人际关系和谐，精神就愉快。什么叫身体健康？四条标准，即日常增加营养，年老集体供养，孩子精心培养，文体活动形式多样。

尊敬的老人家，罗南能够有今天的好日子过，应当感谢党的富民政策，要饮水思源不忘共产党，要协助做好本村的各项工作，让我们未来的日子过得更好。

岁月如飞刀，刀刀催人老。我们在座的老人家，要发扬不叹黄昏近、夕阳迫辉煌、莫道桑榆晚、彩霞尚满天的精神，清心享好晚福，并要教育好下一代，家庭和睦，身心健康。值此老人节的晚上，我代表罗南村委会祝愿罗南人民身体健康，生活愉快，工作顺利，万事如意，家庭和睦，更祝在座各位老人家身体健康，长命百岁。

在换届后第一次党支部扩大会议上的讲话

（2004 年 8 月 21 日）

人是无权选择自己的父母，但却可以选择自己的单位，选择与什么样的人交往。选择与什么样的人交往，对个人成长影响颇大。长久地生活在低俗的圈子里，无论是道德上低俗，还是品位上的低俗，都不可避免地让人走下坡路。我们的党员干部，应该努力地去接触那些道德高尚和学识不凡的人，只能通过与优秀的人交往，才可能擦去自己生命中粗糙的部分，才可以琢磨成器。向一个能激发你们生命潜能的人学习，其价值远胜于一次发财获利的机会，他能使你的力量增加百倍。

在目前的社会里，可以见到许多“失业者”，不是没事让他们做，而是他们没心去做，在他们眼里，提倡敬业是老板剥削员工的手段，提倡忠诚是管理者愚弄下属的工具。他们在精神上与单位格格不入，无法真正从那里受益。我对他们的劝告是：有所施才有所获。如果每个人都懂得、都领会智慧和勤奋像金子一样珍贵的话，那么还有一种东西更为珍贵，那就是忠诚。我希望我们罗南全体党员干部都能忠诚于罗南，能够这样，罗南的发展就大有希望了。

每个人出生成长后，都要懂得尊重自己，尊重别人，还要感谢你母亲的恩惠，感谢师长的恩惠，感谢上级的恩惠，感谢国家的恩惠。没有你父母养育，没有国家保护，没有组织对你的教育，没有大众的助益，你们何能存于天地之间？所以，感恩不但是美德，而且是一个人之所以为人的基本信条。我们党员干部要感谢共产党组织把你培养成一个共产党员，我们要忠诚于党的事业，报答党。

人生要想成功，就要一点一滴地奠定基础，在人生的每个阶段，都要设定明确目标，不管如何艰难都要不断拼搏。实践证明，有所施必有所获，从小事做起，一点一滴地奠定基础，集腋成裘，这是古今成功者的独门暗器。

这里，我想进一步谈几点想法：

（一）不经一番寒霜苦，怎得梅花扑鼻香

试问谁不想成功？看到头上罩着光环，携着财富或饱含学识的成功者，人们向他投出了羡慕和嫉妒的目光。羡慕和嫉妒之余，我们是否应该问问自己，我为什么不如他？我努力了吗？有人怨自己命运不如人，机会没找上自己。他有没有想到，机会是一种想法，一个观念，一个点子，甚至存在于社会的一种现象。一个勤奋上进，忙得几乎无暇照料自己的人总能率先发现和把握，并付诸实践，经过不懈努力去取得成功。虽然勤奋者未必成功，因受到多种因素影响，但成功者必定勤奋，这是无可置疑的。天不会掉下馅饼，世上没有免费的午餐，不经一番寒霜苦，怎得梅花扑鼻香。凡是有名的成功人，无不经历过艰难困苦的创业过程。

记得我初出校门时，带着父母要勤力做事、不要练精学懒、力贱得人敬之类的纯朴叮咛，远离父母走进社会，对比同龄人，我是幸运的。我深深体会到人生要想成功，就要一点一滴地奠定基础，在人生的每个阶段都要设定明确目标，不管如何艰难，都要不断拼搏。实践证明，有所施必有所获。虽然我离成功仍很遥远，但可告慰自己的是我努力了，我勤奋地锲而不舍地每天向成功迈进，我努力地向成功者学习，尽力做到群众满意。

（二）敬业并竭尽全力使之达到尽善尽美的境界

成功者与失败者的分水岭在于，成功者敬业乐业。成功者无论做什么都力求达到最佳境地，丝毫不会放松；成功者无论做什么职业都不会轻率疏忽；成功者持追求尽善尽美的态度，立下非做成不可的决心，懂得为自己的行为负责，即使从事平凡的工作，也能超越平庸，创造完美。敬业是我们倡导的一种精神，作为我本人，也要以平常心尽善尽美地工作。

（三）忠诚于罗南，收获是意想不到的

对于一个单位来讲，忠诚能带来效益，增强凝聚力，提升竞争力。对于党员群众来讲，忠诚能带来安全感，带来利益，会使你对未来更有信心，你会迈向成功。

我用人时首先要看其忠诚度，其次才是考察其能力，因为能力可以通过学习而提升，忠诚却十分难得。一个有智慧有能力却不忠诚的人对单位的伤害更大。所以，对集体是否忠诚应成为择人用人的标准。

（四）自信是成功的阶梯

许多人往往自信不足，怀疑自己的能力，瞻前顾后，害怕做错事，结果更容易出错。越没自信就越出错，恶性循环，不彻底改变则永远不会成功。

成功与其说是取决于人的能力，不如说是取决于人坚定的自信心。一个人的成功与否掌握在自己的手中。要做成功一件事，首先要相信自己一定能做到，因为世间唯一能左右你成败的人就是你自己。确定一个长远的目标，着手培养自己的能力，修正自己的错误，充满自信，坚定忍耐，永不屈服，百折不回，你就离成功不远了。无论你贵为君主，还是身为平民，无论你是男还是女，都不要看不起自己或自己的工作，如果你认为自己的劳动是卑贱的，那你就犯了一个巨大的错误。要知道所有正当合法的工作都是值得尊敬的，都值得你们去做好，只要你诚实地劳动，去创造去拼搏，是没有人能够贬低你的价值的，关键是你如何看待自己的工作。那些只知道求高薪，却不知道自己应承担的责任的人，无论对自己对他人，对老板都是没有价值的。很多人理解不深，其实工作本身没有贵贱之分，但对工作的态度却有高低之别，看一个人是否能做好事情，首要是看他对待工作的态度。

如果每一个人都将工作当做人生的乐趣，无论从事哪种行业，都把它看做是一件快乐的事，这样人生最有意义的就是工作了。人与人相处，同事与同事相处是一种缘分，与顾客朋友见面是一种乐趣。每个人都可以通过工作去学习，不断充实自己，获取经验、知识和信心。你对工作投入的热情越高，决心越大，上班就不再是苦恼事，工作就变成一种乐趣，那时候，我相信许多人愿意聘请你来做你们喜欢的事。每个人在工作时，如果能以精益求精的态度、火焰般的热情充分发挥自己的特长，那么不论做什么样的工作，从事哪种行业，都不会觉得辛劳和苦闷。

每个人都应养成一种勤奋工作的习惯。勤奋是通往荣誉圣殿的必经之路。“贪图安逸将使人堕落，无所事事会使人退化。”只有勤奋工作才是最高尚的，才能给人带来真正的幸福和乐趣。机会是来自苦干，也是来自于勤奋。遇到种种艰难险阻，如果你有坚韧的意志力量，最终一定能克服各种困难，获得成就。失败的人总是在找借口，例如说“我没有机会呀!”等，将失败的理由归结于机会没有垂青你，好职位总是让他人捷足先登；而那些意志力坚强的人决不会找这样的借口，他不等待机会，不向亲友们哀求，而是靠自己的苦干努力去创造机会。

超越平庸，选择完善。这是我们每个人应当一生践行的格言。有些人，由于养成了马马虎虎的习惯，对手头工作敷衍了事，终致一生处于社会的底层，甚至碌碌无为。不满足于“尚可”的工作表现，要做到最好的，你才能成为一个不可或缺的人物。一个人永远不可能做到完美无缺，但只要你不断增强自己的力量，不断提升自己的智慧，对自己的要求越来越高，就是一个相对完善的人。我认为，一个人首先应从极平凡的职业和极其低微的位置上做起，那往往蕴藏着巨大的机会，只要把自己的工作做得比别人更专注、更完善、更迅速、更正确、更有效，就一定能引起别人的注意，使自己更有发挥本领的机会。工作中免不了会有不足，应乐意听取别人对你的批评，改正自己、改造人生，追求尽善尽美。在当今社会的每个人，只要他能适应社会的要求，树立正确的人生观，努力工作，在社会上就会有立足之地。哪个团体、哪个公司都不可能让有坏脾气和消极负面心态的人获奖励和提升。仔细观察任何一个管理健全的单位，你会发现最成功的人，往往是那些积极进取、乐于助人，能适时给他人鼓励和赞美的人。身居高位之人，往往会鼓励他人像自己一样快乐和热情，但是依然有些人无法体会这种用意，将诉苦和抱怨视为理所当然。“如果说不出别人的好话，不如什么都别说”，这句古言在现代社会里更显珍贵。现时几乎所有机构，无论大小，吹毛求疵、流言蜚语和抱怨永不止息。古言：好话不出门，坏话传千里。在你面前说人是非的人，他一定会在他人面前说你是非，一来二往容易滋生是非，影响公司的凝聚力。与其抱怨，不如努力地欣赏彼此之间的可取之处，这样一来，你会发现自己的处境大有改善。人往往是在克服困难过程中产生能力，培养出坚毅和高尚的品格；常常抱怨的人，终其一生都不会有真正的成就。抱怨是无济于事的，只有努力才能改善处境。

从以上讲的几点精神，我希望我们在座的同志都要去思考和去实践。我们的中青年同志应该多读书多看报，才能提升自己。在读书前，我一直认为是我的运气不错，但通过读书，我才觉得机会是我们自己创造出来的。虽然本人也不是大款，在开放改革中，跟别人相比，好像错过了许许多多发财的机会，有点没面子；但读了书后，就感到不后悔了。我认为，有钱人并不一定是优秀的人，而人格、品行、学问、道德都胜一筹的人才是优秀的人。

下面谈谈执行力的问题。

我们做好工作的一个关键要素是执行力，再好的思想、方案、战略和策略，没有执行力的保证也是枉然，但是执行力的一个先决条件是态度。态度是执行力的发端，著名足球教练米卢曾经讲过：态度决定一切。他深刻揭示了态度的决定性作用。

执行力是单位和企业持续发展的关键力量。管理者必须重视执行力建设。因为执行力是企业人员是否忠于单位或企业的具体表现，是左右单位和企业成败的重要力量，也是区别平庸和卓越的重要标记。许多单位和企业虽有好的策略，却因缺小执行力最终导致失败。

单位和企业解决执行力问题的四个关键是：勤奋、敬业、忠诚和自信。

1. 勤奋地对待自己的工作。古语讲得好：只要功夫深，铁杵磨成针。面对新的工作环境，新的工作，只有勤奋工作，每天多做一点。有些人希望达到辉煌的顶峰，但却不希望越过那些艰难的梯级；有些人希望赢得胜利，却不希望参加战斗；他们希望一切都一帆风顺，不愿意遭遇任何阻力，当机会向这些人叩门时，他们却视而不见，充耳不闻，最终在埋怨中了此一生。

2. 敬业地对待自己所在的组织。敬业表面上来看，有益于上司或老板，但最终受益者却是自己。当我们将敬业作为一种习惯时，就能从中学到更多的知识，积累更多的经验；就能以全身心投入工作的过程中找到快乐。

3. 忠诚地对待自己的单位或企业老板，记住忠诚守信是成就事业的前提。

4. 充满自信地对待自己。我们常说，自己是自己的敌人。所以，如何看待自身也就成为我们成功之路上的一个重要问题。许多时候，我们做得不够，做得不好，仅仅是因为我们对自己的能力认识不清。因此，相信自己，相信自己也就成功了一半。我们不应该成为自己心理上的奴隶，不要把自己限制在自己限定的条条框框中。工作生活总会有不如意的地方，只要相信自己，无论出现什么困难，无论前途看起来多么暗淡，我们总是要相信能够把心目中的理想图景变成现实。我想，我们每一个人都这么希望，那就自信吧。

我们都知道，只要沿着河流走到底，就一定能走到大海，但如果不走就永远见不着大海。如果徘徊在山脚底下，埋怨山高，永远别想登上顶峰，可见难易的区别就是在于你是否付诸实践。很难说什么是办不到的事，如果真正去办，昨天的梦想，可以是今天的希望，并且可成为明天的现实。有志者事竟成。竟成的前提必须是执行，执行再执行。

读书与做人

——在罗南小学首届“书香满校园”读书节开幕式上的讲话

目前，我村正在开展未成年人思想道德教育活动，要求用三年时间让我们的未成年人达到“三个一”的目标，即：树立一种信念，爱国爱党爱家；营造一种氛围，知书识礼，好好向上；培育一种精神，踏实进取，包容创新。希望通过三年的教育，我村的未成年人能做到不为名所困，不为物所累，不为利所惑，希望年轻人早成才，成好才，成大才，成栋才。

罗南小学举办首届读书节和文艺汇演十分好。希望通过这次活动，对我村正在成长的学生来说，在思想观念上有一个很大的提高，并为我村正在开展的未成年人思想道德教育活动奠下良好的基础。

今天举办的首届读书节文艺汇演有两层意义。第一层意义是提高学生对读书的认识，有关这方面的论述，学校方面已有印发。我今天想讲一讲对读书的态度和方法。我希望同学们要懂得和认真记住：一个人没有钱财不算贫穷，没有学问才是真正的贫穷；没有地位不算卑下，不知羞耻才是真正的卑下。人生应该是有精神追求的，这是人与动物的本质区别。如果人的一生只满足于吃喝玩乐，这样了此一生，是对不起自己，对不起列祖列宗，也对不起哺育自己成长的学校、老师、国家和社会。所以，我希望我们的学生要有感恩思想，要感谢父母的养育之恩，感谢老师的培育之恩。同时，我们的学生一定要具有以勤励志、以俭养德的精神。

举办首届读书节文艺汇演的第二层意义就是通过读书和文艺汇演，提升我们的文化品位，让我们的心灵朝着健康文明的方向发展。我认为，文化具有十大功能，即具有弘扬正气、凝聚人心、净化心灵、陶冶性情、增长知识、提高素质、纾缓压力、娱乐身心、沟通感情，增进融汇等多种功能。文化在人际社会的和谐凝聚共进中有着重要的地位和作用。

下面，我讲一讲读书的方法。

读万卷书，行万里路，交万人友，创万年业。然而，工作繁忙劳累，时间不够用，要想从书中获得更多更好的思想、知识和方法，首先就要明确读什么书，用什么方法，这样，读书才能更有收效。

人的生命是有限的，而书籍知识却是无限的，即使毕一生之力，勤学不懈，也都不可能学完全部的知识。尤其是，当今世界是信息爆炸的时代，书籍报刊浩如烟海，即使是长期从事教学的老师，也常会感到学海泛舟难以四顾的茫然，书山探径也易迷失林中。因此，应学会“挑肥拣瘦”。

然而，用什么方法读书也不是那么容易解决的。很多工作可以请他人代办，但书却是不能由别人代读的。工作忙，时间紧，怎样读书才更有收获呢？方法好，读书就能事半功倍；方法不好，读后收获不大，久而久之还会让你失去兴趣和耐心。那么，什么才是好的读书方法呢？这就是一个难题了。因为没有一种对所有人都普遍有效的读书方法，不同的人有不同的读书方法，这主要视读书人的内在动机、需要和心性而定。我归纳了一下，大致可以分为以下几种类型：

1. 困惑求知型。主要特征是以惑求学，以学解惑，上下求索，拓展人生。

2. 揽镜自照型。主要特征是重视反省，以镜正衣，他山之石，可以攻玉。

3. 高山俯瞰型。主要特征是立志高远，高屋建瓴，总体把握，提升境界。

4. 海边拾贝型。主要特征是兴致所至，俯拾而得，把玩欣赏，怡情修性。

5. 盲人摸象型。主要特征是摸着一面，不及其余，片面深刻，惑于偏论。

6. 蜜蜂采花型。主要特征是广泛采撷，吸取精华，运思良久，独有心得。

当然，读书方法可能不限于此，这只是我个人的一种概括。其中值得警惕的是盲人摸象型，这是读书时经常容易犯的错误。它常常表现为对作者的思想没有完整理解，只着眼于只言片语，或者盲目相信作者的观点，没有自己的独立思考，没有贵在质疑的眼光，结果，读书就可能误导了自己。总之，在读书方面我们得记住孔圣人的名言：学而不思则罔，思而不学则殆。

希望我们的老师和学生能读万卷书，行万里路，交万人友。

奉献进取　为民谋利

——在佛山市优秀党员事迹报告会上的发言

(2006年7月1日)

各位领导，同志们：

根据市委的安排，今天我在"'我为党旗添光彩'庆'七一'"主题系列活动上作一个发言。市委安排我汇报近年来本人的一些工作经验和心得。我想，相互交流、相互学习可以得到更多的启示，多谢上级给我一个学习的好机会。在这里，我就抛砖引玉，对我任罗南村书记、村委会主任期间工作的一些体会与大家作一个交流，希望得到在座各位的批评指正，使我今后的工作做得更好。

罗南村面积4.75平方公里，户籍人口3519人，外来人口10000多人，下辖九个村民小组。全村共有党员118人，下设5个党支部。

我从1992年就任罗南村党总支书记和管理区主任。回想在我当选为支部书记后的第一个会议上，就向全体党员和群众提出了一个奋斗目标，我们要奋战几年把罗南建成"三园""三化"的新农村，即"远望像林园，近望像花园，细看罗南人民生活在幸福乐园"；"三化"是绿化、美化、净化。目标一提出，有人惊，有人疑。而我和支部一班人下决心拼死拼活也要实现这一目标。十年创业路，旧貌换新颜，罗南从一个贫穷落后的农村，发展成为一个富裕文明的新农村，我们的理想已经实现。近两年，村辖区内企业每年上缴税收6000多万元，人均纯收入连续8年超万元，土地股份集团公司总收入近三年每年增长13.5%，2005年人均分配4420元。大部分家庭进入了小康水平，全村小汽车已达到800辆，每人每年可累计报销医疗费8万元。罗南人的生活达到了"小有教、老有靠、病有医、行有车"。几年来，精神文明建设投入超亿元，全村共有水泥道路32公里，绿化面积达到18万平方米，做到了"春有花、夏有荫、秋有果、冬有绿"，住在罗南有"出家门，进花园”的感觉。村村都有文明楼、文化室、村心公园、灯光球场，村委会所在地建有标准足球场和游泳池，基本达到了“城市有的，我们都要有；城市没有的，我们也有”。村里还经常举办丰富多彩的文体活动，如舞狮、粤剧表演、体运会、龙舟激情赛等以此来陶冶群众，吸引男女老少走进运动场，逐步形成健康向上的社会风尚。

在罗南发展的初期，罗南党总支就认真领会和贯彻落实党的富民政策，首先大力推动“富裕罗南”建设。我们坚持以经济建设为中心，积极创造宽松的发展环境，坚持多种体制一起上、多种行业齐发展的指导思想，大力发展集体企业。又根据经济发展的要求，及时对集体企业全面转制，积极扶持民营经济，确保了经济持续增长。为了整体实力的不断提升，我们着力培育出盛发电器等一批知名民营企业。目前，罗南村拥有民企 100 多家，主要产业包括建筑卫生陶瓷、家用电器、塑料五金、家具等，已有 1 个产品获得“中国名牌产品”称号，3 家企业产品获得“国家免检产品”称号。与此同时，我们组建了土地股份集团公司，合理开发土地，积极发展物业，走低风险发展之路，增强集体经济实力。

2001 年初，我们在“三个代表”重要思想学习教育活动中，又启动了“水乡罗南”建设，着力打造原生态水乡美景。一是我们投入近一千万元开挖了一条 30 米宽、3.5 公里长的环村大涌，新建桥梁 7 座。如今，两岸绿草如茵、鲜花盛开醉人。二是投入 100 多万元在下沙村前建造荷花公园，投资近 100 万元在隆新重建河堤公园，搞亲水工程，营造荷塘月色美景。三是投资 100 万元重新修缮具有 200 多年历史的隆庆祠堂，重现古建筑风采，不仅保护了文物，也为我村增添了浓厚的历史文化气息。

为使全村人尤其是党员干部在成绩和荣誉面前保持清醒的头脑，我思考罗南如何才能保持发展后劲，认为应把目光放得更远，着力为长远发展打下深厚的人文基础，因此我们决定启动“文化罗南”建设。我向全村党员和群众提出了一个新的要求，“唯一持久的竞争优势是具备比你的竞争对手学习得更快的能力”。早在七年前，我针对当时村民素质低下，很难适应持续发展的要求，特别是有部分家长存在不想子女进大学的陈旧观念。我提出了“罗南人不能有了口袋，穷了脑袋，这样就会误了下一代”的观点，村党总支决心积极发展教育事业。现在，我村的小学和幼儿园都建成了佛山市一级小学和佛山市一级幼儿园。对于在本村入幼儿园的小孩每人每年获补助1500元，对上高中、大学的学生实行助学金制度，全村每年助学金的支出达50万元。目前，我村在读大学生有100多人。另外，村委会每年花30多万元为每户村民订《佛山日报》，成为佛山市第一个党报村，读报让村民能及时了解党的各项政策。除了发动群众学习外，我自己更是带头学习。我深深地懂得，靠没有文化的农民，要建设现代化的企业是不可能的。为了提高文化水平，我于1993－1995年在佛山大学攻读工商管理大专班；1999年在中山大学岭南学院攻读工商管理硕士研修班。在学校读书期间，我深感知识的重要性。为了进一步提高罗南中高层管理人员的素质，我希望中山大学的教授到我们村举办为期一年的工商管理硕士研修班，经过再三请求，中大同意了我们的要求。罗南村开创了省内村一级举办硕士研修班的首例。通过一年的培训，中大为我们培养了120名高中层管理人员，为企业的发展打下了坚实的基础。

2003年，罗南的发展进入了一个全新的时期。要保持罗南可持续发展，我向支部提出了要审时度势，按照时代发展的要求，不断超越自我，克服缺点，学习先进，才能与时俱进的意见。“千里之堤，溃于蚁穴”。我深知这个道理，任何一种隐藏着的细小的危机，都可能引发一场惊天动地的大地震。为此，党总支在全村范围内提出“防止返贫，关键在于提高素质”的工作思路。为加强村民的道德修养，我们采用分片上课的形式，利用晚上举办群众学习会，开展“三心”教育，即“孝心、公德心、事业心”。强调对父母要有孝心，对社会要有公德心，对工作要有事业心。教育村民“没有钱财不是贫穷；没有学问才是真正的贫穷；没有地位不是卑下，不知廉耻才是真正的卑下”。促使村民形成正确的价值取向和荣辱观，引导村民尊老爱幼，树立社会新风尚和支持公益事业的大爱思想。通过教育，罗南人的素质、生活习惯、干群关系、邻里关系都得到了很大的提高，这是最大的收获。

2002年，我村集体企业转制，罗南党总支对村民的政治思想教育一刻也没有停止过。由于企业转制，普通职工的工资明显下降，很多本地村民因为缺乏技术，年龄偏高，只能做一般职工，于是就产生了不想进厂打工的念头，做清洁工也觉得低人一等，造成村民失业，家庭生活困难。我深深懂得：黄连苦，贫困的群众生活更苦。如何解决这个问题呢？我及时地提出了

“富翁贫民论”教育，即“今天的生活二十年前是富翁，今天的生活二十年后是贫民”，以此来激发村民，要他们树立艰苦奋斗的精神和开拓进取的观念。通过思想教育，部分不适合到工厂打工的群众报名参加了环卫工作，从而改变了村环境卫生靠外来工的旧习惯，安排了37人当环卫工、24人当绿化工，罗南人的就业观念出现了一个新突破。

佛山市区划调整后，我意识到城市化进程必然加快。城市化进程中，人的素质、生活方式、行为习惯、思维观念、文化素养、文化内涵都必须与现代化城市的要求相适应，而我们尚存在不少差距。罗南地处建设现代化大城市的中心区，消除这些差距就更为迫切。实现罗南人从农民到城市人的飞跃，靠什么，只有靠文化的提升。于是，我向支部提出了建设文化中心的建议，在两委干部统一思想后，再召开党员村民代表会议，会议讨论和同意了我们的建议。2003年，我村投资1500多万元兴建了文化中心，内有2180个座位的表演厅，有4万册图书的图书馆，还有展览馆、网球场、足球场、乒乓球场、羽毛球场、老人活动中心和妇女学校，以及小桥流水和文化气息较浓的广场供村民学习、运动、休闲。其中以“致富思源、富而思进”命名的展览馆，通过实物、文字、图片全面反映了罗南的今昔，对村民进行了生动活泼的社会主义教育，让罗南的子子孙孙都能见证祖辈的辛勤，学习先贤的睿智，同时激发干部群众投身社会主义现代化建设的热情。广场建设把休闲、生态等元素与文化和谐相融，是一个具有文化品味的休闲场所。广场于2004年5月24日投入使用。省委常委、佛山市委书记黄龙云亲临现场进行剪彩。文化中心建成后，我们举行了一系列文体活动，如粤剧表演、中超乒乓球联赛、“六一”文艺汇演、新春文艺晚会、中学生英语角活动、学生暑期文艺节等，受到群众的普遍欢迎。

为了使群众有一个安定和谐融洽的生产生活环境，我们坚持以人民所想所盼为出发点，积极推动“和谐罗南”建设，营造团结协作的社会氛围。我提出“四不和四难成”，即：领导班子不和事难成；干部和群众不和事难成；村委会与部门及村民小组不和事难成；村民与村民之间不和事难成。我们坚持民主的原则，充分尊重村民当家做主，做到民主、民管。村里的重要事项都要经过党员、村民代表等的讨论决定，并不是村干部说了算。罗南的村务财务公开也非常规范，村委会、集团公司的账目完全上墙公开，让村民清楚了解。每年，罗南村委会都把全年工作总结、新一年工作计划，印发到党员和村民代表手中，并公布财务收支情况，又不定期举行村民会议，向村民汇报村委会工作，保障村民的知情权，主动接受村民监督，避免造成误解。为了化解村内一些矛盾，在开展先进性教育活动期间，党总支设立了支部书记接待日，我主动找来一些心里有“气”的村民做好思想工作，解决了过去遗留的问题，消除矛盾，增进了团结。

我们十分注重民生工作，把公益性岗位优先解决村民就业，并大力向企业推荐村民就业。只要其提出就业愿望，都能帮助其解决。每个村民到罗南企业集团属下企业工作，村每个月再补助 150 元，较好地解决了罗南村民的就业问题。对没有参加社会养老保险的退休村民，村委会每人每月发 200 元养老金，一年共发 13 个月。为使更多村民能分享到发展的成果，2005 年底，罗南又对分红方案进行了改革。在股东进行股份分红的同时，所有符合罗南村户籍资格的村民都能参加福利分红。每年老人节和春节前，村委会都对老人组织慰问活动，请老人聚餐，体现对老人的关心。2002 年，村筹款 100 万元成立了扶贫助困基金，对困难群众定期发放生活补助金，保障了困难群众的生活，令每一名村民都能感受到生活在罗南这个大家庭中的温暖。

为了加强治安管理，2003 年初，我向支部提出了在安全防范的基础上，实行人防加技防的思路，在经两委会讨论通过后，投资 70 万元在全村十二个路口安装了全套光纤摄像机、监测器。今年年初，我们又安装了小 110，形成完善的治安防范网络，使罗南的案发率保持在低水平。

由于取得了一定的成绩，罗南党总支先后被中央组织部和省委授予“全国农村基层组织建设工作先进党支部”“广东省红旗基层党组织”等称号，党总支连续多年被市、区、镇党委评为先进党支部。罗南村被授予“全国创建文明村镇工作先进村镇”“全国群众体育先进单位”“广东省文明村”“广东省先进集体”“广东省乡镇企业十强村”“广东省生态示范村和广东省卫生村”等称号。今年 3 月 25 日，罗南党总支挂牌成立党委，成为佛山市首个村一级党委。上级党委授予我们这么多的荣誉，我是始料不及的。就拿自己来说，我只是尽了一个共产党员的应尽义务，我先后被评为“广东省优秀企业家”“全国优秀企业家”和南海、佛山、广东省及全国劳动模范，还当选为广东省九届人大代表，广东省九次党代表，佛山市八、九次党代表，十届全国人大代表。我的家庭被评为全国、广东省五好文明家庭。我自己常常说，我是一个农民，一个普普通通的农民，是“小学本科生”，是改革开放给了我施展才华的沃土，没有上级党委的正确领导，群众的支持，我可能是一事无成。

以下谈谈我工作的几点体会：

1. 农村工作的好与坏，关键是党支部。它是农村基层的领导核心，实践“三个代表”的核心力量，所以注重党的建设的实践就显得尤为重要。我们坚持用“三个代表”重要思想来指导党组织建设，用“三个代表”重要思想武装全党，解决精神支柱问题；用“三个代表”重要思想指导固本强基工程，解决提高基层党组织的凝聚力和战斗力问题；用“三个代表”重要思想教育党员，解决保持共产党员先进性问题；用“三个代表”重要思想要求党员干部，解决与群众的血肉联系问题；用“三个代表”重要思想规范执政行为，解决提高执政能力问题。在保持共产党员先进性教育活动中，我们提出，党员要当好表率，做到有“四个气”，即：在人生追求上要有“志气”，在为民谋利上要有“勇气”，在社会生活中要有“正气”，在个人得失上要有“大气”。通过先进性教育活动，党员都记住了这“四个气”，在实践中自觉起到了先锋模范带头作用，使罗南的党员都有一股浩然正气，在群众中树立起威信。

要发挥党在农村的领导作用，关键是要抓住中心凝聚人心，依靠支部领导核心。农村工作能否取得成功，最重要取决于三点：第一是否顺民意，合潮流，得人心；第二是否营造了一种有利于人才成长和发展，有利于创造发明的环境；第三是否形成了一个强有力的领导班子，有没有核心和领导人物。我有一个观点“团结比正确更迫切”。在农村工作这么多年，我觉得这个观点是很重要、很现实的。现在农村的许许多多问题，归根结底其实就是班子的团结问题。所以我认为，农村工作好与坏，确确实实与班子建设息息相关。在开展农村工作过程中，村党委十分注重在经济建设中的决策和组织作用，注重成为党员拥护、群众公认的领导核心。世界上最难得、最宝贵的是人心，人心靠上级封不来，靠权力压不来，靠自己吹不来，靠小聪明骗不来。我们村党委一班人在开展工作中，非常注重强化五种意识，即：服务意识、责任意识、奉献意识、诚信意识、约束意识。正是凭着这些信念，靠着对党的忠诚，靠着无怨无悔的实干，靠踏踏实实地工作，我们取得了村民的充分信赖。

农村稳，则天下安。村级干部处在维护稳定的第一线，肩负着重要职责。只有培养一支政治上靠得住、工作上有本事、顾大局、讲奉献、人民群众信得过并能够带领群众致富奔小康的高素质的党员队伍，只有大力提高村一级组织能适应市场、领导发展的能力，维护稳定的能力，教育群众、服务群众的能力，依法治村、民主管村的能力，才能凝聚村民建设社会主义新农村的力量。我们在工作中很重视发挥村民自治的作用，刻意打破“官本位”的束缚，重视农民民主意识的培养，而不是把他们看作是党加强农村领导的工作的障碍。我们大力宣传法律尤其是村民自治制度相关的知识，帮助村民提高选举能力、村务管理能力和村务监督能力，真正实现民主管理，让农民手里攥上了“虎符令牌”。同时，我们在村民小组长中灌输“村长是一村之长，不是一村之主”的观念，让村长真真正正成为为村民办事、有公心、有公德的社会管理者。事实证明，基层干部只有放弃“家长式”思维，放手让农民自主管理，发挥农民的积极性，才是农村发展的捷径。此外，我们还非常重视发挥党员和村民代表的桥梁纽带作用，使村党委提出的奋斗目标和各项工作很好地融合到群众中去，并起积极带头作用。目前，全村已形成“人心齐，事业兴”，党群关系非常和谐的局面。

2. 党员干部保持奉献进取的精神境界，是事业取得成功的保障。罗南富了，但是我和我们的干部没有在荣誉、地位、金钱面前陶醉，依然兢兢业业、勤勤恳恳地工作。我认为，有两种创业者：一种是功成名就，急流勇退；一种是志存高远，奋力攀登。我和我的同事们属于后者。我没有沉醉在成功的喜悦中，而是以更大的胆略、气魄追求更高的目标。面对创业的成功，置身于荣誉褒奖之中，我自己认为：“人生的价值，在于奉献”。我经常对自己说：“当我变成黑白照片时，村民能说‘该同志尚属努力!’就够了!”十年创业皆艰辛，一朝成名不骄奢。在改造物质世界的同时，如何去完善自己，提升自己，把一个基层党组织建设成为坚强的战斗堡垒。我们是这样想，也是这样做的。我们深知若要兴村，先要律己，要带领群众致富，首先要在群众中站得住。在激烈竞争的年代，机遇失不得，节奏慢不得，必须全方位出击，才能争得希望和成功，我们党总支和村委会的干部一班人，除具有文武韬略的素质，敢闯敢干、吃苦耐劳的精神外，更重要的一条是身先士卒、克己奉公的表率，我们一班人如同乐师弹钢琴，十个指头都能用上，村领导班子成员分工明确，各负其责，人人肩上有担子，个个身兼数职，党政分工不分家，由于安排合理，尽管工作千头万绪，但进行得有条不紊，各项工作齐头并进，确保了罗南持续、全面、协调发展。

3. 一把手要发挥“三个作用”，有“四种意识”。我认为作为村的第一把手，其领导职责归纳起来有四点：一把方向，二谋大事，三善协调，四做表率。作为一班之长，要充分发挥好“三个作用”“四种意识”。“三个作用”就是充分发挥好主导作用，充分发挥好凝聚作用，充分发挥好模范作用。“四种意识”就是增强自知不自大意识，增强容人不怨人意识，增强诚信不扯皮意识，增强公正不徇私意识。

4. 一个领导者要有效地实现领导目的，不但要有权力，还需具有威信。领导威信从哪里来？它是通过领导者的人格、品德、学识、才华、感情、廉洁、政绩魄力等领导实践活动表现出来的。一是以德立威，二是以才增威，三是以廉生威，四是以公助威，五是以诚取威，六是以情育威，七是以干树威，八是以创升威。

5. 发挥党在农村的领导作用，重要经验是抓住中心，凝聚人心，依靠支部领导核心。就是说，党组织要成为经济建设的重要决策者和组织者，成为党员拥护、群众公认的领导核心。而要做到这一点，关键在于加强支部自身建设。党支部领导核心成员要具备 8 种素质，一要有智慧，二要精干，三处理问题要果断，四要有胆量，五要善良、诚心、忠厚诚实，六要有民族精神，七不贪钱财，八心胸宽广。在市场经济条件下，干部的权威从何而来，我们的体会：一是内行，二是廉洁，三是有政策水平。还要把握政策法规的严肃性，把握保障发展的灵活性，把握对上负责和对下负责的一致性。

6. 要做实事，要做群众看得见、有成效的实事，要努力把经济搞上去，使群众看到文明建设效果好、群众收入年年增的景象。

7. 充分发挥党员联系企业和群众的固本强基工作，通过发挥他们的作用，使党在各个时期提出的奋斗目标和社会各项工作很好地融合到群众中去，并起积极带头作用，这样才能人心齐，事业兴。

8. 谈谈个人的一些体会。

一个人如果没有一个目标，不知为何而奋斗，过着一天算一天的日子，像一只无头苍蝇到处瞎忙，像一只断了线的风筝在半空中随风漫无边际的飘荡，在工作中、在事业上是很难成功的。作为一名共产党员，要做到执政为民。当一个支部书记，就要以人为本，把群众利益放在首位，要保护好一方的环境，保障发展，确保社会稳定，善待农民，实实在在为群众办实事，这是我个人的理想和目标。十多年来，我也是朝着这个理想和目标去实践的。

我认为人生的成功公式 = 人格 + 形象 + 礼节 + 三识 + 三性 + 五心 + 五力。

一个人如果有奋斗目标，成功是容易的，不成功反而是困难的。因为成功的人只要奋斗五六年就成功了，最多是十年；而不成功要用掉人世间一辈子的时间不成功，一辈子的时间让人不欢迎，甚至贫穷。我认为，成功不能完全用金钱来衡量，只要能够做好一般人不能做好的事就可以算是成功了。

（1）人格。人格人品占据成功要素里的比重约为50%，而人格人品的培养是一项最省的投资并获得最大的收获的事。我们认为，有德有才是正品，有德无才是次品，无德有才是毒品，无德无才是废品。人的本质决定意识，意识决定思想，思想决定结果，结果决定地位。做小事靠能力，而做大事就要靠人格。

（2）形象。一个人的形象是非常重要的，你表达的效果有60%是通过肢体语言来表达的，但要有好的肢体语言需要锻炼，正所谓台上一分钟，台下十年功。百练才成形，百磨才成光，百胜才成才。

（3）礼节。有礼有节，谦虚谨慎能够反映一个人的整体素质。

（4）“三识”就是学识、见识和胆识。学识是最难解决的，而没有胆识是难成大事的。只有拥有这“三识”，自身才能建立一个良好的能力结构。功高艺多，艺高人胆大。所以，我们做事要注重实践，不能让理论与现实脱离。胆识要建立在文化上，做到有胆有识。在工作和实践中，做到“多看则清，多听则明，多思则准，多干则成”。

（5）“三性”即是韧性、悟性、理性。一个人出来工作，有时难免会受委屈，感到卧薪尝胆、委曲求全的滋味，那就是韧性的表现。悟性就是灵感，悟性需要经常的思考与总结。当你想把一件事情做得好上加好的时候，你就会变得聪明。人生最大的敌人就是自己，缺乏理性的人一定会失败。理性是做人的长青石。

（6）“五心”是专心、恒心、信心、诚心、虚心。专心放在第一位，就是说做什么事情都要专心做好。人最怕的是没有目标或目标不明确。人必须知道自己的爱好在哪？长处在哪？决定人生的道路该如何走？接着，朝着目标，持之以恒，坚持不懈。信心，不要说事情还没有做自己就已经怕了，有了信心，就有了精神，就有了力量。有了力量，就可以无往而不前。虚心，骄傲对自己一点好处都没有，骄傲是不成熟的表现，真正的成功是不用骄傲就已经很骄傲了。诚心，能化解社会的许多矛盾和赢得人的尊重。

（7）“五力”包括人格力、学习力、亲和力、调整力和控制力。总的来讲，成功没有必然性，成功需要你的学习、奋斗和人品。同时，成功还需要胆略。胆略是建立在有文化的基础上，有勇有谋是战夫，有勇无谋是蛮夫，有谋无勇是懦夫，无勇无谋是匹夫。中国还处于社会主义初级阶段，改革开放才二十几年，因此不合理现象是一个必然存在的过程。高楼能够得以建成的原因一是基础好，二是正直。因此，我认为做事或是在商界中，正直诚信很重要，不诚信付出的代价更大。没有良好的家庭教育，就没有良好的后代，不能治家就不能治理好一个单位或企业，不善于经营家庭，就不会善于经营好一个单位或企业。

人最大的敌人是自己，最难战胜的也是自己。控制人的欲望有利于磨炼自己的意志。当领导或是企业家，如果光会享乐，早上围着车子转，中午围着盘子转，晚上围着裙子转，这样，党员就会败坏党风，企业家就不是企业家而是败家。

9. 坚持学习，提升自身素质。

在这个瞬息万变的社会里，我们一定要好好学习，努力学好文化，多看报，多读书，才能跟上时代的要求，才能努力改变自己，提高素质。读书使人了解世界的浩瀚辽阔、知识的博大精深，也能使人热爱生命、热爱生活，激起追求真理、实现理想的欲望和激情。读书的过程是欣赏和接受的过程，也是思考和感悟的过程，如果能经常用自己的语言记录读书的感想，那将是一件极有意义的事情。书可以开阔眼界，陶冶性情，丰富知识，升华自我精神，经验越多，读书更容易读。读书还可以提高人的能力，读书是力量。我自己也是十年如一日地读书和学习，坚持一边工作，一边读书和看报，自己给自己制定一个奋斗目标，要做到人尽其才，物尽其用，钱尽其值，各尽所能。一天做一件实事，一月造一件新事，一年做一件大事，一生做一件有意义的事，为一个地区的群众创造好一个环境，为股东创造利益，为群众创造前途，为社会创造繁荣。

以上是我们党总支和我自己在工作中的体会。我们所取得的成绩都是与上级党委的正确领导分不开的。历史雄辩地证明，最有力量的不是神灵，而是伟大的中国共产党培养出的有觉悟的先锋队。作为一名光荣的共产党员，我热爱党，热爱人民，所以我热爱党的事业，我愿意把我的热诚奉献给这项伟大的事业。在此，我愿与各位同志共勉：奉献进取，志存高远，自强不息，奋发有为，为党的事业作出最大的贡献。

我的发言到此为止，讲得不对的地方，请大家指正。谢谢大家！

责任编辑：李春龙
装帧设计：奔流文化

ISBN 978-7-218-13379-9

定价：108.00元